奇迹是如何创造的

——中国经济改革和发展 40 年轨迹

郑新立 著

The Commercial Press

2018 年·北京

图书在版编目(CIP)数据

奇迹是如何创造的:中国经济改革和发展40年轨迹/郑新立著.—北京:商务印书馆,2018
ISBN 978-7-100-16452-8

Ⅰ.①奇⋯　Ⅱ.①郑⋯　Ⅲ.①中国经济—经济体制改革—研究　②中国经济—经济发展—研究　Ⅳ.①F121 ②F124

中国版本图书馆 CIP 数据核字(2018)第 181681 号

权利保留,侵权必究。

奇迹是如何创造的
—— 中国经济改革和发展40年轨迹
郑新立　著

商 务 印 书 馆 出 版
(北京王府井大街36号　邮政编码100710)
商 务 印 书 馆 发 行
北京通州皇家印刷厂印刷
ISBN 978-7-100-16452-8

2018年10月第1版　　　　开本 787×1092　1/16
2018年10月北京第1次印刷　印张 31　插页 4
定价:148.00元

作者近照

作者简历

1945年2月12日，出生于河南省唐河县上屯乡褚庄一个农村家庭。1964年从唐河一中高中毕业。1964—1970年在北京钢铁学院采矿系学习。1970—1978年在邯郸冶金矿山建设指挥部，先后做过工人、技术员、理论教员、理论教育科副科长、党委办公室副主任。1978年考入中国社会科学院研究生院工业经济专业，1981年获得经济学硕士。

1981—1987年，在中共中央书记处研究室经济组工作，曾任处级调研员、经济组副组长。1984—1986年在中共中央党校培训部学习两年。

1987—2000年，在国家计划委员会工作，先在国家信息中心任副总经济师两年，后在政策研究室工作11年，曾任副主任、主任、副秘书长、新闻发言人。

2000—2010年，任中共中央政策研究室副主任。2008—2013年任全国政协经济委员会副主任。

2009年协助曾培炎同志创办中国国际经济交流中心，2009—2015年任常务副理事长。兼任中国工业经济学会会长、中国政策科学研究会执行会长、中国城镇化促进会常务副会长。2014年被评为上一年度中国十大著名经济学家。

中共中央政策研究室

关键是保持稳增长与调结构之间的平衡

稳增长是做为短期调控目标，调结构做为长期战略目标，保持二者之间的平衡，必须正确把握短期调控与长期改革的关系，使短期调控符合长期战略要求。调结构不能以牺牲稳增长为代价，稳增长必须以结构调整来实现。

一、稳增长是当务压倒工作中一位的任务

二、调结构是保持发展新阶段必须立足的重大战略（构）

三、把稳增长与调结构有机结合关键在改革

四、需要认真解决的认识问题

确保今年8%增长速度存在的问题和建议

(1998年4月13日)

分析今年支撑经济增长的三大因素，国内消费需求将保持平稳增长，预计全年社会消费品零售总额增长10%左右，消费需求在经济增长8%中约占3个百分点。固定资产投资及出口对经济增长的推动作用，还存有不定因素。

从固定资产投资来看，为确保今年8%的增长速度，中央3号文件明确扩大内需，加快基础设施建设，在原固定资产投资规模上增加2050亿元。在落实过程中，各方面反映，存在以下问题。一是商业银行"惜贷"、"惧贷"的情况比较普遍，特别是对农田水利、生态建设以及资本金率低的项目，银行明确表示不愿承贷。为落实新增投资，计委已向银行推荐1400亿元的项目贷款，希望落实980亿元贷款，目前银行只承诺175亿元，待评估361亿元，共

　　1998年4月，郑新立撰写了《确保今年8%增长速度存在的问题和建议》，提出发行国债用于扩大内需，经时任国家计划委员会主任曾培炎上报国务院总理。国务院决定连续5年每年发1000亿元十年期建设债券，集中用于交通通信等基础设施建设，成功地将亚洲金融危机带来的挑战变为机遇，支持了当期经济增长，并为之后十年经济高速增长奠定了坚实基础。

近平总书记：（并送克强总理）

党的十八大提出，要推动我国同周边国家的互联互通，这是关系到我未来外交总体大局的重要举措，"中心"做了专项研究，认为设立由我主导的投融资机构，促进亚洲基础设施建设与互联互通，对于做好我周边外交和经济发展，乃至整个亚洲的繁荣稳定都是一件十分有益的事情。现将"建议"报上，请阅示。

曾培炎
四月十九日

关于设立由我主导的亚洲基础设施投融资机构的建议

中国国际经济交流中心

党的十八大报告提出，推动同周边国家互联互通。习近平主席在博鳌亚洲论坛2013年年会上指出，我国将加快同周边国家的互联互通建设，积极探讨搭建地

2013年4月，郑新立撰写了《关于设立由我主导的亚洲基础设施投融资机构的建议》，经中国国际经济交流中心理事长曾培炎上报习近平总书记和李克强总理，得到充分肯定。同年10月，习近平主席在印度尼西亚宣布建立亚投行的动议。2015年12月，亚投行正式成立。国外有评论认为，这是中国最富有智慧的建议，开创了全球金融的中国元年。

中国经济体制改革在理论上的突破

蒋正华

中国经济在过去40年取得了巨大成就，这个成就主要来自于成功地进行了改革，而改革的成功又主要在于理论的突破和新体制的建立。我们在经济理论上主要有哪些突破，在认识上有哪些转变，并建立了哪些新制度呢？这些是国内外广泛关注的焦点，大体可归纳为六方面的内容：

明确了中国仍处于并将长期处于社会主义初级阶段。中国是在一个落后的农业国的基础上建立起社会主义制度的。改革开放前，我们实行的经济体制和政策，超越了生产力的发展阶段，认为公有制程度越高越好，分配越平均化越好。结果阻碍了经济发展。事实使我们清醒地认识到，我们的社会主义仍处于初级阶段，体制和政策一定要与生产力发展水平相适应。基于这一认识，我们才能在改革中大胆建立起一整套有利于生产力发展的新制度、新政策。

确立了社会主义市场经济体制。改革之前我们实行的是计划经济体制，实践证明这种制度束缚了生产力发展。40年来我们始终坚持市场取向的改革，从提出发挥市场对资源配置的基础性作用，到提出发挥市场对资源配置的决定性作用，不断为经济发展注入了活力。同时，注意不断改进和发挥好政府的引导和管理作用。两者有机结合，形成了经济发展的动力机制和平衡机制，推动了经济平稳健康快速发展。

坚持公有制经济与非公有制经济共同发展。在坚持公有制为主体的同时，放手发展私营、个体等非公有制经济。国有企业建立现代企业制度，吸收民营企业入股，发展混合所有制经济，在规范的股份制的基础上建立科学的治理结构，使混合所有制成为公有制的主要实现方式。民营经济从无到有、迅速壮大，对国民经济的发展发挥了重要作用。

实行按劳分配与按要素分配相结合。打破"大锅饭"和平均主义，是改革的重要突破。从允许一部分人、一部分地区先富起来，到先富帮后富，最终实现共同富裕；从效率优先、兼顾公平，到效率与公平并重，反映了我们在分配问题上不断进行政策调整的过程。如何解决收入差距过大，实现共享发展，正在成为政府着力解决的问题。

农村实行土地家庭联产承包责任制。上世纪八十年代初，改革率先从农村开始，通过推行土地家庭联产承包责任制，调动了农户的生产积极性，推动了农业的大发展。现在，正在推行土地所有权、承包权、经营权三权分置改革，促进土地规模化、专业化经营，以加快农业现代化，促进农村多种产业融合，加快乡村振兴。

始终坚持以开放促改革、促发展。从改革初期兴办经济特区，到开放沿海城市，再到沿边和内陆地区对外开放，我国逐步形成梯次开放格局。近几年建立自由贸易区和探索建立自由贸易港，进一步放宽外资进入领域，降低进口关税等，中国经济的开放程度越来越高，开放型经济体系正在形成。事实证明，中国已经走出一条以开放促改革、促发展的道路。

郑新立所著《奇迹是如何创造的——中国经济改革和发展40年轨迹》一书，记录了中国改革开放和经济发展的过程，揭示了中国改革和发展的成功经验。由于作者长期从事党中央和国务院有关改革发展文件的起草工作，长期从事经济理论和经济政策研究，长期参加或主持发展项目规划，经常在各地进行调查研究，因此，他的文章更能准确地反映40年中央有关改革发展的决策背景、决策内容和决策落实的情况，特别是对上述六个方面重大改革理论的突破，书中都有比较详尽的阐述。对于希望全面了解中国改革经验的人，阅读这本书是一个捷径。

2018年，北京

一部解读中国经济 40 年成功秘诀的书

厉以宁

今年是中国改革开放 40 周年。40 年前,中国之所以要进行改革,主要是基于对前 30 年实行传统计划经济体制的反思,实践证明,这种体制阻碍了生产力发展。对社会主义经济体制主动地自觉地进行改革,是一件史无前例的伟大事业,这是实事求是的唯物主义思想路线的胜利,是中国共产党新的伟大觉醒。

在一个十亿以上人口的大国进行经济体制改革,必须有理论指导和统一部署,必须制定明确的方针和政策,必须先试验,后推广。因此,研究改革的理论,制定改革的方案和政策,就成为摆在全党面前的重大任务。改革从农村开始,继而推向城市;从搞活微观经济主体开始,进而推行宏观经济体制改革;对外开放从沿海地区开始,逐步扩展到全国。正确的改革理论和政策来自于实践,来自广大基层群众和干部的创造。大兴调查研究之风,总结基层的改革经验,把实践证明行之有效的改革措施上升到理论,形成指导全国的改革方案,成为顺利推进改革的正确方法。这是一场大规模的社会革命。各级党政机构和学术研究机构的大批人员都在探索和研究改革的有关问题。我们从对各个国家经济体制的比较研究中吸取有益的经验和借鉴。从上个世纪八十年代开始,形成了新中国成立后经济理论和改革思想最为活跃的时期,涌现了一大批献身于改革的思想家、理论家和积极的探索者。虽然大家的观点不尽相同，有时在有些问题上还有一些争执，但是由于改革的目标一致，大家都能相互理解。特别是当党的中央全会做出改革的《决定》之后，大家都把思想认识统一到中央《决定》的精神上来，自觉地同党中央保持一致。各方面形成合力，同心协力把改革推向前进。

郑新立先生早在改革初期就在中共中央书记处研究室从事经济理论和经济政策研究工作，之后到国家计划委员会从事经济政策研究，2000年之后，又到中共中央政策研究室。2009年退休后，协助曾培炎先生创办了中国国际经济交流中心，继续为中央经济决策进行研究和咨询。在长期的工作实践中，围绕中央有关改革文件和国家五年计划（规划）的起草工作，积极开展有关重大问题的研究，对党中央和国务院做出的重大决策进行阐释。由于他的勤奋努力，写出了大量的经济理论文章，主要发表在《人民日报》《求是》《经济日报》《光明日报》等报纸杂志上。他还撰写和主编了一些经济著作，主要也是围绕着中央重大决策的研究和解读。郑新立在研究工作中能够独立思考，敢于从实际出发大胆提出一些政策性建议，如1997年在面对亚洲金融危机冲击时提出发行长期建设债券用于基础设施建设的建议，2013年提出建立亚洲基础设施投资银行的建议等，在得到党和国家领导人的肯定和实施之后，在实践中都取得了很好的效果。对于一个智库研究人员来说，能够深入研究问题，敢于提出建议并坚持自己的意见，这是难能可贵的，这也是对从事经济研究人员的基本要求。

郑新立的论文中不乏经济理论创新，他提出把最终产品率作为评价宏观经济效益的重要指标，提高居民收入占国民总收入的比重和居民消费率，合理设立投资规模的界限，混合所有的股份制是公有制的主要实现形式，建立城乡统一的房地产市场等，以及他在创立市场经济条件下的发展计划学和现代政策学方面的努力，都具有重要创新价值。作为千万个改革理论和政策探索者中的一员，他以自己的努力做出了应有的贡献。

回顾改革开放40年的历程，有许多成功的经验值得总结。由商务印书馆出版发行中文版和斯普林格出版发行英文版《奇迹是如何创造的——中国经济改革和发展40年轨迹》一书，是从郑新立多年来所发表的重要文章中精选出来的，真实地记录了各个时期改革的重大突破，记录了改革与发展如何相互促进、紧密结合，从不同侧面回答了中国40年的经济奇迹是如何创造出来的。它的出版，对于希望了解中国改革发展经验的人将会有所帮助。

2017年中国共产党第十九次代表大会确立了习近平新时代中国特色社会主义思想在全党的指导地位，明确了新的奋斗目标。到2020年将全面建成小康社会，到2035年基本实现社会主义现代化，到本世纪中叶把我国建成富强民主文明和谐美丽的社会主义现代化强国。实现未来30多年的奋斗目标，需要继续全面深化经济体制、政治体制、文化体制、社会体制、生态文明体制和党的建设制度改革，增强改革的系统性、整体性、协同性，推进国家治理体系和治理能力现代化。改革不断深化，理论之树常青。根据实现新的奋斗目标的需要，不断进行理论创新，这是中国特色社会主义能够保持旺盛生命力的根本所在。前40年的理论和政策创新解决了当时所处时代的问题，未来所面临的新的问题有待新的理论和政策来解决。在不断解决新矛盾、新问题中推动中国经济持续健康发展。

2018年，北京

文必初于日用

滕文生

1981年秋，中共中央书记处研究室为了充实和培养研究工作的后备人才，从中国社会科学院研究生院首届毕业生中选调了4名同志，郑新立便是其中之一。我当时在书记处研究室理论组工作，新立同志被分配到经济组。1987年，中央书记处研究室撤销，我调到中共中央顾问委员会办事机构工作，新立同志调到国家计划委员会。1993年，我已到中共中央政策研究室担任领导职务。这一年，受美中文化交流协会邀请，组织了一个赴美考察团，由时任国家计委副主任桂世镛任团长，我为随团顾问，新立同志为访问团成员，彼此度过了一段难忘的考察生活。

2000年，新立同志从国家计委研究室主任、副秘书长岗位上调到中共中央政策研究室任副主任，我们又共事了几年。退休之后，我们又一起在中国政策科学研究会做些有关的研究工作。可谓几十年间多有交往，念兹在兹。

今年是改革开放40周年，经济学界要为一些对改革发展的理论和政策研究做出贡献的学者出版学术传记，新立同志作为经济理论和政策的研究者入选，这是一件有意义的事情，也是入选者的光荣。学术传记是学者的学术研究历程及其成果的记录和展示，不同学者会有不同的学术贡献及其特色。学术有专攻，选编好一部某一方面的学术传记，如同在这一方面建造一个"学术花园",使之众彦齐集,交相辉映,异彩纷呈,于经国治事往往可以收到金声玉振、文韵流芳之效。

改革开放以来,新立同志虽然在不同部门和单位工作过,但大都是从事改革和发展中的经济理论与政策研究,撰写过不少研究文章,同时还多次参与过党和国家一些重要文件的起草。他的这些经历,不仅使他成为上世纪八九十年代以来我国改革发展实践和研究的亲身参与者,也使他成为经济改革的一些重要理论和政策的形成与发展的历史见证者。

在我国社会主义改革开放和现代化建设的史诗般的历程中,所有的参与者和研究者,都会以自己这样那样的建树而奉献于其中。郑板桥曾说:"文必切于日用";在学术风格上,"学者当自树旗帜"。在建设中国特色社会主义思想旗帜的指引下,新立同志的学术研究不仅有着自己的建树,也有着自己的研究特色与风格。他是集读书学习、调查研究、理论思考于一身,熔实践经验、认识升华、成果应用于一炉,而且是数十年间,一以贯之,别致其格,坚守其帜。这从新立同志的著述和学术传记中,可以清晰察见。作为一个马克思主义的理论工作者和学术研究者,坚持做到这一点是非常重要的,也属难能可贵的。

陈文生

2018 年,北京

我和郑新立共同经历的改革岁月

魏礼群

我和郑新立相识是在1984年。当时由国家计委副主任宋邵文主持在哈尔滨召开计划体制改革研讨会,我在国家计委政策研究室,新立在书记处研究室,我们对计划体制改革都很关注,而且他读研究生时的论文指导老师桂世镛在计委研究室担任领导工作,我们对桂世镛同志的学问和对年轻人的指导都很钦佩,所以相谈甚欢。

1987年书记处研究室撤销,郑新立分配到国家计委下属的国家信息中心工作。1989年在房维中、桂世镛领导下由我负责抽调人员组建国民经济和社会发展"八五"计划起草小组,新立同志参加,从此我们开始共同参与中共中央、国务院和国家计委各种文稿的起草工作,一直到我们退休。在我们共同参加起草的文件中,有三个类型印象最深:

一是关于五年计划和规划以及每年由国家计委主任向全国人大所做的国民经济和社会发展计划报告的起草工作。"八五"计划以满足居民对吃穿用的需求、稳定市场价格为主要任务;"九五"计划主要是推动经济增长方式和经济体制转变,实现第二步发展战略的任务。每个五年计划经全国人大批准实施后,我们又积极撰写阐释的文章和读本,宣传中央做出的重大战略决策和方针政策。

二是起草关于中央金融工作会议的文件。上世纪九十年代中期，国民经济中出现了"乱集资、乱拆借、乱设金融机构"和"房地产热、开发区热"等现象。在中共中央政治局常委、国务院副总理朱镕基直接领导下对这种混乱现象进行清理整顿和深化金融体制改革。经过充分调查研究，中央决定召开全国金融工作会议。我当时在中央财经领导小组办公室担任副主任，负责为会议准备文件。郑新立参加了这项工作。当时我们对金融都不熟悉，为了把文件写好，可以说是不遗余力。我们虚心向熟悉业务的同志学习，向实践学习，通过起草中央文件，增加了关于金融方面的知识。以后我负责的全国金融工作会议文件起草又进行了三次，新立同志都参加了。这四次会议及相关文件对金融改革发展、促进经济稳定发展发挥了重要作用。

三是起草政府工作报告。我从中财办调到国务院研究室以后，在朱镕基同志和温家宝同志担任总理的大多数时期，我每年主持政府工作报告起草工作，新立同志都参与其中。两位总理对政府工作报告要求都很高，我们在起草中十分认真，不敢有半点懈怠和马虎。每次报告得到两会代表好的评价，我们才算松一口气。

退休之后，我们都到中国国际交流中心这个智库工作，在曾培炎理事长的领导下为建设新型智库继续发挥余热。

回顾我们30多年的共事和合作，我感觉郑新立最大的特点，就是对我们党、国家和社会主义真挚的热爱和为之不懈奋斗的情怀，由此产生出忘我的工作精神。我们常常彻夜加班毫无怨言。虽然工作苦点累点，但是我们觉得这和常年在土地上劳作的父辈和农民相比，算不了什么，并以有机会参与如此重要的文稿起草等活动感到自豪和荣幸。新立同志热衷学习新的知识，注重全面了解经济情况，善于提出建设性意见。他观点鲜明，思路清晰，喜欢讨论问题，敢于在困难的情况下提出解决问题的办法。

在迎来改革开放四十周年的时候，回顾我们共同度过的日日夜夜，心情激动。写下上述文字，以作为郑新立同志新书的序言。

魏礼群

2018年，北京

郑新立学术思想与治学理念简评*

一、郑新立的学术贡献

1981年8月，郑新立从中国社会科学院研究生院工业经济专业毕业，进入中共中央书记处研究室经济组工作，从此开始了长达37年对经济政策和经济理论的不懈探索。由于他先后在书记处研究室、国家计委研究室和中央政策研究室工作，参与了一系列中央有关改革和发展的重要文件的起草，更由于他勤于思考、求真务实、科学严谨的治学精神，在工作中撰写了大量的理论文章和学术著作。这些成果有些是对党的方针政策的理论阐释，有些是对经济走势的分析和对策建议，有些是对重大经济难题的研究，有些是对国外经验的比较借鉴。概括郑新立的学术成果和治学精神，主要如下：

（一）提出把最终产品率作为评价宏观经济效益的一个主要指标

改革开放前三十年，源于生产资料优先增长理论，我国在经济上"重重轻轻"，即重视重工业，轻视轻工业。重视重工业导致"重工业自我循环"。每年围绕钢铁产量搞煤、电、油、运平衡，生产出来的产品大量沉

---

* 本文是16卷本《郑新立文集》中的"编者的话"，收入本书时对不相关的内容进行了删节。

淀在中间生产环节，进不到老百姓的日常生活中去，造成日用消费品严重匮乏，产品结构极度不合理，宏观效益低下，广大居民不能从经济发展中得到实惠。当时中国的机床加工能力是全世界最大的，机床加工能力超过了钢铁产量。郑新立在大学学了钢铁专业，毕业后又从事钢铁行业的工作，前后共15年的时间，面对钢铁问题，他开始反思，为什么生产了那么多机床、那么多钢铁，却与居民的生活无关，他认识到因为这些产品不是最终产品，它与居民的消费脱节了。基于理性层面的思考，从现实问题上升到理论层次，最终他的硕士论文以"最终产品与最终产品率"为题，主要分析改革前30年片面理解生产资料优先增长理论，搞"重重轻轻"，造成消费品短缺、商品匮乏。在文中，他提出把最终产品率作为评价宏观经济效益的一个主要指标，提出最终产品就是最终消费品，最终产品率即最终供居民消费的产品在整个社会产品中的比例，应当从增加最终产品即最终消费品出发制订计划，提高最终产品率，使广大居民能够从经济发展中得到更多实际利益。他提出了按生产结构将社会产品划分为初级产品、中间产品和最终产品的科学分类方法，为从最终产品出发制订计划提供了科学依据。他提出最终产品率的概念，为正确调整社会生产结构，减少中间品积压，提高宏观经济效益提供了科学的评价指标。他提出并论证了应当用最终产品法制订计划，创造性地设计了一种半动态投入产出模型，使最终产品法制订计划具有了可操作性。这些基本观点对20世纪80年代制定重视农业和优先发展轻纺工业的政策，结束短缺经济时代，具有重要意义。同时，这些观点也推动了我国经济学理论的丰富和发展，为我国改革的实践提供了有力的理论支撑。

(二) 关于合理投资规模的界限

在计划经济体制下，由于缺乏投资的约束机制，加上急于求成的指导思想，投资规模膨胀引发通货膨胀导致经济周期性大起大落，成为国民经济中长期困扰的问题。如何把投资率或积累率控制在合理的范围之内，经济主管部门和经济学界进行了大量的研究探讨。郑新立在1983年写了《基本建设规模的制约因素》一文，在吸收同类研究成果的基础上，提出合理投资规模最低限度（或称下限）和最高限度（或称上限）的设想。最低限度即社会扩大再生产的规模应至少能保证新增劳动力的技术装备水平不低于现有社会劳动力的平均水平，而且能逐步有所提高。最高限度即社会扩大再生产规模应能使包括新增人口在内的居民平均消费水平不低于上一年，而且还要有所提高。根据这两个标准，他进行了实际测算，对于选择最优的投资规模，提供了计算依据。他提出基本建设投资规模的上限和下降并逐年加以计算，其实际意义在于：找出基本建设投资规模的两条客观警戒线，越过了它，就会给国民经济造成危害；在圈定的范围之内寻找最优的投资规模，可以大大减少盲目性，从而避免在主观意志决定下使投资规模大上大下，以保证人民生活和经济建设的稳步提高和健康发展。该文提出的确定合理的投资总规模的数量界限，对医治投资饥渴症，实现投资总规模调控科学化，具有开创意义。

（三）在改善宏观调控中确立新的计划职能

在1993年至1998年期间，经济运行中要解决的主要矛盾是抑制通胀。当时中国正处于从传统计划经济体制向社会主义市场经济体制转轨的过程中，市场经济还要不要计划，如何转变计划职能，这是郑新立当时思考的主要问题。他的观点是，市场经济需要宏观管理，但是这种管理与计划经济时代的管理应有所不同。

1993年，他发表了《社会主义市场经济需要强有力的宏观调控体系》一文，提出，由于我国生产力发展水平比较低，处于二元结构状态，经济发展面临着工业化和现代化的双重任务，为了在21世纪中叶使人均国民生产总值达到中等发达国家的水平，必须实行赶超战略。与此同时，必须建立起宏观经济调控体系。宏观调控的主要任务应当是：保持经济总量的平衡；优化产业结构和地区生产力布局；培育具有国际竞争能力的企业集团；在国际交流中保护国家和企业的利益。

他提出宏观调控体系应是互相配合、高效灵活的有机整体。建立完善的宏观经济调控体系，是现代市场经济健康运行的前提条件。各种调控手段的运用，应当互相密切配合，同时在权限上互相制衡。其中，最重要的是计划、财政、金融手段之间的协调和配合。宏观调控必须以不妨碍微观经济活动的主动性和选择性为前提，强调市场经济之所以具有动力和活力，关键在于它能通过物质利益和市场竞争，使每一个生产经营者都充分发挥出主动性和创造性，都能根据市场需求和效益原则来选择自己的经营方向和经营方式。各个生产要素能根据价格的高低，集中到最需要也是效益最好的地方。宏观调控必须有利于这种主动性和选择性的发挥，必须有利于市场机制的正常运行。同时在宏观调控中，要明确企业是市场的主体。另外，维护市场秩序，保护合理竞争，也是宏观调控的重要职能之一。

从传统计划经济体制向社会主义市场经济体制转变，是我国经济体制的根本转变。如何转变计划职能？1994年，他发表了《改革计划体制，转变计划职能》一文。同年，针对通货膨胀的严峻形势，发表了《在加强和改善宏观调控中确立新的计划职能》的文章，围绕转变计划职能问题，提出计划应合理确定宏观调控的目标体系，制定实现目标的政策措施，综合协调经济杠杆的运用，运用国家直接掌握的资源平抑市场。

（四）建立与市场经济相适应的投资体制

适应资源配置方式从过去政府直接配置为主转变为在国家宏观调控下发挥市场的基础性作用，我国投资体制也进行了根本性改革。对此，他在

1995年发表的文章《建立适应市场经济要求的投资体制》中，提出通过市场竞争和产业政策引导形成投资激励机制，发挥市场在配置资源方面的基础性作用，从根本上说，就是要建立起资本和其他生产要素能够在不同行业之间和同一行业内的各个企业之间，按照价值规律和供求规律自由流动的机制。在注重发挥市场对资源配置的基础性作用的同时，还要发挥国家计划和产业政策对资源配置的引导作用。要通过制定和实施产业政策，对一定时期内国家重点发展的产业，明确规定其经济规模、产品质量标准、技术工艺和布局政策，规定相应的财税、信贷、进出口优惠政策。国家还要扶持一批贸易、科研、生产一体化的大型企业集团，以不断扩大市场占有率，解决低水平重复建设问题，同时在国内市场同国际市场对接的情况下，能够保住国内市场，并逐步进入国际市场。

他提出通过推行项目法人责任制建立投资风险约束机制。对竞争性、基础性、公益性项目投资实行不同的管理方式，强化竞争性项目投融资的市场调节，拓宽基础性项目投融资渠道，改善公益性项目投融资制度。他提出改进对投资总规模的调控，除了依靠强化投资风险约束外，还要建立完善的投资调控体系，运用资金调控、规模调控、质量检测等经济、法律手段和必要的行政手段调节投资规模，对投资结构进行调整优化和引导，培育为投资主体服务的咨询、设计、审计、招标投标、工程监理等服务体系。这些建议对深化投资体制改革产生了重要作用。

（五）建立和完善计划、财税、金融相互协调的宏观调控体系

宏观调控体系是社会主义市场经济体制的重要组成部分。为了避免经济大起大落，就要建立与市场经济相适应的宏观调控体系。要适应新形势，建立和完善计划、财税、金融相互协调的宏观调控体系。20世纪90年代中期和后期，结合抑制通胀和扩大内需的实践，他发表了一系列文

章，对宏观调控的功能、特点、运行机制进行了探讨。指出我国的宏观调控体系既不同于以美、英为代表的分散型市场经济国家，也不同于以德、日、韩为代表的协调型市场经济国家，主要体现在计划、财税、金融三大调控杠杆的运用上。应从我国现阶段的生产力发展水平、市场发育程度和追赶发达国家的要求出发，形成高效、灵活、具有中国特色的调控体系。计划是宏观调控的基本依据，财政是结构调整的重要手段，金融调控的作用主要在总量平衡。三者之间相互协调，形成合力，构成经济运行的动力机制和平衡机制，从而为国民经济的持续、快速、健康发展创造条件。

(六) 振兴四大支柱产业

在制订"九五"计划时，通过研究和对需求预测，他提出应当把汽车制造、电子机械、石油化工和建筑业加快培育为国民经济的支柱产业。在《人民日报》组织了振兴支柱产业的专题讨论，编写了《中国支柱产业振兴方略》一书。从1995年到2007年党的十七大召开，中国在转变经济增长方式上取得了重大进展。一个具有标志意义的事情，就是在这12年间，电子机械、石油化工、汽车制造和建筑业在国内生产总值中的比重由12%上升到20%，作为国民经济四大支柱产业的地位确立起来。四大支柱产业的崛起，对这一时期国民经济的持续快速增长发挥了重要支撑作用。

(七)《发展计划学》与《郑新立经济文集》

1999年，郑新立主编了《发展计划学》一书。在书中，他用发展的视角，总结了改革的成果。在更新计划观念、转变计划职能、探讨计划理论和普及计划知识方面，该书都做了全新的阐释。《发展计划学》使计划学彻底摆脱了传统计划经济的影响，成为一门崭新的学科。2000年，郑新立出版了《论抑制通胀和扩大内需》(《郑新立经济文集一》)、《论新经济增长点》(《郑新立经济文集二》)和《论改革是中国的第二次革命》(《郑新立经济文集三》),三本书约120多万字,精选了作者20年间公开发表的178篇文章。文集从一个角度真实记录了改革开放20年来中国经济发展和宏观调控的轨迹。《论抑制通胀和扩大内需》一书收入的文章,主要涉及经济总量和经济结构方面的内容,记录了我国经济从短缺到低水平过剩的全过程,反映了宏观调控从以抑制需求膨胀为主要任务到以扩大内需为主要任务,从反通胀到反通缩的历史性转变。《论新经济增长点》一书,收入了有关支柱产业、主导产业培育和发展方面的文章,论证了转变经济增长方式的必要性和努力方向,分析了产业结构优化升级的主要任务和相关政策,指出了支撑经济长期持续快速增长的潜力所在,特别是提出了在21世纪经济发展的新阶段,要以满足人民住、行和受教育的需求来拉动经济增长。发展是硬道理,坚持用发展的办法解决面临的各种问题,是这本书的灵魂。《论改革是中国的第二次革命》一书,汇集了有关改革开放的论文和调查报告,包括企业改革,农村改革,计划、投资、金融、财税体制改革,对外开放的方针政策等。

(八)混合所有的股份制是公有制的主要实现形式

2002年在党的十六大召开之前,郑新立率调研组赴浙江省调查所有制结构问题,他从浙江的实践得出结论:浙江经济的崛起关键在于坚持以公有制为主体、各种所有制经济共同发展;混合所有的股份制经济是与现阶段生产力发展要求相适应、富有活力的经济形式;由公众所有的股份制是社会主义公有制的一种新的实现形式。在调研报告中,他提出,社会主义条件下的股份制是对私有制的积极扬弃,劳动者的劳动、技术和资本联合为主的经济应属于公有制经济;企业职工持股使雇佣劳动者变为名副其实的主人,实现了劳动者与生产资料的直接结合;劳动者持股使生产者变为有产者，有利于劳动人民走上富裕道路；股份制使劳动者有了投资自主权，适应了社会主义市场经济发展的要求。

（九）引导社会资金投入新农村建设和农业现代化

对社会主义新农村的建设内容，郑新立指出，一要把发展农村经济、增加农民收入作为中心环节。二要把改善农村基础设施和公共服务落后局面放到突出位置。三要建立起深化农村各项改革的有效机制。要把新农村建设和工业化、城镇化结合起来，形成良性互动，加快工业化、城镇化进程，通过工业化、城镇化带动新农村建设。他提出通过建立六项制度，把农村改革推向深入：一是稳定和完善农村基本经营制度，明确家庭经营、统一经营的发展方向；二是建立严格规范的农村土地管理制度，鼓励、支持、规范土地流转；三是建立财政支持农业和农村发展制度，逐步实现城乡公共服务均等化，引导社会资金来增加对农村和农业的投入；四是建立现代农村金融制度，农村改革的重点要放在农村金融上；五是建立城乡经济社会发展一体化制度，即"六个一体化"，其中包括城乡规划一体化，产业布局一体化，基础设施一体化，公共服务一体化，要素市场一体化，社会管理一体化；六是健全农村民主管理制度，通过村务公开，村党支部建设，以党内民主带动民主决策，进而在基层政权建设等方面建立一整套农村民主管理制度。进入"十二五"，加快农业现代化的条件已经具备：社会资金富余，劳动力转移有出路，对优质农产品的需求旺盛。应抓住机遇，建立鼓励社会资金投入农业现代化建设的机制，鼓励发展新型农业投资经营主体，包括家庭农场、农业合作社、农业公司等，以实现农业的规模化、集约化经营，把一部分农民从土地上解放出来，向二三产业转移。为此，需要搞好农户对承包地和宅基地的确权颁证，确保其用益物权。学习推广成都、昆山、新乡城乡一体化的经验。

（十）从转变经济增长方式到转变经济发展方式

1996年"九五"计划提出转变经济增长方式，2007年党的十七大报告又提出转变经济发展方式。在两个重大发展战略提出的前后，他都不遗余力地撰写文章进行探讨、论证和阐释。

郑新立提出了转变增长方式的内涵及主要方向，这一政策建议被采纳。1995年，党的十四届五中全会关于制订第九个五年计划的《建议》提出要转变经济增长方式，强调经济增长要从粗放型向集约型转变，同时提出要通过经济体制的转变推动经济增长方式的转变。为了推动转变经济增长方式的研究，郑新立同志以国家计委政策研究室的名义于1996年夏天在南戴河组织召开了全国转变经济增长方式经验交流会。国务院总理、副总理等全体领导成员接见了与会代表。会后出版了《转变经济增长方式论文集》、《转变经济增长方式经验汇编》和《转变经济增长方式研究报告》。2004年，发表文章《宏观调控：重在调整结构、转变增长方式》。2005年，发表《自主创新：增长方式转变的关键》。2007年，国内经济发展的突出矛盾已经聚集在需求结构和产业结构上。投资率过高，消费率过低，经济增长过度依赖工业的增长，第三产业发展严重滞后的问题越来越突出。时任中央政策研究室副主任的郑新立认为，需求结构和产业结构这两大问题不解决，将会制约经济的持续增长。需求结构、产业结构、要素结构的转变，归结起来应该是发展方式的转变。经过集体讨论和广泛征求意见，十七大召开前夕，转变经济发展方式被提了出来。

十七大报告提出发展方式的三个转变后，他撰写了一系列宣传解释文章。2009年发表《推动我国经济社会发展必须坚持的正确方向——论"三个转变"》，提出一系列实现"三个转变"的措施。2010年又发表了《转变发展方式是应对危机的根本途径》一文，提出扩大内需的各项财政刺激政策，必须把着力点放在促进转变发展方式上，只有在发展方式转变上取得实质性突破，才能在全球率先回升，并为今后一段较长时期的平稳较快增长奠定基础。可以毫不夸张地说，转变经济增长方式和转变经济发展方式这两个命题，从分析研究论证到宣传贯彻实施，郑新立都做出了无与伦比的贡献。

（十一）实施扩大内需的战略

1998年4月，郑新立写了《确保今年8%增长速度存在的问题和建议》报告，提出扩大内需。受亚洲金融危机冲击，我国投资、消费和出口都受到影响，为确保经济增长，提出通过扩大基础设施投资带动投资需求，也为将来经济发展奠定物质基础。同年发表《扩大内需：我国新经济政策详解》一文，他指出扩大内需是一项必须长期坚持的基本政策，扩大内需应当同产业结构优化升级结合起来，指出扩大内需应当着重于增加消费，提出了增加消费的措施。1999年发表的《扩大内需：一项重要的战略方针》一文，深入分析了把扩大内需作为我国经济发展的基本立足点，以及如何扩大内需的具体措施。2003年，在《发展要有新思路》一文中，提出坚持扩大内需的方针，必须逐步提高消费在国内生产总值中的比重，扩大内需的重点要适时地从以扩大投资为主向以扩大消费为主转变。通过增加城乡居民收入，培育新的消费热点，进而拉动社会投资的增长。走新型工业化道路，形成以高新技术产业为先导，基础产业和制造业为支撑、服务业全面发展的产业格局。

（十二）从提出启动四个消费"发动机"到提出房市、车市、股市联动发展，到"双提高"议案

注重消费对经济增长的拉动作用，是郑新立长期坚持的观点。20世纪80年代初，他就多次撰文论述如何正确处理积累与消费、生产建设与人民

生活的关系，强调生产的根本目的是为了满足人民日益增长的物质、文化需要。在 90 年代后期扩大内需中，他撰文强调以改善居民住、行条件为重点启动消费，之后又提出在消费领域全面开动吃穿用、住房、汽车、旅游四个"发动机"。2003 年到 2008 年，在新一轮经济增长周期中，投资率上升到历史最高点，居民消费率则降到历史最低点。在大量数据分析的基础上，他又提出了调整收入分配结构、大幅度提高居民消费率的目标设想，他提出把房市、车市、股市联动发展作为扩大国内市场的战略，房地产市场、汽车市场和股票市场，是现阶段拉动我国经济发展的主要引擎。他提出了三个市场联动发展的政策建议：在保持房地产市场持续繁荣方面，通过住房政策的调整和体制改革，增强房地产业发展活力，满足多层次的住房需求，充分发挥房地产业对国民经济的拉动作用；在鼓励扩大轿车消费方面，通过采取扩大汽车消费信贷，改善汽车使用环境，鼓励购买电动汽车、混合动力汽车和中小排量轿车等政策鼓励汽车消费；促进资本市场平稳健康发展，通过资本市场的稳定和繁荣支撑房市、车市的持续繁荣，努力使房地产业和汽车产业成为拉动国民经济长盛不衰的重要产业。根据十七大的精神，郑新立在全国政协提出一个"双提高"的提案：一个是提高城乡居民收入占国民总收入的比重，第二是提高居民消费率。争取用三到五年的时间，把城乡居民收入占国民总收入的比重由 43% 提高到 53%，把居民消费率由 35% 提高到 50%。把这两个比例分别提高 10 个百分点和 15 个百分点是完全能做到的。如果能做出这样一个大的调整，需求结构就会有一个大的变化，这就意味着老百姓的收入水平和消费水平将会有一个大幅度提高，就会增强消费对经济增长的拉动作用。近三十年来郑新立不断地呼吁提高消费水平，一再地呼吁避免投资的巨大浪费，要进行结构调整，让广大居民从经济发展中得到更多的实惠。这个观点没有人比他说得更多，所以人们亲切地尊称他为"郑消费"。

（十三）提出自主创新的途径

郑新立总结我国国内企业的经验和自主创新的各种方式，提出了提高自主创新能力的十种途径：第一，引进消化吸收再创新。第二，通过系统集成的方式创新。第三，原始创新。第四，通过技贸结合、国际招标提升自主创新能力。第五，通过国际兼并拥有知识产权。第六，在国外设立研发机构或委托国外研发拥有自主知识产权。第七，与国外合作进行研究开发，成果共享。第八，由国内设计国外制造，或者进口关键零部件在国内制造。第九，通过关键零部件和关键环节的创新突破，逐渐形成自主知识产权。第十，产学研结合。他还指出第三产业的创新，主要是业态的创新，即经营模式的创新。

（十四）提出把无形资产的增值列入对国有企业资产保值增值考核的范围之内

国有企业集中了大批创新人才，站在行业技术进步的前沿，应当成为自主创新的主力军。但是，由于对国有企业资产保值增值的考核中，只看有形资产、不看无形资产，企业研发的专利和技术成果不计入考核范围，打压了企业研发投入的积极性，助长了企业经营决策的短期行为。郑新立为此到企业进行了调研，写了不少文章呼吁改善对国有企业的考核指标体系，还在全国政协做了专门提案。最终这件事引起国有资产管理部门的重视，制定了关于鼓励国有企业增加研发投入，发挥在自主创新中的骨干和带动作用的若干意见，把企业创造的技术专利等无形资产纳入资产保值增值的考核范围。

（十五）提出了加快"走出去"步伐的必要性和海外投资重点

他认为中国经济长远发展面临两大约束，一个是能源资源的瓶颈约束，一个是技术的瓶颈约束。中国有高额的外汇储备，要提高外汇储备的安全性和使用效益，一个重要方向是通过扩大海外投资，把外汇储备的一部分或大部分转化为资源储备和实物储备。他提出在应对2008年金融危机冲击中，要把我国的巨额外汇储备和过剩生产能力结合起来，形成优势，通过资本输出带动商品、劳务输出，把优势发挥出来。扩大海外投资，有利于创造出口需求，打破能源资源瓶颈，有利于提高自主创新能力和国际经营能力，推进人民币的国际化，从而实现多重目标。他提出通过海外投资来创造出口需求，至少可以从五个方面来实现：一是通过扩大海外能源、资源的投资，带动我国勘探开发设备的出口，同时又能够满足我国对能源、资源的需要。二是通过扩大海外加工贸易，带动我国制造业走出去，带动零部件的出口。三是通过扩大对发展中国家的经济援助，带动我国设备和劳务出口。四是通过增加对机电产品出口的买方信贷，扩大我国机电产品的出口。五是通过扩大人民币双边互换，使那些想购买中国商品，但是又缺乏支付能力的国家，以人民币购买中国商品，以能源、资源来偿还贷款。他还提出通过扩大国际并购，拥有国外企业的创新资源和国际营销网络，提升国内企业的国际竞争力。这些观点具有很强的现实意义和可操作性。

（十六）全球金融危机为我国经济发展带来三大机遇

2008年下半年，全球金融危机使我国出口市场萎缩，对国民经济增长带来严重影响。如何在全球金融经济危机中化挑战为机遇，变压力为动力，2009年初，他撰文，提出了金融危机为我国发展带来三大机遇：一是国际并购的机遇，二是扩大内需特别是扩大消费的机遇，三是人民币国际化的机遇。这些观点和建议体现了辩证思维方式，不仅起到了增强信心的作用，而且转化为宏观经济政策。

（十七）提出了把通胀压力转变为产业升级动力的政策建议

进入 2011 年，经济运行面临着通货膨胀压力。如何在保持物价总水平基本稳定的前提下，引导流动性过剩的资金，实现经济平稳较快增长，是"十二五"开局之年面临的严峻挑战。在分析的基础上，提出了通过重视"菜篮子"工程以降低农产品价格，通过重视保障房建设以降低房价，通过海外投资以降低进口铁矿石价格。通过增加有效供给，抑制几类上涨过猛的商品价格是完全能做到的。同时，通过合理引导资金投向，把过剩资金引导到产业升级所需要的方向上来，包括资本市场、战略性新兴产业、公共服务、基础设施、农业现代化、第三产业和海外投资等方面。只要努力朝这个方向调控，就有可能在稳定物价的同时保持经济的较快增长。

（十八）创立了现代政策学和发展计划学两个学科

随着经济的发展，中国迫切需要新的理论体系进行支撑，需要适应市场经济的新学科，对中国计划体制改革、政策研究和发挥市场配置资源的基础性作用进行科学总结和理论指导。20 世纪 90 年代，由他主编的《现代政策研究全书》和《发展计划学》构建了中国两个新的学科，提出了富有创新的理论。政策是中国共产党夺取政权和长期执政的重要手段，是成功的法宝。尽管政策对党来说如此重要，但对政策学的研究和理论体系建设始终落后于实践，政策学未能像法学那样成为一个完整的学科。郑新立基于 30 多年从事政策研究的实践，从理论上对政策学进行思考，为推动政策学作为独立学科问世做出了重大贡献。郑新立组织中国从事政策研究的人，从政策研究基本理论、政策研究方法论、政策研究基础、政策研究层次论、政策研究部门论、国内外政策研究机构概述、国内外政策研究的实践等方面进行了全方位的研究，使新中国第一次有了完整的政策研究理论体系，为之后我国的政策研究奠定了坚实的理论基础。

郑新立创立的发展计划学，是社会主义市场经济下的发展计划学，是研究如何提高全社会组织程度，加快经济发展，提高全社会劳动生产率的科学，它反应发展社会主义市场经济的要求，阐述社会主义市场经济体制下经济社会发展的客观规律，论述社会主义市场经济条件下计划与市场的关系。该学科建立了中长期计划、年度计划和专项计划这一完整学科体系，特别是提出计划与市场相辅相成，以更好地发挥市场配置资源的作用和政府的作用，使"看得见的手"和"看不见的手"在经济社会发展中共同发挥作用，为实现发展生产力这一社会主义主要任务提供制度支持。

（十九）创新淮河经济带发展战略研究

为支持淮河流域发展，造福一方，郑新立组织各方力量对淮河经济带发展战略进行研究。郑新立用了3年的时间，从淮河头到淮河尾，经过大量调研，反复论证，最终形成的研究报告《把加快淮河生态经济带建设作为我国扩大内需的重要战略支点》获得了国务院领导的重要批示。郑新立领导的研究开创了多个第一：第一次在课题研究上对淮河全流域进行研究，提出治理建议。过去对淮河发展的研究，都是各部门、各地方分别进行，这次是第一次以民间力量把农业、水利、工业、交通、旅游各行业有效衔接，组织河南、安徽、江苏三地发改委一起共同研究，打破了部门、地区各自为战的状况，综合各方面研究力量，有效地形成了合力。开创了全流域研究的先河，为其他流域发展研究提供了宝贵的经验和借鉴。针对过去主要从防汛角度来研究治理淮河，第一次从发展角度，进行淮河流域研究。

对中国流域发展模式进行了创新，他提出把淮河建成继长江、珠江后的第三条出海黄金水道，把淮河经济带建成继珠三角、长三角、环渤海之后的第四个增长极。这些建议为淮河的开发利用和淮河经济带的发展描绘了美好蓝图，提出了切实可行的政策措施。在郑新立的积极协调下，目前，皖豫苏三省政府已联合向国务院呈送了关于淮河经济带开发建设的报告。

（二十）两个建议为中央采纳，产生了重大经济效益和国际影响

《确保今年8%增长速度存在的问题和建议》和《关于设立由我主导的亚洲基础设施投融资机构的建议》两篇报告是把研究成果转变成国家决策的重要体现。

为了应对1997年亚洲金融危机对中国经济的影响，郑新立在1998年4月写了《确保今年8%增长速度存在的问题和建议》报告，提出通过发行国债，集中用于基础设施建设，扩大内需，扭转中国经济通货紧缩的走势。报告建议经国家计划委员会呈报国务院，得到中央采纳。同年4月，国务院决定增发1000亿元十年期长期建设债券，同时银行配套贷款1000亿元。该项政策连续实行五年，做了六件大事：农村电网改造、城市基础设施建设、高速公路建设、长江干堤加固、国家粮库建设和扩大大学生招生所需的设施建设，不仅办了多年想办而未能办成的事，支持了当期经济平稳较快发展，而且为之后十年出现高增长、低通胀的黄金发展期奠定了坚实的基础。

2009年3月，郑新立在亚洲博鳌论坛上提出建立亚洲基础设施投资银行和亚洲农业投资银行的建议。2013年7月郑新立又写了《关于设立由我主导的亚洲基础设施投融资机构的建议》，经中国国际经济交流中心报送党中央和国务院，得到中央领导人的高度肯定。2013年10月，习近平主席在雅加达同印度尼西亚总统苏西洛举行会谈时，宣布中方倡议筹建亚洲基础设施投资银行。建立亚投行的主要目的是援助亚太地区国家的基础

设施建设，促进亚太地区互联互通建设和经济一体化进程。2014年10月24日，中国、印度、新加坡等21个首批意向创始成员国的财长和授权代表在北京签约，共同决定成立亚洲基础设施投资银行（AIIB）。2015年6月29日，亚投行的57个意向创始成员国代表在北京出席了《亚洲基础设施投资银行协定》签署仪式。中国以297.804亿美元的认缴股本和26.06%的投票权，居现阶段亚投行第一大股东和投票权占比最高的国家。亚投行的设立，是人民币走向国际化的关键一步，改变了中国在世界经济中的地位，是中国国际地位提升的一次重要战果，是改变全球国际治理格局务实的一步。有评论认为亚投行的建立，是中国做出的最富有智慧的举动，著名经济学家斯蒂格利茨对亚投行的建立给予积极评价，认为2015年将开启中国金融时代元年。

（二十一）提出建立舟山群岛自由港区

在国务院批准设立舟山群岛新区后，如何使舟山的优势得到充分利用？受浙江省政府和舟山市政府委托，郑新立组织课题组对舟山群岛进行了认真调研。他认为，建立舟山群岛新区对于打造国民经济发展的新增长极、构筑我国扩大对外的新平台、为全国海洋经济科学发展提供示范、提高国家战略资源安全的保障能力具有战略意义。对舟山的建设提出分三步走，首先把舟山群岛建成自由贸易港区，然后建成自由园区，再建成自由港区。国务院批复的舟山群岛新区发展规划中，第一次提出建设自由港区的目标，这是我国对外开放政策的新突破，是对邓小平提出的再造几个香港设想的具体落实。研究报告还提出了建设环杭州湾第二大通道，从上海奉贤起，经舟山的大洋山、岱山、舟山、到宁波的公铁两用大桥，实现环杭州湾区域内水铁、水陆零对接，使舟山深水港优势充分发挥，把舟山建成国际物流枢纽。研究报告提出在大小余山建设大型绿色石化基地。经过进一步论证，他提出重点发展国内市场短缺石化产品以顶替进口，在绿色石化基地等项目建设中充分发挥浙江民间资本力量。这些建议都写入了国务院发展规划，有些已付诸实施。

二、郑新立的治学理念和学风

（一）求真务实、严谨创新的治学精神

"学为人师，行为示范"。郑新立在研究过程中表现出求真务实、严谨创新的治学精神。他注重看书学习，但又不受书本理论的束缚。他认为，中国的改革发展是前无古人的事业，没有现成的经验可以效仿，不可能从书本上找到现成的答案。中国经济社会大变革的时代，不断有新问题出现，需要的是有什么问题就研究什么问题，解决什么问题。这就需要不断解放思想，大胆创新，推动经济理论的发展。郑新立认为，作为一名经济学者，要向孙冶方学习，敢于坚持自己认准的观点，自己经过大量研究形成的认识，一定要反复宣传，争取更多的理解和支持。他坚持做研究一定要从实践中来，这样研究的结论才能站得住脚。"不谋万世者，不足谋一时，不谋全局者，不足谋一域"。他坚持从整体上、从长远发展角度分析问题，用动态的视角观察问题，既要把中国的经济情况吃透，也要了解世界经济，把中国经济放在世界经济坐标中去观察分析。他多少年梦寐以求并为之奋斗的，就是让中国富强起来。他高瞻远瞩、心系国家、忧国忧民的情怀处处体现在他的研究成果中，也深深影响着他周围的人。

1. 理论联系实际

郑新立认为政策研究者最重要的品质是理论联系实际。他认为面对纷繁复杂不断变化的现实问题，只能从实际出发才能找到有效的解决办法。中国经济正处在快速成长的赶超时期，为了实现 2020 年全面建成小康社

会的目标，到21世纪中叶基本实现现代化，改革开放和经济发展都面临着艰巨复杂的任务，有许多新的经济理论需要探讨，许多改革发展的难题需要破解。这需要有理论思维、理论兴趣，要大胆创新，推动经济理论的发展。郑新立长期从事经济理论和经济政策研究工作，学术眼光开阔，他经常讲要提高创新能力，提高研究质量，促进不同领域研究的渗透和融合。他对经济运行趋势有灵敏的察觉，对经济发展脉络有比较准确的把握。他对我国经济形势跟踪研究30多年，其研究成果思路清晰，结构严谨，分析推理简洁明快。

经过深入调查和独立思考，他形成了自己的理论认识。在所有制理论方面，郑新立提出混合所有制经济是各类所有制经济中最有活力、发展最快的一部分，是与社会主义初级阶段相适应的公有制实现形式。郑新立提出建立适合中国国情、具有中国特色的宏观经济政策体系。在宏观调控理论方面，他提出中国的社会主义市场经济需要强有力的宏观调控体系，要在加强和改善宏观调控中确立新的计划职能，强调要明确企业是市场的主体。提出国家宏观经济调控政策与指导性的宏观经济规划在年度、中期和长期各个时段上要全面协调，建立和完善计划、财税、金融相互协调的宏观调控体系。他在分析和研究中国全面协调可持续发展实践的基础上，提出中国经济在1998年以后主要面临的问题是需求不足，尤其是内需不足。在消费需求方面，以扩大最终消费为基础，即本国居民的消费需求，它是经济发展的主要动力。在投资需求方面，加强基础设施和公共服务投资。在扩大外需方面，提出要通过扩大海外投资创造出口需求，以资本输出带动商品和劳务出口。坚持"引进来"和"走出去"相结合，利用外资和对外投资并重，提高利用两个市场、两种资源的能力。他认为要利用我国外汇储备多、工业生产能力过剩的机遇，积极实施"走出去"战略。

2. 深入调查研究

郑新立非常注重实地调研，从沙漠荒坡到星罗棋布的海岛，足迹遍布大江南北，凡是有好经验的地方他都不辞劳苦地去调研，把经验加以总结和宣传推广。

如何使淮河流域发展的潜力激发出来？郑新立用整整9天时间从淮河头到淮河尾，对沿线城市、农村进行了深入调研，提出淮河经济带发展布局，把淮河经济带建成中国的第三条出海黄金水道和第四个增长极。就深化农村改革，推动农业现代化、新农村建设、缩小城乡差距等问题，郑新立带队到黑龙江、河南农村调研，通过调研，他提出应当把农业现代化、新农村建设和农民工市民化作为推进城乡一体化的三件大事，以农村土地制度改革为核心，连在一起来做。他认为这是克服经济下行压力、实现全面小康和避免落入中等收入陷阱、跨入高收入国家行列的根本举措，这将有力支撑国民经济持续、健康发展。

（二）从各国经济体制和发展模式比较研究中吸取经验，对中国发展提出符合实际的建议

通过对各国宏观调控体系和发展政策比较分析，借鉴国外经验教训，并针对中国实际，提出相应的对策建议。

1. 探索建立中国新型智库

郑新立在20世纪90年代曾到美国考察智库发展情况，1995年主编出版了《美国技术市场与信息咨询市场》，介绍美国智库情况。建立世界一流智库的想法一直是他期待实现的。2008年，郑新立率先提出了建立中国新型智库——民间智库的设想。2009年3月，中国国际经济交流中心成立，郑新立任该中心常务副理事长。同年6月，全球第一届智库峰会在北京举行，国内外著名智库齐聚一堂，共商全球发展，会议取得巨大成功。美国

前国务卿亨利·基辛格在会上发言时，说"智库峰会这个想法非常简单，而且也非常重要，以前谁有过这个想法呢？"从学者型高官到中国新型智库负责人，郑新立一直处在中央决策、治国理政与学术研究的最前沿，退休后又致力打造中国特色的新型智库。郑新立的心愿是把中国国际经济交流中心打造成世界一流智库，为中国特色新型智库建设做出有益的探索。

2. 提出稳增长亟须货币政策支持

通过对发达国家和新兴经济体在工业化、城市化快速推进过程中M2与GDP增长关系的分析，并结合2011年之后中国经济发展中出现的问题，他提出M2增速下降是导致经济下行的根本原因。为应对经济下行压力，他撰写《稳增长亟待货币政策支持》一文，提出应推行积极的财政政策和适度宽松的货币政策，在货币政策上实施降准降息，适度扩大货币发行。他的文章2015年6月12日公开发表，各个网站争相转载，引起了强烈社会反响。这个建议得到了有关部门采纳。2015年6月27日中国人民银行宣布，从28日起降息并定向降准，这是央行首次使用"降息+定向降准"组合。8月26日，央行再次宣布降准降息，以松动银根支持经济增长。

3. 提出社会主义新农村建设

为了制定好"十一五"规划，在解决"三农"问题和促进农村经济社会发展方面切实迈出步伐，中农办、财政部、建设部、人民银行和贵州省的有关同志，到韩国就"新农村运动"进行了考察。考察团团长是时任中央政策研究室副主任郑新立。回国后，考察团提交了《韩国"新村运动"考察报告》和《关于建设社会主义新农村的若干建议》两个成果，提出要抓住机遇，借鉴韩国经验，把我国社会主义新农村建设摆在国家重大战略的高度，切实有效地加以推进。他陆续发表《借鉴韩国"新村运动"经验，加快我国新农村建设》、《推进新农村建设是实现全面小康的重要途径》、《建设新农村需要制度设计》、《全面深化农村改革，促进社会主义新农村建设》等文章，对推动新农村建设，改善农村发展状况起到了积极作用。

(三) 把对策研究放在突出地位，重点着眼于研究成果为中央制定经济政策时采纳

研究的目的是为中央决策服务，不做无用功。这是郑新立坚定的理念。在长期从事政策研究的实践中，他通过研究中国改革发展中急需解决的问题，不断产生新思想、新观点，并着眼于把研究成果转变成国家决策，着眼于把"球"踢进去。他围绕中央文件起草进行研究，围绕阐释、宣传和贯彻落实中央文件精神进行研究。郑新立的主要工作是参加中央一系列重要文件的起草，绝大部分时间他都在中央政策研究机构和国务院的综合经济部门从事经济政策研究，有机会亲历改革开放和经济发展的全过程，直接或间接地参与了改革开放以来各项重大经济决策的酝酿、出台和实施过程。他长期从事宏观经济理论和经济政策研究，在计划和投资体制改革、宏观经济调控、中长期发展政策等领域，都有较深的研究和独到见解。他坚持从中国的实际出发，绞尽脑汁、竭尽全力地提出有针对性的理论观点和政策建议。他的许多观点、主张演绎为实际实行的政策，一些预见也变成了历史事实。如对调整产业结构、转变经济增长方式、扩大内需、转变经济发展方式等问题的研究和政策建议，对解决当时经济生活中存在的问题发挥了重要作用。从建立新型智库到建立亚投行，从建立舟山群岛新区到建立淮河经济带，从观点的提出到在实践中得到落实，无不体现着郑新立把解决实际问题作为研究的着眼点。他始终坚持研究的成果和提出的政策建议必须符合中国国情。只有使研究成果在国家的发展规划、发展战略和政策措施中体现出来，这样的研究才是有意义的。

多年以来他所发表的经济文章和出版的著作，大部分都围绕着改革

开放以来的宏观经济调控、中长期发展战略、重大经济政策，进行理论探索，或提出政策建议，或解读中央文件，或反映调研成果。他所提出的观点具有很强的预见性和前瞻性，切中我国经济发展实际。对各个时期经济运行中的热点、难点问题抓得准，研究得透，从而使得他的研究现实性、政策性强。郑新立的思想与时俱进，一直都是站在最前沿，他所提出的各种主张和建议，未来很长一段时间内仍具有很强的理论指导和实践价值。

（四）定性与定量相结合的科学分析方法

郑新立在研究过程中，非常注重定性分析与定量分析相结合，这一特点在他写的文章中表现明显。他认为经济活动具有特殊性和复杂性，研究既要注重定性研究也要注重定量研究，要在各种纷繁复杂的现象中准确把握事物的本质，就要运用定性分析与定量分析相结合的科学方法，力求从众多现象和经济数据中揭示出其内在的经济规律，来达到对于经济现象和经济数据本质的认识。要努力揭示各类事物间的相互关系。只有在科学分析的基础上得出正确的判断，才能提出切实可行的政策建议。也许由于大学是学理工科的原因，他对数据有着特别的兴趣和敏感。在做研究时，他坚持用数据说话。在表述自己的思想、观点和研究成果时，运用了大量翔实的数据和事例，力求增强研究成果的说服力。这使得他的研究成果立论扎实，建议合理，措施得力，具有可操作性，说服力强，为经济决策提供了重要智力支持。

目 录

001　自序
005　英文版序言

007　**改革开放篇**
008　混合所有的股份制是公有制的主要实现形式
016　成功应对国际金融危机的中流砥柱
024　牢牢把握加快改革创新这一强大动力
032　政府和市场的关系：经济体制改革的核心问题
040　围绕发展方式转变　凝聚改革共识
057　关于设立由我主导的亚洲基础设施投融资机构的建议
065　论金融体制改革的路线图
074　坚持社会主义市场经济改革方向
082　建立多元制衡的国际储备货币体系
090　以改革新突破释放发展新动力
098　走出认识误区　深化国企改革
106　探索建立中国特色新型智库
116　增强改革的系统性、整体性、协同性

125	**发展方式篇**
126	转变发展方式是应对危机的根本途径
132	采取措施提高居民收入占GDP的比重
135	着力扩大消费对经济增长的拉动作用
147	通过改善民生拉动经济发展
153	转变经济发展方式是刻不容缓的战略任务
171	树立并落实创新、协调、绿色、开放、共享的发展理念
179	中国有巨大潜力跃升高收入国家
187	**宏观调控篇**
188	对我国市场经济宏观调控体系的探讨
196	确保今年8%增长速度存在的问题和建议
199	"软着陆"成功后的新形势和新任务
208	中国宏观经济管理体制的改革
248	扩大内需：一项重要的战略方针
255	化通胀压力为产业升级动力
261	加强经济增长、结构调整与物价稳定的统一协调
269	全面把握好经济工作中的几个辩证关系
277	**统筹城乡篇**
278	农业现代化必须与工业化、城镇化同步推进
284	坚持走中国特色新型城镇化道路
294	积极探索农村土地公有制实现方式
300	聚焦农村改革　破解需求瓶颈
306	以全面小康为目标加快城乡一体化进程

313	借鉴荷兰、日本经验教训　加快我国农业现代化
318	城乡一体化是最大的新动能
326	把特色小镇作为城乡一体化突破口

331	**自主创新篇**
332	自主创新：增长方式转变的关键
340	提高自主创新能力的多种途径
346	华为：专利申请全球金牌的背后
351	自主创新是实现产业升级的中心环节
359	深圳国际专利申请量为何遥遥领先
363	加快形成以创新为主要引领和支撑的经济体系和发展模式

371	**产业振兴篇**
372	20世纪90年代支柱产业的培育和发展
379	论我国的大企业集团战略
391	动员各方力量发展第三产业
395	按照新型工业化要求调整投资结构
407	抓住重大问题推进供给侧结构性改革

413	**结语**
414	在实践中探索符合中国国情的改革方法

421	**附录**
422	《郑新立文集》（16卷）总目录

自　序

1981年我从中国社会科学院研究生院毕业,进入中共中央书记处研究室工作,开始了经济研究生涯。1987年书记处研究室被撤销,我到国家计划委员会,先在国家信息中心工作两年,之后到计委研究室,2000年又回到中央政策研究室,直到2013年退休。2009年,我协助曾培炎同志创办了一家社会智库——中国国际经济交流中心,继续从事经济研究和国际交流工作。

从这些经历可见,改革开放40年,我始终有幸在中央一级的机构从事经济理论和经济政策研究,从20世纪90年代开始,参与中央文件起草工作。从"八五"、"九五"、"十五"、"十一五"到"十二五",我连续参加了五个五年计(规)划起草组的工作;从十四届三中全会关于建立社会主义市场经济体制的决定,十六届三中全会关于完善社会主义市场经济体制的决定,十七届三中全会关于农村经济体制改革决定,到十八届三中全会关于全面深化改革的决定,这四个党的重要改革文件,我都参与了起草工作;我还参与了党的十七大报告的起草工作。由于工作的关系,我的研究工作大多围绕着中央文件的产生、阐释和贯彻落实中的问题来进行。因此,收入我的《文集》中的文章,从一个侧面真实记录了改革开放以来我国发展战略、方针政策、体制机制的演变过程,反映了各个时期遇到的困难和矛盾，以及这些困难和矛盾是如何被一一克服的。当然，这些浩繁的文字，浸透着我的心血和汗水，体现着一个经济研究人员的创造性劳动，表明了一个个人的研究如何融入时代前进的洪流。

如果把40年致力经济政策和经济理论研究工作的心得梳理一下，我想以下几点值得分享：

经济研究一定要从中国实际出发。经济学是富民强国之学。如何使我国经济尽快赶上发达国家的水平，是经济研究所围绕的目标。我国人口多、经济发展不平衡，国情决定我们必须从自己的实际出发，寻找相适应的发展道路。好的办法来自于群众。经济研究工作者一定要深入实际调查研究，善于发现和总结各地发展经济的有效办法，并善于把好的经验提升到国家政策和理论的高度，使之在全国开花结果。多年来，我一听说哪里有好的做法，就一定迅速赶到，做实地调研。因此，我写的文章、报告、建议，都有实际案例为支撑，做到不说空话。这就叫"接地气"。由于立足于实际，形成的观点也敢于坚持。

一定要用定量分析方法。经济学是一门精细的科学。现代经济中的各种参数既表明经济运行的不同状态，又相互影响。离开具体的动态的经济数据，不可能对经济运行的健康状况做出正确的分析判断。许多经济规律，都是在对大量经济数据分析的基础上抽象出来的。所以，研究经济问题必须对经济数据保持浓厚兴趣和高度敏感。我写的文章和提出的观点，一般都有足够的数据来佐证。这也是文章和观点说服力强的诀窍。

一定要独立思考，不迷信权威。经济学是以不断变化的事物为研究对象的科学。特别是对中国这样的发展中大国，由于经济发展水平和经济体制变化很快，不同时期会有不同的矛盾和问题。我的切身体会是，如果用老办法解决新问题，往往导致南辕北辙。我在国家计划委员会时，1993—1998年的五年，我们一直在同通货膨胀做斗争，而到了1998年之后，我们又反转180度，改为同通货紧缩做斗争。因此，前五年宏观调控的基调是抑制通胀，后五年改为扩大内需。如果墨守成规，必然铸成大错。遇到新问题，没有人能告诉你现成的解决办法，也不能听前人说过什么，只能靠实事求是和独立思考，靠独立解决问题的能力。作为智库人员，更应发表独立见解，切莫人云亦云或揣摩领导意图。因为在这个时候，领导最需要听的，是智库的意见。对于自己经过独立研究形成的观点，一定要敢于坚持，即使大家都不同意自己的观点也毫无关系，因为历史多次证明，真理往往掌握在少数人手里。

一定要有全球视野，从国际比较中获得灵感。经济学是一个国际性很强的学科。发达国家和发展中国家有不同的国情，大国和小国各有自己的特点。中国作为后发展国家，要发挥后发优势，加快发展，必须学习借鉴发达国家的经验。20世纪80年代初期我们比较多地借鉴日本制定产业政策的经验，之后又学习借鉴德国和美国宏观调控的经验。对于一些发展比较快的小国的经验，如韩国工业化的经验，爱尔兰跨越式发展的经验，芬兰和以色列重视发展科技、教育的经验，荷兰发展高效农业的经验，以及印度发展软件产业的成功经验，法国发展农业合作社的经验等，我都专门前去进行了考察，从中开阔了眼界，得到许多启示。为了起草《招标投标法》，我走访了各有关国际组织和一些发达国家。仅对美国的专项考察就去了十五次，从各个不同角度对美国进行了深度观察，每一次都有很大收获。虽然改革40年我们已经有了很大发展，但同发达国家相比，仍然有很大差距。为了避免落入中等收入陷阱，顺利跨入高收入国家行列，我们还要谦虚地做小学生，要取各国之长，借助于各国人民的智慧，来促进我国经济的持续、健康发展。

一定要勤奋好学、埋头苦干。经济学是一门需要知识和经验积累的学科。我在书记处研究室时，有幸在梅行同志领导下工作。他是一位品格高尚、才华横溢的老革命，他经常告诫我们，研究室的家规就是"埋头苦干、无名无利"，对我的影响极深。以后无论我走到什么地方，都把这八个字作为座右铭。做智库工作的人，一定要多读、多看、多思、多写，特别是在精力充沛的年龄，更应抓紧分分秒秒提高自己的水平和能力。我在计委工作时，经常加班，常常到深夜。我的同事们都有一股很高的工作热情。如果加班没有叫上谁，谁就会有失落感。一篇文稿，往往要改很多遍，有时要推倒重来。我们中央文件的产生过程，在世界上应当说是最为民主的。起草组的同志都把改好每一个字作为与党的事业和人民的利益紧密相关的大事。勤奋、认真，可能是对一个经济研究和智库人员素质的基本要求。

我的学生们问我，你的工作任务这么重，怎么还能写出这么多文章？我心里明白，除了我的勤奋努力之外，我的母亲为我付出了很多，她为我照看了家庭和孩子。她今年已经91岁了，仍然坚持步行上下楼锻炼，她的坚韧遗传给了我。我的老妻刘世援，是北京大学医学部的教授，是她承担了家务，让我全力以赴工作。我的儿子郑哲在成长过程中，我没有用很多时间陪伴和帮助，他常常在我回家时已经入睡。对母亲、妻子、儿子，我都心怀愧疚。我的这些文字，是全家人的付出换来的。

感谢我的学生徐伟从各个图书馆和网站上查找到许多我的文章和书籍，并加以复印。感谢许琳编辑对文稿进行仔细勘正和精简。

读者在看到这些文字时，如果感到有一些用处，觉得在这个伟大时代里，我没有碌碌无为和虚度年华，那我就心满意足了。

郑新立
2018 年，北京

英文版序言

从 1978 到 2018 年的 40 年，中国取得了举世公认的经济奇迹。改革开放是创造奇迹的根本原因。在 20 世纪 80 年代，我们以农村改革为主，通过实行土地家庭联产承包责任制和发展乡镇企业，一举解决了温饱问题，结束了商品匮乏的历史，实现了经济的起飞。在对外方面，主要学习借鉴日本和亚洲四小龙的经验。进入九十年代，通过推进以国有企业改革为中心的宏观管理体制改革，振兴电子机械、石油化工、汽车制造和建筑业四大支柱产业，带动了经济腾飞。这一时期逐渐重视学习借鉴德国、美国宏观调控的经验。进入 21 世纪第一个 10 年，通过发行长期建设债券进行基础设施建设，用十多年时间建成了世界上最大的高速公路网、高铁网和通讯网，铸造了长达十年的黄金增长期。这一时期继续注重学习借鉴世界各国的经验，包括芬兰注重教育的经验，以色列注重科技的经验，爱尔兰通过兴办自由贸易园区发展软件和生物制药的经验，印度发展软件业的经验，荷兰发展高效农业的经验等。所以说中国改革开放的成功，就是从本国实际出发，学习借鉴世界各国经验的结果。进入 21 世纪的第 2 个 10 年，我们围绕发展方式转变推进各项改革和经济结构调整。在需求结构上调整投资和消费的比例关系，使消费取代投资成为拉动经济增长的最大动力；在产业结构上，通过税制改革，鼓励第三产业发展，使之成为国民经济中的增长点；在要素结构上，注重发挥技术。管理和劳动者素质对经济增长的作用。发展方式转变使经济增长质量逐步提高。

中国的成功经验也应当属于世界，属于整个人类。中国不会主动推销自己的经验，但是如果有哪个国家或智库愿意研究借鉴中国改革开放和经济发展的经验，中国的经济学家有责任把自己40年的发展历程和主要政策措施加以梳理和总结，并用国外的通用文字介绍出去。这本英文著作是从我2016年出版的16卷文集中选出来的，并加上2016年下半年以来新撰写的6篇文章。收入时以近期为主，按专题分类，每一类文章中又以时间为序。书中附上原16卷文集中关于作者在经济研究中提出的主要观点介绍、作者自序和全部文集的目录，供有兴趣的读者查阅。

中国经济目前正面临着产能过剩的新挑战。能不能顺利解决这一问题，关系到会不会避免落入中等收入陷阱，跨入高收入国家行列。中国的经济学家目前正为解决这一问题绞尽脑汁。所以，仍需要研究借鉴国外正反两方面的经验，继续从国外经验的比较研究中找到灵感。

感谢为本书的翻译、出版、发行做出辛勤劳动的所有的朋友、同仁，欢迎读者对本书的观点提出评论和批评意见。

郑新立

2018年，北京

改革开放篇

混合所有的股份制是公有制的主要实现形式[*]

党的十六届三中全会通过的《关于完善社会主义市场经济体制若干问题的决定》指出:"要适应经济市场化不断发展的趋势,进一步增强公有制经济的活力,大力发展国有资本、集体资本和非公有资本等参股的混合所有制经济,实现投资主体多元化,使股份制成为公有制的主要实现形式。"这一重要决策,是对公有制经济实现形式在认识上的突破,是对社会主义市场经济改革理论的发展。认真学习、深入领会并贯彻落实这一重要决策,对深化国有企业改革,完善社会主义市场经济体制,进一步激发我国经济发展的强大活力,具有十分重要的意义。

一 提出混合所有的股份制是公有制的主要实现形式,是对我们党以往有关论断的继承和发展

股份制是伴随着社会化大生产的出现而产生和发展起来的。作为企业的资本组织形式,对推动机器大工业和现代产业的发展,发挥了巨大的历史作用,并在实践中使股份制不断完善。在社会主义市场经济条件下,我们要发展社会化大生产,必须借助于股份制这种形式。当然,我们今天发

---

* 本文原载《党建研究》2003 年第 11 期。

展股份制经济,同发达市场经济国家具有不同的环境和条件。主要是经过新中国50多年的积累,形成了高达十几万亿元全民所有的固定资产,其中经营性资产就达7万多亿元。这是几代人艰苦奋斗积累起来的共同财富,是全国人民共同利益之所在。此外,还有一批归集体所有的资产。对这些资产,必须严加保护,使之不断增值,决不能由任何个人侵占和流失。国有资本与集体资本、非公有资本相互参股,形成混合所有的股份制经济,这将是我国的股份制经济在股权结构上的一个重要特点。在运行机制上,我国的股份制经济将采用发达市场经济国家普遍运用的形式,从而形成有利于生产力发展的社会经济机制。

改革以来,我们对混合所有的股份制经济进行了积极的探索,在理论和实践上不断创新。十六届三中全会《决定》关于发展混合所有的股份制的论断,在继承我们党以往有关论断的基础上,又有了新的发展。早在十年前,党的十四届三中全会《关于建立社会主义市场经济若干问题的决定》就提出,随着产权的流动和重组,财产混合所有的经济单位越来越多,将会形成新的财产所有结构。党的十五大提出,股份制资本主义可以用,社会主义也可以用,国家和集体控股的股份制具有明显的公有性。党的十五届四中全会提出,国有大中型企业尤其是优势企业,宜于实行股份制的,要通过规范上市、中外合资和企业互相参股等形式,改为股份制企业,发展混合所有制经济。党的十六大提出,除极少数必须由国家独资经营的企业外,积极推行股份制,发展混合所有制经济。这次《决定》进一步明确提出大力发展混合所有制经济,使股份制成为公有制的主要实现形式,在理论上是一个新的突破,反映了我们党对公有制实现形式认识上的深化。

把混合所有的股份制作为公有制的主要实现形式,要求我们的绝大多数企业都要实现投资主体多元化,成为股份制企业。在同一企业里,既有国有股、集体股，又有个人股、外资股、法人股等等，各类所有制的资本具有平等的地位，按照股权的多少，享有不同的权益。国有资本可以控股，也可以参股，无论采取哪种形式，都是公有制的实现形式。也只有在产权多元化的基础上，才能建立股东会，成为企业的最高权力机构。由股东会产生董事会，作为企业的决策机构。由董事会聘任经营管理者，作为企业管理的执行机构。股东会、董事会和经营管理者三者之间形成制衡机制，才能建立起科学的公司治理结构，从而真正建立起现代企业制度。如果我们的多数国有企业都是国有独资或国有一股独大，股东会和董事会也就没有存在的必要，权力制衡的公司治理结构也就不可能建立起来，因而也就不可能真正建立起现代企业制度。《决定》要求把混合所有的股份制作为公有制的主要实现形式，为国有企业建立现代企业制度铺平了道路。只有按照《决定》的要求去做，才能为国有企业建立现代企业制度提供前提条件。

二 提出混合所有的股份制是公有制的主要实现形式，是对改革实践经验的科学总结

实行混合所有的股份制，有利于集中社会各个方面的资金，实现资本的集聚，满足大型工程和建设项目对巨额资金的需求；有利于所有权和经营权的分离，把经营管理能力强的人才选拔到企业领导岗位；有利于维护各方面的利益，调动各方面特别是广大劳动者投资创业的积极性；有利于实现政企分开、政资分开，企业成为独立的市场竞争主体，政府职能主要转向公共服务和社会管理。正是由于混合所有的股份制所具有的这些优势，因此，在许多地方特别是沿海发达地区得到迅速发展，成为当地经济发展中最具活力、发展最快的一部分，成为搞活国有经济的主要途径，在经济生活中发挥着越来越重要的作用。如浙江省，20世纪90年代以来，

以股份制为基础的混合所有制经济持续大幅度增长，年增长速度达到15%以上，目前混合所有制经济在全省国内生产总值中的比重已占60%以上，预计到2005年，将上升到70%以上。比较典型的公司产权结构，一般拥有公有股（包括国有股或集体股）、职工股和社会股（股票上市公司由股民持有的股份）这三个部分。在职工股中，又分为核心层、骨干层和一般职工持股。这样的股权结构，既能壮大公有资本，满足公共利益的需要；又能使企业具有稳定的职工队伍，形成较强的凝聚力；还能使企业具有集聚资本和接受股民监督的功能，有利于企业迅速做大做强。在实际生活中，各个企业由于成长历史、行业特点的不同，股权结构不尽相同。实践证明，实行这种混合所有制的企业，具有强大的生命力。国有企业按照这种产权结构进行调整和改革，能够迅速摆脱大锅饭和平均主义的弊端，显示出无限的活力。集体企业按照混合所有的股份制进行改制，能够有效摆脱乡村政权的干预，迅速做大做强；私营企业引入股份制，经营管理能够很快跳出家族式束缚，迅速提升到现代企业制度的水平。总之，国有企业、集体企业和私营企业都朝着混合所有的股份制的方向发展，大有殊途同归之势。可见，发展混合所有的股份制，符合社会主义市场经济条件下企业运营发展的客观规律，是一种行之有效的产权组织形式。

应当看到，目前在国有企业中，有相当大一部分还没有完全认识到实行混合所有的股份制的优越性，许多企业虽然宣布建立了公司制，但距离规范的股份制的要求相差比较远。到2000年，我国拥有单一投资主体的国有独资工商企业14.5万家，占全部国有工商企业总户数的75.9%。在520家国家重点企业中，有430家进行了公司制改革，其中只有282家整体或部分改制为有限责任公司或股份有限公司，开始形成多元投资主体。即使在产权多元化的公司中，国有股绝对控股（股权占50%以上）的又占相当大比例。到2001年，全国3.2万户国有控股工商企业中，国有股占股本的比重平均为63%。截至2001年4月底，全国上市公司中第一大股东持股份额占公司总股本超过50%的有890家，占全部上市公司总数的79.2%。大股东中国家股东和法人股东占绝对多数，相当一部分法人股东也是由国家控股的。这种国有股一股独大的局面，不能形成各个股东之间以及股东会与董事会、董事会与经营层之间的制衡关系，往往出现企业由"内部人控制"，中小股东利益受到损害。这种股权结构如果不能加以改变，就难以形成现代企业制度及其所要求的规范的公司治理结构，在这样的体制下，公司也就不可能健康发展。在一些老工业基地，国有企业比较集中，目前各种困难比较多，其主要原因是国有企业改制不彻底，许多公司是所谓的"翻牌"公司，企业的名称虽然换了，但产权结构和公司治理结构没有什么变化，企业的运行机制照旧，因此，原有的矛盾不但没有得到解决，反而越积越多，越积越大。现在已经到了必须认真对待、下决心改革的时候了。

正反两方面的经验表明，按照《决定》提出的混合所有的股份制的要求改革国有企业，真正实现投资主体多元化，是国有企业改革发展的正确选择，也是老工业基地走向振兴的正确途径。

三 提出混合所有的股份制是公有制的主要实现形式，是探索公有制和市场经济结合的有效形式的重要成果

公有制能不能与市场经济结合，这个问题从改革一开始就成为必须从理论和实践上回答的尖锐问题。国外不少人对我们的探索表示怀疑，甚至断言市场经济只能建立在私有制的基础上，中国要搞市场经济，就只能全面实行私有制。经过20多年的改革，我们基本上确立了以公有制为主体、多种所有制经济共同发展的基本经济制度。党的十六大提出，必须毫不动摇地巩固和发展公有制经济，必须毫不动摇地鼓励、支持和引导非公

有制经济发展。坚持社会主义初级阶段的基本经济制度，是建立和完善社会主义市场经济体制的基本要求。按照基本经济制度调整所有制结构，是改革的重要内容。实践证明，公有制经济与非公有制经济一样，都可以与市场经济紧密结合，这个结合点就是股份制。多种所有制经济通过股份制这种资本组织形式，有机地组合在一起，形成企业法人财产，既能发挥各自的优势，又能发挥整体功能，这就顺利地实现了公有制与市场经济的结合。这个难题的解决，从根本上解决了改革以来始终困扰我们的一个重大问题，使改革的理论更彻底、更完善了。

我们的这一探索，是对马克思主义股份制理论的继承和发展。马克思、恩格斯生活的年代，资本主义股份制已经有了长足的发展，他们对股份制给予了积极的评价。在分析资本主义股份制时，马克思指出，股份制是"在资本主义体系本身基础上对资本主义的私人产业的扬弃；随着它的扩大和侵入新的生产部门，也在同样的程度上消灭着私人产业"。[①]马克思把合作工厂看作是对资本主义生产方式的积极扬弃，股份制是对资本主义生产方式的消极扬弃。把股份制企业和合作工厂看作是"由资本主义生产方式转化为联合的生产方式的过渡形式"。[②]当今的股份制比起100多年前有了很大的发展，我们完全可以利用它来为发展社会主义市场经济服务。应当看到，我们的股权拥有者，除了国有、集体单位以外，还有很大一部分是广大劳动者。劳动者持股比例和持股人数的增多，可以促使广大劳动者更加关心企业生产经营，激发他们的劳动热情，有利于增加人民收入，加快实现全面建设小康社会的目标。总之，发展混合所有的股份制，是实现公有制与市场经济相结合的必然要求和最佳选择。

[①] 《资本论》第3卷，人民出版社2004年版，第497页。
[②] 同上书，第498页。

四　认真学习和贯彻落实《决定》关于公有制实现形式的论断，对国有企业改革和发展必将产生重大而深远的影响

完善社会主义市场经济体制，实现公有制与市场经济的有机结合，关键在于使国有企业真正成为自主经营和具有发展活力的市场主体。经过多年的努力，我国国有企业管理体制和经营机制发生了很大变化，市场竞争力明显增强，但是一些深层次问题还没有完全解决，国有企业改革仍然是整个改革的中心环节。当前深化国有企业改革，要从调整股权结构、解决企业深层次矛盾入手，通过引进战略投资者，包括吸引本行业的优秀企业、民间资本、上下游企业资本等，加快企业重组，优化资本结构。目前我国的民营企业和国有企业中，都有一批办得很好的企业，应通过招标的形式，选择合作伙伴。要加强监管，避免企业重组过程中国有资产的流失。要鼓励外资企业特别是跨国公司参与国有企业的改组和改革。要把企业改组与技术改造、体制改革结合起来，只有在企业改制工作完成后，政府再酌情考虑给予投资政策支持。企业股权结构的设计要缜密细致，从实际出发，充分考虑各方面利益。涉及减少用工人员，要妥善安排下岗人员的工作和生活。

公有制实现形式的转变，要求我们必须相应转变思想观念。不能认为只有传统体制下的国有独资企业才是公有制经济，应当看到，分布于各个企业中的国有资本都是公有经济，而且与前者相比，更有利于国有资本的增值；不能认为只有兴办为数众多的国有企业，才能保证国家宏观经济政策的贯彻落实，维护人民的利益，应当看到，由混合所有的股份制企业按照市场需求、依法经营，就是对国家宏观经济政策最好的贯彻落实，就是维护广大人民的利益，也只有摆脱行政干预，企业才能真正独立经营，不断增强国际竞争能力。过去，我们常常把国有企业比作关在笼中的老虎。只有从资本结构上对企业进行脱胎换骨的改造，企业才能转变机制，真正

放虎归山，把国有企业中蕴藏的巨大潜力发挥出来。通过股份制改造，把我国现有 7 万多亿元的经营性国有资产全部盘活，使之像民营资本那样能够流动、变现、增值，那么，国有资本就将成为我国国民经济发展的强大推动力量，成为真正为全国人民谋利益的盈利的手段，在全面建设小康社会和实现中华民族伟大复兴中发挥出不可替代的巨大作用。

成功应对国际金融危机的中流砥柱[*]

在纪念中国共产党诞生 90 周年之际，回顾我国战胜国际金融危机的过程，分析危机产生的根源，探讨防范危机的途径，对于提高党的执政能力，保持经济长期平稳较快发展，带领全国人民实现中华民族复兴的伟大目标，具有十分重要的现实意义。

一 美国利用国家信用制造金融泡沫是危机产生的根源

从 2008 年下半年开始的国际金融危机给世界经济造成重创，各国经济界都从不同角度对其成因进行反思。概括起来，比较流行的观点有三：一是发展中国家出口过多导致的世界经济失衡说；二是金融衍生产品泛滥导致的经济过度杠杆化说；三是政府债务膨胀导致的主权债务说。这些貌似正确的观点，经过国际主流媒体的反复传播，使不少人误以为这就是危机产生的根源。

诚然，如果站在某些国家和利益集团的立场上，或从某一侧面来看，这些结论似乎有一定道理，但绝非这次危机产生的根本原因。

发展中国家利用劳动力和资源等优势，吸引资金、技术，加快了经济发展，出口有了较快增长，这是生产要素在全球优化配置的结果。在出口

---

[*] 本文原载《求是》2011 年第 13 期。

增加的同时，发展中国家也扩大了进口，为发达国家增加就业、促进经济增长提供了源源不断的活力。而发达国家跨国集团利用发展中国家廉价劳动力，不断扩大对发展中国家的投资，又直接为其提供了利润增长点。这种互利共赢的经济活动是经济全球化的必然要求，是各个国家共同进步的历史趋势。综观世界发展史，发展的不平衡是绝对的，均衡则是相对的。近代以来，英国、美国都曾长期作为主要出口国，长期保持贸易顺差。时至今日，美国仍是服务贸易主要输出国，日本、德国等发达国家仍是技术密集型、知识密集型产品的主要出口国。把发展中国家主要以劳动密集型、资源密集型产品的出口说成是导致世界经济不均衡以致引发全球金融危机的原因，完全是本末倒置。

金融衍生产品泛滥导致经济过度杠杆化，是引发金融危机的直接原因之一，但造成金融衍生产品泛滥的原因又是什么？为什么对风险极大的金融产品包括信用违约掉期产品各国投资者会竞相购买？为什么金融衍生产品泛滥发生在美国而不是别的国家？20世纪30年代大危机之后，美国曾吸取教训，通过了加强金融监管的一系列法律，而到了80年代，这些法律则被认为妨碍金融业的发展而予以废除。在金融衍生产品泛滥时期，美国经济学界和政府的有识之士也曾提出过加强金融监管立法，但这些法律一提交到国会即遭否决。为什么自称代表选民利益的国会议员们会放任金融衍生产品泛滥？他们又受到哪些利益驱使？总之，金融过度杠杆化只是一种表象，其背后还有更深层次的原因。

政府债务过度膨胀导致主权债务危机，也是产生金融危机的原因之一，但仍然不是根本原因。财政赤字和政府债务对货币发行具有倒逼机制，货币发行必须保持在财政收入和国内生产总值所确定的合理范围之内，超过一定比例就意味着超发货币，必然导致通货膨胀。事实上，美国长期依靠财政赤字和政府发债来满足开支需要。金融危机发生后，美国政府财政赤字和债务规模持续上升，2010年底，联邦政府财政赤字达1.4万亿美元，为国内生产总值的9.4%；公共债务9.02万亿美元，占当年国内生产总值的62.1%，在发达国家中处于很高的水平。然而，美国的高赤字率和高债务率并没有引发通货膨胀，利率水平较低，这完全得益于其世界主要储备货币发行国的地位，吸引了外国资金和廉价商品的大量流入。可见，无论是危机之前或之后，美国政府大量举债只是对金融海啸能量的积聚起到助推的作用。

爆发金融海啸的根本原因，是美国长期滥用国家信用，利用其全球主要储备货币发行国的地位，推行经常项目和财政预算双赤字政策，维持国内居民的过度消费和政府的超额支出，不断积聚了金融海啸的巨大能量。美国信用评级机构利用全球垄断地位，掩盖国家信用风险，颠倒债务债权国的风险关系，把大量国际资本引入风险高度集中的地区，使金融危机的防范失去了最后一道屏障。

市场经济是信用经济，经济全球化使国家信用成为国家竞争力和经济实力的重要组成部分。良好的国家信用可以降低一个国家政府和企业的融资成本，增强对外资的吸引力，成为经济发展的重要动力。相反，滥用国家信用，特别是作为世界主要储备货币发行国滥用国家信用，侵吞其他国家的财富，积累和传播金融风险，最终必然给本国经济和全球经济带来灭顶之灾。

美国成为这次全球金融危机的策源地，又明白无误地告诉我们，依托国家信用制造的金融产品，必须与其实体经济规模相适应。虚拟经济过度膨胀，使美国经济犹如一个建立在沙滩上的倒金字塔。金融危机前，作为底部的次贷大约有2万亿美元；普通房贷约12万亿美元；包括资产抵押债券（CDO）和信用违约掉期合同（CDS）在内的企业债约62万亿美元；据国际清算银行的数据，美国各大金融机构持有的金融衍生品达300万亿美元左右。这样一个头重脚轻的金融大厦，只要其中一个环节出了问题，就必然会在顷刻之间崩塌。如果说历史上资本主义的经济危机主要是由物质产品生产能力过剩带来的，那么，在金融业高度发达的今天，依靠国家信用形成的毫无节制的金融产品供给能力，则是新的历史条件下全球经济危机产生的根源。

二 中国经济已成为全球经济的稳定器和发动机

美国爆发金融危机后，中国政府在第一时间就做出果断决策。按照出手要快、要狠的要求，我们抢在 2008 年年底之前出台了总量为 4 万亿元、分两年执行的财政投资计划。2009 年，由于发达经济体受到危机影响国内市场萎缩，致使我国出口比上年下降了 16%，出口对经济增长的拉动作用由往年的 2 个多百分点转变为负拉动 2 个百分点。由于我国投资的超常增长，弥补了出口下降对经济增长的影响，全年 GDP 增长速度保持在 9.2%，在危机冲击最为严重的一年仍保持了经济的平稳较快增长。受影响最大的是加工贸易，约 2000 万农民工因此失去了工作，直到第二年才得以恢复。相对于发达国家进口普遍下降 40% 以上，中国的进口仅下降 11.2%，对抗御国际贸易和经济下降发挥了重要作用，不仅保持了我国经济的平稳较快发展，而且拉动了全球经济的复苏，充分显示出应对国际金融危机的中流砥柱作用，成为名副其实的世界经济稳定器。

2010 年，中国经济实现了由回升向好到平稳较快增长的转变，全年 GDP 增速达到 10.3%；出口增速达到 31.3%，恢复到比 2008 年更高的水平；进口则出现了超常增长，增速达 38.7%，进口总额居世界第二位，仅次于美国。进口增量达 3892 亿美元，居全球第一位，占全球进口增量的 15%，成为拉动世界经济复苏和增长的最大引擎。随着"十二五"时期我国经济发展方式由投资、出口驱动型向消费驱动型转变，国内需求特别是消费需求仍将有较大幅度增长。同时，我国在对外贸易上将逐步减少顺差，实现国际收支平衡，进口将以比过去更快的速度增长。去年我国进口总额近1.4万亿美元，预计未来五年进口总额将达12万亿美元。我国经济发展方式的转变，预示着中国对世界经济增长的贡献方兴未艾，无疑将成为拉动全球经济增长的第一发动机。

中国应对危机的成功，关键在于扩大国内需求，特别是注重扩大公共服务，包括发展各类社会事业，完善社会保障体系，加快基础设施建设和生态环境治理，使新增投资能够在改善民生上取得明显效果，并为经济发展创造良好条件，它将留下一批优良资产，不会出现无效投资和偿贷困难。

中国应对危机的成功，还在于始终重视以自主创新带动产业升级，着力发展新一代信息技术、节能环保、新能源、生物、高端装备制造、新材料、新能源汽车等战略性新兴产业。同时，注重淘汰落后产能，把降低单位GDP能源消耗和污染物排放作为强制性指标，不搞低水平重复建设。

中国应对危机的成功，最重要的是有共产党的领导，全党统一认识，上下齐心，采取一致行动。在党的强有力的领导下，我国能够综合运用财政、金融、规划、土地等调控手段，形成整体合力。加之我国政府组织协调能力强，行政效率高。这些优势是许多国家所不具有的。

三 采取多种有效措施规避国际金融风险

鉴于美元在国际储备货币中的绝对控制地位，美元出现问题必然是全球性的。由于中美两国经济已经密不可分，今后一个时期，美元危机将是我国面临的主要国际金融风险。

美元作为主要国际储备货币的地位，是经过两次世界大战，在上百年的时间里形成的。尽管随着欧元的出现，美元在国际储备货币中的地位已有所下降，但目前在国际储备货币中仍占 60% 左右，在国际贸易、投资结算中仍占 70% 左右。短期内，这种状况不会有大的改变。然而，由于长期以来美国利用其国际主要储备货币发行国的地位做了许多不顾后果的事情，已经过度透支国力，到了寅吃卯粮、入不敷出的地步，如果美元作为国际主要储备货币的地位发生动摇，各个国家和企业都将把美元当作烫手山芋，美国国债发不出去，美元的危机就将进一步爆发。从这个意义上说，美联储最近不顾许多经济学家的反对，实施二次量化宽松政策，向美元大量注水，造成美元贬值，引发全球性通货膨胀，正是在帮美国人民的倒忙。最近，美国自己的信用评级公司标准普尔宣布，将美国的国家信用等级走势判定为负。在各方面的压力下，美联储已宣称不再继续实施量化宽松政策。但是，如果不继续发钞票，就只能求助于扩大财政赤字，否则，庞大的开支就难以维持。最近美国又在讨论是否要修改赤字率的上限，通过扩大财政赤字来满足政府开支所需。从各方面来看，美元作为国际主要储备货币地位的下降和贬值，已经成为不可逆转的历史趋势。剩下的问题就是在什么时间、以什么形式表现出来。

我国经济经过 30 多年的快速发展，积累了超过 3 万亿美元的外汇储备，这主要是靠全国人民省吃俭用挣来的血汗钱，大部分为美元资产，仅美国国债就有近万亿美元，其安全性牵挂着全国人民的心。美元贬值一个百分点，就相当于我们有上百亿美元的资产蒸发掉了。因此，中国应对国际金融危机的任务远远没有完成。如果说第一轮冲击波被我们挡住了，那么，以美元贬值为主要特征的第二轮冲击波何时到来、如何应对，需要我们百倍警惕，认真研究，预做对策。

扩大海外投资，把部分外汇储备和美国国债储备转变为能源资源矿藏等物质储备，是避免美元贬值风险的重要途径。除了必要的外汇储备外，其余部分都应使用好。为此，应发挥商业银行和企业用汇的积极性。目前，用汇单位到外汇市场用人民币购汇的办法，是把汇率风险推给用汇单位，难以调动其积极性。如能把央行部分外汇转存于商业银行，再贷给用汇企业，就能把银行系统和企业用汇的积极性调动起来。

实施外汇储备多元化，根据各国经济和货币走势，适度分散储备，避免把鸡蛋放在一个篮子里，也是规避外汇储备风险的途径之一。

从根本上说，规避外汇储备和金融风险，要靠人民币的国际化，使人民币成为国际储备货币。当然，这要有一个过程，我们应当朝着这个目标积极前进。当前，应继续扩大货币双边互换规模，推动在国际贸易和国际投资中使用人民币结算。加快人民币利率市场化和资本项目可兑换步伐。进一步完善资本市场，为国内外投资者提供多样化的人民币金融产品，使人民币成为兑换方便、投资回报高、吸引力强的硬通货。特别要利用好人民币的升值预期来推动人民币的国际化。如果我们的财富能够以人民币的形式储存，我们就能真正掌握应对国际金融风险的主动权。

四 在积极参与国际金融体制改革中维护我国正当权益

我国作为经济和金融大国，国际金融体制的每一项改革都与我国的利益密切相关。我们应当积极参与国际金融体制改革的研究和讨论，多提建设性意见，维护我国的正当权益。针对这次危机产生的根源，要找到避免危机再次发生的治本之策，构建高效安全的全球金融体系。我认为，当务之急是建立保障国际金融安全的三道防护门。

第一，建立多元竞争的国际货币体系。建立相互竞争的多元化国际储备货币体系，是保持国际金融体系稳定的根本途径。展望未来全球储备货币体系，可能是由美元、欧元、人民币、日元、英镑等组成的多元体系。各种货币之间相互竞争、相互制衡、相互融通，哪种货币出现贬值风险，人们会争相抛售之；哪种货币比较稳定或有升值空间，人们会争购之。以竞争和优选机制促使国际储备货币发行国政府及其央行采取稳健的货币政策，保持本国货币币值稳定，维护国家信用。只有建立起这样的国际储备货币体系，才能改变目前国际储备货币过分倚重于一种主权货币的现象，才能避免国际金融风险过度集中于某一种货币。在国际储备货币金本位取消之后，以竞争机制来代替金本位，形成国际储备货币的稳定机制，是经济全球化条件下的正确选择。

第二，建立国际储备货币的监测预警制度。20世纪70年代布雷顿森林体系崩溃，国际货币价值与黄金脱钩，美元成为依托美国国家信用的全球主要储备货币。这就使美国可以通过货币贬值向国外转移债务。从1971年到2010年，美元对黄金贬值约97.2%，给以美元作为储备货币的国家带来巨大损失。如果说美元贬值使美元资产拥有者的财富缩水是一个缓慢过程，那么，这次金融危机使一些美元证券资产瞬间化为乌有，说明作为世界主要储备货币发行国，其金融安全的影响已超出国界，关系着所有拥有美元资产的居民、企业和外国政府的切身利益。因此，对国际主要储备货币的发行和流通实施监测预警和国际监管十分必要。目前，由国际金融组织履行这些职能，是完全可行的。

第三，建立国际金融安全合作救助机制。在各国经济联系日益紧密的情况下，一个国家的金融出了问题，往往会出现连锁反应。为了维护国际金融安全，各个国家应当联合起来，抓紧建立国际金融安全合作救助机制。亚洲金融危机后形成的"清迈协议"，就是这种行动。当前，国际货币基金组织应扩大特别提款权（SDR）的规模，并根据各国经济和贸易在全球中的比重变化，调整各国在特别提款权中的比重，增加新兴经济体投票权。当某个国家发生金融危机时，由国际货币基金组织给予及时救助，防止危机蔓延，并帮助其找到摆脱危机的办法，以维护全球货币体系的稳定。

牢牢把握加快改革创新这一强大动力[*]

从1978年开始的改革开放，激发了潜藏于中国人民中的巨大发展动力，国民经济连续34年实现了高速增长，我国的综合国力、人民生活水平发生了巨大变化。实践证明，改革开放是决定中国前途命运的正确抉择，是推动经济社会发展的强大动力，是社会主义初级阶段必须始终坚持的重大战略。

当前，我国正处于经济社会发展的关键时期。2011年人均GDP达到5400美元，距离世界银行提出的高收入国家与中等收入国家12000美元的分界线尚差6600美元，正处于走出"中等收入陷阱"的艰难爬坡阶段。国外经验证明，一个国家发挥劳动力和资源成本低的优势，引进先进技术，从低收入水平达到人均四五千美元的中等收入水平容易做到，但从5000美元上升到12000美元就比较难。因为在这个阶段，必须实现产业结构从劳动密集型、资源密集型为主向资本密集型、技术密集型和知识密集型为主的升级。而要实现这个转变，就必须借助劳动力素质的提高以及大量拥有自主知识产权的技术和自主品牌的产品，需要有一批能带动产业升级和开展国际化经营的跨国公司。从东南亚和拉美国家的情况看，多数国家能够达到人均四五千美元的水平，但是真正跨入高收入国家行列的只

---

① 本文原载《求是》2012年第8期。

有日本、亚洲"四小龙"等为数不多的国家和地区。中国要想从人均5000美元跨入高收入国家行列，必须破解发展中面临的诸多难题，包括能源资源和技术的瓶颈约束，实现经济与社会、地区与地区之间的协调发展，实现经济发展与生态环境、国内经济与国外经济的协调和平衡。解决这些难题，都需要通过继续深化改革，把经济发展的巨大潜力激发出来，实现全面协调可持续发展。在今年的两会上，人大代表和政协委员对深化改革发出了强烈呼吁，提出了大量提案，反映了广大人民对改革的强烈愿望。

当前深化改革最重要的是理清改革的总体思路，搞好顶层设计，抓住关键环节，着力制度创新，以大无畏的精神和坚韧不拔的毅力继续把改革推向前进。从实践来看，必须沿着社会主义市场经济的改革方向，强化市场机制作用，通过发挥市场在配置资源方面的基础性作用，激发经济发展的活力。30多年的改革实践证明，哪个领域能够处理好政府与市场的关系，在国家政策指引下发挥市场配置资源的基础性作用，哪个领域的发展就充满活力，各类生产要素就能发挥出最大的效能。反之，哪个领域市场作用发挥得不好，这个领域的发展就会是一潭死水，缺乏竞争力。因此，市场导向的改革应当继续作为当前深化改革的方向。同时，在市场作用难以充分发挥的领域，要发挥好政府政策和宏观调控的作用。在应对全球金融危机的特殊时期，要求政府的作用更大一些，这符合经济发展的规律。

要坚持以开放促改革、促发展、促创新。对外开放打开了我们的眼界，引进了国外的技术、资本和经营管理经验，对国内企业形成了一种改革的压力。在制定新的改革方案时，要从我国的国情出发，吸收世界各国对我有益的经验，包括正面和反面的经验，特别是这次国际金融危机给我们带来的经验教训。要提高对外开放水平，完善开放型经济体系，在积极参与全球化进程中实现我国经济的平稳较快发展。

深化改革要抓住制约经济发展的重点领域和关键环节，集中力量予以突破。要把制度创新放在改革的重要位置，把经过实践证明的成熟的改革措施规范化法制化，运用法律手段来强化和推进改革。要坚持用实践来检验改革措施是否有利于生产力发展，检验各项法律法规是否有利于激发经济活力和建立良好的市场秩序。坚持把是否有利于实现科学发展作为改革的出发点，把是否有利于提高人民生活水平作为检验改革成果的基本标准。

近几年，随着我国经济对世界经济的影响越来越大，国外对我国经济的关注度越来越高，国内外学者对我国经济能不能继续保持平稳较快的发展势头，特别是在国际金融危机冲击下中国的快速增长期还能保持多久的问题密切关注，纷纷进行预测。美国学者鲁比尼，号称"末日博士"，就预言"中国经济到2013年就要硬着陆，快速增长期到此就结束了"。国内有的人也认为中国经济增长面临的制约因素较多，快速增长很难再保持下去。

我很不赞成这种观点。我认为，中国的快速增长至少还可以保持20年。因为，直到目前，我们还有许多经济增长潜力没有发挥出来。只要我们深化改革开放，创新体制机制，为经济发展不断注入新的活力，再保持20年的快速增长完全没有问题。如果速度掉下来了，那是我们的体制和政策出了问题，没能把经济增长的活力释放出来。关键是要落实以人为本、全面协调可持续的科学发展观，实现经济发展方式的根本转变。分析当前的经济现状，我认为，应当按照政府工作报告的精神，从加快五个方面的改革入手，发掘经济增长的巨大潜力。

第一，深化收入分配体制改革，释放消费需求潜力。

大幅度地调整需求结构，实现经济增长主要由投资、出口驱动型向消费驱动型转变，是贯彻落实科学发展观的重大举措，是转变经济发展方式的首要任务。2010年，我国投资率达到历史上最高的48.6%，最终消费率降到47.4%，投资率第一次超过最终消费率。居民消费率则下降到33.8%的历史最低点。这就意味着在全年新创造的社会商品价值总量中，有近一半用于扩大再生产，而用于广大居民消费的仅占1/3。这种主要靠高投入来支撑的高增长，不仅会带来生产能力的过剩，而且对资源、环境造成越来越大的压力，注定是不可持续的。降低投资率，提高居民消费率，必须以国民收入分配结构的调整为前提，必须对收入分配体制进行改革。2012年的政府工作报告提出，要抓紧制定收入分配体制改革总体方案，努力提高居民收入在国民收入分配中的比重，提高劳动报酬在初次分配中的比重，就紧紧抓住了发展模式转型的要害。2011年，我们在结构性减税上采取了一些改革措施，取得了明显成效，但仍需加大力度。如将小微型企业增值税、营业税的起征点由月销售额5000元提高到20000元，就使900多万个经营者的税负平均下降40%，而月税收仅减少9亿元。若能进一步将起征点提高到月销售额10万元，对鼓励创业、培植财源将发挥巨大作用。要继续实行政府向企业减税、企业向职工让利的政策，发挥税收在调节国民收入分配中的重要作用。实行由间接税为主向直接税为主过渡的条件已经成熟，应着手研究以直接税为主的税制改革方案。要扩大财政支出中对公共服务支出的比重，着力扩大公共服务消费。通过收入分配结构调整，尽快增加中低收入者收入，形成橄榄型收入分配结构，增强居民购买力。如果能在"十二五"时期把居民消费率提高10个百分点，就相当于每年有5万亿元左右的商品由用于投资和出口转变为用于居民消费，这不仅可以成为拉动经济增长的强大动力，而且将使广大居民的消费水平有一个较大幅度提高。

第二，加快金融体制改革，释放资本潜力。

我国资本存量已有较大规模，银行的广义货币供应量（M2）达70多万亿元，金融资产达119万亿元。但由于金融体制改革滞后，银行结构中缺少专门服务于小微企业的小型金融机构，资本市场发育不完善，造成资本要素配置效率低下，资金周转率低，一些迫切需要资金的企业得不到应有的支持，而大量社会资金又找不到投资出路。据调查，2011年上半年温州市企业平均贷款利率为25%，一些企业不得不求助于民间借贷和高利贷。金融体制改革的重点，应按照国务院关于鼓励民间投资"新36条"的规定，允许民间资金发起设立各类股份制的小型金融机构，同时配套推进建立地方性监管机构、建立存款保险制度和实行利率市场化四项改革。积极发展多层次资本市场。健全上市企业分红、信息透明等制度，增强股市对投资者的吸引力。积极发展债券市场。努力扩大保险市场。通过深化改革，充分发挥资本的增值功能。我国外汇储备已达3.2万亿美元，使用得好，可以成为我国经济长期平稳较快增长的强大支撑。合理的外汇储备，应当是保持半年进口所需。应通过扩大海外投资，将多余的外汇储备转变为物质资源储备。要改革外汇管理体制，尽快从结汇管理为主向用汇管理为主转变，调动商业银行开展外汇贷款的积极性，支持各类所有制企业特别是民营企业"走出去"，提高外汇储备的安全性和使用效益。企业"走出去"的目的，一是争取拿到更多的能源资源的勘探权、开发权，以打破经济长远发展所面临的能源资源瓶颈约束；二是扩大国际并购，充分利用国际市场的科技资源和管理经验，提高企业的自主创新能力和国际经营能力；三是开展加工贸易，以资本输出创造出口需求；四是扩大海外工程承包，带动工程机械、建筑材料和劳务出口。要稳步推进人民币国际化，逐步扩大人民币在国际贸易投资结算中的使用规模。一旦金融改革激发出资本的巨大潜力，足以支持较快的经济发展对资金的需求。

第三，强化激励机制，释放技术创新潜力。

我国产业技术水平与发达国家相比，还有一定差距，我们通过继续引进、消化、吸收、创新，利用国际市场科技资源提升国内技术水平仍然有一定的潜力。重要的是通过鼓励增加技术研发的投入，使企业真正成为技术创新的主体。目前，我国在技术研发投入和申请国际专利方面很不平衡。2011年，中兴公司申请国际专利2800项，跃居世界企业第一位，华为以1800项国际专利名列世界第三。这两家公司申请的国际专利占全国申请国际专利的四分之一以上。如果"十二五"时期各省都能培养出一两家像中兴、华为这样的专利申请大户，我国的创新能力就能产生一个飞跃。当前重点是要在国有企业中建立技术研发的激励机制，充分发挥国有企业在自主创新中的骨干和带动作用。大学也应当成为科技创新的基地，培养创新型人才。2009年，美国申请国际专利数量是中国的6倍，2011年已经下降到我国的3倍。按照这个趋势发展下去，到2015年，我国申请国际专利数量有可能接近或赶上美国。通过强化技术创新激励机制，激发中国人的聪明智慧，将能释放出科技进步的巨大潜力，从而带动产业升级和发展方式转变。

第四，确立城乡一体化发展制度，释放劳动力潜力。

我国劳动力潜力仍然很大。对近年来部分地区出现的"招工难"现象，有些人匆忙得出结论，劳动力供给已出现由富余到紧缺的转折点，中国经济已到了"刘易斯拐点"。我认为，这个判断没有看到农业劳动力仍具有的巨大潜力。现在全国仍有2.8亿农业劳动力，有18亿亩耕地，一个劳动力仅能种6.4亩地。而美国一个劳动力平均种几千亩地，欧洲一个劳动力平均种几百亩地，中国的农民比欧美的农民更能吃苦耐劳，农业装备制造能力也能达到欧美的水平，关键在于我国土地资源少。随着农业现代化的推进，我们应引导和鼓励土地向农业合作社、家庭农场、农业公司等新型经营主体集中，加快把部分农民从土地上解放出来，进入第二、三产业，并把他们的家属吸引到城市居住。2010年，我国农业劳动力占全社会从业人员的比例为36.7%，农业增加值占GDP的比例只有10.1%，就是说，每 3.6 个农业劳动力创造的价值仅相当于一个二、三产业从业人员创造的价值。把一部分农业劳动力转移出来，既有利于释放农村劳动力的巨大潜力，满足工业化、城市化对劳动力的需求，又有利于发展土地规模化经营，提高农业劳动生产率，缩小城乡居民收入差距。经过 30 多年的努力，农业已转移出两亿多劳动力。未来 20 年如能再转移出两亿，第一产业的劳动生产率就有可能接近二、三产业的平均水平，城乡居民收入将趋于均等化。也只有使种地的收入超过打工的收入，才能把高素质的劳动力留在农村。农业劳动力向非农产业转移还为城市化提供了强大动力。2011 年，我国城市化率达到 51.27%，这是一个历史标志性的变化，但距离成熟城市化 70% 的目标还有较大差距。未来 20 年城市化率每年提高 1 个百分点，到 2030 年达到 70% 左右，我国才算基本完成工业化、城市化的历史任务。实践证明，每增加 1 个城市人口，需要增加城镇基础设施投资 10 万元。每年新增 1000 万城市人口，将增加 1 万亿元以上的基础设施投资需求。再加上对其他公共服务需求的增加和个人消费水平的提高，将形成强大的投资和消费需求，这将成为未来 20 年我国经济较快增长的根本动力。释放这一潜力，必须加快建立城乡一体化发展的新格局，加快改革土地、户籍、公共服务等管理体制，消除各类生产要素在城乡之间双向自由流动的障碍，为促进城乡一体化发展创造良好的政策环境。

第五，改革土地管理制度，释放土地潜力。

人多地少是我国的一个基本国情。土地资源紧缺严重制约着经济发展，但是土地浪费现象仍然十分严重。改革土地管理制度，提高土地利用效益，潜力巨大。除了荒滩地、山坡地资源可以利用之外，农村建设用地也有节约的潜力。目前全国城乡建设用地共计 22 万平方公里，包括县城关镇以上的城市建设用地 5 万平方公里，建制镇和村占了 17 万平方公里，其中村庄占了 13 万平方公里。现在很多进城务工农民的房屋长期空置，有不少空壳村。有的滥占耕地建住宅，浪费了土地资源。根据经验，在社会主义新农村建设中，对村庄宅基地进行整理，可节约占地50%以上，就是说，通过努力，节约村庄建设用地具有1亿亩以上的潜力，这些土地可用于增加耕地和建设用地。改革土地管理制度，关键是要落实农户对承包耕地、林地和宅基地的用益物权或财产权，通过鼓励土地自愿、有偿转让，使之成为农户财产性收入的重要来源。只有使土地成为农民看得见的财富，农民才会更加珍惜土地。只有加快土地管理制度改革，才能大大提高土地的利用率和产出率，消除土地闲置、浪费和撂荒现象，释放出土地潜力。

通过综合配套推进各项改革，激发出各个方面推动经济增长的巨大潜力，我们完全能够将中国经济的快速增长期再保持20年或更长时间。从国际上看，日本的快速增长期保持了20年，韩国的快速增长期保持了30年，中国完全可以创造一个更长的快速增长纪录。如能使国民经济保持8%左右的增长速度，到2025年，我国人均GDP将比2010年再翻一番，达到12000美元，就能走出"中等收入陷阱"，跨入高收入国家行列，在经济总量上就能回到中国在历史上曾长期保持过的世界第一的位置。至此，快速增长期还不能算结束。根据日本、韩国的经验，人均GDP达到17000美元，增长速度才明显放缓。我国地域广阔，人口众多，发展不平衡，有可能把快速增长期保持到2030年。不断深化改革，牢牢把握改革创新这个经济发展的强大动力，就成了实现中华民族伟大复兴的关键之举。

政府和市场的关系：经济体制改革的核心问题[*]

党的十八大报告指出，经济体制改革的核心问题是处理好政府和市场的关系。充分发挥市场调节的作用，才能保持经济发展的活力；合理定位并履行好政府职能，才能维护宏观经济的稳定，两者有机结合、相辅相成，是国民经济持续健康发展的根本保障。这既是对过去30多年改革经验的总结，也为今后的改革指明了方向和重点。

一　简政放权、增强企业活力，是中国改革的成功经验

经过34年的改革，我们成功地实现了由高度集中的计划经济体制向社会主义市场经济体制的转变，从而释放出潜藏于十几亿人口中的巨大发展能量，创造了中国奇迹。

整个改革历程围绕着调整和改变政府与市场的关系来进行。旧体制以政府包揽一切为主要特征：在物资上统购统销，在人力上统包统配，在资金上统收统支，投资权集中掌握在中央政府手中。由于否定了商品生产和商品交换，窒息了微观经济活力，实践证明阻碍了经济发展。

改革从简政放权、培育市场关系开始。农村实行土地家庭联产承包责任制，农户成为独立的商品生产经营者，率先打破了旧体制的束缚。紧接

---

[*] 本文原载《求是》2013年第2期。

着又向工业、商业领域进军，出现了乡镇企业的异军突起。城市改革从破除国有企业的铁饭碗和平均主义"大锅饭"开始。并引发了计划、投资、人事、工资、财税等宏观管理体制改革。1992年党的十四大明确了建立社会主义市场经济体制的改革目标，十四届三中全会提出要培育和建立市场经济的四大支柱：市场主体、市场体系、宏观调控体系和法制体系，改革进入了快速、有序推进的新阶段。国有企业通过建立现代企业制度，与集体企业、私营企业、外资企业一样，成为自主经营、自负盈亏的市场竞争主体。统一、开放、竞争、有序的市场体系开始形成。计划、财税、金融之间相互制衡、相互配合的宏观调控体系，在抑制通胀、扩大内需的实践中逐步完善。与市场经济有关的法律体系迅速建立，对规范市场主体和政府行为、维护市场秩序，发挥着重要作用。在市场经济体制的框架基本形成之后，2008年党的十七届三中全会又做出关于完善社会主义市场经济体制的决定，对如何进一步处理好政府与市场的关系提出了新要求。在应对全球金融危机中，政府与企业密切配合，使市场经济体制经受了新考验，积累了宏观调控的新经验。

  实践证明，我们的改革之所以能取得成功，关键在于坚持市场取向的改革。这是适应社会主义初级阶段国情的正确选择。旧体制的弊端集中到一点，就是脱离这一基本国情，违背社会主义物质利益原则，超越了市场经济这个人类社会发展的必经阶段。实行市场经济体制，企业的利益决定于其经营业绩，个人的收入决定于其贡献的大小，从物质利益上调动了企业和劳动者的积极性；生产要素主要由市场配置，提高了社会效率和经济效益。通过发挥价值规律这只看不见的手的作用，大大增强了经济活力，形成推动经济发展的强大动力。仅用十几年时间，就结束了困扰我们几十年的商品匮乏的短缺经济。政府则通过制定规则和宏观调控，发挥看得见的手的作用，保证市场机制的正常运行，弥补市场调节的盲目性和滞后性，逐步克服了国民经济周期性的大起大落。实践使我们认识到，市场和政府的作用都不可偏废，把两者的作用有机结合起来，是处理政府与市场关系的重要原则。

二 更大程度更广范围发挥市场配置资源的基础性作用

处理好政府与市场的关系，应当按照十八大的要求，更大程度更广范围发挥市场在资源配置中的基础性作用。由于受国际金融危机影响，外需对经济增长的贡献减弱，为了尽快遏止经济增速下滑趋势，促使经济回到健康发展轨道，实现到2020年GDP和城乡居民收入比2010年双倍增，全面建成小康社会，必须进一步释放经济增长潜力。而市场是活力的源泉。30多年来的改革实践证明，哪个领域市场化程度高，允许生产要素自由进入，哪个领域的发展就快；哪个领域比较封闭，限制生产要素进入，哪个领域的发展就缓慢。目前，在国民经济的诸多领域都有大量生产要素处于闲置状态，而在另一些领域由于限制要素进入，仍然大量存在需求得不到满足、供给严重短缺的现象。

因此，只有在更大程度更广范围发挥市场在资源配置中的基础性作用，为生产要素的自由流动创造更好的条件，才能够进一步激发经济增长的巨大潜力，为实现十八大提出的宏伟目标提供重要支撑。当前，扩大市场调节作用重点应从四个方面入手。

深化金融体制改革，释放资本潜力。市场对资源的配置，首先体现在对资本的配置上，资本到了哪里，实物资源就跟着在哪里集聚。我国金融资本存量已经拥有巨大规模，但由于流动性差，资本利用率低。资本配置更易于向国有企业、重点项目、城市和沿海地区集中，农村、小微企业和中西部地区资金供给不足，造成并加剧了经济发展的不平衡。金融体制改革应作为下一步整个改革的突破口，由此扩大市场对资源的配置能力。

2012年年初的全国金融工作会议，指出了金融体制改革的方向和重点，包括放宽金融市场准入、组建地方性监管机构、建立存款保险制度和贷款担保制度、推行利率市场化、建立以用汇为主的外汇管理体制、发展多层次资本市场等。这些设想都非常好，应加快制定实施细则，分步骤地加以推进。其中，允许发展民营金融机构，应作为一个重点，在总结温州试点经验的基础上，尽快加以推广。金融体制改革将释放资本潜力，带来生产力的又一次大解放。

改革城乡管理体制，释放劳动力潜力。我国劳动力潜力仍然很大。所谓劳动力短缺的说法是因为没有看到农业劳动力的巨大潜力。目前我国农业劳动力仍有2.8亿人，耕种18亿亩土地，人均6.4亩。农业劳动生产率仅为第二、三产业的28%，农民人均纯收入仅为城镇居民的31%。土地经营规模小，是造成农业劳动生产率低和城乡收入差距大的根本原因。如能加快推进农业现代化，实现土地的集约化经营，每个农业劳动力的种植规模可提高几十倍甚至上百倍。今后20年，可以从土地上再解放出2亿左右劳动力，进入第二、三产业，连同他们的家属在内，部分进入城市，将形成推动工业化、城镇化、农业现代化的有力杠杆，成为缩小城乡收入差距的根本途径。未来12年，我国能不能避免落入中等收入陷阱，从目前人均GDP 5400美元达到1.2万美元，跨入高收入国家行列，关键取决于此。所以，必须建立城乡一体化发展新制度，鼓励土地经营权的有偿转让，发展家庭农场、农业合作社、农业公司等新型农业投资经营主体，吸引民间资金投入农业现代化，培育新型农民。农户对土地的承包经营权，应确权颁证，长久不变。加快建立社会保障全国统筹和转移接续制度，为劳动力自由流动创造条件。

改革科技管理体制，释放技术创新潜力。实施创新驱动发展战略，必须优化科技资源配置，提高自主创新能力。近年来，科研投入大幅增加，科技成果开始成批涌现。我国国内申请技术专利数量已跃居世界首位。国际专利申请量同美国相比，2010年为1∶6，2011年已变为1∶3.6，照此速度发展下去，到"十二五"末，有可能赶上或超过美国。民营企业已成为自主创新的一支生力军，专利申请量占全国的67%。目前仍有两大领域的创新潜力亟待发挥。一是国有企业。国有企业集中了大量优秀人才等科技资源，国资委制定了关于发挥国有企业在自主创新中的骨干和带动作用的若干规定，提出将技术成果作为无形资产纳入国有资产保值增值的考核内容，鼓励企业增加研发投入，相信这个文件的贯彻落实，将会激发国有企业创新的积极性。另一个领域是大学。目前全球大学按专利申请量排队，我国尚无一个进入前50名。大学应成为创造技术专利的基地，提高对产业发展的影响度。要通过选拔有创新能力的教师，培养创新型人才。要抓住国际经济危机带来的机遇。扩大国际并购，引进科技人才，相关经验表明，利用国际市场科技资源是自主创新的一条重要途径。发展战略性新兴产业，关键要拥有自己的技术。目前许多地方都将七大战略性新兴产业列为发展重点，存在着低水平重复建设的现象。政府部门应围绕有关共性和关键技术，组织产业联盟，实行协同创新。落实国家鼓励创新的各项政策，以财政投入的增加引导企业增加科研投入，形成鼓励技术创新的社会氛围。

改革资源价格形成机制，促进资源节约和环境保护。矿产资源和土地、水资源价格，应反映资源稀缺程度和环境成本。目前由于一些资源价格偏低，助长了资源的不合理使用和浪费。要通过价格机制的作用，促进全社会形成资源节约和环境保护意识，努力提高资源使用效益，建设生态文明。人多地少是我国的基本国情，为了保障食品供给安全，同时满足工业化、城市化对建设用地的需求，必须建立严格的耕地保护制度，运用市场机制提高城乡建设用地的集约化水平。我国北方地区水资源严重短缺，但同时存在着水资源浪费现象。在兴建大规模南水北调工程的同时，在节水工程上也要增加投资，并通过改革水资源定价机制，促进水资源的节约。目前一些地方兴建的"城市矿山"工程，是变废为宝的重要举措，应当大力推广。

三 深化行政体制改革，建设职能科学的服务型政府

处理好政府和市场的关系，关键在政府。十八大报告指出，要按照建立中国特色社会主义行政体制目标，深入推进政企分开、政资分开、政事分开、政社分开，建设职能科学、结构优化、廉洁高效、人民满意的服务型政府。当前，应重点推进以下方面改革。

完善宏观调控体系，实现调控目标与政策手段的机制化。建立计划、财税、金融相互配合、相互制衡的宏观经济调控体系，是优化经济结构、实现经济稳定的需要。要完善包括中长期计划、年度计划和专项计划在内的计划体系，提高计划的科学性、预见性、可行性，使之成为宏观调控的依据。加快改革财税体制，健全中央和地方财力与事权相匹配的体制，完善促进基本公共服务均等化和主体功能区建设的公共财政体系，形成有利于结构优化、社会公平的税收制度。深化金融体制改革，建立货币市场、资本市场、保险市场协调发展的现代金融体系，努力保持总供求的大体平衡，促进宏观经济稳定，支持实体经济发展。在宏观调控中，常常出现目标与手段脱节问题。如中央早就提出扩大居民消费、提高第三产业比重等，但收效甚微，有的问题甚至更加恶化。究其原因，在于缺乏有力的调控手段。十八大提出加强宏观调控目标和政策手段机制化建设，具有极强的针对性。

简化行政审批环节，减少对企业经营活动的干预。许多企业反映对新建项目的审批环节过多，手续过于繁琐；有些行业进入门槛过高，存在着

"玻璃门"；不少市场可以解决的问题，仍习惯于用行政手段解决。应当对现行审批事项认真清理，凡属于市场调节和企业经营决策的事务，都应交由市场和企业来解决。

规范市场秩序，营造各类企业平等竞争的环境。市场经济是各类企业公平竞争的法制经济，必须保护消费者利益。对于不正当竞争行为，特别是用假冒伪劣商品坑害消费者的行为，群众深恶痛绝。政府有关部门应从执政为民的高度，严厉打击违法行为，让广大人民放心消费。要制定科学严格的质量标准，加强市场监管，发挥公众对商品质量的监督作用，在全社会进行诚实守信的道德教育。在税收、信贷、用地、市场准入等方面，对各类所有制企业应一视同仁，平等获得生产要素，使先进企业充分发展，落后企业得以淘汰。

四 处理好政府和市场关系应把握好的几个原则

如何处理政府和市场的关系，是一个世界性的课题。在经济学界，依据对这个问题的不同认识和答案，形成了不同学派。我国30多年改革发展的实践，积累了丰富的经验，形成了一些被实践证明是正确的认识，并成为社会主义市场经济体制的重要组成部分。

把握政府和市场关系，要与生产力发展水平相适应。在不同国家、不同发展阶段，由于生产力发展水平、市场发育程度不同，处理政府和市场关系应从实际出发，按照有利于生产力发展的原则，采取有效对策，不能照搬一个理论、一个模式。正是由于我们坚持一切改革都要经过试验的原则，才从不断摸索中找到了符合我国实际的办法，把政府作用和市场调节有机结合起来，促进了经济发展。而且，由于我国经济发展和体制变化较快，面对新情况，必须采用新办法。所以，坚持一切从实际出发，与时俱进，求真务实，是处理好政府和市场关系的重要指导思想。

着力培育市场主体、市场体系、行业组织和社会机构，提高社会自我发展、自我约束能力。政府不能包揽过多。有了更多具有活力的企业，就能创造更多的财富。有了完善的市场体系，就能把潜在生产要素呼唤出来，按市场需求合理配置。行业组织是自律性机构，对各行业的技术进步、道德规范、国际诉讼等能发挥重要作用。各类社会机构在评价、仲裁、维护市场秩序、协调各方利益等方面，具有政府难以发挥的作用。在这方面，我们与发达国家相比，还有较大差距，应鼓励发展。

在维护全国统一市场的同时，应赋予各级地方政府适当的管理权限。商品和要素在全国统一的大市场内自由流动，是经济持续发展的前提条件。应进一步破除地区市场壁垒，鼓励各地优势互补，共同发展。与此同时，在中央、省、地、县之间，要合理分权，改变中央财政集中过多、转移支付比例过高、地方特别是县级财力薄弱等问题，构建地方税体系，有条件的地区实行省直管县的财政体制，扩大地方经济管理权限。

要树立全球战略眼光，在发展开放型经济中寻求全球资源的优化配置。要优化进出口结构，更好地利用国外市场和国外资源。利用我国丰厚的外汇储备，扩大海外投资，通过到海外寻求更多的能源资源的勘探权、开发权，打破我国经济未来发展的瓶颈约束；通过国际并购，获取国际市场的知识产权和营销网络，提高我国企业的科技创新能力和国际经营能力；通过到海外发展加工贸易，创造出口需求，保持出口的稳定增长；通过到海外承揽工程，带动劳务和建筑材料、工程机械出口。扩大海外投资还有利于规避美元贬值风险。为此，要大力培育跨国公司，鼓励有条件的企业开展国际化经营。

围绕发展方式转变　凝聚改革共识[*]

今天我讲的题目是："围绕发展方式转变，凝聚改革共识"。这是当前一个有争议的问题。

从当前经济运行态势来看，今年宏观调控的重点，是能不能把去年第四季度出现的经济回升态势继续保持下去。在去年第四季度之前，经济增长速度出现了连续七个季度下滑，到去年第三季度已经下降到7.5%以下。去年7月份，中央政治局召开会议，分析了上半年的经济形势，针对经济下滑的严峻局面，做出了重要的决策，就是把稳增长放在宏观调控的重要位置。下半年采取了许多措施，包括适度松动银根，把一年以前冻结的一些项目（包括高铁项目）重新开工。国家发改委一下子批了十几个城市大约8000亿元的地铁建设规划等等。因此，去年下半年经济开始朝回升的方向转变，到第四季度出现了一个拐点，连续七个季度下滑的局面终于得到抑制。能不能把这种回升的态势继续保持下去，是今年宏观调控面临的最大挑战。今年面临的问题很多，有可能会出现通货膨胀。根据最新公布的数据，2月份CPI上涨3.2%，有的同志担心CPI上来了，会不会收紧银根。在抑制通胀和稳增长这两个目标中间，怎么做出一个正确的选择，是把抑制通胀放在第一位，还是把稳增长放在第一位？我觉得应该把稳增长

---

[*] 本文原载《全球化》2013年第3期。

放在第一位，这是今年面临的主要的矛盾。今年的宏观调控，面临好多"两难"选择，既要适度扩大需求，又要避免通货膨胀；既要适度扩大投资，又要避免走高投资、高消耗、高污染带动高增长的老路；既要扩大内需，又不能放松扩大出口的努力等等。正确的政策取向，就是要通过发展方式的转变来解决近期经济发展所面临的问题。

从长远来看，十八大提出 2020 年经济总量和城乡居民人均收入比 2010 年双倍增。去年我们的 GDP 总量已经达到 8.2 万亿美元，人均 GDP 已经达到 6086 美元。如果我们以 2012 年十八大召开为基期，再经过 10 年的努力，到 2022 年召开党的二十大的时候，GDP 总量翻一番，城乡居民人均收入翻一番或者说人均 GDP 翻一番，人均 GDP 就可以达到一万两千美元以上了。一万两千美元是什么概念呢？这是世界银行划定的中等收入和高收入的分界线。再用十年时间，我国 13 亿人口进入高收入国家行列，对世界经济格局的影响将是巨大的，在人类社会发展史上将具有重大意义。

由于我国人口众多，人均 GDP 达到一万两千美元，经济总量就有可能赶上和超过美国，摘取经济总量的金牌。今后十年将是一个艰难爬坡的十年。根据国际经验和世界银行做的课题研究，许多国家达到三千美元至五千美元比较容易，五千美元再往上跃升到一万两千美元就非常难了，所以他们提出了"中等收入陷阱"的概念。有人说中等收入陷阱不存在，实际上是存在的。20 世纪五六十年代，有几十个国家都达到了人均 GDP 四五千美元，但是经过几十年的发展，真正迈上高收入国家台阶的也只有寥寥几个，多数国家在中等收入区间上下徘徊。比如巴西，前年人均 GDP 已经达到一万两千美元，进入高收入国家行列了，但是去年巴西的货币贬值，它又退到中等收入国家行列了。真正能够走出中等收入陷阱，进入高收入国家行列的，也就是东亚的一些国家和地区，比如日本、四小龙等。

从这个意义上讲，未来十年，是我们走出中等收入区间、跨入高收入国家的十年。党的十八大选出的新的领导班子，是带领中国人民跨上高收入台阶的领导班子。

未来十年，我们可能会遇到同前三十年完全不同的矛盾和问题，必须用新的思路，新的办法来解决。我在国家计委工作了十几年，有一个重要的经验，就是千万不能用老经验、老办法解决新问题。中国经济发展太快了，体制变化也很快，谁要说自己有经验，用老办法就可以解决新问题，肯定是南辕北辙。当前遇到的新问题必须通过改革，通过转变发展方式来解决。另外，经过三十多年的发展，我们在社会领域也积累了很多矛盾：收入分配不公，社会事业发展滞后，社会稳定也面临一些挑战，这些问题也是过去没有遇到过的。所以，未来十年，能不能实现持续健康发展，实现十八大提出的发展目标，用十年的时间跨入高收入国家行列，我们将面临许多挑战。

从有利的条件来看，我们实现未来十年乃至二十年的平稳较快增长是完全有可能的。现在社会上似乎出现一种舆论，认为中国的快速增长期已经结束了，已经进入了中速增长阶段了，经济增长放缓是不可避免的。这种舆论声音很强，好多人都跟着说，我是很不赞成这种观点的，去年我还写了好多文章来反驳这种观点。这些观点在20世纪80年代、90年代我都听到过，也跟他们辩论过。20世纪80年代，有人说中国最合理的增长速度是7%，九十年代还有人说中国最合理的增长速度是7%。到了十四大召开的时候，江泽民同志在中央党校讲话，提出我们应该争取9%左右的速度，好多人都反对。结果呢，进入21世纪，我们出现了一个高增长、低通胀、高效益的黄金发展十年。进入新世纪，我们的经济总量大了，好多人讲，再保持较快的增长速度更难了，但是我们的速度反而更快了。2000年到2010年这十年，我们实现了两位数的增长。所以，根据改革开放三十年我的亲身经历，我们的预测包括一些经济学家的预测往往落后于实际。对中国通过改革释放出来的巨大能量，往往估计不足。目前我们的GDP达到6000美元，还低于全世界的平均水平，有各种各样的舆论说我们的劳动力红利没了，改革红利也没有了，加入全球化产业分工的红利也没有了，所以发展的速度应该放缓。尤其是今年春节前后出现了140万平方公里的雾霾，有人提只有降低速度才能把雾霾解决好，我是不赞成这种观点的。

怎样通过转变发展方式，赢得未来10年到20年的平稳较快增长？根据日本、韩国和我国台湾的经验，人均GDP达到一万七千美元的时候，快速增长期才会结束，他们做到了，我们应该也能做得到。我们有中国特色的社会主义制度，有社会主义市场经济体制，又有中国共产党的领导，如果日本、韩国和我国台湾能做到，我们做不到，怎么能体现我们制度的优越性？我们应该能做到，有信心做得到。关键就是要转变发展方式，或者实现产业升级和经济转型。产业升级和经济转型以及发展方式的转变，十七大时就提出了。但是五年过去了，在发展方式转变上，在一些重要的领域不是前进了，而是后退了，好多指标不是更好了，而是更差了。发展方式转变的首要任务是调整投资和消费的比例关系，扩大消费对经济增长的拉动作用。但是很明显，从十七大到十八大这五年，投资率更高了，居民消费率更下降了，投资和消费比例失衡的局面更加恶化了。投资率前两年上升到49%的历史最高点，最终消费率下降到48%的历史最低点。最终消费包括政府消费和居民消费，政府消费一般占14%左右，居民消费率下降到34.9%的历史最低点。这些数据不是更好了，而是更差了。为什么十七大提出转变发展方式，经过五年还是没有实质性的改变呢？现在各个方面改革的呼声都比较高，都说要改革，但是到底怎么改？改革的重点放在什么地方？意见很不一致。十八大重新提出这个问题，而且强调要以转变发展方式为主线，以科学发展为主题。现在看来，要实现发展方式的转变，关键是要深化改革，如何凝聚改革共识成为一个突出的问题。十八大专门提出一个词，叫"凝聚共识"，我认为要围绕发展方式的转变来凝聚改革共识。因为前三十几年的改革之所以能取得成功，创造出中国经济奇迹，关键是我们集中改革了阻碍生产力发展的旧体制。按邓小平同志说，摸着石头过河，检验改革是不是正确的唯一标准就是看是否有利于生产力发展，凡是阻碍生产力发展的都要改掉。这样就把过去的条条框框全都打破了，一些禁忌也打破了。这种体制上的改革突破，带来了生产力的大解放，才创造出中国奇迹。经过三十多年的发展，我们又积累了许多矛盾，我看还是要围绕能不能解放生产力，针对那些影响生产力发展的体制性障碍来进行改革，换句话讲就是围绕发展方式的转变来进行改革。

以下我从六个方面谈谈如何凝聚改革共识。

一　围绕经济增长从投资、出口驱动型向消费驱动型转变改革收入分配制度

过去三十多年的快速增长很大程度上是靠高投入、高消耗实现的，投资增长率高于经济增长率一倍以上。我们 GDP 总量居世界第二位，但是我们的物质消耗居第一位。我们的粗钢产量 7 亿多吨，生产能力是 9 亿多吨，占全球的一半以上，水泥产能占全球一半以上，铝材、平板玻璃和家用电器生产能力都占全球的 50% 左右。我们的造船能力超过全球市场需求的总和，全球造船订单都拿到中国来，也不够咱们中国人干的。我们的家电、发电设备和汽车的生产能力占到全球的 30% 以上。就连一些战略性新兴产业，像风电设备生产能力也超过国内需求的一倍以上。所以，产能过剩成为当前经济运行中最突出的矛盾。

面对全球金融危机的冲击，发达国家市场疲软，对中国商品的进口能力减弱，加剧了国内产能过剩的矛盾。要想解决这个问题，必须增加消费，大幅度调整投资和消费的比例关系。

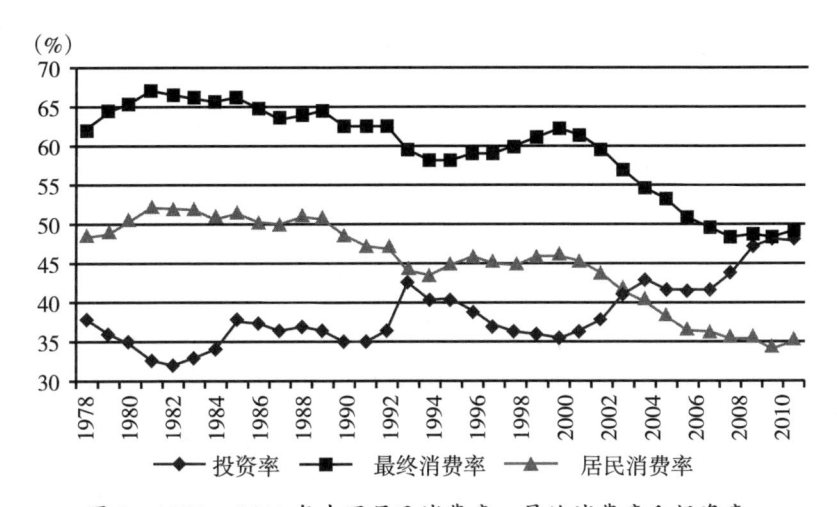

图 1　1978—2011 年中国居民消费率、最终消费率和投资率

数据来源：根据国家统计局公布的数据。

从这个图表中可以看到，改革开放三十多年来，居民消费率是持续下降的。居民消费率在 20 世纪 80 年代初期曾经达到 52%，到现在下降到 34%，下降了 18 个百分点。投资率是逐步上升的，到 2011 年，投资率高达 49.2%，最终消费率下降到 48.2%，历史上第一次出现投资率高于最终消费率的状况，投资率高于最终消费率一个百分点，这种比例全世界找不到第二家。

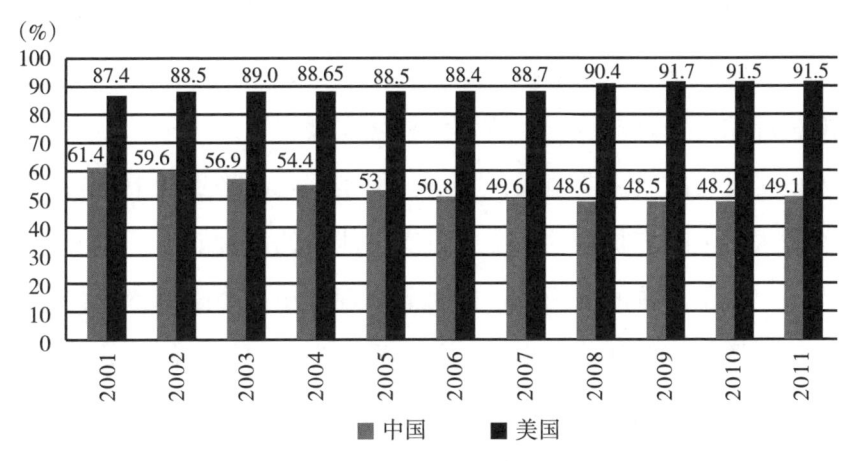

图 2　2001—2011 年中国与美国消费率对比

数据来源：根据国家统计局公布的数据。

美国的最终消费率最高是 91.7%，居民消费率最高是 72%，美国的居民消费率比我国高 1 倍以上。

解决产能过剩问题，要找到认识上的根源。过去我们曾长期在计划经济下生活，计划经济的突出特点就是物资短缺，即需求膨胀，供给不足。而市场经济的特点则是需求不足，供给过剩，这个规律完全符合马克思在《资本论》里对资本主义特点的分析。马克思在《资本论》第一卷里从分析商品的两重性和剩余价值的生产过程得出结论，资本主义的基本矛盾是生产能力无限扩张与广大居民有支付能力的需求之间的矛盾。由于分配权掌握在资本家手里，所以他尽可能压低工人的工资。C 是物耗，M 是利润，V 是工资，压低 V，尽可能地增加 M，可以获取更多的利润，并把利润用于再投资，通过不断扩大生产规模来增加盈利。而居民支付能力则受到收入增长的限制。这个基本矛盾导致周期性生产过剩的危机。马克思的分析是非常深刻的。后来西欧资本主义国家总结了它的教训，搞福利社会，搞经济预测，搞宏观调控，尽量避免生产过剩的危机，使生产过剩的矛盾大大缓解了。现在他们又走过头了，走到反面了。由于社会保障的包袱过重，超过了财力支撑能力，所以轮到他们过苦日子了。福利上去容易下来难，压低社会福利支出，老百姓就上街游行了。我们现在对产能过剩矛盾产生的根源缺乏深刻的认识。我们说科学发展观以人为本，本质就是发展为了人民，发展的成果要由人民共享。但是实际经济生活中，居民收入的增长速度跟不上生产扩张的速度，有支付能力的消费能力赶不上生产扩张的速度，出现了严重的全面的产能过剩。现在小打小闹调整不行，必须要有大幅度的调整。要从认识根源上找矛盾产生的原因，使全党都认清这个问题，统一思想认识，才能痛下决心对投资和消费的比例关系做一个大幅度的调整。改革初期，我们总结前三十年经济发展的经验教训，集中到一点就是急于求成，用高投资率推动高增长，结果欲速则不达。"六五"时期大幅度降低投资率，提高消费率，使广大居民从经济增长中得到很多实惠。但后来投资率不断上升，从 25% 上升到 30%，最后 45% 也打不住了，直到现在的历史最高点 49.2%。

现在的初次分配，是由企业来决定职工的工资。企业在分配中当然喜欢压低工资，多留利润，这就造成了居民收入增长速度低于 GDP 增长速度。十八大提出"双同步"，是一个重大突破，就是居民收入的增长速度要与经济增长速度同步，职工工资的增长速度要与劳动生产率的提高同步。去年我们实现了收入增长高于 GDP 的增长速度，是一个好现象。要通过大幅度调整，让老百姓的收入增长快一点，口袋的钱多一点，特别是中低收入者口袋钱多一点，让更多的人能买房子、买车，能出去旅游、增加文化消费，让自己的子女接受更好的教育。这是当前转变经济发展方式的首要任务，就是要通过收入分配制度的改革，实现经济发展由投资、出口驱动型向消费驱动型转变。

前不久国务院三个部委联合下发了《关于调整国民收入分配的若干意见》，提出了一些原则性、方向性的调整意见，要求国务院各个部门制定实施细则。我们期望实施细则快一点出来，在收入分配调整上能做一个大的文章，从而改变投资率过高、消费率过低的局面，实现发展方式的第一个转变。

二 围绕加快第三产业发展，推进"营改增"的税制改革

第三产业发展滞后是我们国民经济中长期存在的问题。早在 20 世纪 90 年代，国务院就制定了鼓励第三产业发展的方针，还召开了全国加快第三产业发展的会议。但是 20 多年过去了，第三产业发展滞后的局面没有改变。

2011 年，第三产业增加值占 GDP 的比例为 43.1%，第三产业从业人

员占全社会从业人员的比重只有 35.7%，这两个比例都太低了。全世界第三产业从业人员平均是 62%，发展中国家是 50%，我们比发展中国家的平均水平还要低 14 个百分点，这实在是说不过去。我到过印度，印度人均 GDP 不到我们的二分之一，它的第三产业产值比重和从业人员比重都达到 50% 以上。印度很重视第三产业，新德里找不到什么大商场，一个个都是小商店。印度政府觉得第三产业利润比较丰厚，把这块留给老百姓，一个家庭有一个小商店，就能养活一家人。我国第三产业发展长期滞后的根本原因，在于税制不合理。第三产业实行营业税，工业实行增值税，营业税的税负比增值税的税负平均重三分之一左右。另外一个原因就是受传统经济理论的影响。过去政治经济学教科书，把工业、农业、建筑业、交通运输业和邮电业算作是物质生产部门，国民经济统计里面只统计这五大物质生产部门，叫社会总产值，认为第三产业不创造价值。这种传统理论一直影响到现在。一些地方政府一说发展，就是上工业项目，对第三产业重视程度不够。第三产业用水、用地、用电的价格都要比工业贵。现在有一些城市还是这样，商业电价是一个价，工业电价是另一个价。总之，从各个方面打压第三产业的发展。

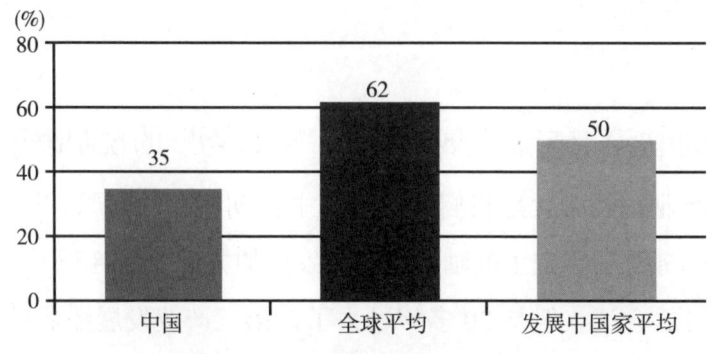

图 3　2011 年第三产业就业比重

数据来源：根据国家统计局公布的数据。

从事第三产业的大量是小企业、微型企业和个体户。我们对小型、微型企业的税收起征点，原来是月营业额 5000 元，前年开始提高到两万元，提高了 4 倍，看起来幅度很大。但是仔细一算，按照销售利润率 10% 来算，一个月销售 2 万元，纯收入才 2000 元，比居民个人所得税的起征点 3500 元还低 1500 元。税负太重，竭泽而渔，制约了第三产业发展。我建议再进一步提高起征点。统计显示，对小型、微型企业的起征点从 5000 元提高到 2 万元，可使 2000 多万家小微企业受益，他们的税负降低了 40%，一个月减少税收仅 9 个亿，这么大的好事还要继续做。我在政协提了提案，要从放水养鱼、培植财源的角度提高起征点。创业的积极性高了，小微企业和个体户多了，将来大企业才能多，大企业多了，税收才会增多。

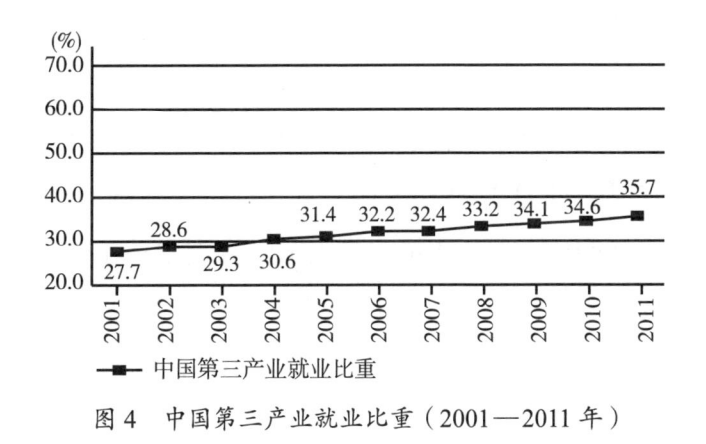

图 4　中国第三产业就业比重（2001—2011 年）

数据来源：根据国家统计局公布的数据。

2012 年，我们已经在十一个城市进行第三产业营业税改增值税的试点，主要集中在交通运输业、物流和研发这些生产性服务业，试点效果非常明显，新创办企业大幅度增加，中小企业大幅度增加，增长幅度都在 20% 以上。如果这项改革能够尽快在全国推开，在第三产业的各个领域推开，我相信第三产业一定会出现一个爆发式的增长。通过第三产业的税制改革，经过五年的努力，使第三产业的从业人员比重由现在的 35% 提高到发展中国家平均水平的50%，增加15个百分点，可以创造一亿个就业岗位。目前全面改革的条件已经成熟，没有什么风险，近期可能减少一点税收，但是三五年以后税源增加了，税收肯定会大幅度增长。就业增加了，老百姓收入增加了，消费也上去了。

三　围绕加快产业升级，改革科技、教育管理体制

党的十七大报告提出，要把提高自主创新能力，建设创新型国家作为国家发展战略的核心。从十七大到十八大的五年，各级政府、企业、学校和科研单位的科研经费大幅增加，研发投入已占CDP的1.97%。全世界最高的是瑞典，达到4%，第二是芬兰，达到3.9%，发达国家一般都在3%以上。我国科研投入总量已经仅次于美国，居世界第二。经过几年的努力，科研成果已经成批涌现，我国申请的专利数量大幅度增加。2012年我们在国内申请的专利数量已经超过美国，居世界第一位。当然在国内申请的专利质量差一些，发明专利比较少，专利的利用率比较低，所以我更看重国际专利。2010年，美国国际专利申请了2万多项，我们申请了8000项，美国是我们的6倍。到2011年，美国申请专利数量基本上没有变化，我们却增长了20%多，美国对中国的倍数下降到3.6倍。按这样的相对比例关系发展下去，到2015年或2016年，中国申请国际专利的数量也有可能赶上或超过美国。尽管我们在一些高技术领域和美国还有一定的差距，但是在一般的产业技术上，我们创新的能力可能赶上和超过美国。华为公司2009年申请专利量世界第一，2011年中兴申请专利世界第一，这两个公司一年申请的专利占全国申请量的1/4。如果每个省都能培养出两个像华为、中兴这样的公司，我们整个产业的创新能力就能够赶上和超过美国了。

目前还有两大创新潜力有待于发挥。一个是国有企业。现在民营企

业申请的专利占整个专利申请量的 67%，民营企业已经成为自主创新的主力军。国有企业自主创新的机制还没有形成。国资委去年搞了一个《关于发挥国有企业在自主创新中的骨干和带动作用的若干规定》，这是一个非常好的文件。文件最大的突破，是提出把国有企业创造的技术成果的价值，列入对国有资产保值增值的考核范围之内。马克思早就说了，随着技术的进步，生产资料的有机构成会不断提高，它的技术含量会不断提高。但是，我们过去对国有资产保值增值的考核，只看有形资产，不看无形资产，你创造的技术成果再多，也进入不到考核的范围。大唐电信集团用了八年时间，投入十几亿人民币，创造出了一个 TD—SCDMA 的 3G 标准，由于这个技术成果进入不了考核的范围，它又是上市企业，导致账面亏损，带领创造这个成果的周寰董事长也灰溜溜地下台了。当时周寰跟我说，美国人愿意花十亿美元买他的标准，要是卖出去，研究人员可以发很多奖金，所有的亏损都可以弥补，还会有大量的盈利，账面可以做得非常好。但是他不能卖，因为这是中国人在高科技领域唯一的一个自主创新的标准。显然这是考核标准出问题了。现在我们搞了一个新的考核标准，把技术成果的价值列入国有资产保值增值的考核范围之内，是对国有企业管理制度上的一个突破。建立鼓励国有企业自主创新的机制，鼓励他们增加研发投入，我相信不久国有企业自主创新成果一定会大批涌现。一些高技术领域和行业性重大技术，像航天、大飞机、高铁等等，只有国有企业才能担当重任。如果所有国有企业登上自主创新的舞台，担当起主力军的作用，其潜力不可估量。

另一个领域就是我们的高校，这一块我们目前确实比较惭愧。前年我看了一个统计数字，全世界高等学校按照申请专利的数量来排队，在前 50 名里，中国被剃了光头，而美国进入前 50 名的有 30 个大学。可见中国的大学跟美国大学在创新能力上差距有多大。美国大学考核办得好坏的一个重要标准，是看一个系、学院对相关产业技术进步的影响度。也就是说看你这个院系在多大程度上能够带动行业的技术进步。中国好多大学跟着企业的技术进步后面跑还跟不上，教授到企业总结技术进步成果，回来写到教科书里面，再给学生灌输。神华集团目前在中国煤炭开采行业拥有最先进的技术，一口井年产量一千多万吨。有一个分公司的经理回母校讲课，他把教科书拿来随便一翻，找出 30 多个概念都落后于生产实践。但是学校里的教授还在拿这样的东西向学生灌输，你说这样的学校怎么培养出创新型人才？大学有巨大的创新的潜力。我们有那么多的教授、博士、硕士，许多人正处在一生中最有创新能力的黄金年龄段。美国去年接受中国 20 万高中生去读大学。美国的教育已成为第六大产业，其中中国留学生是给他送钱的主要来源。能不能把我们的大学办好，把自己的学生留在中国，甚至吸引美国、欧洲的学生到中国来学习，关键就是改革教育体制。现在大学缺的就是竞争，要有竞争机制。

现在有一个好的兆头，根据计算到 2015 年我们的大学招生，要由卖方市场进入买方市场阶段，到那个时候大学招生是学生挑学校，而不是学校挑学生了，有一些学校可能因为招不来人自己关门了。现在中国台湾就是这样的，好的学校报名人很多，可选优质的学生。差的学校没有学生来报名，就自动关门或者由大学变成中级技术学校。到 2015 年、2016 年，中国大学招生买方市场的形成，可能是中国教育竞争机制形成的契机。有了竞争机制，中国的大学才有可能变成一个真正培养创新型人才的学校，我们的大学才能成为科研的基地，成为提交技术专利的基地，大学技术创新才能发挥像美国大学那样的作用。所以在国有企业和大学这两大领域，急需深化科技体制和教育体制改革，激发他们的创新潜力。通过自主创新，用自有知识产权的技术成果带动产业升级，实现由现在资源密集型、劳动密集型产业为主，向技术密集型、知识密集型产业为主的转变。

四 围绕缩小城乡差距，加快建立城乡一体化发展制度

未来十年，我们要跨越中等收入区间，进入高收入国家行列，面临的一个最大的难题就是如何提高农村 7 亿人口的收入水平，尽快扭转城乡收入差距不断拉大的趋势。解决好三农问题是中国今后十年能不能进入高收入国家行列的关键。现在城乡收入差距是 3.2∶1。根据研究成果，全世界凡是进入高收入行列的国家和地区，一般都具备三个标准：一是城市化率达到 70% 左右；二是农业劳动生产率接近或者超过第二、三产业的劳动生产率；三是农民的人均收入接近或者超过城市居民的收入。没有这三条，很难进入高收入国家行列。现在我国农业劳动生产率只有第二、三产业的 28%，农民的人均收入只有城镇居民的 31%。不消除劳动生产率的巨大差距，难以提高农民的收入。这就要搞农业现代化，搞集约化农业。现在好多人说中国劳动力的红利已经没有了，劳动力短缺是制约未来十年中国发展最大的障碍。世界银行做了一个研究报告叫"2030 年的中国"，提出了未来制约中国经济发展的四大问题：第一是劳动力供给短缺，实际上这个问题不存在。说劳动力短缺，这个话说早了 20 年，因为它没有看到农业这个领域还有大量剩余劳动力。农业现在有 2.8 亿劳动力，种了 18 亿亩耕地，一个人只能种 6 亩 4 分地。美国一个劳动力种几千亩，欧洲一个劳动力种几百亩，中国农民更能吃苦耐劳，主要是没有地给他们种。

现在中国农业现代化面临着千载难逢的机遇：一是劳动力转移有出路，长三角，珠三角，好多城市都存在招工难。我去年去印度孟买开会，之后到孟加拉参加了一些中资企业座谈会。在达卡的一个座谈会上，有一个来自福建服装企业的老板说，他 20 世纪 90 年代到孟加拉办厂，原来在福建一个劳动力工资每月两三千块钱，到孟加拉国降到七百多块钱一个月。从这儿生产服装向欧美发达国家出口，是零关税，向发达国家出口服装又没有配额限制。再就是孟加拉的税收只有 18%，剩下什么税都没了，

比中国的税负低得多。所以在这个地方办厂你不想赚钱都难。现在我们的劳动力密集型产业、加工贸易企业开始向东南亚转移，柬埔寨，老挝，印度，孟加拉，越南劳动力成本一个月也就500—800元。如果我们不抓住机遇加快农业劳动力转移，等我们的劳动密集型产业、加工贸易企业都转移到东南亚去了，我们将失去农业劳动力向非农产业转移的历史机遇，到那个时候再来消化农村富余劳动力，我看是没有办法了。

二是社会资金大量富裕。农业现代化需要大量资金投入，光靠政府投入不可能，政府投入只能起到引导的作用。农民收入很低，靠农民自身积累也不可能。只能引导社会资金投入。改革开放30多年的经验证明，哪个领域对社会资金开放，哪个领域发展就有活力；哪个领域拒绝社会资金的进入，哪个领域的发展就是一潭死水。同样农业现代化如果不能引入社会资金将会是遥遥无期。

三是市场对优质绿色农产品需求旺盛。现在只要证明某个品牌是好的，质量是信得过的，即使价格高一点城里人也愿意买。中国人跑到全世界买奶粉，造成全世界奶源紧张，真是丢人。但是我也看到了一个例子，一个温州的老板，原来在乌鲁木齐经商，后来他把店铺全卖了，跑到新疆喀什在戈壁滩上办了一个现代化的奶牛场。他的奶粉现在卖到长三角地区。他的广告词就一句话，我的奶粉全部源自于自己奶牛场的牛奶，没有一个散户。这句广告词赢得了长三角母亲的信任，即使价格高也愿意买他的奶粉。千家万户的小生产是不可能保证质量的，只有搞现代化的大农业，搞合作社，搞农业公司，搞家庭农场，才能建立自己的品牌。只有有了对品牌的珍惜，才能保证产品的质量，这里面有无数的商机。

四是农机生产能力完全能够满足农业现代化的需要，实在没有的还可以进口。要抓住这个机遇推动农业现代化，加快农业劳动力向非农产业转移。要实行土地确权颁证，把经营权证颁到户，把他的用益物权明确到户，他可以转让，转让出来以后就可以获得土地转让的收益。前几个月我去洞庭湖，在岳阳市的华容县看到一个例子感到非常振奋。华容县有一个村子，有70多户人家，800亩水田，现在800亩水田都让党支部书记一个人转包了，党支部书记变成了全村人的佃户。他购置了全套的农业机械，亩产可以提高5%，他把全村的劳动力都解放出来了。一亩地转包费是700元钱，愿意就地打工，工钱一天130元，愿意进城打工，加上自家土地转包收入七八千块钱，两口子一年可以搞到7万多元。7万多是什么概念？就是进入了中等收入家庭。国家统计局规定，中等收入家庭年收入是6万到20万，你不用在家种地，外出打工，总收入一下子到中等收入家庭了。这么一个简单的事，需要我们政策推动，这个也需要改革。今年"两会"之前我看新华社头版头条的报道，安徽小岗村春节前整理了几千亩地，准备过完节就招标，谁出的价最高，就让谁种这个地。参与招标的这些人，其中还包括当年按手印分田到户的人，现在他不种地，让别人种，比自己种收入还高。我看这是一个历史性的转折，标志着中国农业现代化进入加快推进的时刻了。建立城乡一体化的发展制度，可以解决未来20年中国经济发展的劳动力需求。美国农业劳动力占全社会劳动力的比例不到1%，他生产的农产品不仅可以满足本国人民的需要，还可以大量出口。未来20年，我们再从农业劳动力中转移出来两个亿，留8000万农民种18亿亩耕地绰绰有余。我再给大家举个例子，美国养猪一共就是两个半公司，一个公司年生猪出栏量3000多万头，还有一个公司的出栏量是2000多万头。一个公司顶得上我们好几个省的产量。所以养殖业完全可以搞规模化，用机械化大生产来保证产品的质量，需要我们从认识上解决问题，加快推进改革。

五　围绕发挥市场配置资源基础性作用，深化金融体制改革

十八大提出要在更大程度、更广范围上发挥市场配置资源的基础性作用。去年年初温家宝同志在全国金融工作会议上，提出金融体制改革的六

项任务：一是放宽准入；二是建立地方性的监管机构；三是建立存款保险和贷款担保制度；四是实行利率市场化；五是改革外汇管理体制，由现在的结汇为主转为用汇为主；六是建立多层次资本市场。这六项改革提得非常好，可惜缺一个综合配套的改革方案。由于资本的趋利性，现在利率市场化已率先突破。在没有放宽准入，没有形成一种竞争局面和监管机制的情况下，率先放开利率，很可能孕育一些风险。所以迫切需要制定一个综合配套的改革方案来推进改革。

六 围绕释放土地潜力，改革土地管理制度

现在有人说中国土地资源紧张，搞工业化、城市化没有土地了，实际上是没有看到土地的巨大潜力。除了荒坡、荒山、河滩地可以利用之外，现在城乡建设用地一共占了23万平方公里，村庄建设用地占了17万平方公里。现在好多村子是空心村，劳动力常年在外打工，家里是铁将军把门，但是房子也不能卖，还在那空着。通过农村土地制度的改革，允许他出让，允许他流动，会增加农民的财产性收入。农民把房子卖了，可以在城里买房子。村庄宅基地整理，可节约占地50%以上。土地制度改革是挖掘土地资源潜力，满足城市化建设用地需要的重要举措。中央还提出土地可以在省域范围内占补平衡。用地和造地平衡，可以异地进行调节。我们还要尽可能利用海外资源，像东南亚湄公河流域农业条件非常好，稻米一年可以三收，但是他们种不了那么多，种多了也卖不出去。将来我们互联互通之后，铁路可以直接修到东南亚，那个地方可以成为我们农产品供给的基地，还包括在非洲、南美租一些土地生产一些大豆，满足我们进口的需求。

总之，如果上面讲到的消费、第三产业、科技教育、劳动力、资本、土地六大潜力都释放出来了，足以支持未来20年的持续较快发展。关键还是在于改革。

关于设立由我主导的亚洲基础设施
投融资机构的建议*

  党的十八大报告提出，推动同周边国家互联互通。习近平主席在博鳌亚洲论坛2013年年会上指出，我国将加快同周边国家的互联互通建设，积极探讨搭建地区性融资平台，促进区域内经济融合，提高地区竞争力。针对此问题，中国国际经济交流中心进行了专题研究，并邀请外交部、发改委、银监会、外汇管理局、社保基金理事会、国家开发银行、中投公司等有关单位和专家座谈，形成了较为一致的意见。我们认为，基础设施建设和互联互通是亚洲经济新的增长点，也是亚洲经济一体化的重要基础。推动设立由我主导的地区性投融资机构，加快同亚洲国家的基础设施合

---

  * 本文为郑新立于2013年7月写的关于设立亚洲基础设施投资银行的建议，经中国国际经济交流中心理事长曾培炎报送习近平总书记和李克强总理，得到两位领导人的高度肯定。2013年10月，习近平主席在雅加达同印度尼西亚总统苏西洛举行会谈时，宣布中方倡议筹建亚洲基础设施投资银行（简称亚投行）。建立亚投行的主要目的是援助亚太地区国家的基础设施建设，促进亚太地区互联互通建设和经济一体化进程。2014年10月24日，中国、印度、新加坡等21个首批意向创始成员国的财长和授权代表在北京签约，共同决定成立亚洲基础设施投资银行（AIIB）。2015年6月29日，亚投行的57个意向创始成员国代表在北京出席了《亚洲基础设施投资银行协定》签署仪式。中国以297.804亿美元的认缴股本和26.06%的投票权，居现阶段亚投行第一大股东和投票权占比最高的国家。亚投行的设立，是人民币走向国际化的关键一步，改变了中国在世界经济中的地位，是中国国际地位提升的一次重要成果，是改变全球治理格务实的一步。有评论认为亚投行的建立，是中国做出的最富有智慧的举动。著名经济学家斯蒂格利茨对亚投行的建立给予积极评价，认为2015年将开启中国金融时代元年。

作，有利于我国增强对周边国家的影响力，在亚洲经济一体化进程和构建以我为中心的区域经济体系中居于主动地位。在当前国际国内形势下，设立该机构十分必要且现实可行，条件基本具备，应予积极推进。

一 设立由我主导的亚洲基础设施投融资机构符合我战略利益

（一）实施"以经促政"战略，培育运用软实力，有利于营造和平稳定的周边环境，维护我政治、安全利益

美国提出"重返亚洲"、"亚太再平衡"等战略，强调"巧实力"，对亚太政治经济安全格局施加影响。亚洲地区边界领土与海洋权益争端升温，一些国家对华两面性突出，对我倚重、依赖与疑虑、防范心态交织。应对这种局面，我在策略上宜采取"硬"和"软"两手并重，巧妙实施"以经促政"战略是一张有效的牌，应作为开展周边外交的重要抓手。一则，大力提倡互利互惠的经济议题，主导经营亚洲基础设施互联互通，有利于加强我国同周边国家的利益纽带，增强我经略周边的能力，缓解当前地缘政治紧张的压力。再则，推进以我国为中心的亚洲互联互通网络建设，有助于打通我通向各主要方向的海陆空通道，建立更为安全稳定的资源能源运输线，夯实周边国家的战略依托，扩大我安全战略回旋空间。

美国"二战"后发起了世界银行和国际货币基金组织，日本20世纪60年代在经济刚刚起飞时就推动建立亚洲开发银行和海外经济协力基金。这些全球和区域金融机构的设立，有力扩大了美元和日元的国际及地区影响，为美日以更加快捷的方式赢得了巨大的国际资源，成就了其今日的国际地位。设立由我主导的地区性投融资机构，有助于将我经济实力转化为政治、外交影响力和渗透力，进一步树立起我作为大国支持邻国发展、负责任的良好形象，提升我国际影响力。

（二）亚洲基础设施投资需求强劲，互联互通面临重大机遇，是今后我与周边国家深化经济合作的重要领域和内容

亚洲多数国家处于工业化、城镇化初级阶段，发展一直受到基础设施的"瓶颈"制约。近年来受国际金融危机影响，亚洲各国普遍希望将基础设施投资作为促进增长和结构调整的契合点和抓手，大都推出了各自的规划。譬如，泰国政府计划以港口、轨道系统和公路网络等建设为重点，改变物流基础设施的"短板"现象；菲律宾政府计划把2013年的基础设施建设投入提高19%；东盟也提出了"互联互通总体规划"。据亚洲开发银行统计，2010年至2020年，亚洲各国国内基础设施投资合计约需8万亿美元，另需近3000亿美元用于区域性基础设施建设。

一段时期以来，日本、韩国等国家积极投身到亚洲基础设施互联互通建设。日本通过亚洲开发银行、官方发展援助（ODA）等渠道不断加大对亚洲国家基础设施的投资，试图以此开拓国际市场，缓解国内经济长期低迷带来的压力，并在亚洲基础设施联通建设上掌握主导权，提升其区域影响力。亚洲基础设施联通是一个巨大的市场，需求十分强劲，合作发展的潜力很大。我国位于亚洲中心位置，地缘优势明显，亚洲联通在很大程度上是与我联通。我更应占领先机，有所作为，积极深化对亚洲基础设施投资的参与度。应该说，这项工作是继中国—东盟自贸区建设之后，我加强与亚洲各国经贸合作的又一重要举措，从而形成贸易、投资"双轮"驱动模式，推动我与周边国家建设更加全面、稳固的经济关系。

（三）以金融合作带动产业"走出去"，有助于发挥我资金优势，消化国内富余产能，拓展我经济发展空间

近年来我国外汇储备余额持续增长，大部分用于购买美国等发达国家国债，收益率较低。近期西方国家普遍实施量化宽松，使我外汇储备进一

步缩水。如果能拿出一部分资金，用于建立地区性投融资机构，投向回报较为稳定的基础设施项目，可以为外汇储备寻找更佳的使用途径，增强资金安全性。同时，通过该机构也有助于推动人民币地区化、国际化，在区域金融合作架构上强化我大国地位。

我国正处于结构调整阶段，部分行业产能过剩严重。据统计，2012年我国钢铁产能10亿吨，过剩超过2亿吨；水泥产能30亿吨，过剩8亿吨。建立由我主导的投融资机构，扩大亚洲基础设施建设投资，有利于带动原材料出口和相关产业对外投资，可以为消化和转移国内过剩产能提供新的出路。

近年来，我国企业对外投资并购屡屡遭遇不同国家投资壁垒，特别是一些国家以国家安全为由否决我企业投资合作的案例越来越多。而通过我国主导的多边商业性融资平台，促进我国企业参与亚洲互联互通项目建设，有助于减少周边国家和国际社会对我疑虑，避开双边合作中的敏感问题和分歧矛盾，为国内企业"走出去"创造较好条件。

二 设立由我主导的亚洲基础设施投融资机构具有现实可能

第一，我国已具备相当的人财物等条件。我国经济实力不断增长，经济总量位居世界第二。财政状况健康，居民储蓄率较高，外汇储备达到3.4万亿美元。在国内经济建设中，积累了大量有关规划制定、项目建设与管理等方面的经验和做法。拥有一批在世行、亚行等国际金融机构和跨国公司工作过的熟悉国际事务的高级管理人才。在建筑、公路、铁路、电力、电信、水利等领域有不少有实力的大企业，工程技术、施工队伍与机械装备性价比高，在国际上具有竞争优势，"走出去"愿望强烈。

第二，亚洲发展中国家因实力不足有求于我。基础设施建设投入大、周期长，亚洲发展中国家政府财力有限，世界银行、亚洲开发银行侧重扶贷，私人资本对基础设施投资较为谨慎。总体看，现行区域融资渠道难以满足需求，许多项目迟迟落实不了。这些国家对加强与中国的合作有所期待。去年8月在柬埔寨举行的第44届东盟经济部长系列会议上，东盟国家提出，2013年就互联互通问题到中国进行宣介，希望吸引更多中国企业参与建设。

第三，欧美国家自顾不暇为我创造良机。亚洲地区尤其是东南亚、南亚、西亚地区，是欧美国家重要的资源能源来源地，历史上受美欧等国长期的影响和渗透，对其依附较深，基础设施建设上吸收其投资也比较多。但当前美欧面临债务困境，相对财力下降，政府、金融机构和企业都处于财务收紧状态。美欧国内自身基础设施陈旧，面临大量改造任务，忙于自顾，无暇及此。同时，在基础设施领域，西方企业建设成本高，缺乏竞争力。这为我进入亚洲基础设施投资领域创造了千载难逢的时机。

第四，该机构与亚行等其他机构并行不悖。该机构与现有的亚洲开发银行并不矛盾。亚行的主要任务是社会事业、扶贫开发，其可用资金相对有限。而该投融资机构主要投向基础设施，通过筹措建设方面资金，可以弥补亚行区域内投资重点局限和资金不足的缺陷。此外，该机构与金砖国家开发银行和上海合作组织开发银行在区域涵盖、地缘和经济互联性等方面具有较大不同，不构成竞争和交叉，是互补与合作的关系。

当然，设立这样一家投融资机构也会遇到一些不利因素：美日近年对我在周边活动存在防范心态，在亚洲基础设施投融资问题上可能对我形成牵制；近期本地区领土、海洋权益等问题升温，可能影响周边国家对我主导机构的认同；各国政治局势、经济周期、法律体系、政府政策、利益协调等诸多风险因素可能对该机构国际化经营运作形成干扰等。

今年博鳌亚洲论坛提出"亚洲基础设施合作倡议"，建议扩大地区各国基础设施规划的交流合作，并成立专门的多边金融机构或基金。各方对此反应积极，形成了一定共识。新加坡内阁资政、论坛理事吴作栋，印度企业事务部长皮洛特等表示亚洲地区有实际需求，愿积极促进和推动。亚行副行长斯蒂芬·格罗夫也表示，该倡议很有必要，可以为亚洲"短板"的基础设施建设提供资金。总的看，设立新的亚洲基础设施投融资机构符合亚洲大多数国家的意愿和利益，符合我长远战略意图和对外工作大局，当前我国应抓住机遇，顺势而为，有必要、有能力发起设立该机构。

三 设立由我主导的亚洲基础设施投融资机构的几点考虑

建立亚洲基础设施投融资机构是未来我国对外工作中的一项重大举措，意义深远，但也较为敏感。在实施过程中，既要在实质效果上达到我战略考虑，同时在操作形式上也要符合国际惯例，让国际社会和有关国家欣然接受。

第一，开放透明、国际色彩。该机构应坚持开放性，在确保我主导地位的前提下，允许包括各国政府、国际机构、社会资本和私人投资参与，向美欧日等地区开放。强调其国际机构的性质，充分借鉴世行、亚行的经验，与国际市场规则接轨，按国际惯例办事，接受国际社会的监督。

第二，商业运行、兼顾公益。该机构定位于商业性质，投资必须考虑资金利益回报。这既是吸引各方投资的需要，也是回避政治目的的好办法，同时有助于与亚行、世行相区别。实际上，从中长期看，基础设施项目还是具有较好回报的，至少会高于美国国债收益。在商业运作的同时，适当兼顾一些对目的国有重要意义的公益性项目。

第三，拉住东盟、争取美日。我国与东盟等周边发展中国家在互联互通方面的相互需求最为突出，这些国家又是我国外交的政治基础。因此，筹建该机构首先需要这些国家的积极支持与参与。同时，妥善处理好与美、日的关系，增信释疑，争取理解和支持，力争形成共同合力建设亚洲的局面，至少不至于抵制或掣肘。

第四，以我为主、当仁不让。此事必须中国来挑头，确保我国在该机构中的主导地位。在资本构成上，我应下决心给予足够投入，超过日本成为第一大股东。在机构创设、章程起草、人员配置等方面保持主动。积极推动人民币在该机构资本金和未来筹资运作中使用。对于这一点，考虑到我国的经济实力和影响力，只要我方争取和坚持，各方应该是可以接受的。

四 设立由我主导的亚洲基础设施投融资机构的具体建议

（一）定位和名称。该机构定位于银行类商业金融机构，主要功能是为亚洲国家基础设施提供中长期融资服务，包括交通、电信、能源、市政以及水利、农业、生态环保等领域。名称可考虑为"亚洲基础设施建设合作银行"（或"亚洲实业银行"、"亚洲建设银行"、"亚洲交通银行"等）。

（二）总部选址。鉴于该机构的国际化性质，可考虑设在政治经济较为稳定、与我关系较为友好的国家，如泰国、马来西亚、印度尼西亚等。也可考虑设在中国香港，这有利于加强中国香港作为国际金融中心的地位，促进中国香港的长期繁荣稳定。

（三）高管人选。为实现我对该机构发展、运作的有效控制和影响，应由我方派资深财金专家担任该机构最高负责人，其余核心中高层及基层也应有相当比例中方人员。同时，尽可能吸收国际人才参加，以体现国际化特色。

（四）资本金规模和来源。该机构应采取股份制形式，目标资本金可考虑为1000亿美元左右，随业务开展逐步到位，资本充足率略高于一般商业银行。考虑到基础设施项目的长期性和一定的公益性，机构贷款利率应略低于市场利率。参照日本在亚行创建时的做法，我国在该机构创建时应争取占股 49%，以确保我主导地位，同时也为今后股比稀释后，我仍能占据主导地位预留空间。中方主要出资人可由一家银行承担，从现有财政援外资金中划出一部分，作为对出资人的贴息，同时鼓励其他国内机构和企业共同出资。

（五）推进路线图。对内，建议由一位国务院领导牵头（或中财办牵头），成立跨部门的指导小组和工作小组，负责有关前期工作，包括方案论证、实施步骤、配套政策等。对外，由国内和亚洲地区多、双边民间机构出面，进行宣传推介，交流探讨，以争取共识。待时机成熟，可利用我领导人出席亚洲有关会议等重要场合，以适当方式正式对外打出有关倡议。

论金融体制改革的路线图[*]

党的十八大报告提出要在更大程度更广范围发挥市场配置资源的基础性作用。资本是生产要素的龙头，所谓市场配置资源，主要指对资本的配置，金融机构把资本配置到哪里，其他物质生产要素也就跟着在那里集聚。当前，我国资本存量规模已经很大，到今年3月底，广义货币余额已达103.6万亿元，银行金融资产已突破160万亿元。但由于金融体制改革滞后，资本流动性差，急需资金的企业和投资项目得不到支持，不得不寻求高利贷；而大量社会资金呆滞，急于寻找投资出路。民间借贷利率比银行贷款利率高三倍以上，就是充分证明。加快金融体制改革已成为当前深化经济体制改革的突破口。国务院总理李克强在2013年5月6日主持召开的国务院常务会议上，研究部署了2013年深化经济体制改革的重点工作，提出要稳步推出利率汇率市场化改革措施，拿出人民币资本项目可兑换的操作方案。规范发展债券、股权、信托等投融资方式。

积极稳妥地推进金融体制改革，必须制定一个全面周密的实施方案，有一个明晰的路线图。去年年初温家宝同志在全国金融工作会议上的讲话，指出了改革的方向，提出了改革的重大任务。但由于缺乏一个实施细

---

[*] 本文原载《中国井冈山干部学院学报》2013年第4期。

则，改革已率先从利率市场化突破，高利率刺激各类非银行贷款融资急剧增加。今年一季度社会融资6.16万亿元，同比增加36.9%，其中人民币贷款所占比例已下降为44.8%。在缺乏有效监管和市场风险防范机制的情况下，非银行贷款类融资急剧膨胀，可能孕育着一定的金融风险。所以，研究制定一个金融改革的路线图，就成为当前金融体制改革的急迫任务。

一 把放宽准入摆在金融体制改革的首要地位

在去年年初召开的第四次中央金融工作会议上，温家宝同志在讲话中提出了六项改革任务，其中把放宽准入摆在第一位。这是针对金融体制存在的问题提出来的。在现行银行结构中，全国性大银行过多，区域性中小银行过少，特别是为小型微型企业和农户服务的金融机构短缺，这是由历史造成的。其结果是，由于竞争主体的结构性缺陷导致竞争不充分，成为民营企业融资成本高、小微企业和农户贷款难的问题长期得不到解决的根本原因。在金融市场十分发达的美国，至今仍有7000多家银行，大部分是区域性的中小银行。我国仅有银行2000多家，远远满足不了地方经济发展和小微经济主体对融资的需求。尽管近些年在各方面的强烈呼吁下，商业银行增加了对小微企业贷款的比例，但毕竟是出于道义而非利益的驱动，依靠现有的大银行来满足小微经济主体对贷款的需求是不可能的。

国务院关于鼓励民间投资的后36条，明确规定允许民间资金发起设立各类股份制的小型金融机构，包括村镇银行、贷款公司、资金互助社等。然而由有关部门制定的实施细则，仍然规定设立这些小型金融机构必须由法人银行控股15%，并作为主发起人，明显与后36条规定不一致。在国有商业银行已经控制了绝大部分金融市场的情况下，在大批外资已被允许进入国内金融市场的情况下，为民间资金进入金融市场开一扇门，能有什么危险呢？有关部门一再为民间资金进入金融市场设置障碍，主要可能是担心会带来金融风险，其实，拒绝民间资金进入才会真正带来风险，而允许民间资金进入，恰恰能够规避风险，提高我国金融的安全度。这是由改革以来的经验证明了的。民间资金进入金融领域，可形成充分竞争局面，从而消除垄断利润，降低企业融资成本，真正发挥市场对金融资源配置的基础性作用。资本利润的平均化，可有效抵御国外游资的投机操作和对国内金融市场的冲击，维护国家金融安全。

二 建立地方性金融监管机构以强化地方政府监管责任

把抓紧建立地方性金融监管机构作为深化金融体制改革的第二项任务，是充分考虑到放宽准入之后对监管工作提出的新要求。允许民间资金进入金融领域，主要是兴办为本地经济发展服务的金融机构，只允许他们在区域范围内吸收存款和发放贷款，不允许跨区域经营。这是一条重要原则。建立地方性监管机构，在业务上接受国家有关部门的指导，对地方性的小型金融机构承担监管责任，出了问题，由地方政府负责。这就能有效避免放宽准入之后可能出现的风险。地方政府为了发展本地经济，对地方性金融机构的健康运行必然会非常关心，自觉履行好监管责任。中央的监管部门也避免了鞭长莫及的问题，解脱了对地方性金融机构的直接监管责任，对民间资金进入金融领域的障碍也就容易被拆除。从最坏的情况来考虑，即使某个地方出了问题，也是局部性的问题，不至于影响大局。所以，建立地方性金融监管机构，是放宽准入的必不可少的配套性改革措施。

三 建立存款保险和贷款担保制度并以市场机制化解风险

长期以来，我国以国有银行为主的银行体系依靠国家信用，赢得了广大居民和企业的高度信任。实际上，政府也为银行承担了巨大的风险。过去，银行曾剥离上万亿元的不良资产，均由政府买单，实际上通过货币贬值，由全国人民承担了损失。这种现象的本质，就是个别借款不还的企业侵吞了广大居民的财富。如果说在旧体制下偶尔出现这种情况还可以容忍，那么，在建立起社会主义市场经济体制之后，特别是在经营主体多元化之后，社会已经不允许这种现象再次出现。为此，建立存款保险制度和贷款担保制度，以市场机制来防范和化解风险，就显得十分必要。对于这项新制度的建立，在经济理论界早就有人提出建议，但始终未能付诸实施，现在已经到实施的时候了。建立这项制度与建立地方性监管机构，都是放宽准入的前提条件，三项改革缺一不可，必须配套进行。

在出现通货膨胀的情况下，为了确保广大居民的基本收益，有的发达国家还实行了定额保值储蓄的政策。如法国，规定每个公民可在法定银行存款2万欧元，其实际存款利率不低于3%。存款利率减去通货膨胀率之后低于3%的差额，由财政予以补贴。该项存款作为国家政策性银行的专项资金，用于基础设施等公共服务事业发展的贷款。推行这项政策，对于维护社会稳定发挥了重要作用。我国在20世纪90年代通货膨胀严重时期，也曾实行过保值储蓄政策。针对近年国内曾出现过存款负利率的情况，今后，应借鉴国外经验，继续完善实施。保值储蓄额以每人五万元左右为宜，存款交由国家政策性银行，用于基础设施和公共服务业建设。

贷款担保制度与抵押贷款、信用贷款制度一样，都是防范贷款风险的重要举措。改革以来，一些地方对贷款担保制度进行了探索，取得了一定的经验，应继续完善推广。对于小额贷款来说，建立担保制度具有更大的必要性和适应性。因为贷款客户一般缺乏必要的资产作为抵押，经营规模小，缺乏信用基础，建立贷款担保制度有利于扩大信贷覆盖面，鼓励创业和个体经营，有利于农村和贫困地区人口从发展经济中尽快脱贫致富。

四　推进利率市场化是深化金融体制改革的中心环节

资本作为一种重要的生产要素，要配置到能够产生最大效益的地方，必须通过市场的选择。利率市场化是实现资本优化配置的重要条件。能够以较高的利率吸引资本流入的项目和企业，就是具有较高的投资回报率的项目和具有较强竞争力的企业。在生产要素价格的形成机制中，资本价格的市场化已经明显滞后。所以，进一步发挥市场配置资源的基础性作用，关键是加快利率市场化步伐，实现市场对资本的优化配置。

2012年以来，在全国金融工作会议精神的鼓舞下，利率市场化的改革取得了重大突破，资本的流动性明显加强。在全社会融资总规模中，银行贷款的比重由前几年的70%左右迅速下降到45%，有一半以上的资金通过各种直接融资渠道，以市场价格进行配置，这是一个重大进步。同时也应当看到，由于放宽市场准入、建立地方性监管机构和存款保险、贷款担保制度的改革尚未启动，利率市场化的改革单项突进，孕育着新的金融风险。因为各类直接融资的利率一般在15%以上，这是实体经济的项目和企业难以承受的。敢于冒着高利率的风险进行借贷的项目和企业，存在着还本付息困难的危险。对此，必须给予高度警觉和重视。利率市场化的改革没有回头路，唯一的选择就是加快推进放宽准入、建立地方性监管机构和存款保险、贷款担保制度三项改革，使之与利率市场化改革相配套。抓紧制定一个包括前述四项内容的金融体制改革的实施细则，已成为当务之急。

诚如改革初期放开价格管控的规律一样：当时南方鱼的价格曾出现一放就高，一高就活，一活就多，一多就降的现象。之所以出现这种现象，关键在于允许农民养鱼和卖鱼。价格一高，农民养鱼积极性就高，鱼的产销量上来了，价格跟着也就跌下来了。同样，当前出现的资本高利率是长期管控的结果。如果没有放宽准入，资本市场就形不成买方市场，高利率就将长期存在下去，金融泡沫的积累预示着危机的来临，这绝不是危言耸听。所以，认真地贯彻落实新 36 条提出的允许民间资金发起设立各类股份制的小型金融机构，犹如允许农民养鱼卖鱼，并配套进行防范风险的改革一样，再也不能耽搁拖延下去了。放宽准入的结果，将会使民间借贷浮出水面，由非法变为合法，由乱象变为规范，使民间资金真正变为商品自由流通，使需要资金的企业获得资金支持，并在资金买方市场的竞争中使企业的融资成本得以下降。当年在鱼市场出现的现象必将在资本市场重现。而当务之急就是取消民间资金发起设立小型金融机构时必须由银行法人作为主发起人并控股 15% 的限制。

五 发展多层次的资本市场体系

我国资本市场发展滞后，直接融资的比重偏低，企业融资过度依赖银行贷款，从而使金融风险主要集中在银行系统。发展资本市场，扩大直接融资规模，既可以降低企业融资成本，又能分散金融风险，应作为金融体制改革和金融产业发展的重点。

当前资本市场存在的主要问题，是股票市场所占比重偏高，债券市场发育不充分。因此，扩大直接融资的重点，应放在完善多层次资本市场体系，大力发展债券、基金、融资租赁等非股票类融资上。

我国股票市场经过多年的探索和发展，由主板、中小企业板和创业板组成的比较完整的市场体系初步形成，在评价企业、集聚资金等方面发挥了重要作用，一批上市企业依托股市迅速发展起来。但是，股票市场的发展并没有取得预想的效果，与发达国家成熟的市场相比，存在着许多不尽如人意之处。突出的问题是市场秩序不规范，违规交易行为较多；部分上市企业以圈钱为目的，没有把增加企业价值作为经营的最高目标；高素质的机构投资者较少，以散户为主的投资常常处于非理性状态；市场中介组织尚不完善，在企业上市等环节依然采用行政审批制。由于股市作为企业价值形成和为投资者提供回报等基本功能没有很好发挥出来，降低了对股民的吸引力，股市行情在一定程度上也失去了作为国民经济晴雨表的作用。重振股票市场，应当从基础做起。要强化法规和制度约束，严厉打击各种造势、欺诈、黑幕交易行为，增强上市企业的透明度，确立对股民负责的理念，重构股市信心。健全市场中介机构，建立企业上市、退市等市场决定机制，减少行政干预。大力发展机构投资者，由专家理财、理性投资逐步替代跟风炒作、盲目投资行为。发挥创业板风险投资功能，适当降低创业板上市门槛，培育创新型企业。适当发展柜台交易市场，为更多的中小企业融资提供服务。扩大与中国香港、中国台湾股市的信息交流与合作，逐步为中国香港、中国澳门、中国台湾居民异地买卖股票提供方便。

积极发展债券市场。鼓励有条件的企业和建设项目发行短期和中长期债券，如高速铁路、城际轨道交通、地铁、大型水电，以及水务、燃气、垃圾处理等公共服务设施建设项目，都应允许发行专项建设债券。鼓励发展各类投资基金，如生态环保产业基金、养老产业基金、绿色能源基金、海洋产业基金、新兴产业基金、绿色农业基金、科技开发基金、教育发展基金等。既要发展公募基金，更要鼓励发展私募基金。发展融资租赁、信托贷款等投融资业务。总之，通过鼓励发展各类直接投融资活动，把改革以来积累的巨额民间资金充分利用起来，加快资金周转，解决目前普遍存在的大批待建项目缺乏资金，而大量资金又在闲置的现象。

六 有序推进人民币国际化

当前美元、欧元、日元竞相贬值，唯独人民币坚挺，我国外汇储备雄厚，国民经济正处于转型升级的关键时期，这为人民币国际化提供了难得的历史机遇。如果处理得好，人民币国际化可以转化为我国经济的新优势，成为推动国民经济转型升级和持续发展的强大动力，在确保金融经济安全的同时，壮大我国经济实力。

人民币国际化要与扩大海外投资紧密结合起来，以海外投资为依托。实施"走出去"战略，扩大海外投资，是当前必须抓紧落实的一项重大战略。扩大海外投资具有一箭三雕之效果：一是通过海外投资，创造出口需求，可在发达国家市场疲软的情况下保持我国出口的持续增长；二是通过寻求国外自然资源和科技资源，提高我国经济可持续发展能力和自主创新能力；三是把部分外汇储备转变为物质储备，可有效规避美元贬值风险。

海外投资的重点应放在以下四个方面：（一）获取更多的能源资源的勘探权、开发权；（二）并购一些具有较好的科技资源和国际营销网络的企业；（三）发展加工贸易，转移国内过剩的工业生产能力；（四）承揽建设工程，扩大劳务输出。

海外投资应优先投向那些愿意接受人民币为投资结算货币的国家以及与我国签订双边货币互换协议的国家，以扩大人民币在海外的流通量。除了发展香港为人民币海外结算中心之外，鼓励新加坡、伦敦等地建立人民币海外结算中心。鼓励更多的国家、地区和企业在贸易中以人民币作为结算工具。适时放开人民币资本项目可兑换。适应人民币在海外流通量逐步增加的新情况，应扩大在海外发行人民币债券的规模，允许企业在海外进行人民币融资，提供更多的人民币金融产品，供海外持有人民币的投资者选择。鼓励国内银行到国外设立分支机构，扩大海外经营。国内工商企业走到哪里，国内银行的服务应跟到哪里。

逐步放宽外商对国内金融业的投资，以开放促进金融体制改革和金融产业发展。外商投资国内金融业，有利于强化国内市场的竞争，提高国内金融企业的竞争力，从而有利于维护国内金融安全。对于热钱的流入流出，要加强监管，必要时可以开征专项税收，抑制投机行为。

人民币国际化是一个必然的历史趋势，应当顺应这个要求，采取积极有效措施，在推进人民币国际化的过程中谋取最大的国家利益。

金融体制改革是一个系统工程，必须细心研究，周密部署，搞好顶层设计，制定好改革的路线图和时间表。仅靠一般号召，没有实施细则，必然会在改革中打乱仗，影响金融稳定、社会稳定和经济发展。

坚持社会主义市场经济改革方向[*]

党的十八届三中全会通过的《中共中央关于全面深化改革若干重大问题的决定》（以下简称《决定》）指出："坚持社会主义市场经济改革方向，以促进社会公平正义、增进人民福祉为出发点和落脚点，进一步解放思想、解放和发展社会生产力、解放和增强社会活力，坚决破除各方面体制机制弊端，努力开拓中国特色社会主义事业更加广阔的前景。"这段话概括了全面深化改革的方向和要求，是改革进程中必须遵循的指导思想。坚持社会主义市场经济改革方向，应着重学习和把握好以下几个方面。

一 发挥市场对资源配置的决定性作用是我们党对市场经济规律认识的新飞跃

党的十四大提出建立社会主义市场经济体制的改革目标，并明确要使市场在国家宏观调控下对资源配置起基础性作用。21年来，以市场为取向的改革不断深化，市场对资源配置发挥着越来越重要的作用。实践证明，凡是市场配置资源作用发挥比较好的领域，资源配置效率明显提高，经济发展就充满活力；市场作用受到限制的领域，对资源的吸引力明显偏低，

---

[*] 本文原载《经济日报》2013年11月20日。

经济发展就一潭死水。经验还证明，所谓市场配置资源，实质上就是由具有独立经济利益的市场主体根据国家宏观政策和市场信号来决定资源配置。也就是说，投资项目由企业自主决策，资金由企业在金融市场自行筹集，生产经营由企业全面负责。这种完全属于市场行为的经济活动，充分体现了市场经济的基本规律即价值规律的作用。在市场经济条件下，价值规律是具有决定性作用的规律。价值规律在行业之间运动，决定着社会劳动在各个行业分配的比例。供不应求的行业由于资金利润率高于社会平均资金利润率而吸引到更多的资金，从而实现供求平衡。反之，产能过剩行业由于资金利润率低于社会平均利润率，其资金转移到其他行业。价值规律的这一作用使各个行业保持着供求的大体平衡。在各个行业内部，由于价值规律的运动，使资金在先进企业和落后企业之间做出选择。先进企业由于得到足够的资金支持而获得充分发展，落后企业由于得不到资金支持而逐步被淘汰。这是市场机制的活力所在，也是市场配置资源的效率高于政府配置资源的根本原因。

《决定》在总结改革经验的基础上，明确提出"使市场在资源配置中起决定性作用"，是对党的十四大提出的市场配置资源的基础性作用的继承和发展。如果说提出发挥市场配置资源的基础性作用，相对于计划体制下由政府配置资源来说，是我们党对客观经济规律特别是市场经济规律认识的第一次飞跃，那么，时隔21年后提出发挥市场配置资源的决定性作用，是我们党对经济规律主要是市场经济规律认识上的又一次新的飞跃，体现了中国共产党人实事求是、探索真理、不懈奋斗的精神。历史已经并将继续证明，党的十四大提出建立社会主义市场经济体制是对生产力的一次大解放，党的十八届三中全会提出使市场在资源配置中起决定性作用是对生产力的又一次大解放。

对于下一步改革的任务，《决定》明确指出：要"紧紧围绕市场在资源配置中起决定性作用深化经济体制改革"。为此,"必须积极稳妥从广度和深度上推进市场化改革,大幅度减少政府对资源的直接配置,推动资源配置依据市场规则、市场价格、市场竞争实现效益最大化和效率最优化。"根据《决定》的要求,今后深化经济体制改革,应当朝着扩大市场配置资源作用的方向来进行。这是针对当前资源配置中存在的问题提出来的。应当看到,虽然经过多年改革,在发挥市场配置资源的作用方面取得了历史性进步,但是,由于生产要素的市场化程度和市场发育程度都比较低,市场对资源配置的作用远远没有发挥出来,降低了市场配置资源的效益和效率。具体来说:

由于社会体制改革滞后,对社会事业、公共服务领域形成屏蔽,资金等生产要素难以进入,造成经济和社会发展一条腿长、一条腿短,诸如交通拥堵、进养老院难、入幼儿园难、停车难等,都是由于社会资金进入难带来的。

由于城乡一体化改革滞后,形成城乡之间的市场壁垒,阻碍了生产要素在城乡之间的双向自由流动,一方面是城市大量闲置的资金、技术、人才等要素难以进入农村市场,另一方面是农村大量资源由于不能市场化而吸引投入,农民犹如"捧着金碗要饭吃",严重制约了农业的现代化和农村的发展,直接导致城乡差距不断拉大。

由于地区之间的行政分割,严重扭曲了生产要素在地区之间的配置,形成了城市与周边地区发展水平的巨大落差。在城市内,人口和产业高度密集,土地、淡水等资源严重短缺,房价不断攀升;而在临近地区,经济发展落后,投资严重不足,资源大量闲置,半小时车程之内房价相差10倍以上,形成繁华的城市被贫困地区包围的状况,削弱了城市对周边地区的辐射带动作用。

由于生态文明体制改革滞后,阻碍了生产要素对生态环境的投入,直接导致大面积雾霾天气和水资源严重污染。核心问题是没有找到共享性公共产品的价值补偿机制，生态环保工作停留在空喊阶段，治理者得不到回报，污染者大赚其钱。脱硫、脱硝、除尘任务未能交由独立于排放方、具有特许经营权的企业来承担，谁污染、谁治理流于形式。如何尽快形成环保产业的投资激励机制，吸引社会资金投入，使环保产业成为新的投资热点和经济增长点，亟待进行市场化改革。

由于文化体制改革滞后，文化产品的市场交换价值难以实现，制约了社会资金对文化产业的投入，使广大人民文化创新的智慧和能力受到压抑。中华民族是具有文化创造力的民族。只要通过深化文化体制改革，在弘扬核心价值观的前提下，引入市场观念，强化商品意识，使文化产业投入能够取得合理回报，我国文化繁荣的局面一定会早日到来。

使市场在资源配置中起决定性作用，是深化经济体制改革的"牛鼻子"，紧紧抓住这个关键环节，就能带动和影响各方面的改革，不断取得改革的新进展、新成就。

二 深化公有制实现方式的改革将使其更有效地与市场经济融合

公有制经济能不能与市场经济对接，是建立社会主义市场经济体制要解决的关键问题。21年前，当我们提出社会主义市场经济体制改革目标时，一些西方经济学家曾断言，市场经济只能建立在私有制的基础之上，除非全盘私有化，否则中国是不可能搞市场经济的。然而，通过探索全民所有制的实现方式，对国有资产实行所有权与经营权分离，国有企业建立起以股份制为基础的现代企业制度，实现了国有企业与市场经济的融合。在农村，通过实行土地家庭联产承包责任制，土地所有权归村集体，经营权归农户，使农户成为独立的商品生产经营者，从而调动了农户的积极性，实现了农村土地集体所有制与市场经济的融合。股份合作制是中国农民在改革中创造出来的,是劳动者的资本联合与劳动联合相结合的产权组织形式,是集体所有制的一种实现形式。运用这种形式兴办乡镇企业,农民既是企业所有者又是企业劳动者,既利用农户零散资金办一些单独办不了的事,又增加了农民的财产性收入。实践证明,对公有制包括全民所有制和集体所有制实现方式的改革是成功的。公有制与市场经济的无缝对接,既有利于发挥公有制经济的优越性,又有利于发挥市场机制的作用。

在深化公有制实现方式的改革上,《决定》从有利于公有制经济发展出发,提出了新的要求。

对国有企业改革提出"以管资本为主加强国有资产监管,改革国有资本授权经营体制,组建若干国有资本运营公司,支持有条件的国有企业改组为国有资本投资公司"。这是继建立现代企业制度之后国有企业改革面临的新任务。由过去以管企业为主转变为以管资本为主,有利于调整和优化国有经济布局,有利于扩大国有企业自主经营的权利,有利于国有企业在与各类企业平等竞争中提高经营、创新能力,有利于通过参股、控股放大国有经济控制力和影响力。这是国有经济实现方式的创新和完善,将使国有经济与市场经济更好地融为一体。

对于农村土地集体所有制实现方式的改革,《决定》提出稳定农村土地承包关系并保持长久不变,"赋予农民对承包地占有、使用、收益、流转及承包经营权抵押、担保权能,允许农民以承包经营权入股发展农业产业化经营"。提出建立城乡统一的建设用地市场,改革完善农村宅基地制度,"慎重稳妥推进农民住房财产权抵押、担保、转让,探索农民增加财产性收入渠道"。农村土地制度的这些改革,将有利于土地的流转,促进农业向集约化、规模化方向发展;有利于充分挖掘土地潜力,满足经济发展和城乡建设对土地的需求,对同步推进城镇化与农业现代化,具有重要意义。土地作为短缺资源,只有通过市场交换,使其价格反映稀缺程度,才能促使人们节约对土地的利用，使农民对土地的用益物权转变为财产性收入的来源。土地所有权与经营权的分离，既保持了其公有性质，避免土地的买卖和兼并，又能体现其商品属性，与市场经济相融合。

《决定》提出积极发展混合所有制经济，指出"国有资本、集体资本、非公有资本等交叉持股、相互融合的混合所有制经济，是基本经济制度的重要实现形式"，要推动更多国有经济和其他所有制经济发展成为混合所有制经济。鼓励企业员工持股，"形成资本所有者和劳动者利益共同体"。这种以股份制为基础的混合所有制经济，是与市场经济高度融合的现代产权组织形式。员工持股使劳动者成为所有者，对于调动劳动者积极性、增强企业凝聚力、实现共同富裕，具有重要意义。

三 分配制度的改革将进一步形成经济发展的强大动力机制

以按劳分配为主体、多种分配方式并存的分配制度，是中国特色社会主义的分配制度。由于确立了劳动、资本、技术和管理等生产要素按贡献参与分配的原则，极大地调动了劳动者钻研技术、改善管理的积极性，激发了生产要素的潜力，形成了推动经济发展的动力机制。

《决定》针对当前分配领域存在的行业、地区和个人之间收入差距拉大的问题，从初次分配、再分配和分配秩序三个方面指出了深化改革的方向和措施。提出"提高劳动报酬在初次分配中的比重"，"促进以高校毕业生为重点的青年就业和农村转移劳动力、城镇困难人员、退役军人就业"。合理确定并严格规范国有企业管理人员薪酬水平、职务待遇、职务消费、业务消费。"健全资本、知识、技术、管理等由要素市场决定的报酬机制。扩展投资和租赁服务等途径，优化上市公司投资者回报机制"，多渠道增加居民财产性收入。在再分配方面，提出"完善以税收、社会保障、转移支付为主要手段的再分配调节机制，加大税收调节力度"。提出规范收入分配秩序，建立个人收入和财产信息系统，增加低收入者收入，扩大中等收入者比重，努力缩小收入分配差距，逐步形成橄榄形分配格局。

《决定》关于分配制度的改革，体现了三个明确要求：一是在国民收入分配中尽可能向居民倾斜，提高居民收入占国民总收入的比重。这是提高居民消费率的需要，也是转变发展方式的首要任务。通过多种途径提高居民收入水平，增强居民购买力，才能建立消费增长的长效机制。二是调整收入分配结构，重点增加中低收入者收入，调节过高收入。通过缩小收入分配差距，走共同富裕道路。扩大就业是增加中低收入者收入的重要途径。三是规范收入分配秩序，实行收入透明化，取缔非法收入。深化收入分配制度改革，形成合理有序的收入分配格局，将为我国经济发展提供源源不断的动力支持。

四 健全宏观调控体系是发挥社会主义市场经济体制优势的内在要求

社会主义市场经济体制的一个重要特征，就是科学的宏观调控和有效的政府治理。我们要在较短时间内赶上发达国家的经济水平，同时推动经济体制的转轨，必须合理发挥政府的作用。在计划体制下，政府对微观经济活动干预过多，干了许多干不了的事情，以致阻碍了经济发展。在过去35年的改革中，我们在简政放权、扩大市场作用的同时，不是简单地认为政府管得越少越好，而是不断转变政府职能，切实把那些市场解决不了的问题承担起来。通过宏观调控，保持经济总量平衡，促进重大经济结构协调和生产力布局优化，减缓经济波动影响，防范区域性、系统性风险，稳定市场预期，实现经济持续健康发展，就是政府必须加强并全力履行好的重要职能。

《决定》对转变政府职能、健全宏观调控体系提出了一系列改革举措，指出要"健全以国家发展战略和规划为导向、以财政政策和货币政策为主要手段的宏观调控体系，推进宏观调控目标制定和政策手段运用机制化"。完善发展成果考核评价体系，纠正单纯以经济增长速度评定政绩的偏向。进一步简政放权，市场机制能有效调节的经济活动，一律取消审批。政府要加强发展战略、规划、政策、标准等制定和实施，加强市场监管，加强各类公共服务的提供。

《决定》从市场的作用、基本经济制度、收入分配制度、政府宏观调控等方面所做出的改革部署，很好地坚持了社会主义市场经济改革方向，应当认认真真学习领会，不折不扣贯彻落实。通过全面深化改革，实现党的十八大提出的到 2020 年全面建成小康社会的宏伟目标。

建立多元制衡的国际储备货币体系[*]

现行以美元为本位的国际货币体系，是在美元脱离金本位宣告布雷顿森林体系解体后形成的。美元作为一种主权货币，它的发行是根据美国国内经济需要所决定。而美元作为一种主要的国际储备货币，从有利于全球经济稳定发展的角度来看，其供给量理应既要满足国际经济活动对货币的需求，又要避免过度虚拟化而引发国际金融体系波动。美元在全球经济中的重要功能同其发行决策的国家主权性质，不可避免地产生了矛盾。如何解决这一矛盾？重回金本位是不可能的，发行一种超主权货币也面临诸多现实难题，建立具有约束机制的多元国际储备货币体系，即由美元、欧元、人民币为主，组成三足鼎立的国际储备货币体系，再加上其他若干货币，可能是一种正确选择。本文就此提出一些设想，以期引起讨论。

一 以多元储备货币取代单一储备货币是历史的必然选择

2008年，由美元引发的席卷全球的金融经济危机，对各国经济带来沉重打击。总结这次危机产生的原因，找到避免危机再次发生的办法，是当

---

[*] 本文原载《全球化》2014年第8期。

今有责任心的经济学家们绞尽脑汁要解决的问题。人们可以找出引发危机的许多原因，但是，不可否认的是，由于美元金融衍生产品过度泛滥导致经济过度虚拟化，是引发全球金融经济危机的根本原因。长期以来，美国利用全球主要储备货币发行国的地位，滥用国家信用，推行经常项目和财政预算双赤字政策，维持国内居民的过度消费和政府的超额支出，不断积聚了金融海啸的巨大能量。2010年，美联邦政府财政赤字达1.4万亿美元，为国内生产总值的9.4%；公共债务9.02万亿美元，占当年国内生产总值的62.1%。美国的高赤字率和高债务率以及连续几年实施的宽松货币政策，没有引发通货膨胀，利率水平较低，得益于其世界主要储备货币发行国地位，吸引了外国资金和廉价商品流入。

美国成为2008年全球金融经济危机的策源地，又明白无误地告诉我们，依托国家信用制造的金融产品，必须与实体经济的需求和规模相适应。虚拟经济过度膨胀，使美国经济犹如一个建立在沙滩之上的倒金字塔。金融危机前，美国作为底部的次贷约2万亿美元，普通房贷余额12万亿美元，包括资产抵押债券（CDO）和信用违约掉期合同（CDS）在内的企业债约62万亿美元，据国际清算银行的数据，美国各大金融机构持有的金融衍生品达300万亿美元左右。这样一个头重脚轻的金融大厦，只要其中一个环节出现问题，就会在顷刻之间崩塌。如果说，历史上资本主义的经济危机主要是由物质产品的生产过剩带来的，那么，在金融业高度发达的今天，金融产品依靠主权国家信用形成毫无节制的供给能力，是新的历史条件下全球金融危机产生的重要根源。

总结这次危机的教训，只有找到美元金融衍生产品泛滥的制衡机制，才能建立稳定的国际货币体系。重回金本位是不可能的，因为黄金产量的增长不可能跟上经济发展的需要。当年尼克松总统之所以决定美元与黄金脱钩，就是考虑到这一因素。建立超主权的国际储备货币是一种选项，但具体操作起来，有许多难以克服的困难，作为一种特别提款权（SDR），如何满足全球日常经济活动对货币结算的需要？如何确定各国在统一的国际储备货币中的权重？如何适应世界各国经济发展不平衡的问题？等等，都是不可逾越的障碍。

由多元制衡的国际储备货币取代单一的国际储备货币，可能是制约国际金融过度虚拟化的正确选择。作为国际储备货币需要具备三个条件：一是有足够大的经济规模；二是在国际贸易中占有较高的比重；三是有一个负责任的政府或行政组织。纵观当今世界，只有美国、欧盟、中国具备这些条件。不足之处是，目前，欧盟和中国在国际储备货币中所占的比重过低。特别是中国，金融市场化改革正在进行之中，人民币国际化刚刚起步。2012年，人民币在国际储备货币中的比重仅占0.2%，几乎可以忽略不计。如果三种货币在国际储备货币中各占一定比重，既相互制衡，又相互协调，哪种货币处于贬值趋势，各国政府、企业和民众就争相抛售之；哪种货币处于升值趋势，各国政府、企业和民众就争相购买之。用这种制衡机制，迫使货币发行国政府对本国的币值稳定负责，相当于发挥金本位作用。有了这种机制，就能有效促进货币发行国政府从本国利益出发，加强对金融的监管，避免滥发货币和放任金融衍生产品泛滥。从几何学和力学的观点来看，三点可以形成一个平面，三角架构是一个任意放置都能保持稳定的架构。由三种货币作为主要储备货币，才可能满足全球经济发展和金融稳定的需要。

会不会出现一个国家为了增强出口竞争力而压低本国货币汇率呢？应当说，汇率是一把双刃剑，压低汇率将降低进口能力，在经济全球化的背景下，汇率下降，意味着本国居民财富缩水，购买力下降，这将降低居民持有本国货币的意愿。当一个国家的居民不愿意持有本国货币而争相持有其他国家货币时，意味着国家将灾难临头。

二　多元制衡的国际储备货币体系有利于处理好特里芬难题

如何使国际储备货币的供给，既能满足全球经济活动对货币流动性的需求，又能避免超量发行，以保持全球金融和经济稳定，是一个世界性难题，即特里芬难题。建立多元制衡的国际储备货币体系，用铸币税形成激励机制，使储备货币发行国政府增加供给，满足国际货币流动性需要；同时，用各国追求储备货币安全的避险机制，约束主权货币发行国政府适度控制货币发行量，保持本国货币币值的大体稳定。多元制衡的国际储备货币体系与超主权货币即 SDR 相结合，可能是破解特里芬难题，建立稳定国际储备货币体系的正确选择。

一个国家的主权货币成为国际储备货币，不仅可以大大增强其国际支付能力，从而放大其经济实力，而且需要通过贸易逆差和资本项目逆差输出货币，让渡部分国内市场。显然这件事有利有弊，但总体衡量利大于弊，特别是当一个国家正处于经济赶超阶段或出现偿债困难的时候，借助于国际储备货币发行国地位，有利于更好地利用全球资源加快自己的发展，通过赤字融资缓解甚至消除债务危机。这对国际储备货币发行国来说，无疑是一种激励，将鼓励储备货币发行国政府增加本国货币在海外的流通量。而且，由多种储备货币取代单一核心储备货币，有助于分担输出货币的压力，分散风险。

多元制衡的国际储备货币体系有助于建立货币发行的约束机制，从而避免一种储备货币及其衍生产品泛滥成灾。因为，接受储备货币的国家出于货币安全保值的需要，必然优先选择处于升值趋势或币值稳定的货币。如果某一种货币被世界各国政府、企业和居民看作烫手山芋，这种货币发行国的经济必然受到强烈的外部冲击，迫使该国政府采取措施保持币值稳定。2008 年金融危机之后，美联储长期推行量化宽松政策，大量向美元注水，成功地向国外转移危机影响，等于由国外美元持有者为美元危机承担了大部分损失。当美国经济走出低谷之后，最近，美联储又从国内经济需要出发，宣布减缓或停止由美联储购买美国国债的政策，美元利率回升，吸引了国外美元回流，由此引起部分发展中国家外汇支付能力降低，出现金融波动的潜在风险。美元发行从国内经济需要出发，不考虑对国际经济的影响，这无可厚非。因为美国政府、国会和美联储是由美国选民推选出来或由美国政府任命的，它代表着美国人民的利益。而美国人民的利益与全球各国人民的利益，往往是矛盾的。解决这个矛盾，只能靠建立多元制衡的货币发行机制，让各国政府、企业和居民拥有可以替代的储备货币的选择权利，这样才能建立货币供给的约束机制，以维护国际货币体系的稳定。

在国际货币基金组织的管理下，扩大 SDR 的规模，按照各国国际贸易和经济总量在全球中的比重调整其权重，有利于更好地发挥 SDR 在稳定国际货币体系中的作用。SDR 犹如各国国际储备货币的蓄水池，它与多元制衡的国际货币体系相互配合，将对维护国际货币体系的稳定发挥各自不同的作用。

三　中国金融体制改革将为人民币成为国际储备货币创造条件

按照中国共产党十八届三中全会的部署，中国金融体制正在进行一场全面深刻的改革。这次改革不仅决定和影响中国经济的未来，而且对全球货币体系也将产生重大影响。与现行体制相比，中国金融体制改革将实现四个方面的突破。

一是允许民间资本发起、设立中小商业银行等金融机构。长期以来，由于限制民间资本进入，金融行业在一定程度上处于垄断经营局面，导致资金流动性差，金融资源错配，银行贷款集中投向大企业、重点项目、城市和沿海地区，小微企业、民营企业、农村和中西部地区获得贷款比较困难，贷款利率比欧美发达国家高1倍以上，金融业的净资产利润率比实体经济高出1倍。这次改革的最大突破，就是允许民间资本发起、设立中小商业银行等金融机构，通过强化竞争，降低企业的融资成本，使金融行业过高的利润率降到社会平均资金利润率的合理水平。十八届三中全会《决定》提出，"要发挥市场对资源配置的决定性作用"，放宽准入、增加金融市场竞争主体是其前提条件。只有通过充分竞争，人民币利率即资金价格才能降到与欧美发达国家大体一致的水平。人民币利率下降，不仅有利于支持国内实体经济发展，而且将鼓励资金流出，为扩大人民币海外流通量创造有利条件。放宽金融市场准入的改革，不仅将强化国内金融市场竞争，而且有利于增强国内金融机构的国际竞争力。

二是推行利率市场化。利率市场化是实现市场决定金融资源配置的基本要求。目前，中国已放开贷款利率的下限，下一步将放开存款利率的上限，逐步实现利率市场化。存贷款利率放开之后，短期内可能出现利率上升，但当充分竞争局面形成之后，利率必然下降到正常水平，这是由供求规律决定的。全面放开利率，对现有商业银行将带来一定冲击。因为，长期以来，中国的商业银行已经习惯于在固定利率下过着无风险的日子，缺乏市场竞争力，改革将把他们推到国际竞争的前沿。如何过好市场竞争这一关，是国内商业银行必须面对的最大考验。顺利跨过这一关，中国商业银行将成为国际货币体系的一个有机组成部分，对国际货币的供求和稳定产生重要影响。

三是发展多层次资本市场。中国传统金融体系的一个重要特征是，以间接融资为主、直接融资为辅。这导致金融风险过度集中于银行，企业资本金筹集困难，过高的负债率加大了企业运营成本，降低了企业国际竞争力。发展多层次资本市场的改革，将为企业增加股本融资创造条件。中国的资本市场虽然经过20多年的发展，但远不是一个成熟的开放市场。国内 30 多年改革的经验证明，开放是改革的催化剂和推动力，中国资本市场也必须在开放中逐步发展起来。最近出台的上海股票市场与香港股票市场可以异地购买、互联互通的改革，就是资本市场对外开放的重大举措。下一步，还应鼓励实现与台北股票市场互联互通，允许海外企业到内地上市，就像内地企业早已在海外上市一样。中国资本市场与国际资本市场的融合，不仅有利于完善自身的监管制度，强化企业评价、资金筹集和利润分配功能，而且将为全球股市增加新的活力，成为新的稳定因素。

四是推进人民币资本项目可兑换。随着中国对外贸易和投资的发展，人民币双边互换规模不断扩大，人民币在国际贸易投资中作为结算工具的比重不断提高，人民币完全可兑换已接近水到渠成。现在，影响人民币完全可兑换的主要担心，是国外短期游资的冲击。根据国外的成功经验，可通过征收托宾税来防止短期资金的大规模流入流出。随着人民币在国外流通量的增加，人民币国际化程度将不断提高。人民币加入国际储备货币行列，将对建立新型、稳定的国际储备货币体系做出重要贡献。

四 欧元在维护国际货币体系稳定中的地位、作用与战略选择

重建布雷顿森林体系，欧元具有特殊的重要地位和作用。欧元问世时间不长，但在国际储备货币中的比重已占 24%，最高时达 26%。从欧洲的国际贸易、经济总量和面积、人口占全球比重来看，欧元在国际储备货币中的比重还有提高的潜力，欧洲对国际货币体系的稳定应当做出更大贡献。

如果将国际金融体系的治理比作一个公司，那就要形成一个内部制衡机制。两个小股东的股权之和必须大于大股东的比重，才能形成有效制衡，避免大股东为所欲为，侵犯小股东利益。这是一个股份公司能够办好的成功之道。欧元和人民币加入国际储备货币体系，必然要求美元让出一

些空间，适度降低在国际储备货币中的比重。2012年，美元在全球储备货币中占62.2%，居于绝对优势。多元储备货币的形成过程，应当是一个和平与平等的市场竞争过程，是一个由用户自主选择的过程，这将促进各国金融机构改善服务。在这个过程中，国际货币基金组织应当发挥重要的协调功能。当欧元和人民币在国际储备货币体系中所占比重之和超过美元比重时，稳定的国际货币体系才可能形成。

欧元和人民币要进入三足鼎立的国际储备货币体系，都要做好"家庭作业"，练好"内功"。欧元作为目前仅次于美元的全球第二大国际储备货币，理应尽快解决好债务问题，加强货币政策的统一协调，增强抗御风险和外部冲击的能力。

欧元要增强在国际储备货币中的地位和作用，应当与人民币结为伙伴，加大对人民币国际化的支持力度，开展同人民币的双边互换。否则，单靠欧元的力量与美元相抗衡，必然招致失败。欧元与人民币相互扶持，与美元兼容，是建立长期稳定国际储备货币体系的客观需要，是维护包括美国人民在内的全人类根本利益的需要。经济学家应探寻和尊重客观经济规律，而不能感情用事，也不能固守已经过时的思维定式。

以改革新突破释放发展新动力*

今年上半年，我国国内经济运行总体处于合理区间。但各项经济指标表明，已经持续了两年多的经济下行压力有增无减。这种下行压力既有来自全球金融经济危机影响的短期因素，也有来自国内经济周期的长期因素。进入21世纪，我国经济经历了长达10年的高速增长。这一时期的增长，在一定程度上是靠高投资、高消耗、高污染支撑的。尽管2007年党的十七大有针对性地提出了转变经济发展方式的重大战略，但由于国际金融危机的爆发以及改革遇到的阻力，致使投资与消费等重大经济结构状况不仅没有改善，反而有所恶化。当前经济下行压力，主要是消费需求不足、产能严重过剩，产业升级缓慢、资源环境难以承受，城乡差距拉大、区域发展不平衡等矛盾的集中表现。党的十八大再次强调要以转变发展方式为主线，十八届三中全会做出了全面深化改革的决定，为通过改革推动发展方式转变，释放新的发展动力提供了契机。当前要缓解经济下行压力，必须从改革入手，力求在阻碍发展方式转变的体制弊端上取得突破，以体制改革新突破释放发展新动力，才能赢得新一轮的持续健康发展。

---

* 本文原载《求是》2014年第15期。

一 推进户籍制度改革释放城镇化潜力

城镇化是未来十几年我国经济发展最强大的动力源泉。每增加一个城镇人口，需要增加基础设施投资 10 万元以上，每年增加 1000 万城镇人口，拉动城镇基础设施投资可达 1 万亿元以上。推进人的城镇化重要的环节在户籍制度，中央提出，推进户籍制度改革，总的要求是全面放开建制镇和小城市落户限制，有序放开中等城市落户限制，合理确定大城市落户条件，严格控制特大城市人口规模。为此，要鼓励生产力布局向小城镇和中小城市扩散；以创造更多的就业机会。国务院提出重点抓好"三个一个亿"：东部抓紧解决 1 亿农民工的市民化，中西部再吸纳 1 亿农民工进城，城市抓好 1 亿人棚户区、城中村改造。紧紧抓住这三件事，对农民工和城市低收入人群是雪中送炭，并能加快城镇化进程，对稳增长将起到立竿见影之效。

未来我国的城镇化，将在三个层面同步展开：一是以北京为中心的环渤海都市群、以上海为中心的长三角都市群和以广州为中心的珠三角都市群，再经过 10 年左右的努力，这三大都市群的经济总量都将居于世界前列，成为拉动我国经济增长的三大引擎。二是以省会城市为中心，以周边地级市为节点，形成一批次区域城市群，在拉动省域经济发展中将发挥重要作用。三是以县城、小城镇、新型居民社区为依托，形成就地城镇化的格局，在县域经济发达地区，这类城镇化模式已经出现。这三种类型的城镇化，都需要用高铁、高速公路等现代运输方式把大大小小的城市连接起来，形成半小时生活圈和一小时商务圈。基于此，加快建设现代高铁网、高速公路网、航空网、水运网和移动互联网，是推进城镇化的前提条件，也是扩大内需、拉动经济发展的历史机遇。

二 改革农村土地制度释放农业现代化潜力

党的十八届三中全会《决定》在总结农村改革经验的基础上，对农村土地制度改革做出了三大突破,包括赋予农户对土地的承包权、宅基地的使用权、集体经营性建设用地的所有权以商品属性,使其具有了交换价值。这是继家庭联产承包制之后农村生产关系的又一次大调整。按照《决定》的部署,慎重稳妥地推进相关改革,必将进一步释放农业劳动力潜力和土地潜力,加快农业现代化进程,既能增加耕地,满足城市建设用地的需求,又能有效缩小城乡居民收入差距,必将带来农村生产力的又一次大解放。去年,我国人均国内生产总值已达 6750 美元,如能把目前持续健康发展的势头保持下去,到 2021 年,即中国共产党成立 100 周年的时候,人均国内生产总值可达 1.2 万美元以上,从而跨入高收入国家行列。我们党用一个世纪的时间把半封建半殖民地的旧中国引向富强、民主、文明、和谐的新中国,是对人类社会做出的巨大贡献。实现这一目标,关键在于提高农业劳动生产率,增加农民收入。认真地不折不扣地落实党的十八届三中全会关于农村土地制度改革的部署,是达到这一目标的根本举措。

第一,允许农户对土地的承包权抵押、担保、转让。要按照习近平总书记在去年年底召开的中央农村工作会议上的讲话精神,对农村土地包括耕地、林地、草地等实行三权分离的改革,即所有权归村集体,承包权归农户,经营权放开。稳定所有权,落实承包权,搞活经营权。抓紧土地确权颁证工作。鼓励在不改变土地用途的前提下,推行土地经营权有偿转让。农户凭借土地承包权转让拥有财产性收入,而且一旦转让收入达到甚至超过自己耕种的纯收入,转让的积极性就会提高,这就有利于农村富余劳动力进一步向非农产业转移。种粮大户、合作社等可以充分发挥规模经济效益。经验证明,田埂取消可增加耕地面积 5%,统一采用良种,统一深耕、灌溉、施肥、灭虫,单产可提高 30% 以上,投资回报率可达 30%。如果北方单季农业地区一个农业劳动力能种 100—120 亩地,中南部双季农业地区一个劳动力能种 50—60 亩地,其劳动生产率就能达到或超过二、三产业的水平，农民就能成为一个体面的职业。土地承包经营制度的改革将成为加快农业现代化的强大动力，推动农业由一个弱质产业转变为具有国际竞争力的产业，并拉动农用工业的发展。

第二，允许农户宅基地抵押、担保、转让。这将为农民工市民化提供重要支持。目前，农村宅基地没有得到有效的保护和利用。我国目前城乡建设共占地 22 万平方公里，其中城镇占 5 万平方公里，农村占 17 万平方公里，改革 30 多年来，我国农村人口减少 2 亿多人，宅基地却不减反增。要尊重城乡居民自主定居意愿，合理引导农业转移人口落户城镇的预期和选择，妥善维护好农民的宅基地使用权、转让权等合法权益。

第三，允许集体经营性建设用地与国有土地同权同价。要改革征地制度，建立城乡统一的建设用地市场，土地出让金应更多地让农民分享。允许农村集体组织依法并经过批准，利用集体经营性建设用地进行经营性项目建设。

这三项改革的重大意义，集中到一点，就在于使农民能够像城里人一样，分享到城市化进程中土地增值的收益。国际经验表明，能否做到这一点，是发展中国家会不会落入"中等收入陷阱"的关键所在。

当然，农村土地制度改革必须在符合用途管制和城乡规划的前提下，制定周密方案，慎重稳妥进行。推进这些改革，将深刻改变城乡二元结构，有效缩小城乡发展差距，释放新的巨大发展潜力。

三　落实金融体制改革释放资本潜力

我国资本存量已经很大，银行 M2 已达 116 万亿元，外汇储备接近 4 万亿美元。但是，由于金融体制改革滞后，资本流动性差，资金配置不合理，企业融资成本高。仅就资金价格来看，与发达国家相比，我国要高出一倍以上。2013 年中国企业一年期贷款利率为 6.15%，美国是 2.25% 左右，日本是1%左右，德国是3.5%左右。我国金融业净资产利润率比实体经济也高出一倍以上。金融业的高利率、高利润主要来自于垄断，来自于行业壁垒，阻碍了生产要素在行业之间的自由流动。这种状况持续下去对实体经济的发展是很不利的。

党的十八届三中全会《决定》针对性地提出金融体制改革要放宽准入，"允许具备条件的民间资本依法发起设立中小型银行等金融机构"。只有通过放宽准入和充分竞争，才能降低企业融资成本。同时，为了解决监管难度增加的问题，《决定》特别提出要"完善监管协调机制，界定中央和地方金融监管职责和风险处置责任。建立存款保险制度，完善金融机构市场化退出机制"。也就是说，将地方性小型金融机构的监管责任交给地方政府，并建立化解风险的市场机制。美国有8000多家银行，我国目前只有几百家。允许民间资本进入，增加竞争主体，打破垄断经营，是改革金融体制的首要任务。

一般认为，合理的债务率应当保持在40%—60%之间。但由于企业补充资本金的渠道不畅，我国企业债务率已由十几年前的70%左右上升到目前的80%以上，一些企业的债务率超过了风险警戒线。因此，扩大直接融资规模，提高企业资本金在融资总额中的比重，既有利于降低企业运营成本，又有利于增加居民财产性收入，应成为当前金融体制改革必须解决好的一个问题。要通过健全多层次资本市场体系，提高直接融资比重。强化对股市的监管，推行股票发行注册制，重振广大投资者对股市的信心，充分发挥股市在筹集资金、企业评价和财富分配方面的功能。同时鼓励企业面向居民和各类基金，发展私募股权融资，通过多种渠道扩大企业股权融资。在现行资本市场结构中，债券市场与股票市场相比，显得更为滞后。应积极发展企业债券市场，为企业提供方便多样的融资工具。

改革外汇管理体制，提高外汇储备使用效益，也是金融体制改革的一个重要方向。要继续扩大海外投资，更好地利用全球资源和市场，打破发展瓶颈，增强创新能力，创造出口需求，转移过剩产能。通过有效利用外汇储备，为缓解经济下行压力、支撑经济持续健康发展做出贡献。要积极扩大人民币在国际贸易投资结算中的使用规模，加快实现人民币资本项目可兑换，稳步推进人民币国际化。为了防范资本项目放开后国外短期流动资金对国内的冲击，可研究开征托宾税。

四 改革投融资体制释放民间投资潜力

解决当前需求不足的矛盾，从长远来看，靠的是消费的增长；从近期来看，主要是靠增加投资。为了避免重回高投资、高消耗支撑高增长的老路，必须精准选择投资方向，优化投资结构，特别是鼓励民间投资增长，这就需要深化投融资体制改革。

围绕转变发展方式调整投资结构，应引导社会资金主要投向这些领域。一是能够带动产业结构优化升级的建设项目，包括新能源、新材料、电动汽车、新一代移动互联网、生物技术、先进制造、海洋经济等战略性新兴产业。二是生产性服务业，包括研发、设计、金融、物流、信息、咨询、会计、审计、法律、文化、创意等产业。三是紧缺的基础设施和公共服务业，包括城际高铁、地铁、停车场、养老、医疗、健康、职业教育、学前教育等。四是环保产业，包括工业烟囱脱硫、脱硝、除尘，污水处理、垃圾处理，强制推广低排放汽车发动机和高标号燃油，绿化环境等。五是顶替进口的大宗物资。我国每年进口化工产品和芯片各2000多亿美元，其中许多产品可以在国内组织研发和生产。如PX进口量已占国内市场的64%，外商趁机抬价，利润大量流失。应选择远离居民的荒岛，集中建设大型先进石化项目，结束进口局面。我国每年进口大豆5000多万吨，应大力扶持国内木本油料种植，既能绿化荒山，又能增加农民收入。六是新的区域经济增长极，包括长江经济带、淮河经济带、京津冀经济一体化等。特别是淮河经济带，自然条件优越，但由于长期以来缺乏全流域整体发展规划，投入不足，至今仍是豫皖苏三省的经济洼地。如能制定综合规划，协调各方，统一治理，将洪水资源化，可形成千公里河川式水库，重构我国第三条出海黄金通道，新增上千万亩良田，打造我国继珠三角、长三角、环渤海之后的第四增长极。

经过30多年的改革发展，我国民间投资能力大幅增长，涌现出一大批具有较强投资能力的企业。通过深化投融资体制改革，尽可能减少政府对项目的审批，将投资决策权交给企业，以充分激发民间投资的巨大活力。

首先是在公共服务类项目建设中推广特许经营权制度。目前公共产品和公共服务供给不足，原因在于公共服务类项目建设主要依靠财政投资，由于财力不足，造成公共事业发展严重滞后。解决这一问题的途径就是通过实行特许经营权制度，给予企业一定的政策，吸引社会资金投入。公共服务类建设项目一般投资回收能力较差，可通过财政补贴等办法来解决。像城际高铁、城市轨道交通等资金需求量大的项目，为了增强投资回收能力，避免项目运营长期亏损，背上财政包袱，可允许建设企业在沿线站点周围进行商业房地产开发，用商业收益弥补地铁运营亏损，中国香港地铁就有成功经验。其他如养老院、幼儿园、停车场等，只要给予一定政策，使投资得到合理回报，就能吸引大批社会资金进入，供给不足的局面很快就可改观。

其次是建立吸引社会资金投资环保产业的市场机制。今年政府工作报告提出要向污染宣战，表达了国务院的决心和群众的强烈愿望。要想较短时间内在治理大气污染、水污染等方面取得明显成效，关键在于落实"谁污染、谁付费"原则，推行第三方治理制度。政府制定统一的排放标准和环境标准，并严格监督执行。污染排放企业按排放量缴费。政府或社会中介机构组织招标，选择有资质的企业进行治理。这样，投资环保产业的企业有了合理回报，污染治理就可取得事半功倍之效。

再次是用积极的财政政策和适度灵活的货币政策支持投资结构调整。我国政府负债率仅为39.4%，属于世界最低水平，发挥财政在扩大内需中的作用空间较大。同时，当前物价走低，通货紧缩已成为主要危险。应实行积极的财政政策和适度灵活的货币政策，通过减税、贴息、资本金补助等形式，引导银行贷款和社会资金投向鼓励类建设项目。银行应按照扩大内需的方向，实行定向宽松政策，必要时对重点建设项目实行点贷。通过有效引导投资，使资金投向更加符合转变发展方式的要求，提高投资的经济效益和社会效益。

走出认识误区　深化国企改革*

去年 8 月 24 日，中共中央、国务院下发了《关于深化国有企业改革的指导意见》（以下简称《意见》），期待已久的国企改革再次拉开序幕。从 2013 年 11 月党的十八届三中全会到现在的两年多时间里，国企改革实施方案经历了充分酝酿，社会各方面通过各类信息传播渠道表达了多种意见，其中许多好的建议已被《意见》吸收，也有一些认识上的误区，需要根据三中全会《决定》精神和《意见》加以厘清，以达成共识，从而有利于国企改革的顺利推进。

一　走出对国企改革认识上的误区

一是国有资产监管从以管资产为主向以管资本为主转变，会不会导致监管职能弱化。国资委成立以来，代表国家履行出资人职责，对国有企业实行管人管事管资产相统一，在国有资产保值增值等方面发挥了重要作用，取得了很大成就。但是，国有企业作为独立经营的市场主体，这种监管制度越来越不适应企业参与国内外市场竞争对自主经营决策和提高应变能力的需要。按照现代产权制度的要求，国有企业对所占有的

---

* 本文原载《人民日报》2016 年 10 月 31 日。

国有资产拥有法人财产权，包括使用权、收益权、处置权等，与此相伴随，国有企业还必须拥有投资自主权，特别是随着企业经营资产的规模越来越庞大，种类越来越繁多，经营业务和地域范围越来越广，为了提高资产收益率，需要企业及时处置闲置或收益率低的资产，购置新的能为企业带来长期更高收益的资产；需要通过国际并购，在全球范围内优化资源配置。落实国有企业的这些经营自主权，是增强国有企业国际竞争力的客观需要，是把国企做大做强的基本条件。只有从价值形态上而不是从物质形态上对国有资产进行监管，才能为国企松绑，把国企这只笼中之虎放归山林，使之尽快成长为在全球市场上自由驰骋的大型国际化公司，在提升国家整体竞争力中发挥骨干和带动作用。因此，对国有资产的监管从管资产为主向管资本为主转变，从主要注重对实物资产的监管转变为主要管资本的增值能力和资本利润率，是适应了生产力发展的需要，不是监管职能的弱化而是优化，不会造成国有资产流失反而有利于企业发展壮大。

二是发展混合所有制经济会不会造成国进民退或国退民进。发展混合所有制经济，鼓励国有资本、集体资本、非公有资本相互参股，组建产权多元化的股份制公司，能够实现优势互补和资本集聚，满足企业发展对各类要素的需求。股权多元化有助于形成相互制衡的完善的公司治理结构，出资人根据股权多少拥有不同的投票权，各类出资人权利平等、民主决策，既有利于决策的科学化，又有利于避免内部人控制。从国际上看，股权多元化是一种普遍的发展趋势。许多大型跨国公司既有国内股东，也有国外股东；既有个人持股，也有各类基金会、公司持股。国内许多公司包括上市公司，既有国有股或集体股，又有私人股。在生物学上，有一种杂交优势。混合所有正是这种生物学规律在经济领域的体现。实践证明，单一所有制经济具有一定脆弱性，追求纯而又纯的所有制形式往往不利于企业发展，而混合所有制经济有利于发挥各方面积极性，促进各种所有制经济共同发展，是目前发展最快、最有活力的一种经济形式。所谓国进民退或国退民进，都是捕风捉影的主观臆想。有人把发展混合所有制说成是私有化，更是混淆视听，不值一驳。

三是国企高管限薪，是不是意味着国企改革走回头路。目前国企高管都是由行政任命的，从企业家市场选聘的条件尚不成熟，把国企高管同公务员及企业员工的工资水平差距控制在适当范围是必要的。随着企业家市场的成熟，国企高管市场化选聘比例提高，由市场选聘的企业高管的工资高一些，各方面都能接受。同时，随着国有企业改制为混合所有制企业，允许混合所有制企业实行员工持股制，技术骨干和管理人员可从期股中获得股权收益，这将成为企业家的主要收入。员工持股将使劳动者与所有者的身份合为一体，既能增加员工财产性收入，又能调动劳动者主人翁精神，形成中长期激励机制。

四是国企改革是否意味着又要出现一次"下岗潮"？20世纪90年代，在国企改革中大批员工下岗转岗，为改革付出了代价。这是必须付出的代价。由于长期以来的"大锅饭"、"铁饭碗"，造成企业大量冗员、人浮于事，不下岗分流又有什么更好的办法呢？应当看到，除了少数垄断性行业，在大多数竞争性行业，减员增效和剥离办社会负担的任务早已完成。这一次改革，涉及垄断性行业和少数产能严重过剩行业，继续实行减员增效，是产业结构调整的需要，是必须承受的阵痛。与20世纪90年代相比，当前就业机会更多，国家扶持再就业的力度加大，通过技能培训，实现转岗就业，会更容易些。如能利用在国企工作的技能和经验，自行创业，干一番过去没机会干的事业，不失为一个机遇和更好的选择。李克强总理宣布用1000亿元财政资金安置下岗职工，给大家吃了一颗定心丸。

二 增强对深化国企改革重要性、紧迫性的认识

习近平总书记近两年来对国有企业改革做出了一系列重要讲话,指出"国有企业特别是中央管理企业,在关系国家安全和国民经济命脉的主要行业和关键领域占据支配地位,是国民经济的重要支柱,在我们党执政和我国社会主义国家政权的经济基础中也是起支柱作用的,必须搞好"。去年7月在吉林调研时,习总书记强调:"要坚持国有企业在国家发展中的重要地位不动摇,坚持把国有企业搞好、把国有企业做大做强做优不动摇。"这些讲话,指出了国有企业及其改革发展的重要性,两个"不动摇"集中表达了党中央搞好国有企业的决心。国有资产是新中国成立60多年来几代人节衣缩食、不断积累起来的宝贵财富,是13亿人的共同利益所在。为了增进全体人民的福祉,国有资产只能增加,不能减少。只有办好国有企业,使国有资产不断增值,效益不断提高,才能更好地服务于全体人民。

当前,国有企业既面临着来自国内民营企业的竞争压力,也面临着来自国外跨国公司在资本、技术等方面占优势的竞争压力。国有企业在内外压力下要想发展壮大,必须深化体制改革,增强内在发展活力。习总书记指出:"推进国有企业改革,要有利于国有资本保值增值,有利于提高国有经济竞争力,有利于放大国有资本功能。"三个"有利于"的提出,指明了国企改革的方向。对照这些要求分析国有企业的现状,存在着一些亟待改革的突出矛盾和问题:一是一些企业市场主体地位尚未确立,国有资本运作效率不高;二是有的企业管理混乱,内部人控制、利益输送、国有资产流失等问题突出,企业办社会职能和历史遗留问题还未完全解决;三是一些企业党组织管党治党责任不落实,党在企业中的政治核心作用被弱化。这些矛盾和问题严重制约着国有企业的健康发展,与国有企业应当担负的重要责任很不适应,必须增强加快国企改革的紧迫感,按照问题导向

的方法，采取有针对性的改革措施。

应当看到，当前深化国企改革，搞好国有企业，有着许多过去所没有的有利条件。国有企业经历30多年改革，已经积累了许多经验，涌现了一批成功的范例。在今天的改革中，应当把成功的经验加以总结，发扬光大。对过去改革中的一些教训，应牢牢记取，避免重犯错误。从外部环境来看，民营经济的崛起是一个最大的变化。在企业改革重组中，国有企业对民营企业一定要平等相待，不要居高临下。对重组企业的股权结构，要根据具体情况由各方协商确定，国企既可控股，也可参股，不一定要求绝对控股、合并报表。实践证明，国有经济与民营经济的混合，可以产生出新的优势，国有企业吸收民营经济进入，能够增强活力；民营经济借助国有经济平台，就能如虎添翼，更快成长。两者相结合，不是1+1等于2，而是1+1大于2。这一轮国企改革正值国民经济转型升级的过程中，推行供给侧结构性改革需要国企发挥骨干和带动作用。特别是在战略性新兴产业领域，包括电子信息、航空航天、生物工程、先进制造、新能源、新材料等产业，亟待培育一批创新能力强的龙头企业，站在世界技术进步的最前沿，带领各个产业向全球产业链的中高端迈进。国有企业应当责无旁贷地担当起这一历史重任。目前，在航天、高铁、电力等领域，央企已经发挥出了重要作用。应通过进一步强化技术研发、设计总装、全球营销等关键环节，扩散零部件供应和物流服务等，形成联系紧密的产业集群，以降低成本、提高质量、增强整体竞争力。在先进制造业领域，包括大型商用飞机、中高档轿车、特种船舶、数控加工中心、发动机等大型高端设备，以及芯片、显示屏、碳纤维等关键零部件和新材料，代表着国家的科技实力和制造能力，要实现自主制造，需要大量研发资金和人力投入，实施系统集成创新和协同创新。完成这样繁重艰巨的任务，只能寄希望于央企。应通过国企改革重组，建立国企技术创新的激励机制，使他们自觉承担起重大技术创新任务，成为行业技术进步的领军者。在钢铁、有色、建材等领域，目前国企与民企的能力不分伯仲，产业过度分散，要借助企业重组的机会，提高产业集中度，形成一批具有国际竞争力的大型企业集团，以增强技术研发能力和国际经营能力。在一些垄断性行业如石油化工产业，冗员过多仍然是制约企业发展的突出问题，与国外同行比，劳动生产率只有人家的十几分之一甚至更低，效益不好导致研发投入强度低。随着政府取消对石化行业的项目审批，允许民营企业进入，国企与民企之间必将展开一场激烈的竞争，其结果必将带来行业劳动生产率、国际竞争力的迅速提升，石油化工产品大量依赖进口的局面将会改变，终端产品价格也必将下降，广大人民将分享到低油价等改革成果。这些行业的国企应当做好充分思想准备，不能再依赖政府保护，应毫不犹豫、义无反顾地进行减员增效等其他行业早已完成的改革，以积极应对民营经济和外资企业的挑战。

三 敢于创新、分类施策，完成新一轮国企改革任务

党中央和国务院下发的关于深化国企改革的指导意见，是一个操作性强的实施方案。我们一定要认真学习领会，切实贯彻落实。应根据各个行业、企业的具体情况，制定出每个企业具体的改革方案，经专家论证和第三方评估后报有关部门批准实施。要做到谋定而后动，既积极谋划，又不草率行动，成熟一个改一个。

这次改革首先是国有资产管理体制的改革。要求各级政府的国有资产管理机构转变职能，真正从管资产为主转变为管资本为主，从实物形态管理转变为价值形态管理。要取消一些老的管理职能，建立一些新的管理职能。对企业的考核更多地着眼于盈利能力、资本增值能力、技术创新能力、长远发展能力。要根据国家发展战略和发展政策，向前瞻性新兴产业和创新型企业注入资本，支持企业间的并购重组，对薄弱环节加大技术研

发和资本投入。同时，对需要退出的行业和企业适时适度抽出资本。对国有独资、控股、参股的企业，根据出资比例履行出资人职责。对一些有条件直接作为国有资本运营公司的企业，应授予其相应的职权，支持这些企业成为具有技术创新、自我发展能力的跨国公司。按照竞争性行业、公益性行业、垄断性行业的不同分类，对现有国有企业的性质进行界定，并分别制定不同的改革方案。国有资产管理机构职能的这一转变，使之从本属于企业管理职能的具体事务中解脱出来，集中精力把优化国有资本配置的大事管好，这是落实国有企业经营自主权、使其真正成为市场经营主体的需要，是更好地发挥国有资产管理职能，以利于增强国有经济引导力、放大国有资本功能的需要。

要把建立和完善以股份制为基础的现代企业制度作为改革重点。党的十四届三中全会提出建立产权清晰、权责明确、政企分开、管理科学的现代企业制度以来，国企改革取得了重大进展。但是，改革进展并不平衡。完善现代企业制度，实行产权多元化，建立规范的公司治理结构，任务依然繁重。现代企业制度是近代文明进步的重要成果，是从两百多年的工业发展历史中不断总结创造出来的，是人类社会的共同财富。在现代企业治理结构中，董事会居于枢纽地位，应当是一个高智能的精干的经营决策机构。董事会成员应由具有丰富管理经验和各方面知识的成员组成，除了专职董事，还应有一定比例的独立董事。董事会下设战略、投资、研发、财务、薪酬、法律等专业委员会，讨论决定企业经营中的重大问题，对股东会负责。股东会是企业的最高权力机构，对企业的盈亏负责。企业的重大投资决策、利润分配方案、董事长任免等，应由股东会决定。经营层应由董事会任免，负责组织日常的生产经营活动，并对董事会负责。这种分工协调、相互制衡的科学的治理结构，是办好企业客观需要。我们要培育出自己的跨国公司和"百年老店"，必须坚定不移地建立这样一套制度，也只有这样，才能有效避免内部人控制、利益输送、资产流失、冗员过多等问题。在产权多元化的基础上建立起规范的公司制之后，才能实行员工持股制。企业核心层、骨干层和老员工适当持股，全体员工形成命运共同体，企业方能长盛不衰。改革以来，有些企业实行员工持股制，建立起长效激励机制，增强了凝聚力，企业迅速发展，创造了成功经验。员工持股并不意味着人人有份，搞成新的大锅饭。有的企业每年评选优秀员工，奖励对企业的认股权；有的企业对领导人实行期股制，都是行之有效的激励方式。

《意见》提出要"明确国有企业党组织在公司法人治理结构中的法定地位，创新国有企业党组织发挥政治核心作用的途径和方式"。这是我们的政治优势。过去靠这一优势能夺取政权，现在靠这一优势能办好企业。党的政治核心作用主要体现在保证企业执行党的方针政策，调动全体员工的积极性，推动企业创新发展，履行好企业的经济、社会、生态责任。党的作用主要通过党员的先锋模范作用来实现。在战争年代，我们的军队之所以打不散，支部建在连上是一个关键。在建设年代，继续发挥好党委、党的基层组织和党员的作用，使党的建设同现代企业制度有机结合起来，就一定能办出世界一流水平的企业。因此，对企业党的建设，不能看成可有可无，而必须搞好，这是发挥我们党的优良传统，建成富强、民主、文明、和谐的社会主义现代化强国的保证。

探索建立中国特色新型智库*

党的十八届三中全会《决定》提出:"加强中国特色新型智库建设,建立健全决策咨询制度。"在党的重要决定中,第一次把智库建设提升到完善社会主义民主制度的高度,提出了加强智库建设的重要任务,明确了智库建设的方向。对致力于智库工作的广大从业者来说,是一个巨大的鼓舞。

中国国际经济交流中心是2009年3月成立的一家民间智库。从开始组建到整个发展过程,都始终瞄准建设世界一流智库的目标,以增进中国人民的根本利益为宗旨,为宏观经济决策和企业经营决策服务,坚持新思路、新体制,依靠市场机制,在创建自主经营、自负盈亏的智库管理体制和运营模式中进行了不懈探索,为建设中国特色新型智库积累了一些经验。

为落实三中全会关于智库改革发展的部署,结合中国国际经济交流中心的实际,本文就如何建立中国特色新型智库问题进行以下思考,以期引起讨论。

一 十八届三中全会提出建立中国特色新型智库的重大意义

2013年,习近平总书记在一个重要批示中第一次提出了建设中国特色新型智库的问题,引起了党政部门特别是从事政策研究和理论研究工作的

---

* 本文原载《全球化》2014年第3期。

广大同志热烈的响应。大家都在认真思考如何落实习总书记的批示，办好中国特色新型智库。十八届三中全会把智库建设写入了《决定》，使建设中国特色新型智库成为全面深化改革、完善民主决策制度的一项重要改革措施。习总书记的批示和三中全会《决定》指出了当前形势下，加强智库建设的必要性和重要性。

加强智库建设是推进国家治理体系和治理能力现代化的必然要求。十八届三中全会提出了推进国家治理体系和治理能力现代化的总目标，建立中国特色新型智库是完善国家治理体系的重要内容，是提高国家治理能力的重要举措。三中全会《决定》把国家管理体系改为国家治理体系，是我们党在国家治理理念上的新发展。完善国家治理体系，除了要继续发挥政府在国家治理中的作用外，另一个重要方面就是要发挥全社会的力量来促进社会和谐稳定和文明进步。智库集聚了大量的人才，智库对经济、政治、文化、社会等方面的研究成果和提高国家治理水平的建议，蕴含着人民的智慧。充分发挥智库的功能，对于推进国家治理体系和治理能力现代化将发挥重要作用。

加强智库建设是在复杂形势下实现决策科学化的客观需要。随着经济全球化进程不断加快，全球经济互相融合、互相影响，一个国家要想在国际竞争中趋利避害，获取最大的利益，就需要全面及时掌握全球经济、政治、军事形势变化的信息，并能从有利于本国人民利益的立场出发，对国际形势变化做出正确反应。这样的工作是一项艰巨的任务，单靠党政机关部门人员是难以胜任的。依靠各方面的智库收集相关信息，做出及时的分析和科学的判断，为中央决策提供智力支持，是使做出的决策及时正确和避免失误的重要保证。

加强智库建设是把改革开放和现代化事业不断推向前进的客观需要。十八届三中全会针对当前经济、政治、文化、社会、生态等方面存在的体制弊端，做出了全面深化改革的部署。要在未来7年之内完成这些任务，需要制定一系列改革实施方案，搞好改革的顶层设计。而制定好这些改革方案，需要借助智库的智慧。只有通过各个领域智库的创造性劳动，在充分调查研究的基础上，对改革提出建议，政府部门才能对各方面提出的方案进行比较，选择切实可行的方案加以推行，从而保证改革顺利实施并达到预期目标。

加强智库建设是完善民主制度的一项重要举措。三中全会《决定》提出了完善中国特色社会主义民主制度的改革任务，发扬民主的过程就是集中群众智慧的过程，认真听取专家意见特别是智库意见，能够使决策更加完善。专家意见一般来说更能代表群众的长远利益和根本利益，更能看到问题的本质而不是表象。因此，重视智库意见是提高民主效率和决策水平的重要举措。

加强智库建设也是提高我国智库水平的客观需要。改革以来，我们各级党政部门对政策研究越来越重视，各级党政机关一般都设立了政策研究机构，这些机构同社会上各类智库保持着密切联系，吸收社会各方面意见，在决策科学化方面发挥了重要作用。但是其主要缺陷是这些机构附属于党政机构，成为党政领导的秀才班子，独立思考能力大大弱化。由于往往揣测领导意图，不愿发表与领导不同的意见，政策研究机构难以作为独立智库发挥献计献策的作用。

二 建设中国特色新型智库需要借鉴发达国家的经验

建设中国特色新型智库是一项崭新的工作，在这方面应当借鉴发达国家智库建设的经验。发达国家在长期国家治理实践中积累了丰富经验，如美国，现在有各类智库2800多家，分布在经济、政治、文化、生态等各个领域，所有智库没有一家是财政供养的，都靠在竞争中生存。对于国家经济、社会发展和安全方面的重大问题，智库从不同方面提出不同的解决方案，政府在进行决策时只要把各种方案拿来进行比较，选取最优方案付诸实施，就能避免决策的盲目性和决策失误。大部分智库代表着各党派的利益，反映各个方面的意见和要求，也有一些智库能够超越党派利益，站在客观立场上提出更正确的建议。我们在建设中国特色新型智库中应当学习和借鉴他们的经验。

美国布鲁金斯学会是一个有一百多年历史的智库，由一个著名企业家出资建立，他把增进美国人的福祉作为智库的宗旨，在长期实践中提出了办好智库的三个要素。第一个要素是提高研究成果质量。布鲁金斯学会有80多个研究人员，每个研究人员配备2—3名助手，学会把研究人员作为智库最重要的财富，为他们的研究工作提供良好的环境。学会以研究成果的质量取胜，实践证明这个战略是布鲁金斯学会在美国智库中脱颖而出，在2012年的智库评比中名列第一的重要原因。第二个要素是独立性。研究人员要有独立分析问题和研究问题的能力，在美国党派林立的政治生态中保持智库的独立性也就是保持它的客观性，要做到这一点很不容易。只有独立思考才能提出真知灼见，不人云亦云，才能提高研究成果质量。第三个要素是智库的影响力，包括对政府决策、企业决策、社会舆论的影响力。智库的研究成果能不能发挥作用首先应体现在政府的决策中，把智库研究成果作为政府决策的重要依据，或者把研究成果转化为政府决策，这是智库发挥作用和进行竞争的最大空间。智库还要通过把自己的研究成果向社会发布来影响、引导或改变社会舆论。智库的研究成果有一些是保密的，只定向地向某些机构提供；有一些研究成果则是公开的，向社会传播的广度越大越好。美国在智库的评价中，把研究成果被政府采纳的数量、被其他各方面引用的次数、对媒体的影响程度作为重要的评价指标，对智库提高研究水平和充分发挥作用起到了重要的激励作用。

美国的大量智库是为企业提供咨询服务的。这些为企业提供咨询服务的智库主要通过对宏观经济走势和全球市场需求的预测，对成功企业管理经验的研究，为企业经营决策提供个性化的智力服务。美国越是在经济困难的时候，越是智库发展的最好时期，因为企业都在寻找出路，这就为智库发挥作用提供了机遇。美国企业有一个重要的职业道德，就是对智库的劳动成果非常尊重，不会在自己对委托智库咨询研究的问题了解之后，就把智库甩在一边，美国的企业到海外进行投资考察和合同谈判，都带着一个咨询公司作为助手。同样，他们也告诫中国企业，如果想到美国投资而且希望得到成功，最好的办法就是聘请一家有资质的咨询公司，舍得在咨询上花点小钱，将会带来大得多的商业利益。我本人在20世纪90年代后期，曾带队对美国的咨询业进行了考察，跑遍了美国著名的咨询公司，还写了一本关于美国咨询业介绍的专著。我深感中国企业要想走向世界，成为跨国公司，首要的任务就是要发展中国的咨询业，在这方面千万不要不懂装懂。

发达国家咨询业的许多公司往往把自己的发展同企业的发展绑在一起。如日本的野村证券是著名的专门为企业走出去提供服务的公司，他们提出的经营战略即"双头鹰"战略，就是以研究支持咨询，以咨询带动研究，提出要与日本的企业共生、共享。在20世纪70年代，野村证券为推动日本企业到海外投资发挥了重要作用。他们不仅分析国外投资环境和投资机遇，为企业投资决策提供咨询服务，而且通过野村证券公司为日本企业进行国际并购提供市场交易和融资服务。野村证券与日本走出去的企业始终保持着密切联系，与企业形成了利益共同体。野村"双头鹰"的经营战略值得中国致力于为企业经营决策服务的咨询企业学习和借鉴。

智库以智力劳动为社会提供服务，因此，咨询人才的选拔培养成为决定智库生死存亡的问题。麦肯锡是美国一家著名的智库，日本的管理学大师大前研一先生曾在麦肯锡长期工作。20世纪90年代大前研一曾向我介绍了麦肯锡人才培养的经验。他说麦肯锡的咨询人员是从名牌大学毕业的最聪明的学生中选拔的人才，这些人才进入公司后要用师傅带徒弟的办法通过至少7年以上的传帮带，才初步具备独立工作的能力。智库不仅需要具有某一方面专业知识的人才，更需要复合型的人才，特别是善于抓住用户的需求，并找到满足用户需求的解决方案的专家，这些人善于把各方面的意见综合起来，提供一个用户满意的、最好的解决方案。

发达国家智库由于没有财政供养，需要凭自己的本事提供优质研究成果赢得用户信任并获得应有报酬，竞争就成为智库生存的重要法则。智库为了发展就要提高自己的竞争力，一些滥竽充数的智库将在竞争中被淘汰，真正高水平的智库和研究人员将在竞争中脱颖而出。发达国家智库没有铁饭碗，所以他们才能捧起金饭碗。从事智库行业的人具有较高收入，是一项很体面的工作。依靠财政供养的铁饭碗不可能形成高水平的智库群体。

三 中国现有智库发展存在的主要问题

我国现有的3000家智库绝大部分是由财政供养的，过着衣食无忧的生活，政府为他们进行政策研究提供了良好的环境和条件，但是最大的弊端就是缺乏竞争，因此，缺乏发展活力。我本人从事政策研究工作30多年，从1981年进入中央书记处研究室，后来到国家信息中心和国家计委政策研究室，再后来又到中央政策研究室。从我的亲身经历来看，提高政策研究水平迫切需要强化竞争机制，不仅在机构内部要有竞争机制，而且在研究机构之间更需要有市场竞争机制。因此，建议要尽可能缩小附属在党政机构的人员数量，更多地鼓励发展不要财政供养的由市场机制来决定其生存的民间智库。五年以前，中国国际经济交流中心的成立主要就是想在创办不吃财政饭的民间智库方面走出一条新型智库的路子。五年来，中国国际经济交流中心在这条道路上不断探索，通过为政府、企业提供有偿咨询服务，建立研究基金，争取社会各方面研究课题经费支持，争取政府购买服务等，不断寻求智库发展的资金来源，现在已经开始走上了良性循环的道路。许多才华横溢的中青年研究人才宁可扔掉铁饭碗，加入中国国际经济交流中心的研究咨询队伍，研究的广度和研究成果的质量不断提高，社会影响力不断扩大。大家坚信按照这条道路继续探索，就能为创办世界一流智库做出贡献。

当前我国智库群体存在的第二个突出问题，是社会上对智力劳动成果的知识产权理念薄弱，认为智力劳动的成果应当无代价地向政府和社会提供，对于有偿咨询服务很不习惯。因此，咨询市场的发育程度严重不足，这是制约中国特色新型智库特别是制约民间智库发展的最大障碍。必须按照十八届三中全会市场决定资源配置的理念，强化智力劳动成果具有交换价值的理念，承认智力劳动成果的付出需要得到合理的回报，从而建立智力劳动成果价值补偿机制。通俗地说，就是要肯定咨询意见对改善企业经营管理、提高政府决策水平的重要作用，承认这种智力劳动成果的付出需要得到补偿，并且愿意为有价值的成果付出相应的价格。特别是目前国民经济正处在产业升级、经济转型的关键阶段，企业走出去到海外投资刚刚起步，发挥智库对决策的咨询作用，是迅速提高企业和政府决策水平的根本途径。通过形成发达的咨询市场，强化咨询企业之间的竞争，才能激发出高水平的研究成果，吸引更多的优秀人才加入研究咨询队伍。

我国智库发展目前存在的第三个问题，是开放程度和国际化程度不高。这是长期以来受传统计划体制影响的结果。智库研究成果的水平，很大程度上取决于能否在全球范围内吸收全面系统的有关信息并加以系统分析。中国智库要加强同国外有名智库的合作交流，学习借鉴国际一流智库的经验。要派出大量中国智库的研究人员到国外智库做访问学者或进行学术交流，同时也吸收国外智库和研究人员到国内来与中国智库进行合作研究，接纳国外访问学者。面对一些共同关心的问题，还可以联合起来承接一些研究课题，研究成果共享。要通过提高我国智库的开放程度来扩大研究人员的国际视野。中国国际经济交流中心已经连续举办了三届全球智库峰会，吸引了全球一些著名智库和著名专家来中国进行交流，在思想观点上进行碰撞，产生了许多思想火花。著名智库专家基辛格先生在三届智库峰会上都发表重要讲话，提高了全球智库峰会影响力。基辛格讲，各国经济朝全球化方向发展，但政治决策是分散的。解决这个矛盾，需要各国智库之间进行充分交流。许多同志提出，以全球智库峰会为平台组建全球智库联盟，通过全球智库交流合作为政府间合作提供智力支持。我认为这个建议富有远见。

中国智库存在的第四个问题，就是各级党政机构对智库的重视程度仍然不平衡。有一些党政负责人重视发挥智库作用，这些地方的智库发展得就比较好。不少地方党政领导对智库作用还缺乏足够的认识，不善于借助外脑来提高工作水平。他们所在的地方和机构，智库的潜力远远没有发挥出来。所以各级党政部门和企业经营管理机构应当认真学习十八届三中全会《决定》和有关部署，高度重视中国特色新型智库建设，发挥他们在咨询决策中的重要作用。党政部门内部设置的政策研究机构和由财政供养的智库机构与民间智库应当建立密切联系，摆脱文人相轻的陋习，通过平等竞争、人员交流，共同为政府、企业和社会提供服务。智库研究人员包括民间智库的研究人员同政府公务员之间要形成旋转门，优秀的智库研究人员应当选拔到党政机关做公务员，党政机关内部政策研究机构的公务员也可以定期到民间智库从事研究工作，进行知识充电。

四 建设中国特色新型智库需要牢牢把握正确方向

建立中国特色新型智库，要坚持中国特色社会主义。中国特色社会主义理论是中国共产党人从中国实际出发做出的重大创新，是中国人民进行现代化建设的指导思想，是中国特色新型智库必须遵循的理论原则，这是办好中国特色新型智库的根本保证。无论是左的或右的偏离，都会给中国特色社会主义带来负面影响。在社会科学领域，坚持中国特色社会主义尤为重要。

建立中国特色新型智库，必须把为中国人民谋福祉作为宗旨，从全国人民的长远利益和根本利益出发，研究中国和世界的各种经济、政治、军事问题。世界各个国家的智库都把为本民族、本国利益服务作为重要目标。作为中国的智库同样应当把为中国人民谋利益作为重要目标。有时候牺牲一些短期的、局部的利益是为了换取长远的、整体的利益。智库应当在权衡利弊的情况下，以全国人民利益最大化为目标，做出正确判断，提出正确建议。

建设中国特色新型智库，要努力提高研究人员独立分析问题和解决问题的能力。特别是要把提出切实可行的解决问题的方案作为研究重点。这样提出的建议才能更多地被有关决策部门采纳，从而使研究成果尽快发挥效益。中国国际经济交流中心按照理事长曾培炎提出的要求，把发挥"临门一脚"的作用作为重要职能。这就是综合各方面研究成果，针对国民经济改革发展的需要，把研究成果转化成可供决策选择的实施方案，提交给中央，供有关部门在决策时参考。把各项建议被采纳的情况和对决策影响的程度作为考核研究成效的重要标准。这就使中国国际经济交流中心在成立很短的时间内发挥了自己独特的作用，诸如在建立自由贸易园（港）区、调动商业银行外汇贷款积极性、建立亚洲基础设施建设银行、发展淮河经济带和黄河几字湾经济带等问题上，为宏观经济决策做出了贡献。

建设中国特色新型智库，必须有强烈的社会责任意识。智库或研究人员的成果一旦在社会上发布和传播，对社会舆论都将产生不同程度的影响。智库和研究人员要有对社会负责的高度责任感，为社会增加正能量而不能增加负能量，智库应当通过撰写一些有影响的重要文章，发布重要的研究成果，正确引导社会舆论和国际舆论，做到为政府帮忙而不添乱。智库对企业、政府实行有偿服务，政府通过购买服务付给智库研究费用，这是正常的。但是智库不能为了追逐利益而丧失原则，这也是一个有社会责任感的智库必须做到的。丢掉了社会责任感，就会失去广大人民的信任，智库的生命也就完结了。

　　建设中国特色新型智库，在我国是一项崭新的事业，需要各类智库共同努力，不断探索，在合作与竞争中不断提高研究水平和服务能力，在未来中国现代化进程中发挥智库越来越重要的作用。

增强改革的系统性、整体性、协同性[*]

《中共中央关于全面深化改革若干重大问题的决定》指出："全面深化改革的总目标是完善和发展中国特色社会主义制度,推进国家治理体系和治理能力现代化。必须更加注重改革的系统性、整体性、协同性",加快"推进经济体制、政治体制、文化体制、社会体制、生态文明体制和党的建设制度改革"。当前,突出抓好各项改革的协调配套、系统集成,成为放大改革成效、如期实现改革目标的重大紧迫任务。

一 六大改革必须始终围绕一个总目标

全面深化改革包括推进经济、政治、文化、社会、生态文明体制和党的建设制度六大改革,每一项改革虽然各有不同的任务和要求,但总目标只有一个。在制定每一项改革方案和推进改革的实践中,都应始终围绕改革的总目标,使各项改革都能有利于完善和发展中国特色社会主义制度,有利于实现国家治理体系和治理能力的现代化。确立这样一个总目标,是基于改革的出发点和根本目的提出来的。

中国特色社会主义制度是中国共产党在长期革命和建设的实践中所做出的正确选择,符合全国13亿人民的共同利益。国内外的大量事实证明,

---

[*] 本文原载《人民日报》2018年2月2日,在刊载时有删节。

唯有走中国特色社会主义道路，才能使中国尽快摆脱贫困，使广大人民尽快过上小康和富足的生活。中国特色社会主义的制度设计，首先是从中国正处于社会主义初级阶段这一客观实际出发，从有利于调动各方面积极性发展生产力出发，加快构建社会主义的物质基础，同时构建与物质基础相适应的生产关系以及与生产关系相适应的上层建筑。因此，我们进行的改革，必然涉及经济、政治、文化、社会等各个方面。党的十八届三中全会对六大改革所做出的全面部署，处处都围绕着完善和发展中国特色社会主义制度这一目标。在改革实践中，无论是哪一方面、哪一地方的改革，都不可偏离这一总目标。改革开放40年来，我们创造了举世瞩目的经济奇迹，充分证明了中国特色社会主义制度的强大生命力，增强了我们的道路自信和理论自信。通过全面深化改革，构建系统完备、科学规范、运作有效的制度体系，使各方面制度更加成熟更加定型，必将进一步激发增长的活力，确保到2020年全面建成小康社会，到本世纪中叶，人均GDP达到中等发达国家水平。伟大的"中国梦"变为现实，中国特色社会主义制度的魅力必将进一步彰显于世界。

推进国家治理体系和治理能力现代化，是把制度优势转变为国家管理能力、社会治理能力、经济发展能力、国际竞争能力的需要，是为每一个人创造施展才华的机会，实现学有所教、老有所养、病有所医、劳有所得的法制环境的需要，是建设富强、民主、文明、和谐、美丽中国的需要。中国特色社会主义制度只有落实在国家治理体系和治理能力现代化上，制度优势才能得以发挥。国家治理体系和治理能力现代化，内涵十分丰富：在治理方式上应当包括国家管理、依法治国、以德治国、区域自治、基层群众自治、各方共治等，形成一个全覆盖、多元化、多层次的完整高效的治理体系；在实现途径上应通过经济市场化、社会法制化、政治民主化、权利透明化和监督制约机制化等，提高国家治理效率和水平；在治理主体上，应在坚持党的领导的同时，充分发挥各级政府、人大、政协、民主党派、群众组织、社会团体、企事业单位、智库等的作用，调动广大群众参与国家治理的积极性，形成治理的合力；在治理手段上，要广泛运用信息网络和智能化平台，建立统一指挥、监测预警系统，提高信息反馈和对突发事件的应变能力。深化六大改革，必须围绕实现国家治理体系和治理能力的现代化，在各个方面建立和完善切实可行的制度，并通过系统集成，形成科学严密、完整高效、运转灵活的国家治理制度和体制机制，确保国家长治久安、人民安居乐业。

二 六大改革是一项庞大的社会系统工程

六大改革覆盖了国家治理体系的方方面面，构成一个完整的社会系统，是一项结构复杂、关联紧密的庞大的系统工程。各项改革既相互促进，又相互制衡，只有协调配套、同步推进，才能取得事半功倍之效。必须按照习近平治国理政思想，统揽全局，周密部署，精准对接，注重实效，夺取全面深化改革的胜利。

经济体制改革是整个改革的重点，其他各项改革归根到底都是为解放和发展生产力服务，为构建强大的物质基础服务的。按照生产力决定生产关系、经济基础决定上层建筑的唯物史观，在设计政治、文化、社会、生态文明体制和党的建设制度时，都不能脱离生产力的发展水平，要与经济体制相衔接，解决一些单靠经济体制无法解决的问题，使之有利于促进生产力发展。如市场竞争机制是推动生产力发展的重要动力，但市场的作用也有其盲目性，容易拉大收入差距，影响社会公正，这就需要通过政治体制、社会体制、文化体制等维护社会公正，处理好效率和公平的关系，提高全社会的道德水平和国民素质。经济发展如逆水行舟，不进则退。在社会主义初级阶段，必须始终坚持以经济建设为中心，坚持把发展作为解决所有问题的关键。对此，必须毫不动摇，不受任何干扰，不能有任何懈怠。经济体制改革的核心问题是处理好政府与市场的关系，要通过深化改革，建立起使市场在资源配置中起决定性作用和更好发挥政府作用的一套完整制度，建立经济发展的动力机制和平衡机制，确保经济持续健康发展。

政治体制改革攸关社会前进的方向。方向偏了，一切皆错。要通过政治体制改革，确保改革发展能够牢牢把握中国特色社会主义的正确方向。要坚持和完善人民代表大会制度、中国共产党领导的多党合作和政治协商制度、民族区域自治制度以及基层群众自治制度。坚持依法治国、依法执政、依法行政。加强社会主义民主制度建设，丰富民主形式，从各层次、各领域扩大公民有序政治参与。对涉及群众利益的重大决策、改革方案等，应通过各种形式听取群众的意见，保障人民的民主权利。

文化是中华民族的精神支柱，是国家凝聚力的黏合剂，是推进改革发展的强大动力。加快完善文化管理体制和文化生产经营体制。在继承和弘扬传统文化的基础上，努力创建具有时代特色和民族气概的社会主义文化，把核心价值观植根于人们的灵魂深处，努力创造反映改革开放伟大实践的优秀文艺作品，用文化和道德的强大正能量对冲市场交易滋生的拜金主义、骄奢淫逸等陋习。建立健全现代公共文化服务体系、现代文化市场体系，扩大对外文化交流和贸易，积极借鉴吸收国外一切优秀文化成果。通过扩大我国文化在国际上的影响力、亲和力，提高对外经济合作的软实力。

社会发展是经济发展的目的，社会管理体制是国家和社会的稳定器。要通过社会体制改革，激发社会发展活力，改变社会发展滞后于经济发展的状况。通过分配制度改革，解决资本主义制度解决不了的收入分配不公问题，使人民共享改革发展成果。要把提高社会管理能力作为推进国家治理体系和治理能力现代化的重点。通过公共财政支出的大体均等，实现城乡、地区之间公共服务的均等化，改变城市户籍人口与常住人口基本权益不平等的现象。改革医疗、教育、社会保障体制，鼓励社会资本进入，使之与广大居民不断增长的需求和人口流动相适应。通过教育的公平，提高全体人民的就业能力和科技文化素质，实现社会公平。

建设美丽中国是全体人民的共同愿望。改革生态文明体制，形成治理和保护环境的理念、制度、法律和市场机制，才能把各项工作落到实处，尽快实现让人们呼吸到清洁的空气、喝上干净的水的政府承诺。要抛弃治理环境必然影响经济发展的过时观念，用发展环保产业的办法来治理环境。

改革党的建设制度，保持党的先进性和纯洁性，是改革开放的政治保证。必须按照科学执政、民主执政、依法执政的要求，加强民主集中制建设，完善党的领导体制和执政方式。加强和改善党对全面深化改革的领导，充分发挥各级党委总揽全局、协调各方的领导核心作用。加强领导班子和基层党组织建设，深化干部人事制度改革，最大限度凝聚改革共识，调动一切积极因素，形成改革合力。

上述六大改革是全面深化改革系统工程的六个子系统，每个子系统处于不同地位，各有不同功能。在制定每一项改革方案时，不仅要考虑自身的特殊性，也要考虑与其他改革的关联性，注意相互之间的影响和衔接，使各项改革能够相互创造条件，相互补充，相互促进。全面深化改革的成功，将是各项改革系统集成、共同发挥作用的结果。

三 六大改革各有其亟待突破的难点

改革已经进入深水区，每项改革都有一些硬骨头要啃。面对困难，必须敢于碰硬，直面矛盾，不能绕着走。这就要求我们对改革中面临的每一个难题做深入的调查研究，提出不同的解决方案，经过反复比较，选择一个效益最大、损失最小的方案，果断做出决策。

处理好效率和公平的关系，是改革面临的最大难点。改革以来，我们强调效率多一些，今后，应当更强调公平。当前造成收入差距拉大的主要原因不是劳动收入而是财产收入。据有关测算，财产性收入的差距在个人收入差距拉大因素中占 60% 以上。城乡收入差距大的原因这一，在于城市住房商品化后，财富效应凸显，而农民住房按现行规定只能卖给同村人，没有真正商品化。习近平总书记提出要"实现城乡居民基本权益平等化"，现行体制造成城乡居民住房等财产权益不平等，理应改革。另外，发展股份合作制企业，允许混合所有制企业员工持股，是扩大居民财产性收入的重要渠道，应鼓励改制发展。华为公司有 17 万员工，其中 7 万多人持股，按劳分配与按资分配的比例为 3∶1。这一股权结构和劳资分配比例，调动了员工劳动积极性，持股员工成为企业真正主人翁，增加了财产性收入。华为股权结构和分配模式的突破性意义，在于使劳动者成为股权所有者，劳资分配控制在最优比例，破解了马克思在《资本论》中所揭示的资本榨取剩余劳动价值的资本主义制度的基本矛盾，这个突破也只有在中国特色社会主义制度下才有可能实现。按照三中全会《决定》精神深化企业改革，让更多劳动者成为资本所有者，将成为实现提高效率、注重公平原则的重要途径。

处理好政府与市场的关系，是全面深化改革面临的又一难点。如何发挥市场对资源配置的决定性作用，当前面临的最大障碍是城乡两个市场的发育程度不同。城市的生产要素都已经市场化了，但农村的生产要素尚未市场化或尚未完全市场化。按照商品趋利性规则，它总是朝市场化程度高、价格高的地方流动，因此城乡市场之间就产生一个虹吸效应，农村的劳动力、资本、土地等要素大批涌向城市，城市的要素流不进农村，成为城乡发展差距拉大的根本原因。发挥市场对资源配置的决定性作用，首先要解决的难题就是打破城乡市场之间的堰塞湖，让城市的闲置资本流入农村。

三中全会已经明确提出农村土地的财产权可以抵押、担保、转让，至今尚未得到落实。推动城市资本下乡，应成为全面深化改革亟待破解的课题。

此外，如何处理好公益性和营利性文化产品的关系，如何处理好企业经营决策与党的领导的关系等，也是全面深化改革需要着力破解的难题。应总结有关方面基层的成功经验，大胆探索，勇于攻关，从而把改革大踏步地推向前进。

四、六大改革聚焦释放发展强大新动能

我国经济总量虽然居世界第二位，但人均GDP仍居世界第89位，经济发展潜力巨大。关键是要通过改革，把增长的潜力释放出来。而且攻克改革难关，靠单项突破已经很难，需要六大改革聚焦，对改革难题形成包抄之势。

首先，应聚焦城乡一体化改革，释放农村发展的新动能。加快推进农业现代化、新农村建设、农民工市民化、特色小镇建设，可形成拉动经济长期持续增长的强大新动能。应发挥共产党政治优势和社会制度优势，动员全社会关注和支持农村改革发展，关心农民工的切身利益，形成推进城乡一体化改革强大合力。经济体制改革应把建立城乡一体化发展制度作为重点。文化体制应更多关注农民的基本权益，激励农民脱贫致富。社会体制应发实现城乡居民公共服务均等化为重要任务。生态文明体制应找到治理农村土地面源污染的有效办法，尽快解决农村垃圾处理和环境卫生问题。党的建设制度尤其要重视农村基层党支部建设，把农村党员培养成致富能手，把致富能手培养成党员。各项改革形成合力，就能实现城乡一体化改革发展的重大突破。

聚集投资体制改革，补上公共产品供给短板。环境、教育、医疗、社保、养老、交通、信息、文化等公共产品和服务供给短缺，而大量资金找

不到投资项目，应通过推广 PPP 投资模式，把社会资金和银行贷款引导到增加公共产品供给上来。

聚焦科技教育体制改革，激发技术创新活力。这方面改革已经取得喜人成效，仍需加大力度，重点是解决重视程度上不平衡问题。特别是一些科技创新资源集中的城市、国有企业和大学，需要通过多方面改革，打造有利于技术创新的激励机制、文化氛围和社会环境，真正使技术创新成为支撑发展的新动能。

发展方式篇

转变发展方式是应对危机的根本途径*

面对国际金融危机的影响，中央果断地采取了一系列应对措施。这些措施已经开始见到成效。由于中央财政投资在带动银行贷款、带动社会投资、带动居民消费等方面发挥了重要作用，2008年下半年以来经济增速持续下滑的趋势初步得到遏制。但是，形势依然严峻。近年来，我国出口总额已接近国内市场消费品零售总额。在这种情况下，出口由前几年的年均增长20%左右转为大幅下降，对实现全年经济增长目标造成了很大困难。预计年内发达国家经济难以复苏，我国全年出口将下降5%—10%。因此，实现全年经济增长目标，除了稳定出口，关键还在于扩大内需的力度能否弥补出口下降的影响。而扩大内需政策能否在近期和长远都发挥作用，财力支持和政策效能是否具有可持续性，则取决于能否实现经济发展方式转变。也就是说，只有扩大内需政策在推动发展方式转变上取得突破性进展，我们才能从根本上战胜国际金融危机，真正实现变压力为动力、化挑战为机遇，不仅在2009年而且在今后一个较长时期把经济平稳较快发展的势头保持下去。

---

* 本文原载《人民日报》2009年6月15日。

一 调整需求结构，增强消费对经济发展的拉动作用

转变发展方式是党的十七大提出的重大战略，是贯彻落实科学发展观的根本举措。转变发展方式中的第一个转变，就是调控需求结构，坚持扩大内需特别是消费需求的方针，促进经济增长由主要依靠投资、出口拉动向消费、投资、出口协调拉动转变。这是针对我国经济结构中消费与投资、内需与外需比例严重失衡的局面提出来的。面对国际金融危机造成出口大幅下降的局面，实现这一转变具有很强的紧迫性。

居民消费率过低、投资率过高，是我国经济重大比例关系不协调的突出表现。2007年，我国居民消费率为35.4%，与历史最高水平1985年的52%相比，下降近17个百分点；与发达国家相比，相差30个百分点左右。与低消费率相对应，2003—2007年，投资率年均达到42.4%，是历史上最高的时期。特别是钢铁、水泥、电解铝、房地产等行业投资增长过快，出现了生产能力过剩的局面。如果消费市场不能相应扩大，由此形成的无效投资和银行呆坏账必然增加，将直接影响经济持续平稳较快发展。出口连年大幅增长带来的贸易摩擦增加、顺差扩大、国际收支不平衡等，也影响着宏观经济稳定。经济增长过度依赖投资和出口，消费的贡献率偏低，大量生产能力闲置，已成为我国经济持续快速增长的主要制约因素。

提高居民消费率，降低投资率，增强消费对经济增长的拉动作用，是当前宏观调控的一项重大任务。一是调控国民收入分配结构，着力提高中低收入者特别是农民的收入。二是扩大消费领域，促进消费由生存型向发展型、享受型转变。积极培育新的消费热点，满足多层次的消费需求。三是扩大消费信贷，完善社会保障体系。建立和完善个人消费信贷征信体系，优化消费信贷市场环境。加快推进教育和医疗卫生体制改革，减轻居民教育、医疗负担。扩大养老保险、工伤保险、失业保险的覆盖面，尽快解决农民工保险账户转移接续问题。四是围绕消费结构升级的要求调整投

资结构，改善消费环境。加快建设以铁路为重点的现代综合运输体系，加强文化、旅游基础设施建设，加快新一代互联网建设，促进互联网、通信网、广播电视网三网融合。大力提高农村自来水普及率，完善农村电网，加快乡村道路建设，扩大"家电下乡"财政补贴品种。五是把促进房市、车市、股市联动发展作为扩大消费的战略重点。房市、车市在一定程度上受股市影响。为保持股市稳定健康发展，应在加强基础性制度建设的同时，改善对股市供求总量的调控，避免大起大落。同时，通过资本市场的稳定和繁荣支撑房市、车市的持续繁荣，使房地产业和汽车产业成为拉动国民经济长期增长的支柱产业。如果通过采取多种措施，用3年左右的时间将居民收入占GDP的比重和居民消费率分别提高10个和15个百分点，达到55%和50%，接近改革开放以来最高水平1985年的56%和52%，就意味着每年将有5万亿元以上的商品由用于投资和出口转变为居民消费，不仅经济结构将得到改善，而且人民生活水平将有较大提高。这也是坚持以人为本、推动科学发展的重要举措和根本目的。

二 调整产业结构，大力发展第三产业

发展方式的第二个转变，就是改变经济增长过度依赖第二产业的状况，加快第三产业发展，使一、二、三次产业结构相协调。第三产业发展滞后，是产业结构中的突出问题。2008年，第三产业增加值占GDP的比重仅为40.1%，第三产业从业人员占全社会从业人员的比重仅为33.2%，不仅远低于发达国家，而且低于发展中国家平均水平。第三产业落后，造成就业矛盾突出，制约经济发展。

在第三产业中，严重落后的有三个方面：一是研发、物流等生产性服务业发展滞后。在发达国家，围绕科技研发形成了包括知识产权市场、人才市场、信息市场、风险投资市场、技术培训市场的技术进步服务体系，

为企业技术研发提供全方位服务。我国技术市场尽管发展较快，但远远满足不了企业需要，与建设创新型国家的要求相距甚远。同时，物流业发展落后，专业化、社会化水平低，造成物流成本较高，发达国家的流通成本一般占GDP10%以下，我国则高达18%。把相同的货物从成都运到上海，比从德国汉堡运到上海的成本还要高。扶持、壮大物流业，建立跨国、跨地域的现代物流体系，建立一批物流中心，发展一批物流企业，已成为当务之急。二是现代服务业发展滞后。在发达国家，会计、审计、法律、咨询、监理、征信、认证、价格评估、招标投标等市场中介服务组织比较完善，从业人员众多，在许多方面代替了政府的一些职能，对规范市场秩序、促进公平竞争发挥着重要作用。作为加剧美国金融危机的重大事件，信用等级被评为A+的雷曼兄弟公司瞬间倒闭，正是监管缺失、信用评级机构丧失职业道德的结果。我们应以此为反面教材，打破对国外市场中介机构的迷信，加快建立现代市场中介服务体系，为国内外客户提供高质量服务。三是社区服务业发展滞后。在发达国家，社区服务是吸纳劳动力就业的重要领域。社区服务的内容很广，包括教育、医疗、家政、体育、健身、心理咨询等。我国社区服务业刚刚起步，居民的许多服务需求得不到满足，而大量劳动力就业困难，这个矛盾可以通过发展社区服务业来解决。目前，不少城市已有一些办得很好的社区，并涌现出一批优秀社区工作者，在构建和谐社会、解决就业矛盾中发挥了重要作用。

三 优化要素结构，以自主创新带动产业升级

发展方式的第三个转变，就是实现经济增长从主要依靠增加物质资源消耗向主要依靠科技进步、劳动者素质提高、管理创新转变。面对国际金融危机的冲击，一些地区和企业却能逆势而上，奥秘就在于它们注重技术研发投入，开发出拥有自主知识产权和自主品牌的商品，提高了在国内外

市场上的竞争力和市场占有率。比如，深圳市在全国经济增速下降的情况下发展势头强劲，主要原因就在于通过多年来的努力，形成了鼓励技术研发的政策环境，培育起一批高技术企业，成功实现了由外资企业为主向内资高技术企业为主、由加工贸易为主向一般贸易为主的转变，走出了一条以自主创新带动产业升级的道路。又如，深圳华为公司每年研发投入占销售收入的10%，全公司近一半人员搞研发，2008年申请国际专利数量在全球企业中跃居首位，合同销售额增长40%以上。我国不少城市的科技资源要优于深圳，许多企业特别是大型国有企业的科技资源要优于华为，只要能像深圳和华为那样建立技术进步机制，把广大技术人员的创造智慧充分激发出来，就能开辟新的发展空间。

推动自主创新，需要高度重视管理和创新人才队伍建设。管理与技术是驱动经济发展的两个车轮。应根据开展国际化经营和全球竞争的需要，努力提高经营管理水平，创新管理体制和机制。学校应注重培养创新型人才，企业应建立和培养技术创新队伍，并为科技人员开展发明创造搭建良好平台。

四 创造出口需求，千方百计遏制出口下滑

在发达国家经济衰退、进口需求减少的情况下，我们应采取有效措施，通过多种途径稳定和扩大出口需求，尽快扭转出口下降趋势，缓解经济增长和就业压力。

当前，应利用我国外汇储备充足、生产能力过剩的有利条件，通过资本输出创造出口需求。一是通过扩大海外能源、资源投资，带动设备和劳务出口。鼓励大型企业和中小型企业"走出去"，到海外取得较多的能源、资源勘探权、开发权。通过增加海外投资，带动地质勘探设备、资源开发设备和技术劳务出口。这也有利于满足我国经济发展对能源、资源日益增

长的需求。二是通过扩大政府对外援助贷款，带动相关物资和劳务出口。发展中国家特别是亚洲、非洲、拉美一些国家基础设施落后、能源供给不足，如能适当增加对这些国家的贷款援助，扩大货币互换规模，对扩大出口将起到重要的拉动作用。三是通过鼓励企业到海外发展加工贸易，带动国内零部件和原材料出口。我国制造业特别是轻纺工业、汽车工业等领域，已经具备在海外投资设厂的能力。通过海外投资，像当年外商在我国发展"三来一补"那样发展加工贸易，将能有效地拉动出口。四是通过提供人民币贷款，扩大海外经销商对我国商品的进口。国际金融危机使国外金融机构受到沉重打击，许多经营中国商品的经销商因缺乏流动资金而减少了进口。鼓励我国银行在控制风险的前提下对海外中国商品进口商提供人民币贷款，可对我国商品出口起到支持作用。五是通过增加买方信贷，扩大电力设备、工程机械、机床、船舶、轻纺设备等机电产品出口。我国机电产品具有较强的国际竞争力和明显的比较优势，机电工业在一定程度上存在产能过剩压力，企业有扩大出口的动力。通过买方信贷支持机电产品扩大出口，有助于缓解出口下滑趋势。

采取措施提高居民收入占 GDP 的比重[*]

党的十七大报告提出转变经济发展方式，其中第一个转变就是要实现经济增长由主要依靠投资和出口拉动向消费、投资、出口协调拉动转变。在当前受全球经济危机影响、出口增长受阻的情况下，实施扩大内需的方针，特别是扩大居民消费，对于化危机为机遇，保持经济持续平稳较快增长，有着特别重大的意义。

居民消费率过低，是当前国民经济中很不协调的重大比例关系。2007年，我国居民消费率为35.4%，已经降至改革开放30年来的最低水平。与历史最高水平的1985年52%相比，下降了17个百分点。与发达国家相比，相差30个百分点左右。居民消费率过低，对国民经济的健康运行带来严重的负面影响。一是广大居民的生活水平不能随着经济的快速增长而同步提高，降低了国民经济的宏观效益。二是经济增长过分依赖投资和出口，引起生产能力过剩。2003—2007年，我国投资率年均42.4%，成为历史上最高的时期。2001—2007年，消费、投资、净出口三大需求对经济增长的贡献率平均分别为40.6%、48.4%和11.1%，消费的贡献率明显偏低，大批工业生产能力闲置，消费严重制约着经济增长。三是政府消费支出比

---

[*] 本文原载《人民政协报》2009年7月27日。

重不断上升，助长了奢侈浪费之风。在最终消费支出中，政府支出所占比重，由 20 世纪 80 年代的 21.6% 上升到 2007 年的 27.3%。

造成目前居民消费率过低的局面，主要原因有二：

其一，城乡居民收入增长速度长期滞后于经济增长速度，造成城乡居民收入占 GDP 的比重不断下降。1978—2007 年的 30 年间，GDP 年均增长 9.8%，居民收入年均增长 7%。2007 年城乡居民收入占 GDP 的比重已下降到 45% 的历史最低点，比改革开放以来最高水平 1985 年的 56% 低了 11 个百分点。

其二，城乡、地区和个人之间收入差距不断拉大，制约了广大中低收入者购买力的提高。城乡居民收入之比由差距最小的 1985 年的 1.9∶1 扩大到 2007 年的 3.3∶1。县和县以下社会消费品零售额占全社会消费品零售总额的比重由 1978 年的 67.6% 下降为 2007 年的 32.3%。2005 年，东、中、西部和东北地区城镇居民人均收入之比为 1∶0.64∶0.65∶0.64，农村居民人均收入之比为 1∶0.65∶0.59∶0.93。全国职工工资占 GDP 的比重也由最高时 1980 年的 17% 下降到 2007 年的 11%，且 65% 的职工收入水平低于平均线，全社会收入分配的基尼系数在 0.43 以上，进入收入差距较大国家行列。

扩大消费对经济增长的拉动作用，扭转消费与投资失衡的局面，必须采取重大措施，提高居民收入在 GDP 中的比重，提高居民消费率。

建议制定一个"双提高"专项计划，用三年时间，把居民收入占 GDP 的比重提高 10 个百分点，达到 55%；把居民消费率提高 15 个百分点，达到 50%。分别接近改革开放以来最高水平 1985 年的 56% 和 52%。如能实现这个调整目标，意味着每年将有 5 万亿元人民币以上的商品由投资和出口转为居民消费，人民的生活水平将会有一个较大幅度提高，从而使以人为本的科学发展观的要求真正落到实处，使扩大内需特别是扩大消费的发展方式转变真正得以实现。

为此，建议采取以下政策措施：

（一）调整收入分配结构，着力提高中低收入者特别是农民的收入，通过预算、税收等调节杠杆，在初次分配中提高劳动报酬比重，降低资本所得比重；在再分配中，提高居民收入比重，降低国家收入比重。降低中低收入者税收负担，将国有企业利润的一定比例用于社保基金投入。（二）扩大消费领域，促进消费结构升级。推动居民消费由生存型向发展型、享受型转变。（三）扩大消费信贷，完善社会保障体系。加快教育、医疗体制改革，增加政府投入，鼓励社会资金投入。扩大养老、工伤、失业保险覆盖面。（四）调整投资结构，改善消费环境。（五）整顿市场秩序，保护消费者权益。（六）合理引导消费预期，倡导健康文明的消费方式。（七）促进房市、车市、股市联动、持续、健康发展。

着力扩大消费对经济增长的拉动作用[*]

消费不仅关系到我国经济2009年实现"保8"的目标，而且关系到今后一个时期能不能保持平稳较快的增长，关系到十七大提出的转变经济发展方式能不能落到实处，也关系到科学发展观能不能落到实处。

消费是生产的目的，是社会生产过程的终点和起点，人类正是为了实现不断提高消费水平的愿望，才产生了发展生产力的强大动力。现在科技进步大幅度提高了劳动生产率，从而使人类许多消费的梦想有可能变为现实，如果说在农业社会，在计划经济时期，人们消费水平的提高主要是受制于供给能力增长，那么当我们学会了用现代的机器大工业来制造各类产品之后，当社会主义市场经济体制确立之后，制约消费水平增长的一个重要的因素，已经转变为广大人民有支付能力的消费需求。

30年的改革开放极大地激发了我国人民的劳动热情，形成了强大的现代生产能力，而当前广大居民的现实消费需求明显不足，严重制约着我国经济的发展。十七大提出要转变经济发展方式，实现三个转变，其中第一个转变就是要扩大消费对经济增长的拉动作用，实现经济增长由主要依靠投资和出口拉动向消费、投资、出口协调拉动转变。在当前受全球经济危

---

[*] 本文原载《财经界》2009年第9期。

机影响，我国的出口增长受阻的情况下，实施扩大内需的方针，特别是扩大居民消费，对于化危机为机遇、把经济平稳较快增长的势头保持下去，有着特别重大的意义。

一 居民消费率过低是当前国民经济中很不协调的比例

我们的居民消费率在 2007 年已经降到了 35.4%，2008 年比 35.4% 还要低，降到了改革 30 年来的最低点。2007 年生产了 30 万亿 GDP，老百姓消费才占 1/3 多一点，这个比例确实太低了，不仅跟我们历史最高水平 1985 年的 52% 相比低了 17 个百分点，与发达国家相比，也相差了 30 个百分点。在宏观经济的各个参数里面，这是最不协调的一个参数，所以应当引起高度的重视。

（一）居民消费率过低，给国民经济的健康运行带来了严重的负面影响

第一个负面影响是，它使广大居民的生活水平不能随着经济的快速增长同步提高，降低了国民经济的宏观效益。消费是衡量宏观经济效应的重要指标，由于我们改革开放前的 30 年片面理解生产资料优先增长理论，在经济建设上急于求成，使人民的生活水平长期得不到应有提高。我们在 20 世纪 80 年代初期改变了政策，对轻纺工业实行六个优先，调整了过高的投资率，所以在 20 世纪 80 年代是效益最好的时候，到 1985 年，居民消费率达到了 52%，是改革开放以来的最高水平。但是，从 2003 年起，伴随着重工业的高速增长，最终消费率和居民消费率出现了连年下滑的趋势，2007 年甚至比改革初期的 1978 年还分别低了 13 个和 14 个百分点。

居民消费率过低的第二个负面影响是，经济增长过多依赖投资和出口，引起生产能力的过剩。与消费率降低相对应的，就是投资率过高或者储蓄率过高，所以经济增长过度依赖投资和出口。特别是最近几年钢铁、

水泥、房地产这些行业投资增长得比较快。现在我们形成了 6.5 亿吨的钢铁生产能力，全世界一共有多少生产能力呢？一共有 13 亿吨，中国正好占了 50%，2007 年我们生产了 5 亿吨钢，还有 1.5 亿吨的生产能力在那儿闲着，大量的制造业生产能力也是闲置，开工率不足，降低了国民经济的效率。

消费率过低的第三个负面影响是政府消费支出比重不断增加，助长了奢侈、浪费，在最终消费支出当中，政府占比，在 20 世纪 80 年代是 21.6%，20 世纪 90 年代是 24.2%，2001 年到 2006 年上升到 26.8%，2007 年上升到 27.3%，也是改革开放以来的最高水平。政府开支比重过大，进一步压低了居民的消费需求。

(二) 造成目前居民消费率过低的原因有多方面，我们要进行综合的、历史的分析才能找到症结所在

第一个原因，城乡居民收入的增长速度与经济的增长速度不同步，这是制约居民消费增长的根本原因。过去 30 年，城乡居民收入的增长没有能够随着经济的增长而得到同步提高，因此广大居民有支付能力的消费需求就不能随着经济的增长而同步增长，这是造成居民消费率低的一个根本原因，简单来说就是口袋里面没有钱，看到东西买不成，有消费欲望也白搭。

第二个原因，城乡、地区、个人之间收入差距不断拉大，制约着广大中低收入群体购买力的提高。居民收入占 GDP 的比例，30 年来不断下降，农村人均纯收入是城镇居民收入的 30%。30 年来，农村人口下降的数量充其量是转移出来 2 亿多人，现在还有 7 亿人口生活在农村，他们只购买了 1/5 的商品，城镇人口购买了 4/5 的商品。如果对各地区城乡居民收入进行对比，东部最高，其次是东北，再其次是中部，最低是西部，西部的农民

人均收入与东部相比是 0.59∶1。

居民收入增长慢的第三个原因，是外资企业通过各种手段转移了大部分利润，使职工收入和国家税收处于较低水平。外资对我们国家经济增长做出了重大贡献，在工业增加值里面占 30%，在出口里面占 58%，在高新技术产品出口里边占 88%。我比较了两个企业，一个是华为，一个是另外一家外资企业，就销售额来看，华为年销售额 700 亿，另一个公司是它的 2 倍达到 1400 亿元人民币，华为一年交了 50 亿的税，外资企业一年只交 1 个亿的税，职工人数华为是 6 万人，外资企业是 20 万人，月工资华为是 6000 块钱左右，新去的大学生一年能拿到四五千，而外资企业一个月收入 1000 块钱左右，看得出来，外资企业对我们经济增长贡献很大，出口和 GDP 都算到国内，但赚的利润大部分在外商的口袋里。

第四个原因，目前我国正处于重化工业和基础设施加快发展的工业化阶段，较高的投资率是经济发展的阶段性要求。我们的城市化率水平在不断提高，到 2008 年已经接近 45%，大批人口由农村转入城市，对基础设施的需求要求有一个较高的投资率。以上是我对我国居民消费率过低的负面影响和产生原因所做的一个分析。

二 提高居民消费率是当前宏观调控面临的一项重大任务

提高居民消费率首先应当增加居民的收入，特别是提高中低收入者收入和农民的收入。对国民收入分配结构要进行大的调整，在初次分配当中要提高劳动报酬的比重，降低资本所得的比重，改变目前的初次分配资本所得偏多，劳动所得偏少的局面。

在再分配当中要提高居民收入的比重，降低国家和企业所得的比重，要着重提高中低收入者的收入，扩大中等收入者的比重，逐步形成两头小、中间大的"橄榄型"的收入分配结构。按照统计局的定义，家庭年收入6万元到20万元算成是中等收入者，20万元以上的算高收入者，那么中等收入者和高收入者加在一起，到2020年能够占到城乡居民的50%以上，这样能够初步形成一个"橄榄型"的收入分配结构。中等收入者占多数以后，对拉动消费增长会起到重要作用。

我提一个设想，就是我们能不能够用3年左右时间，通过采取综合性的措施，把居民收入占GDP的比重和居民消费率分别提高10个和15个百分点，分别达到55%和50%，接近改革以来最高水平的1985年的56%和52%，应当说这个目标通过努力，通过收入分配结构大的调整是可以做到的，实现了这个目标，我测算了一下，每年拿出大体有5万亿元的商品，原本用于投资和出口的转变为广大居民消费，就可以让我们全国居民的消费水平有一个较大幅度的提高。将5万亿的商品变成老百姓的消费，人民的生活水平会有明显的变化。我们实现了这样一个调整，就可以实现发展方式转变的第一个转变，就能够真正地把科学发展观提出的以人为本的要求落到实处。

提高居民收入的重点还是要放在提高农民的收入上。在改革开放初期的时候，城镇居民的收入和农村居民的人均纯收入差不太多，最近几年差距越来越大，特别是城镇居民收入的绝对额已经是农村居民人均收入的3倍多了，城市居民收入和农村居民收入如果以相同的速度提高的话，那么他们的差距会越来越大，相差的绝对额会越来越大。就是说农民收入增长3.3个百分点的绝对额，才相当于城镇居民增长1个百分点的绝对额，而且目前农民收入的增长速度继续慢于城镇居民收入的增长速度，所以怎么样把农民的收入提高得快一点，就成为我们增加居民收入的重中之重。十七届三中全会已经指出了尽快提高农民收入的方向，这就是加快农业劳动力向二、三产业的转移，加快农村人口向城市的转移，现在农业的劳动生产率只有二、三产业的劳动生产率的1/6，农业劳动力占了所有劳动力的 43%，农业的增加值占 GDP 的比例只有 10%，所以农民收入低，关键是劳动生产率低，没有创造出财富来，仅靠财政转移支付，靠支农作用，效果必然有限。根本来讲还是要提高农民的劳动生产率，而这又受制于土地的经营规模。目前一个农民平均种 5 亩地，按照现在的机械化条件，在平原地区可以种几百亩甚至几千亩，但是没有那么多地可种，所以劳动生产率不高，怎么办？要向集约化的方向发展，一个是提高单位面积的产量，一个就是在劳动力转移的前提条件下来推进土地的规模经营。

第二个措施是扩大消费领域，促进消费结构升级。2005 年，城镇居民的恩格尔系数为 36.7%，用于改善住、行条件和医疗、教育、通信、休闲等服务性支出已经占消费支出的 60% 以上。农村居民消费的恩格尔系数也下降到 45.5%。整个来看中国居民的消费正在从温饱型消费向发展型消费过渡。马克思讲的消费的三种类型为：生存型、发展型、享受型。在向发展型过渡时期用于教育、医疗、通信和休闲特别是住和行的消费的支出，将会有一个较快的增长。

第三个措施是扩大消费信贷、完善社会保障体系。目前，我们消费信贷占整个信贷余额的比例是 15% 到 20%，根据发达国家的经验，消费信贷的比重可以提高到占整个贷款的 30% 左右，所以还有很大的空间。以汽车消费来看，发达国家汽车消费 80% 都是靠消费信贷，中国现在只有 8%，听说前些年刚开始搞汽车贷款的时候，有的人恶意逃避还贷，形成了一些不良资产，后来银行就收缩了汽车的消费贷款。现在通过建立居民个人贷款征信体系，建立贷款担保制度，我相信消费信贷会有一个较大增长空间。

第四个措施是调整投资结构，改善消费环境。与韩国、日本、美国做比较，中国居民目前的消费结构中用于食物的消费占比最高，在这样一个消费阶段，我国的消费热点或者说增长点是要增加居民住、行的消费，即是以改善居民的居住条件和出行条件，作为增加消费的重点。

第五个措施是整顿市场秩序，保护消费者权益。良好的秩序和服务质量是扩大消费的前提条件，要打击假冒伪劣商品，防止价格欺诈行为，让人民放心大胆地消费。三鹿事件使牛奶的生产受到了沉重打击，到现在为止，我国的奶产量才恢复到最高水平的80%左右，前几天看到一些材料，有的地方还在宰杀奶牛。国外的牛奶大量进口，因为新西兰跟我们签订了自由贸易合同，新西兰的牛奶可以大量地占领中国的市场。

第六个措施是合理引导消费预期，倡导健康文明的消费方式。要鼓励节约型消费、无害型消费、发展型消费、文明型消费，避免炫耀型消费、跟风型消费与奢侈型消费。

三 房市、车市、股市联动，促进消费持续、健康发展

房地产市场、汽车市场和股票市场，现阶段是拉动我国经济增长的三大引擎，这三大市场之间相互联系，相互依存，相互促进。推动这三大市场稳定健康发展是提高居民消费率的一个关键。要研究这三大市场的内在规律，完善促进三大市场健康发展的相关政策，把促进三大市场联动发展作为当前扩大内需特别是扩大消费的战略重点。

(一) 促进与保持房地产市场的持续繁荣

改善住房条件是广大城乡居民的迫切愿望，在居民消费意向的调查中，改善住房条件总是排在第一位。住宅的产业链条长，对相关产业拉动作用大。从2008年以来，城镇住宅价格涨幅下降，这是前年国务院出台的关于稳定住房价格若干政策意见的结果，符合广大消费者的意愿，也是保证住宅业长期健康发展的客观要求。

我国住宅业的发展必须以满足居民，特别是中低收入者的住房需求为

主要目标，实现党的"十七大"报告提出的住者有其居的要求，应当把城镇住房价格控制在与广大居民收入水平相适应的合理水平上，不能通过炒作来提高房价，制造泡沫。很多地方政府收入的50%左右来自批租地的收入，所以房价越高，批租土地的收入就越多，批租土地的收入成为地方政府的第二财政，因此助长地方政府抬高房地产的价格。2007年出台的国务院文件明确了稳定城镇住房价格责任的主体在地方政府，要强化地方政府在稳定城镇住房价格方面的责任。在这方面我们应当吸取日本、中国香港的教训，日本和中国香港制造了房地产的泡沫，当这个泡沫形成的时候，各个方面收入都增加，经济发展又快，大家都很高兴，但是一旦这个泡沫破裂了，它对经济的破坏性影响也是非常严重的。日本到现在的房价也只恢复到最高价格的50%左右，香港也在恢复，远远没有达到价格最高时候的水平，所以企图通过制造房地产泡沫来刺激经济发展，实际上是饮鸩止渴。

我们应当学习新加坡、德国等稳定住房价格、保障广大居民住房需求的成功经验。过去我在国家计委政策研究室的时候，有幸作为国务院住房改革领导小组的成员研究过这个问题，我曾到日本、新加坡、德国、荷兰专门做过房地产的考察，通过比较，我觉得我们绝不能走日本、中国香港的路，而要学习德国、荷兰的经验。德国的房价直到现在还跟"二战"后20世纪50年代的水平差不多。德国从50年代设立住宅储蓄银行，当人口刚一出生的时候，就存一笔钱，每年存进去，政府给予奖励，是固定利率，然后到成人结婚的时候，需要买房子了，除了把你存的钱全部还给你，另外还要给你增加一倍的贷款，住宅储蓄银行提供的资金相当于德国人买房子的资金的1/3。德国人就是通过房地产市场价格的稳定，进而保持了整个市场的稳定，并保持了整个经济的稳定。据他们介绍，德国的住房问题在欧洲是解决得最好的，住房水平也是比较好的。荷兰是把住宅的贷款和住宅保险结合起来，有一套完整的制度，已经运行了100多年，也是稳定住房的价格，这些国家住宅问题都解决得比较好，通过房地产价格的稳定来促进整个经济的稳定。所以国务院出台的这个政策，用以稳定城镇住房价格的目标是正确的。

当前，搞活房地产市场，重点应当增加经济适用房和廉租房的供给，也就是保障型住房的建设，在这一次扩大内需中，用政府国债的投入，在3年的时间内，要建设近1000万套保障型住房，这对拉动城市住宅建设和建材工业的发展，活跃房地产市场，能起到重要作用。改革开放30年了，还有一部分人住在棚户里面，他们的住宅应当得到改善，有一部分游牧民也需要定居，所以通过建设1000万套保障型住房使这部分人的居住条件得到改善，这也是全体人民共享改革发展成果的一个重要举措。

另外，要搞活二手房市场，扩大住宅的租赁市场。现在我们经改革后的住房已成为个人的私有财产，但是这些住房进入市场还是有这样那样的障碍，通过搞活二手房市场，让年轻人收入比较低的先买旧房，然后随着收入水平的提高，再逐步扩大面积。另外要扩大住房的租赁市场，我想最终还是要建立城乡一体化的住宅市场，这方面目前还没有突破，今天我们不妨作为一个问题来研究。城乡住宅市场分割大概就剩中国一个国家，城市人不可以到农村买房子，农民可以到城市买房子。韩国前些年实行一个政策，鼓励那些演员和城市高收入者到农村买房子，政府甚至给他们补贴，给予鼓励，为什么实行这个政策呢？因为他们到农村去了以后，把文明带到了农村。还有一个例子是德国，德国农村劳动力占全社会劳动力的比例只有1%到2%，但德国人62%住在农村和小镇，城里人住到乡村了以后，不仅把现代的生活方式、现代文明带到农村，而且他住到哪儿都会想办法把基础设施加以改善，把道路、供水、供电各个方面搞好，使高速公路、轨道交通与市区连接，上班也不会太难。同时，这些人住到农村以后，生活的环境大大地改善了。

我们提出的城乡一体化包括六个方面，分别是城乡规划一体化，城乡产业发展一体化，城乡基础设施一体化，城乡公共服务一体化，城乡就业市场一体化，城乡社会管理一体化。能不能还有一个城乡住宅市场一体化，作为第七个一体化，可以就这样一个问题来探讨、研究，现在好多地方实际上已经有所突破。

(二) 扩大轿车消费

2008年我国人均GDP达到3200美元，标志着已经开始进入轿车消费大众化的时代。轿车进入家庭是多少代中国人的梦想，随着居民收入的增加和汽车工业的发展，到2009年1、2月份，我国汽车销售已经成为全球最大的消费市场，2009年全年汽车产销将双双突破1000万辆，我们看到越来越多的人圆了轿车梦，实在令人高兴。

2008年下半年，受全球金融危机的影响，我们国内汽车销售量增速下降，应当说这是经历了连续几年井喷式的增长以后的一个短暂休整，随着各项鼓励汽车信贷以及各项利好措施的出台，汽车销量的增加开始加快。汽车生产的利润占整个汽车产业的利润只有10%，零部件的供应占到20%，销售占20%，整个汽车的服务占到50%，就是包括汽车的修理、加油、美容、保险、信贷等。汽车对整个社会的拉动作用，对就业的拉动作用非常大，发达国家大概每6个就业人口里面就有1个人在汽车行业就业。可以说没有汽车就没有现代化，过去长期有人讲，汽车不适合中国，中国人应当骑自行车，我看你要骑自行车的话，GDP怎么能搞到人均一万美元？

鼓励汽车消费，第一个是扩大汽车消费信贷。前些年银行汽车信贷的呆坏账大量增加，因此汽车贷款萎缩，应当通过建立一个汽车贷款的信用体系，配合卫星定位系统，来为扩大汽车信贷创造条件。

第二个是改善汽车的使用环境。城市的发展规划应当考虑轿车进入家庭的新情况，新建商业区应当考虑停车场建设，国外的停车场建设已经发展成为独立的行业，我国一些大城市应该及早引进相关技术和管理经验。国外地下停车场还有空中停车场建设的技术已经很发达了，所以我们要及早把城市的发展、住宅建设和轿车进入家庭统筹加以考虑。要减少对汽车消费不合理的收费，降低汽车使用成本。

第三是鼓励购买电动汽车、混合动力汽车和中小排量的汽车。我们最近出台的汽车消费政策有了明确的规定，特别值得高兴的是，在电动汽车技术上，现在中国跟国外比，我们是很先进的，并不落后，深圳比亚迪搞了一个磷酸铁锂电池，申请了国际专利，一次充电可以行驶300公里，充电15分钟就可以达到负荷80%以上，白天使用，晚上利用低价电来充电，电动汽车对城市没有任何污染，可以说是零排放，很有发展前途。

第四个是延长汽车的产业链，充分发挥汽车产业对就业和消费的带动作用，根据发达国家的经验，我们要从销售、维修、金融、保险、燃料、零部件、停车、洗车各个环节来发展上下游产业，为汽车的生产和消费创造条件，扩大经济社会效益。

（三）促进资本市场平稳健康发展

随着我国证券市场的发展，越来越多的人拥有了财产性收入，证券市场尤其是股市的行情越来越多地影响着房市和车市，这跟香港地区和台湾地区一样。台湾地区股市一上升，消费马上就上来了；股市一下跌，消费也下来了。所以要促进资本市场的稳定、健康发展。我国资本市场的发展时间不长，发育不充分，许多运行机制还不健全，管理上缺乏经验，所以股市出现大的波动是难以避免的。

为了保证股市的稳定健康发展，一方面要加大基础性制度建设，另一方面要改善对股市的宏观调控，近几年政府有关部门在制度建设上已经做了大量的工作，也取得了成效，在对股市的宏观调控上还需要进一步把握规律，提高调控水平。一般来讲，可以通过对股市供求总量的调控来实现股市的稳定健康发展，避免大起大落。当股市处在上升期的时候，为了避免过热，应当适当增加供给，当股市处在下行期，为避免跌幅过大，应适当增加需求，这一次大的波动好多经济学家做了分析，认为主要还是供求结构出现了变化。我们国家股票市场处在发展期，要进行总量的调控，认为政府对股市就是要不管，不干预，这个说法是不负责任的。要强化对股市的监督，要把对股市总量调控同行政干预区别开来，总量的调控不一定就是行政干预，要把这种调控作为政府的一项重要职责。要依法查处各种违法行为，促进股市的规范发展。要发展多层次的资本市场，及时推出创业板市场，培育壮大证券投资机构。

完善多层次的资本市场，要实现专家理财和理性投资，壮大证券投资机构，使我国的资本市场真正发挥出对企业的评价优选功能，培育出具有国际竞争力的企业，同时使广大投资者能够分享到企业发展成果，不断增加财产性收入。要通过资本市场的稳定和繁荣来支撑房市、车市持续繁荣，努力使房地产市场和汽车产业成为拉动国民经济的长久不衰的支柱产业。

通过改善民生拉动经济发展[*]

2009年是我国经济经受严峻考验并取得显著成绩的一年。面对国际金融危机冲击，我们通过实施扩大内需的一揽子经济刺激计划，有效弥补了出口大幅下降对经济的影响，国民经济回升向好，保持了平稳较快发展的势头。取得这一骄人成绩，充分体现了我国经济抗御风险的能力，体现了党中央、国务院正确决策的能力和高超的调控艺术。在即将到来的2010年，我们要按照中央经济工作会议的要求和部署，继续坚持扩大内需的方针，提高宏观调控的针对性和灵活性，注重经济发展方式转变，增强改善民生对经济发展的拉动力，形成内生型增长机制，把又好又快的发展局面长期保持下去。

一 保持宏观经济政策的连续性和稳定性

2009年，我们贯彻落实中央的决策部署，实施积极的财政政策和适度宽松的货币政策，在世界各大经济体中率先实现经济形势总体回升向好，但应清醒地看到，这种回升仍然不巩固、不稳定、不协调。未来两三年，作为我国主要出口市场的发达国家，其经济增长和进口需求都将处于低迷

---

[*] 本文原载《人民日报》2009年12月28日。

状态，我国出口不可能恢复到前几年的增长速度，对经济增长的贡献不会出现明显变化。2009年投资的迅猛增长主要靠国有投资拉动，在非国有投资增速没有明显加快的情况下，如果失去国债资金的支持，国有投资增速必然下降，这势必影响经济回升向好的态势。居民消费2009年虽然有了较快增长，但单靠消费不足以弥补出口下降的影响。如果当前鼓励消费的各项政策明年取消或减小力度，消费的增长速度也必然下降。所以，如果当前刺激经济增长的各项政策退出或减小力度，经济回升的势头就可能发生逆转；如果经济增长速度滑落，我们就不得不面临第二次启动的任务，届时可能要付出更大代价。同时，由于2009年新开工建设项目比上年增加80%以上，如果减少资金供给，就有可能形成一批"半拉子"工程。因此，明年要继续实施积极的财政政策和适度宽松的货币政策。只有当经济增长的内生动力形成、经济平稳较快发展的内生机制重新确立，扩张性的经济政策才能退出。

当然，2010年实施积极的财政政策和适度宽松的货币政策，也不能是2009年政策的简单重复，而要根据经济运行的新情况，适时适度加以微调。财政政策的实施应着眼于在拉动居民消费、拉动社会投资、拉动贷款结构优化、拉动出口四个方面发挥作用，实现"四两拨千斤"，促进经济发展方式转变和经济结构优化。而适度宽松的货币政策也应不断完善，既要保持一定的贷款规模，又要优化贷款结构，着力增加对小型、微型企业的贷款和对农户的贷款，保持对在建项目的支持力度，增加消费信贷，防止信贷资金流入股市，抬升资产价格过快上涨。

二 把增加居民消费摆在扩大内需的突出位置

提高居民消费水平，是贯彻落实科学发展观的重要体现，也是经济增长的根本动力。党的十七大提出转变经济发展方式，其中第一个转变就是促进经济增长由主要依靠投资、出口拉动向依靠消费、投资、出口协调拉动转变，扩大消费对经济增长的拉动作用。这抓住了我国经济结构中最突出的矛盾，指明了实现经济长期、持续、协调发展的根本途径。从2003年到2008年的6年间，我国投资率平均高达42.5%，成为历史上最高的时期，其中2008年高达43.5%。2009年的投资率预计又将超过去年，再创新纪录。而同期居民消费率则降为年均37.7%，为历史上最低的时期，其中2008年降为35.3%。与国外相比，我国消费与投资失衡的情况更显严重。发达国家居民消费率一般为70%左右，比我们高一倍。投资率偏高、居民消费率偏低有多方面原因，在工业化、城镇化快速推进时期具有一定的必然性。但是，主要原因还是在于我们对社会主义市场经济条件下经济运行规律的认识和把握能力有待提高。在传统计划经济体制下，宏观经济管理面临的主要矛盾是供给不足、需求膨胀，而市场经济条件下的主要矛盾则是需求不足、供给过剩。投资仅仅是中间需求，投资的作用从短期来看是增加需求，从长期来看则是增加供给。长时期的高投资率必然导致生产能力过剩，在出口受阻的情况下，生产能力过剩的矛盾会更加突出。因此，党的十七大高瞻远瞩地提出从调整需求结构的角度来转变发展方式。国际金融危机的冲击，使完成这一转变的任务变得更加紧迫了。

提高居民消费率需要采取综合性对策，根本举措是调整国民收入分配结构，提高居民收入占国民收入的比重，提高中低收入者的收入。如果能用3年左右的时间，将城乡居民收入占GDP的比重由2008年的43%提高10个百分点，达到53%；把居民消费率由2008年的35%提高15个百分点，达到50%，分别接近改革开放以来的最高水平——1985年的56%和52%，那么，消费与投资比例失衡的局面将会有一个根本性改变，每年将有5万亿元左右的国民收入由现在用于投资和出口改变为用于居民消费，全社会消费品零售总额将增加45%—50%，居民的消费水平将会有一个大的提高，我国经济增长将真正转到依靠内需支撑的轨道。

中央经济工作会议对于增加居民收入特别是中低收入者的收入，对于提高居民消费率，做出了具体部署。只要认真贯彻落实这些部署，需求结构必将出现一个大的变化。

三 把扩大公共服务作为改善民生的战略重点

公共服务包括医疗卫生、教育、社会保障、信息、文化、公共交通、供水、供电、供气、环保等领域，在我国仍是一个突出的薄弱环节。由于这些方面发展滞后，远远满足不了广大居民的需求，扩大内需和消费结构升级受到制约。从发展阶段来看，目前我国居民消费正处在由生存型消费向发展型、享受型消费升级的时期。特别是发展型消费目前正处于快速成长期，这主要是指人们在解决温饱问题之后，提高自身文化和健康素质方面的需求非常旺盛。但目前这方面的供给能力严重不足。这就需要在一段时间内，把扩大消费的战略重点放在发展社会事业、增加公共服务上。中央经济工作会议特别强调，明年要把改善民生、发展社会事业作为扩大内需、调整经济结构的重点，坚定不移地加以推进。要按照城乡经济社会发展一体化的要求，把社会事业和公共服务发展的重点放在农村，使城乡居民逐步享受到大体均等的基本公共服务。

发展社会事业，增加公共服务供给，是实现科学发展、社会和谐的重要基础。医疗卫生事业发展应以"病有所医"为目标，把重点放在农村，改变偏僻农村缺医少药的状况。扩大医疗保险覆盖面，使城乡居民人人享有基本医疗卫生服务，解决看病难、看病贵问题。教育的发展应以满足社会对人才的需求为目标，调整优化教育结构，做到社会上需要什么人才，学校就培养什么人才；居民希望接受哪方面的教育，就提供哪方面的教育，推动教育结构适应社会需求结构。同时，大力加强职业教育。把完善社会保障体系作为扩大公共服务的重点。由于社会保障体系不完善，大家都增加储蓄，以备不测之需，影响了居民的即期消费。应按照低水平、广覆盖的要求，尽快建立全覆盖的社会保障体系，以形成社会安全网。信息、文化服务是公共服务的新增长点。应以 3G 通信设施建设为契机，扩大网络服务内容，并尽快实现三网融合，降低通信成本，为居民提供快捷、方便、价廉的信息服务。以现代信息传播工具为载体，扩大健康文化服务，传播、普及科学知识，提高人民的文化生活水平。城乡交通、供水、供电、供气、垃圾处理和环境保护等基础设施服务，目前处于供不应求的状态。应加大这方面的投入，使人们能够方便出行、喝上干净的水、呼吸新鲜空气，在良好的环境中工作和生活。

四　加快推进社会管理体制改革

与经济管理体制相比，社会管理体制更加复杂、涉及面更广。过去 30 年，我们在经济管理体制改革上取得了重大进展，但社会管理体制改革相对滞后，这是社会事业发展滞后于经济发展的根本原因。贯彻落实中央经济工作会议精神，应加快社会领域的各项改革，通过改革促进各项社会事业发展。

社会管理体制与经济管理体制的不同之处在于，经济主体可以普遍适用市场竞争、优胜劣汰机制，而社会服务主体则需要分为公益型、经营型、半公益半经营型等。这就需要按照各个行业、各个服务主体的不同特点，制定不同的管理体制和改革方案。以教育和医疗为例，这两大行业既不能笼统地全部归入公益型，也不能全部归入经营型。基础教育、基本医疗卫生事业应以财政投入为主，提供公益性服务；专业性、多样性的教育和医疗卫生服务可以社会投入为主，提供经营性服务；而相当多的教育和医疗服务主体，则可能需要采用财政投入与社会投入相结合的办法，提供公益性与经营性相结合的服务。这就需要具体问题具体分析，根据实际情况制定针对性强的改革方案。在社保体系建设、城乡基础设施建设等方面，也应根据不同情况和财力可能，制定切实可行的改革措施，以吸引社会资金投入，加快建设速度。现在许多领域都存在有需求但资金投入不足、同时大量富余资金又找不到投资出路的问题，其症结在于没有形成合理的投入机制。在这方面，可以借鉴发达国家的成熟经验。各级政府部门和各方面研究机构应加强有关改革方案的研究论证，在取得社会共识之后，加快付诸实施，通过改革，为社会事业发展提供体制机制保障。如果说前30年的经济体制改革为经济发展提供了动力之源，那么，社会管理体制改革也必将为社会事业发展提供动力支持。相信到2020年实现全面建设小康社会目标时，社会事业将与经济建设实现同步协调发展，广大居民不仅个人消费将有一个大幅度提高，而且公共服务消费也将达到较高水平，从而创造更加美好的生活。

转变经济发展方式是刻不容缓的战略任务 *

2010年初，在省部级主要负责同志落实科学发展观研讨班上，胡锦涛同志在讲话中强调，转变经济发展方式是当前刻不容缓的战略任务。这是根据国内外经济形势做出的重大决策，是应对全球金融危机影响、把2009年下半年以来出现的回升向好的发展势头保持下去的迫切需要，是贯彻落实科学发展观，在今后一个较长时期内保持经济平稳较快发展的根本举措。我们要进一步加深对转变经济发展方式重要性、紧迫性的认识，集中精力、集中资源，力求近期内在转变发展方式上取得突破性进展。

一 从转变经济增长方式到转变经济发展方式，反映了我们党对经济发展规律认识的深化

1995年，党的十四届五中全会通过的《中共中央关于制定国民经济和社会发展"九五"计划和2010年远景目标的建议》提出要转变经济增长方式，强调经济增长要从粗放型向集约型转变，同时提出要通过经济体制的转变推动经济增长方式的转变。

从1995年至2007年党的十七大召开，我们在转变经济增长方式上取得了重大进展。一个具有标志意义的事情就是，在这12年间，电子机

---

* 本文原载《加快转变经济发展方式研究（2010—2011）》（社会科学文献出版社2011年版）。

械、石油化工、汽车制造和建筑业在国内生产总值中的比重由12%上升到20%，其作为国民经济四大支柱产业的地位确立起来了。四大支柱产业的崛起，对这一时期国民经济的快速增长发挥了重要支撑作用。

2007年，党的十七大根据经济发展新阶段面临的新形势和新任务，提出了转变经济发展方式的战略要求，成为落实科学发展观的根本举措。

从提出经济增长方式转变到提出经济发展方式转变，虽然只改变了两个字，但它的内涵却大大扩充了，体现了我们党在经济发展规律认识上的深化。经济增长方式转变主要是针对生产要素结构的调整，强调通过技术进步、加强管理、实行规模化经营等，促进经济增长由粗放型向集约型转变，提高经济增长的质量和效益。

经济发展方式转变要从三个方面来进行：在需求结构调整上，要从过度依赖投资和出口转变到消费、投资、出口协调拉动，增强消费对经济增长的拉动作用。在供给结构调整上，或者说在产业结构上，要从过度依赖第二产业转变到第一、二、三产业协调发展，着力发展第三产业，提高第三产业占GDP的比重。在生产要素结构调整上，要改变经济增长过度依赖物质资源消耗的状况，应主要通过技术进步、提高劳动者素质和管理创新来拉动经济增长。实现了这三个方面的转变，我们就既能够有效应对全球金融经济危机的影响，也能为在一个较长时期内保持经济平稳较快发展创造条件。

如果说在本次金融危机之前，按照传统的增长模式，我们的经济还可以保持较快的增长，那么在金融危机之后，转变经济发展方式就具有了更大的紧迫性和必要性。党的十七大提出转变经济发展方式是具有远见卓识的。2008年下半年爆发了全球金融危机，2009年是危机对我国经济影响最严重的时候，我们要战胜危机的影响，只有靠转变发展方式。2010年初，在中央举办的省部级主要负责同志落实科学发展观研讨班上，胡锦涛总书记、温家宝总理、习近平副主席、李克强副总理都做了重要讲话。研讨班围绕2010年如何在转变发展方式上迈出实质性步伐展开讨论，并做出了部署。当时新华社有一个两千多字的关于研讨班的报道，其中仅"加快"两个字就用了56处，集中反映出转变经济发展方式刻不容缓。

二　经济增长由主要依靠投资、出口拉动向依靠消费、投资、出口协调拉动转变

（一）把扩大居民消费放在突出位置

在发展方式转变上，第一个转变就是需求结构调整，这是根据经济发展中遇到的突出矛盾提出来的。1978—2008年的30年间，消费、投资和出口在总需求中的变化对经济的影响越来越大。

在这30年间，我国最终消费率是缓慢下降的，最高达到67%，以后逐步下降，最近几年下降到48%左右。最终消费包括政府消费和居民消费，其中政府消费占14%左右，基本保持稳定，居民消费率与最终消费率同步变化。居民消费率最高达到53%，以后也是逐步下降，最近几年已经下降到40%以下，2009年已经下降到35.1%，降到了历史的最低点（见图1）。

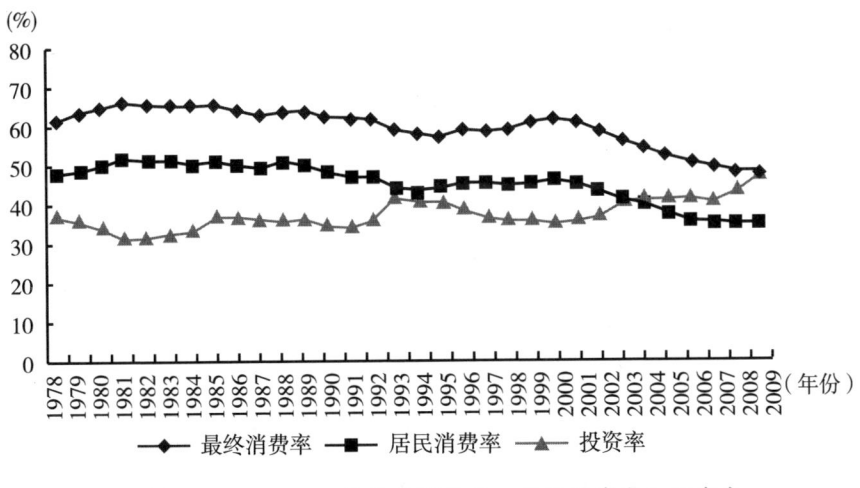

图1　1978—2009年最终消费率、居民消费率和投资率

数据来源：《中国统计年鉴2010》。

2009年我国GDP达到34万亿元，其中只有1/3多一点让老百姓消费了。中国消耗了大量能源、资源生产出来的产品真正进入到老百姓消费领域的比例实在太低了。美国的居民消费率最高时达到72%，我国的这个比例连美国的1/2都不到。欧洲的发达国家和日本，它们的居民消费率在60%左右，比我们高20多个百分点。

消费率逐步下降，投资率逐步上升。一方面，从2003年以后，我国国民经济进入新一轮上升期，在基础设施建设和房地产业的拉动下，重化工业加快发展，钢铁、水泥、电解铝、技术装备业迅速增长，使投资率长期居高不下。2008年，投资率上升到43.5%。投资率过高，消费率过低，带来的直接影响是居民消费水平不能随着经济发展得到同步提高。另一方面，大量产品用于投资和出口，造成生产能力闲置，贸易摩擦不断增加。家电工业开工率平均只有60%左右，钢铁、机械等生产资料的生产能力也没有充分发挥出来，造成了投资的大量浪费。

如果形成的生产能力不能发挥，投资就难以按期收回，有可能使银行不良贷款增加，最后引起通货膨胀。过去几十年，我们的经济就是在这样周期性大起大落中过来的，一直到2003年才摆脱了周期性大起大落的困扰。2003年以来，我国经济出现了历史上增长速度最快、最平稳、效益最好的一个时期。然而，由于传统发展模式使经济运行中的矛盾越积越多，主要依靠投资、出口拉动经济增长已经到了极限，这种发展模式到了不能再持续的地步。

过去几年，我国出口遇到来自许多国家的反倾销和贸易纠纷，中国成为世界上遭受反倾销诉讼最多的国家。美国搞贸易保护主义，逼人民币升值。金融危机使发达国家的市场萎缩，估计最近三五年内，发达国家的市场不可能再出现危机之前较快增长的局面，对我国商品的吸纳能力下降，出口对经济增长的拉动作用将下降。2009年，为了弥补出口大幅度下降对经济增长的影响，我们不得不靠扩大内需。尽管消费增长也比较快，但只靠消费不足以弥补出口下降的影响，只能靠投资的大幅度增长。2009年，投资增长了30%以上，投资总额达22万亿元，是不得已而为之，但是这么高的投资率和投资增速是难以为继的。2009年的投资主要投向一些民生工程、基础设施，这是非常必要的，对将来的经济发展会产生重要影响。但是，如果这种投资增长势头不能得到抑制，再过几年之后，基础设施也有可能出现过剩。

过度依赖出口和投资拉动经济增长，已经再不能持续下去了，这也是党中央在年初开会提出要加快发展方式转变的一个最重要的考虑。

（二）调整收入分配结构

造成居民消费率低的最重要原因在于国民收入分配结构不合理。

其一，城乡居民收入占国民总收入的比重逐步下降。1985年城乡居民收入占国民总收入的比重达到56%。20世纪90年代初期，这个比重也比较高，但是之后逐步下降，2009年下降到42%的历史最低点（见图2）。改革开放30年，城乡居民收入年均增长7%左右，GDP年均增长9.8%，两者差两个多百分点，这是造成城乡居民收入占国民总收入比重下降和居民消费率下降的根本原因。

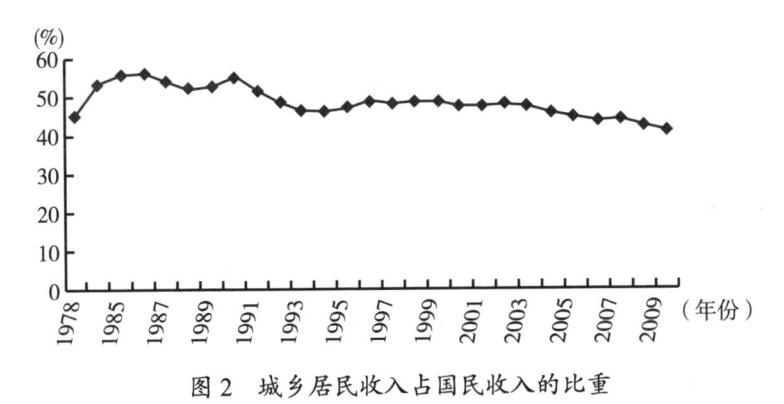

图2 城乡居民收入占国民收入的比重

数据来源：历年《中国统计年鉴》。

其二，收入结构不合理，收入差距不断拉大。个人之间、行业之间、区域之间收入差距不断拉大，特别是城乡居民之间收入差距不断拉大。改革开放初期，城乡居民收入比例是 2∶1，现在扩大到了 3.3∶1。由于农民收入上不去，所以占全国人口大多数的农村消费占全社会消费的比重逐渐下降。改革初期，县及县以下消费品零售总额与城市消费品零售总额基本上是各占一半，2009 年前者下降到 30%，农村 7 亿多人口，消费了不到 1/3 的商品，城市 6 亿人口消费了 2/3 的商品。城市已经饱和的工业消费品，农村居民还是买不起。农村消费市场虽然潜力很大，但是由于城乡居民收入差距拉大，这种潜力还没有挖掘出来，这也是造成居民消费率低的重要原因。

在 2008 年"两会"上，根据十七大的精神，笔者提出一个"双提高"的提案，一个是提高城乡居民收入占国民总收入的比重，第二是提高居民消费率。如果用三到五年的时间，把城乡居民收入占国民总收入的比重由 43% 提高到 53%（比历史上最高的 55% 还低 2 个百分点），把居民消费率由 35% 提高到 50%（比历史上最高的 53% 仍然低 3 个百分点），需求结构就会有一个大的变化，这就意味着老百姓的收入水平和消费水平将会有一个大幅度提高，就会增强消费对经济增长的拉动作用。如果把居民消费率提高到 50%，每年将会有 5 万亿元左右的商品由现在用于投资和出口转变为让广大老百姓消费。现在每年的社会消费品零售总额只有 12 万亿元，若再增加 5 万亿元，老百姓的生活水平将会有一个巨大的变化，而且这完全有可能实现。实现了这个目标，宏观经济效益会大大提高，广大的老百姓就可以从经济发展中更多受益，以人为本的科学发展观就能真正落到实处。20 世纪 70 年代，为了应对需求短缺，日本制定了"国民收入倍增"计划，用十年时间让老百姓的收入翻一番。如果在我国的"十二五"期间能够让城乡居民收入有一个较快的增长，特别是中低收入者和农民的收入有一个较快的增长，消费拉动经济增长这个"发动机"，就可以用更大的马力来驱动经济增长。

调整收入分配结构，当前最重要的是要做好以下几件事。

1. 增加农民收入

增加对农业的财政投入，通过扶持农业发展来增加农民收入。农民增收的最重要途径是减少农民。我国农业劳动力占全社会劳动力的比重为43%，发达国家农业劳动力占比为2%—3%。在全国各省（市、区）中，浙江省农业劳动力比例降低的速度最快，2009年已经降到18.2%，是全国各省（市、区）中第一个把农业劳动力降到20%以下的。苏州、无锡市的农业劳动力也已降到10%以下。农业劳动力占全社会劳动力的比重是衡量一个国家、一个地区经济社会发展水平最直接的指标。全国现在一共有18亿亩耕地，有4.8亿农业劳动力，一个劳动力平均不到4亩地。按照现在的机械化条件，在平原地区进行粮食种植，一个劳动力可以种500—1000亩地。而现在一个家庭平均的经营规模是7亩地，造成了大量的剩余劳动时间，劳动生产率低，这是农村居民收入水平低的一个决定性因素。政府的补贴、以工补农是重要的，但是解决不了劳动生产率低而带来收入水平低的决定性因素。

党的十七届三中全会提出推进农村基本经营制度的两个转变，一个是农户经营要向集约化方向转变，另一个是服务体系要向社会化、专业化方向转变。农户集约化经营能够把大部分劳动力从土地上解放出来，从事养殖业、做生意、到城里打工。农民的打工收入，再加上土地转包的收入，一个家庭一年的收入可以提高到三四万块钱，农村的小康问题就解决了，收入水平与城镇居民就基本拉平了。另外，农业的现代化对大型农业机械有巨大需求，这将拉动农机工业的发展。

2. 打破垄断，缩小行业之间收入差距

我国行业之间收入差距很大，这在发达国家是没有的。在发达国家，行业之间的劳动力和资金可以自由流动，哪个行业资本利润率高，资金就流向哪个行业；哪个行业收入水平高，劳动力就流向哪里。2005年，国务院通过了《关于鼓励支持和引导个体、私营等非公有制经济发展的若干意见》，对鼓励、支持和引导非公有制经济发展提出了36条意见，提出在电力、电信、铁路、民航、石油等行业和领域，进一步引入市场竞争机制，支持非公有资本积极参与城镇供水、供气、供热、公共交通、污水垃圾处理等市政公用事业和基础设施的投资、建设与运营。但是由于各个行业存在着垄断，存在着门槛过高的问题，社会资金进不去。所以，打破行业垄断是缩小行业之间收入差距的一个最重要的举措。

3. 逐步实现公共服务的大体均等

我国公共服务发展落后的原因在于对公共服务的投资比较少。在个人消费品领域，我国基本上已经处于供过于求的状态，但是在公共服务领域，包括教育、医疗、社会保障、城市交通、供水、供电、垃圾处理、污水处理等，整体上是供给不足，供给不足的原因是体制改革滞后。长期以来，这些领域主要是靠政府投资，社会资金进不去，影响了这些行业的发展，造成公共服务领域满足不了广大老百姓的需要。要用消费的观念来发展教育，满足人们受教育的需求。每个人想学什么，社会应当为其提供一个受教育的机会。现在出现大学生毕业以后就业难的问题，但这是一个表象。韩国大学生的毛入学率在50%左右，日本的毛入学率在70%左右，我国大学的毛入学率才为24%。学生受到大学教育以后，素质提高了，全民的素质也提高了。

通过社会体制改革来发展公共服务。美国居民消费中服务消费占70%，商品消费占30%。在中国正好倒过来，中国居民消费中服务消费占30%，商品消费占70%。有人说中国人就是爱吃，美国人就是爱玩，所以美国的服务消费高，中国的商品消费高，这个说得不对。中国居民收入水平高了，自然愿意享受比较好的服务消费，包括教育消费、医疗消费、旅游消费、文化消费。居民服务消费比重低是一个突出问题，解决这个问题就要增加供给，满足对这方面的需要。要增加供给就需要改革。温家宝总理在2010年的政府工作报告中提出，不仅是2010年，而且在任的三年，本届政府重点要发展社会事业，扩大公共服务消费，重点通过扩大教育、医疗、社会保障等方面的消费，满足广大人民提高生活质量的需要。最近，政府对科技体制、社会保障体制改革都已经提出方案，提出了发展规划，2010年教育改革的发展规划得到通过，这对教育事业的发展会产生深远影响。

4. 完善个人所得税制度

通过个人所得税的调节，缩小个人收入差距。实行综合性个人所得税制度，提高个人所得税扣除标准，逐步从以间接税为主向直接税为主转变。随着个人收入水平的提高和税制改革的进行，逐步降低企业税负，增加个人所得税占整个税收的比重，通过改革税制来调节个人收入之间的差距。

（三）把扩大公共服务作为扩大消费的重点

公共服务包括教育、医疗卫生、社会保障、信息、文化、公共交通、电水气供应、环保等。目前，公共服务是突出的薄弱环节，总体上供给不足。发展社会事业、增加公共服务供给是实现科学发展的需要，也是构建和谐社会的需要。通过建立公共财政制度，逐步实现人均公共财政支出的大体均等，实现人均基本公共服务的均等化。短期内很难大幅度缩小个人收入水平差距和个人消费水平的差距，但是可以通过增加公共财政支出，特别是实现公共财政支出的均等化，使每一个中国公民，不管是住在城市还是住在农村，不管是住在沿海还是住在边疆，都可以享受到大体均等的公共服务，在医疗、教育、社会保障等方面都能够享受到大体平等的服务水平。缩小消费差距下一步的重点要放在公共服务方面，这是今后构建和谐社会一个非常重要的目标。

（四）加快城市化进程是扩大内需特别是扩大消费的最大潜力所在

从现在起到2030年的20年内，通过城市化的不断推进来提供投资需求和消费需求，是拉动中国经济增长最大的潜力。根据测算，城市人口每增加1个人，用于其消费的支出要增加5倍左右，另外拉动城市基础设施和公共服务的潜在投资需求是10万元左右。1997—2007年，我国平均每年城市化率提高1.4个百分点，每年增加2000万人口，10年增加了2亿城镇人口。2008年和2009年，由于受金融危机的冲击，城市化的增长速度下降，2009年城市化率只增加了0.9个百分点。今后10年，城市化的增长速度要恢复到1997—2007年的平均水平。如果能够继续保持这个速度，每年有2000万人进入到城市，那么，仅城市基础设施的潜在投资需求每年大约就为20万亿元。现在中国的城市化率是46.6%，到2020年提高到60%，到2030年达到70%，我国工业化、城市化任务大体上就实现了。

中国经济快速增长已保持了30年，日本保持了20年，韩国保持了30年。今后10—20年，中国经济快速增长的态势仍然能够继续保持下去。中国城市化水平还比较低，提高中国的城市化水平将产生巨大的投资和消费需求，足以拉动中国经济在10—20年内以较快的速度增长。

把允许农民工进城落户作为推进城市化的重要途径。当前城市化的一个重要问题，就是怎样把在城市有了稳定收入、稳定工作的农民工变成城市人口，这是一项具有重要意义的工作。要为进城的农民工提供必要的服务，比如说把农民工廉租房纳入到城市保障性住房范围之内，把为农民工服务的托儿所、学校也纳入到城市公共服务范围。

增强中小城市和小城镇综合承载能力。中国的城市化，是以发展大城市为主，还是以中小城市和小城镇扩容为主？大城市就业机会多，但是生活成本高，中小城市和小城镇的生活成本低，但是就业机会少，这个矛盾如何解决？可以通过发展城市群的方式解决这个矛盾，也就是围绕着一个特大型城市，周围分布着中小城市和小城镇，形成一个半小时的生活圈。但是这种城市化的发展模式要吸取法国巴黎搞卫星城镇的教训，不能人为地将收入水平不同的居民分开，而是要让各种收入水平的居民在一起互相融合，形成和谐的社会氛围。城市化问题是一个关系长远的事情，发达国家城市化过程中的经验教训，都是我们今天要总结和吸取的，既要解决好大城市和小城市就业与生活成本的矛盾，也要为社会和谐创造条件。

三 经济增长由主要依靠第二产业带动向依靠第一、第二、第三产业协同带动转变

20世纪90年代中期，国务院就发出文件鼓励第三产业发展。十几年过去了，第三产业的发展始终没有取得突破。现在第三产业增加值占整个GDP的比重只有43%，第三产业从业人员占全社会从业人员的比重只有34%，这两个比重比全世界的平均水平低10个百分点左右，比发达国家低20—30个百分点，即使跟印度比，也低10个百分点。印度人均GDP只有我国的1/2，但是第三产业增加值占GDP比重已经接近50%。发达国家第三产业就业占70%—80%。我国第三产业发展滞后造成第三产业吸纳就业容量大的优势得不到发挥。

第三产业发展慢的原因，一是税收过重。1994年税制改革时，第二产业的税收改成增值税，第三产业征收营业税，造成第三产业税收负担比第二产业重。二是缺乏一个专门为第三产业中的小企业和个体户服务的金

融体系。第三产业主要是小企业和个体户，它们需要的流动资金规模比较小。在中国目前的银行体系里，还没有形成专门提供小额贷款的金融体系。几大国有商业银行提供贷款围绕的都是大企业、大项目。第三产业的小企业和个体户得不到流动资金的贷款支持。三是发展为生产服务的新兴服务业还缺乏经验。第三产业发展滞后严重制约了第一产业和第二产业的发展。

加快第三产业发展的重点。近几年，我国第一、第二、第三产业比例基本为11∶47∶42，美国三次产业的比例为1∶22∶77。从产值来看，我国第一、第二产业的总体规模已接近和超过美国，而第三产业则相差大约9万亿美元，所以我国GDP总量同美国的差距集中体现在第三产业上。加快发展第三产业成为产业结构调整的重要内容。在第三产业中，为生活服务的一般传统服务业并不落后，落后的是为生产服务的新兴服务业，包括技术、会计、审计、咨询、金融、保险、物流、中介服务等。例如物流，发达国家的物流成本占GDP的10%左右，我国接近20%，原因在于专业化、社会化的现代物流体系还没有形成。再例如，技术创新在发达国家已经成为第三产业的一个重要组成部分了，包括技术成果的评估、技术贸易等。在我国，生产性服务大部分仍停留在企业内部。

为了加快第三产业发展，必须制定促进第二、三产业发展的有效政策。"十二五"期间力求第三产业发展取得突破。

四 经济增长由主要依靠增加物质资源消耗向主要依靠科技进步、劳动者素质提高和管理创新转变

（一）企业要成为自主创新主体

十六届三中全会通过的《中共中央关于完善社会主义市场经济体制若

干重大问题的决定》提出确立企业技术进步和科技投入的主体地位。十六届五中全会通过的《中共中央关于制定"十一五"规划的建议》，进一步强调把增强自主创新能力作为实现产业升级的中心环节。十七大报告进一步强调，提高自主创新能力，建设创新型国家，是国家发展战略的核心。党中央对自主创新的重视程度不断提高。自主创新已经引起了全社会的重视，各级政府和企业用于研发的投入不断扩大，科研成果开始增加。但是我国在技术创新方面与发达国家之间的差距还非常大，这种差距从国际专利申请的数量上反映出来。2009 年美国申请了约 5 万项国际专利，中国申请了 8000 项；美国的 GDP 总量达到 14 万亿美元，中国接近 5 万亿美元，大约是美国的 1/3，但是申请国际专利的数量只是美国的约 1/6，这比较客观地衡量了中国的科技创新能力与美国之间的差距。在中国的 8000 项国际专利中，拥有专利的主体分布很不均衡。深圳的华为一家企业就申请了 1600 多项，占第一位；占第二的是深圳的中兴。这两个企业申请的国际专利占全国申请国际专利数量的 27%。

　　国有企业还没有成为创新的主体，主要原因是现在对央企的考核指标主要是考核有形资产的保值增值，没有包括无形资产。随着社会的进步，无形资产越来越重要。要建立一个鼓励发展方式转变和自主创新的体制机制。如果体制机制不变，发展方式转变是很难的，企业也不愿意增加研发投入。要建立一个激励国有企业增加研发投入的机制。华为一年能够申请 1000 多项专利，其实多数央企都有这个条件。如果再培育 30 个像华为这样的公司，那么我国的科技实力就可以有很大的提高。

（二）完善鼓励创新的政策和社会环境

　　要建立以自主创新带动高技术产业发展的政策环境。为什么华为和中兴都出现在深圳？在总结改革开放 30 年经验的时候，我们发现，深圳是大城市中唯——一个走出以自主创新带动产业升级路子的地方。从 20 世纪 90 年代中期开始，深圳就明确提出要实行两个转变：第一，要从以外资企业为主向以内资高技术企业为主的转变；第二，出口要从加工贸易为主向一般贸易为主转变。提出这两个转变以后，市政府政策往这方面倾斜。为了集中力量扶持内资高技术企业发展，深圳市政府办了两个公司，一个是风险投资公司，一个是贷款担保公司，现在深圳成长起来的企业，90% 以上在它们发展的关键阶段都得到过这两个公司的支持。

（三）充分利用国际市场的科技资源

这次经济危机使发达国家的一些企业经营困难，面临倒闭。通过国际并购，把国外经营困难，但又拥有比较好的科技资源的企业并购过来，可以使我国企业的自主创新能力上一个新台阶。

通过引智创新，吸引更多的海外优秀人才。过去请一个海外的高级工程师，年薪要上百万美元。金融危机爆发后，年薪几十万美元就能请到很好的国外工程师。请一些国外工程师，再加上自己的研发人员，组织一个很好的团队共同研发，技术成果百分百是中方的。现在国际市场上的科技资源很多，应当加以利用，不一定关着门自己搞研发。利用国际市场的科技资源来提升自主创新能力是一个很好的选择。

五 加快农业发展方式转变

党的十七届三中全会通过了《中共中央关于推进农村改革发展若干重大问题的决定》，提出要完善农村基本经营制度。这为今后农村改革指明了方向。特别是提出要建立农村六项制度：稳定和完善农村基本经营制度；健全严格规范的农村土地管理制度；完善农业支持保护制度；建立现代农村金融制度；建立促进城乡经济社会发展一体化制度；健全农村民主管理制度。这六项制度是对今后一个时期农村改革任务的一个全面部署。建立和完善这六项制度，有利于推进农村现代化，有利于农村的和谐稳定。

建立城乡一体化的制度，对于加快农村发展是至关重要的。城乡一体化包括如下六个方面：

城乡规划一体化。城市建设和农村建设要城乡统一规划，在一个城市内，哪个地方是居民区，哪个地方是工业区，哪个地方是农田保护区，哪个地方是生态涵养区，哪个地方是商贸区，都要有一个明确的、科学的分工，做好整体规划。通过五年、十年不断的努力，真正构建一个环境优美的城乡建设总体格局。

产业布局一体化。城乡之间产业要互相融合。在我国，农民只管种粮食，加工销售的利润让加工商、零售商赚了，这样农民很难富裕。农民可以在城里边设超市，通过合作社来销售自己的产品。城市可以直接设立一些农业服务公司，例如施肥公司、灌溉公司、收割公司，为农民直接提供社会化服务。

基础设施一体化。城市的道路、供水、供电，包括污水处理、垃圾处理要向农村延伸，农民也能过上现代化的生活。特别是自来水，农民也要能够使用。有了自来水以后，农村居民就可以买洗衣机等家用电器。所以，农村能不能通自来水，也是当前改善农村生活条件很重要的一个方面。

公共服务一体化。教育、医疗、社会保障要向农村延伸。温家宝总理已经提出了明确的任务，包括社会保障体系要实现城乡低水平、全覆盖，然后逐步提高保障水平。

要素市场一体化。促进城乡之间的生产要素自由、双向流动。重庆和成都在这方面做得非常好。特别是成都市，最近10来年，它们坚持不懈地提出要实现城乡一体化发展。在成都，城里人到成都郊区租农民的房子，搞农家乐旅游，农村人用出租房子的收入，到城里来再租几间房子卖农产品，搞一些经营。城乡之间、老百姓之间非常和谐。这种城乡融合、城乡一体化，解决了很多难题。

社会管理一体化。成都市提出实现社会管理一体化，取消城乡之间的户籍界限。成都市不分城市人口、农村人口，都是成都市的人口。它们建立了一套民主管理制度。农村、城市过去是分开设置管理机构，现在统一管理。比如说民政局，这个局的任何机构都是既管城市，又管农村。在行政管理上实现一体化，成都市也做了很多探索。在十七届三中全会精神指引下，他们的探索非常有意义。

六 以开放促进发展方式转变

以开放促改革、促发展，是改革开放 30 年的一个重要经验。当前在金融危机冲击下，扩大开放是促进发展方式转变的一个重要途径。2010 年 9 月份，我国外汇储备已经达到 2.65 万亿美元，另一方面，我国还有大量的、富余的工业生产能力。这两个问题孤立起来看是两个包袱，但是把它们合并在一起看，就成了一个优势，这个优势就是通过资本输出带动商品、劳务输出，把外汇储备利用起来，也把过剩生产能力的作用发挥出来。扩大海外投资，有利于创造出口需求，打破资源瓶颈，提高外汇储备的安全性，推进人民币的国际化，从而实现多重目标。

2009 年，我国出口下降了 16%，今后要恢复到 2008 年的水平，任务还相当艰巨。在当前的条件下，可以通过海外投资来创造出口需求。至少可以从五个方面来实现：一是通过扩大海外能源、资源的投资，带动我国勘探开发设备的出口，同时又能够满足我国对能源、资源的需要。二是通过扩大海外加工贸易，带动我国制造业走出去，带动零部件的出口。三是通过扩大对发展中国家的经济援助，带动我国设备和劳务出口。四是通过增加对机电产品出口的买方信贷，扩大我国机电产品的出口。五是通过扩大人民币双边互换，使那些想购买中国商品但又缺乏支付能力的国家，以人民币购买中国商品，以能源、资源来偿还贷款。

通过扩大海外投资，满足经济发展对资源的需求，如铁矿石、氧化铝、铜、石油、天然气等，建立稳定的海外供给渠道，把外汇的货币储备变成资源储备，既有利于提高外汇储备的安全性，又有利于人民币的国际化。

七 建立促进发展方式转变的体制机制

要建立促进发展方式转变的体制机制，形成一种制度，使企业的经营决策能够自动地向发展方式转变要求的方向进行。

（一）要从制度上发挥市场配置资源的基础性作用

完善全要素市场体系，建立包括商品、资本、人力、土地、自然资源等在内的全要素市场体系。资源价格不仅要反映其开采成本，还要反映它的环境成本和稀缺程度。我国现有资源价格构成中不包括稀缺性这一个因素，造成资源的价格太低。因此要通过资源价格调整来保护资源，发挥资源的效益。

（二）改革财税体制

1994年利改税之后，实行中央与地方分税制，改革是非常成功的。从那之后，中央财政占整个财政收入的比例、财政收入占GDP的比例明显提高。然而，地方的财权与事权还不够匹配，地方的财政收入增长比较慢，所以一些地方政府出现了土地财政，通过土地出让金来弥补地方财政支出不足。沿海一些城市土地出让金相当于当地政府一半财政收入，这种状况是不可持续的，因此要建立一个稳定的地方政府的税源。

（三）改革金融体制

目前我国金融运行总体来讲是健康的，银行资产质量比较好。2009年世界前十名银行，有三家是中国的。中国的银行不良资产率逐步下降。现在的问题是专门为小企业、个体户和农户服务的小额贷款体系短缺。所以改革重点是怎样建立一个为小型、微型经济主体服务的金融体系。美国一共有8000多个银行，其中90%都是区域性的社区银行。社区银行只在一个地区之内吸收存款，发放贷款。这些小银行对当地客户比较熟悉，成为地方经济发展的一个重要支撑。我国现在的金融体系主要是几十家大银行，只有"主动脉"，而缺乏"毛细血管"，金融的"血液"输送不到小型、微型的经济主体里去。所以，要通过改革完善金融服务体系，支持群众性创业活动和技术创新成果的产业化。

（四）改革行政管理体制

能够由市场解决的事情，政府不要干预。政府职能集中到制定制度和政策上，当好裁判员。事业单位的改革要逐步提上日程。事业单位改革比企业改革复杂，因为事业单位有公益性的，也有经营性的，还有半公益半经营性的，需要根据它们的性质、任务核定国家财政支持力度，应使这些单位有发展的积极性。事业单位改革应成为下一步改革的重要任务。

树立并落实创新、协调、绿色、开放、共享的发展理念*

"十三五"规划《纲要》的一个鲜明特色,就是根据党的十八届五中全会《建议》,突出了创新、协调、绿色、开放、共享的发展理念。牢固树立并切实贯彻这五大理念,是关系我国发展全局的一场深刻变革,是到2020年实现全面小康目标的根本保证,对我国经济的长期持续健康发展具有重大深远意义。

一 坚持创新发展,发挥科技创新的引领作用

五中全会《建议》指出:"创新是引领发展的第一动力。必须把创新摆在国家发展全局的核心位置,不断推进理论创新、制度创新、科技创新、文化创新,让创新贯穿党和国家的一切工作,让创新在全社会蔚然成风。"全会对创新的这一论述,把创新的重要性提升到了新的高度,拓展了创新的内涵,并对如何落实创新发展理念提出了总体要求。

理论来源于实践,又高于实践,指导实践。实践永不停息,理论之树常青。对于我们这样一个拥有13亿人口的大国和8000多万党员的大党,

---

* 本文原载《求是》2016年第11期。

要想把社会主义事业不断推向前进，必须有正确理论指导。改革开放 38 年来，我们之所以能取得举世瞩目的成就，首先得益于邓小平理论、"三个代表"重要思想和科学发展观的及时提出和正确指引。同样，我们要把改革开放的伟大事业继续推向前进，也必须在实践中不断总结和创造出新的理论。不仅要在中国特色社会主义理论上不断创新，而且要在改革开放、经济发展、社会进步、党的建设、国家治理、国际合作等各个方面，对实践经验不断做出新的概括，提出新的理论，把感性认识上升到理性认识，不断提高改革发展的自觉性、前瞻性、有效性。

要按照党的十八届三中全会关于全面深化改革的要求，积极进行制度创新。通过制度创新，把实践证明行之有效的改革措施相对固定下来，逐步形成一套符合社会主义市场经济体制要求的比较成熟的制度体系。

提高科技创新能力，建设创新型国家，是实现经济转型升级的根本途径，是推进供给侧结构性改革的核心。政府工作报告对鼓励创业创新做出了具体部署，必须贯彻落实。在改革科技、教育体制中，应当研究美国的经验。美国何以长期保持全球科技领先地位？一是有充分竞争的市场机制。企业不创新，就难以生存下去。大学之间也有激烈竞争。美国的理工科大学是科技创新的源头和基地，是技术专利的重要创造者。评价大学质量的一个重要标准，是看对产业发展的影响度，即在多大程度上带动了相关产业的技术进步。美国硅谷的兴起主要依托斯坦福大学和加州大学伯克利分校，带动了全球电子信息业的发展。二是美国用优厚待遇吸引了全球人才，用优厚的奖学金吸引全球的尖子生前来留学。在硅谷每年新创办的企业中，50% 以上来自亚裔，主要是华人和印度人。三是美国政府不同时期提出有重大带动意义的创新工程，与企业合力攻克，带动了全球科技进步。如政府提出的曼哈顿工程带动了核工业发展，星球大战计划带动了航天航空业发展，信息高速公路工程带动了互联网的发展，正在实施的新能源计划和制造业复兴计划，也将取得突破。四是美国拥有发达的风险投资体系。在科技创新的萌芽阶段、完善阶段以及工程化、产业化阶段，分别有天使投资、种子基金、创业投资基金（VC）、私募股权投资基金（PE）、创业板市场等，为其提供全过程的金融服务。在斯坦福大学旁边，有一个风险投资小镇，集中了一大批风险投资公司，与学校师生经常保持着密切联系。谁有了科技成果甚至只是一个构想，马上有许多风险投资家围上来，帮助分析市场前景，策划如何使创新成果尽快成熟。在斯坦福大学电子工程系，每位老师和学生都有自己的专利和公司。五是军工技术无偿转为民用技术，带动民用高科技产业发展。美国国防部每年有3000亿美元以上的军事科研经费和军工产品订货，接受任务的企业可以无偿将军工技术转为民用技术，军民融合推动尖端技术发展。我们要缩小同美国在科技上的差距，就应当先把他们的做法学过来。

要充分利用我国悠久、丰富的文化资源，大力推进文化创新，繁荣文化产业，为广大群众提供喜闻乐见的精神产品，并逐步走向世界。

《建议》提出发挥科技创新在全面创新中的引领作用。应当体现在科技作为第一生产力，而生产力对生产关系、经济基础对上层建筑又具有决定性作用，从而由科技创新带动经济社会发展，必将对理论创新、制度创新和文化创新产生决定性影响和带动作用。科技创新的思维方式和行为方式及其形成的崇尚创新的社会风尚，对全面创新必将产生重大影响，从而有力地带动创新型国家建设。

二 坚持协调发展，着力加快农村、中西部和社会发展

城乡发展差距不断拉大，是当前我国经济中面临的突出矛盾。中西部地区与东部地区的差距，主要体现在农村发展的差距上。因此，区域差距的本质也是城乡差距。近几年，农民收入的增长速度超过城镇居民收入的

增长速度，这是一大亮点。但是城乡居民收入差距仍在 2.7∶1，尽快提高农民收入，特别是中西部地区农民收入，成为"十三五"时期必须着力解决的问题。

缩小城乡差距，关键在推动城乡一体化改革发展，包括农业现代化、新农村建设和农民工市民化。这是中国当前发展的最大潜力所在。去年 4 月 30 日，习近平同志在中央政治局集体学习时，就城乡一体化问题发表了一个系统的重要讲话。他说："全面建成小康社会，最艰巨、最繁重的任务在农村特别是农村贫困地区。""我们一定要抓紧工作、加大投入，努力在统筹城乡关系上取得重大突破，特别是要在破解城乡二元结构、推进城乡要素平等交换和公共资源均衡配置上取得重大突破，给农村发展注入新的动力，让广大农民平等参与改革发展进程，共同享受改革发展成果。""目标是逐步实现城乡居民基本权益平等化、城乡公共服务均等化、城乡居民收入均衡化、城乡要素配置合理化，以及城乡产业发展融合。"这个讲话为推进城乡一体化改革指明了方向，抓住了实现城乡区域协调发展的关键，应当引起全党高度重视，并全面贯彻落实。

城乡居民基本权益平等化是城乡一体化发展的前提条件。目前城乡居民基本权益不平等集中体现在两个方面：一是财产权不平等。城市的生产资料和消费资料已全部商品化，包括国家、集体和个人所有的土地、厂房、设备、住宅等，都允许在市场上自由流通；而农村的土地、住宅等产权仍不明晰，农户对土地和房产等的法人财产权仍不落实，作为农民最重要的生产和消费资料仍不能实现商品化，因此，农民就不能像城里人一样享受城市化过程中不动产增值的收益。这是城乡居民基本权益上最大的不平等，是城乡居民收入差距拉大的重要原因；二是在户籍制度上不平等。尽管 2.8 亿农民工为城市建设做出了巨大贡献，但是由于农村户口身份，他们享受不到城市户口所附加的各类社会保障和公共服务，绝大部分处于全家分离状态。党的十八届三中全会《决定》提出："赋予农民对承包地占有、使用、收益、流转及承包经营权抵押、担保权能。"提出："保障农户宅基地用益物权，改革农村宅基地制度，选择若干试点，慎重稳妥推进农民住房财产权抵押、担保、转让，探索农民增加财产性收入渠道。"提出："在符合规划和用途管制前提下，允许农村集体经营性建设用地出让、租赁、入股，实现与国有土地同等入市、同权同价。"这三项改革是农村土地制度和住宅制度的重大突破，赋予农村土地和农民住房以商品属性，明确了农户对自己住房的所有权，对承包地和宅基地的法人财产权，为发挥市场对农村土地资源配置的决定性作用，促进土地资源节约集约利用，提供了体制保障，为农民在城乡之间自主选择居住地和户籍，通过转让包括宅基地在内的土地使用权和房产获得财产性收入，打开了一扇大门。如果能在"十三五"期间以农村土地用益物权为抵押，撬动银行贷款和社会投资20万亿元，投入农业现代化、新农村建设和农民工市民化，将在城市资本的堰塞湖上打开一个缺口，产生出瀑布效应。农村面貌必将发生重大变化，城乡收入差距将大幅缩小，由此激发出巨大需求潜力，对稳增长将发挥决定性作用。重庆市正是由于连续7年推进城乡一体化改革，户籍城市化率提高速度在全国各城市中最快，从而激发了增长活力，去年经济增长速度跃居全国第一。

社会发展滞后于经济发展，是结构扭曲的又一表现。主要体现在教育、医疗、社会保障、市政、文化、体育、信息等公共服务满足不了广大人民需要。公共服务供给短缺，原因在于过去主要靠财政投入，财力不足导致发展缓慢。改革投资体制，推行政府与企业合作模式（PPP），使公共服务投资也能获取合理回报，就能把社会投资和银行贷款吸引到公共服务建设上来，对扩内需、稳增长也将发挥重要作用。

三 坚持绿色发展，把环保产业培育成支柱产业

政府工作报告提出："把节能环保产业培育成我国发展的一大支柱产业。"这是实现绿色发展的根本举措。建设美丽中国，为人民提供清洁的空气、干净的水、舒适宜居的环境，是全国人民的殷切期盼，也是历届政府做出的庄严承诺。实现这一目标，关键在建立一个有效的体制机制，能够把社会资金和银行贷款吸引到环境治理上来，使环保产业成为一个新的投资热点和经济增长点。十八届三中全会提出要加快建立生态文明制度，包括资源有偿使用制度、生态补偿制度、谁污染谁付费制度和第三方治理制度等，其核心就是建立公共产品的价值补偿机制，使投资环境治理和环保科技研发能够获得合理回报。同时，要完善污染物排放标准，并建立严格的监督检查制度，使所有企业都处在同一起跑线上，决不让认真执行排放标准的企业吃亏、让弄虚作假偷排的企业获利。其实，环境治理既不缺技术，也不缺资金，缺的就是一个机制。政府工作报告把重点放在建立治理污染的体制机制上，增强了人民对改善环境的信心。用发展环保产业的办法来治理环境，也打消了一部分人在认识上的误区，即认为增加环境治理的投资必然减缓经济增长速度。把环保产业培育为支柱产业，把清洁的空气、干净的水、优美的环境等共享性产品也计算为GDP，是认识上的一个飞跃，必将带来生态环境的迅速改善，战胜雾霾，还我蓝天碧水，定能尽快实现。

四 坚持开放发展，形成更高层次的开放型经济

"十三五"规划提出了发展更高层次的开放型经济的目标，这是适应我国经济已经深度融入世界经济的趋势提出来的，是进一步提高对外开放水平的要求。发展更高层次的开放型经济，首先要搞好内外协调，坚持进出口平衡，引进来与走出去并重，引资和引技引智并举，更好地利用两

个市场、两种资源。要优化出口结构，提高出口商品的附加值和技术含量，逐步实现以出口劳动、资源密集型产品为主向出口技术、资本、知识密集型产品为主转变。扩大服务出口，改变服务贸易逆差的局面。提高一般贸易出口比重。在全球市场疲软的情况下，要通过扩大海外投资，创造出口需求，努力以资本输出带动商品、劳务出口。通过国际并购，利用国外企业的技术资源和国际营销网络，提高国内企业的技术创新能力和国际经营能力；通过购买海外能源资源的勘探开发权，打破未来我国经济发展面临的能源资源瓶颈；通过到海外搞加工贸易，带动国内零部件出口；通过到国外承揽工程，带动国内建筑材料和工程设备出口。针对进口的大宗物资，如石油、铁矿石、大豆、棉花、棕榈油等，通过海外投资，建立稳定的海外生产供应基地和港口、仓储、运输设施。其次，要以"一带一路"建设为统领，扩大同沿线国家的经济合作，开拓对外开放的新局面。第三，扩大金融业双向开放。围绕人民币国际化，扩大人民币作为国际贸易、投资结算工具和储备货币在海外的流通量，扩大人民币与其他国家的双边互换规模。在开放国内金融市场的同时，应鼓励国内商业银行到海外设立分支机构。保持人民币汇率的大体稳定，是其国际化的重要条件。第四，积极参与全球经济治理和公共产品供给，提高在国际经济规则制定中的制度性话语权。加强宏观经济政策的国际协调，为世界经济的稳定做出贡献。

五　坚持共享发展，让全体人民共同迈入小康社会

五中全会《建议》提出了坚持人民主体地位的原则，强调要坚持以人民为中心的发展思想，把增进人民福祉、促进人的全面发展作为发展的出发点和落脚点。经过38年的改革发展，我国人民的生活水平都有了很大提高，但是，不容忽视的是，个人之间的收入差距拉大了，基尼系数处于

较高水平。邓小平同志提出允许一部分人一部分地区先富起来，通过先富帮后富，最终实现共同富裕。现在，已经到了突出地强调共同富裕的时候了。"十三五"时期，应当把扶贫攻坚和共同实现小康作为战略重点。要变输血为造血，着力提高低收入人群的就业能力，以提高他们的收入水平。现在，沿海城市到处都存在招工难。通过职业培训，使每一个劳动人口都能掌握一门劳动技能，鼓励异地就业，是脱贫致富的捷径。对那些缺乏劳动力的困难家庭，则采取社会保障的方式，使他们也能过上体面的生活。这是社会主义制度优越性的体现。

创新、协调、绿色、开放、共享五大发展理念是一个完整、严密的体系。创新发展在发展全局中起到引领作用，协调发展构成发展的平衡机制，绿色发展体现着发展的质量要求，开放发展促进国内外物质、文化和价值的交换，共享发展是推动发展的动力源泉。树立和落实新的五大发展理念，国民经济发展就能在创新的引领下始终保持正确的方向，在平衡机制的作用下避免摇摆和波动，在绿色经济标准要求下更加注重提高生态效益、经济效益和社会效益，在建立更高水平的开放型经济中实现与世界各国经济互通有无、优势互补，通过共享发展成果实现共同富裕，激发全体人民的劳动热情和创新智慧。发展新理念的提出，标志着我们党对中国特色社会主义经济发展规律的认识提高到了新水平。在发展新理念的指引下，我国经济犹如一列全速前进的高速列车，平稳、准时、安全地驶向目的地。

中国有巨大潜力跃升高收入国家[*]

2015年我国人均GDP已达8000美元，跨入人均1.2万美元的高收入国家行列，尚需要迈上一个大台阶。从国际经验来看，这是一个难度较大的台阶，不少国家在这一台阶前徘徊多年也未能跨上去。我国能不能顺利跨越这道门槛，是对中国特色社会主义市场经济体制和中国共产党执政能力的考验。按照党的十八届三中全会《决定》要求，聚焦于三项重大改革，释放三方面的巨大潜力，形成三大经济增长引擎，足以驱动中国经济在2022年左右跃升为高收入国家。

一　推动城乡一体　破除认识误区

分析正反两方面经验，所有进入高收入行列的国家，都是在基本消除城乡发展差距之后；而所有落入中等收入陷阱的国家，城乡差距大成为其显著特征。韩国在40多年工业化过程中，城乡收入比始终保持在1∶0.9左右。其主要原因有两条：一是从上世纪70年代开始，成功实施了新农村建设运动；二是农民通过出让土地分享到了城市化过程中土地增值的财产性收入。我国目前城乡收入比为2.7∶1，城乡二元结构特征明显。这既是

---

[*] 本文原载《参考消息》2016年4月7日。

跨入高收入国家的主要障碍，也是当前经济增长的主要潜力所在。造成城乡发展差距大的主要原因有三：一是城乡居民财产权和户籍权益不平等，制约着农民收入水平的提高。城镇居民的房地产已经商品化，但农民的房地产仍然非商品化，使农民分享不到城市化过程中不动产增值的收益，这是导致城乡居民收入差距拉大的重要原因。农民工尽管为其所在城市做出了重大贡献，但其农村户籍使其分享不到附加在城市户籍上的各种公共服务。二是城乡市场之间存在的政策壁垒，严重阻碍了生产要素的双向自由流动和农业劳动生产率的提高。农村的劳动力、资金、土地等可以源源不断流入城市，而城市的资本、人才、技术流不进农村。三是政府公共服务和基础设施投资的重点在城市，城市越建越漂亮，与农村形成巨大反差。

党的十八届三中全会《决定》对农村承包地、宅基地、集体经营性建设用地管理体制有了重大突破，允许其用益物权抵押、担保、转让。粗略计算，仅承包地的经营权转让，每年可获得转让费一万多亿元；宅基地的总价值达50多万亿元。若以这三块地为质押，在"十三五"期间撬动银行贷款和社会资金20万亿元，投入农业现代化、新农村建设和农民工市民化，在城市资本堰塞湖上炸开一道缺口，必将产生瀑布效应。耕地经营权的流转有助于发展集约化、现代化农业，对农业机械等农用生产资料提出更多需求，并能吸引高素质劳动力从事农业经营，从而大幅度提高农业劳动生产率，使农民真正成为一个体面的职业。新农村建设将改变农村生活条件和生态环境，使农村变得比城市更宜居、更漂亮，并将对建材、家电、汽车等提供新的巨大市场。农民工市民化将使2亿多农民工和留守农村的6000万儿童、4300万妇女、4000万老人共4亿人实现全家团圆梦，并对城市建设和服务业发展带来巨大需求。必须认真落实习近平总书记提出的逐步实现"城乡居民基本权益平等化、城乡公共服务均等化、城乡居民收入均衡化、城乡要素配置合理化"的要求，推进城乡一体化改革发展，使农村面貌有一个大的变化，城乡居民收入差距迅速缩小，从而为2020年全面建成小康社会提供强大支撑。

推进城乡一体化改革，关键是要破除一些认识误区。农村土地实行所有权与用益物权分离，允许用益物权抵押、担保、转让，不是对土地公有制的否定，而是对土地集体所有制实现方式的完善。通过所有权与用益物权分离，土地成为可交换、整合的生产要素，才能实现与市场经济对接，发挥市场对土地资源配置的决定性作用。当然，土地流转有一个用途管制问题，农业用地转为非农业用地，必须依法合规。国务院今年2月印发的关于推进新型城镇化的若干意见，提出要"全面实现城市建设用地增加与农村建设用地减少相挂钩的政策"，是对三中全会精神的具体落实。实际上，农村土地制度的改革，也是借鉴了国有资产管理体制改革的经验。党的十四届三中全会提出赋予国有企业对其所占有的国有资产以法人财产权，从而使全民所有制经济与市场经济实现了有效对接。十八届三中全会又进一步提出对国有资产要从管资产为主向管资本为主转变，使全民所有制经济与市场经济的融合更加紧密。长期以来，农村土地非商品化，已经严重制约了农村经济与市场经济的融合，阻碍了农村生产力发展。三中全会指明了农村土地制度改革的方向，需要不折不扣地落实。

重庆市去年地区生产总值同比增长11%，在全国各省（区市）中名列第一。重庆以西部山区的困难条件，何以领跑全国？主要就是连续七年实行城乡一体化改革，释放出巨大的增长潜力。近几年，重庆的户籍人口城市化率提高速度在全国所有城市中是最高的。通过建立全市统一的地票市场，使退出宅基地的农民分享到重庆市区的级差地租，获得一笔可观的财产性收入。通过市场机制和政府支持，等于送给每一个进城落户的农民10万元"安家费"和5件"新衣服"，包括享受市民的医疗、养老、住房保障，子女入学入托政策和城市居民所有的公共服务。重庆的经验如能在全国推广，必将为整个国民经济注入巨大活力，成为跨越"中等收入陷阱"的根本举措。

二 完善投资体制 增加公共产品

目前，我国生产资料和个人消费资料几乎全部处于产能过剩状态，唯有公共产品包括公共服务供给不足，包括环境、交通、市政、教育、医疗、养老、信息、文化等，远远满足不了广大居民的需要。公共产品供给不足的原因，是长期以来主要依靠财政投资。财力不足导致发展滞后，农村的发展更落后于城市。解决这一问题，必须加快投资体制改革，推行政府与企业合作模式，通过政策设计，使投资公共产品能够获得合理回报，并通过公开招标，挑选有资质的企业承担建设、经营任务。在具体方式上，可以有多种选择，包括"建设—经营—转让"（BOT）、"建设—转让"（BT）等。采用这种模式，解决城市交通拥堵、停车难、看病难、入托难、进敬老院难以及垃圾、污水处理等问题，就是一件容易做到的事情。此外，抓紧建设覆盖全国的高铁网、城市群内部和市区郊区之间的轨道交通网，建设覆盖城乡的新一代互联网，将为未来发展奠定基础。如何把节能环保产业打造为一大支柱产业，是今年政府工作报告提出的重大任务。这就要改变认为治理环境会延缓经济发展的传统观念，把环境治理培育为新的投资热点和经济增长点。为此，要真正落实三中全会提出的"谁污染、谁付费，推行第三方治理制度。"政府要制定统一的污染物排放标准，并严格监督执行，使所有企业处于同一起跑线上，改变治理污染的企业吃亏、弄虚作假的企业赚钱的状态。应当看到，目前治理各种污染物的技术和装备都是成熟的，大部分立足国内即可解决，只要肯付出一定的成本，认真地而不是敷衍了事地去做，战胜雾霾、还我蓝天的目标完全能够早日实现。通过上述供给侧体制改革，激发投资活力，优化投资结构，不仅体现以人为本的发展目的,对近期稳增长和长期持续发展,进而跨越"中等收入陷阱",都将发挥至关重要作用。

推行PPP模式,必须有多个部门协调配合。优选建设项目,是规划和行业主管部门的职责,财政需要提供引导资金支持,银行信贷资金应当跟进,只有相互配合,才能达到事半功倍的效果。否则,单靠哪一个部门,都是难以完成的。选择投资主体,对国有企业、民营企业应一视同仁,平等竞争。鼓励各类所有制企业组建股份制的项目公司,建立强有力的领导指挥机构,承担投资风险。要坚持过去行之有效的项目业主负责制、招标投标制、施工监理制等,确保工程质量。要加强对PPP项目从建设、经营到资金偿还的全过程管理,避免出现违约和债务风险。

三 借鉴美国经验 狠抓科技创新

跨越"中等收入陷阱",必须实现产业结构从以劳动密集型、资源密集型为主向以资本密集型、技术密集型、知识密集型为主的转变。这就必须加大技术研发投入,以具有自主知识产权的技术提升产业结构和产品结构。依靠外资公司带来的技术,是不可能跨入高收入国家行列的。因为,谁掌握了技术,谁就掌握了利润的分配权。要实现民富国强,除了提高技术研发能力和国际竞争能力,没有别的出路。

从国际比较来看,美国之所以长期居于全球科技领先地位,有许多成功经验。2015年,美国申请国际专利5.7万项,比上年减少6.7%;中国申请3万项,比上年增加16.8%。美国的申请量是中国的1.9倍。而在2011年,美国国际专利申请量为中国的6倍。中国同美国在国际专利申请量方面的差距正在迅速缩小。在国内发明专利申请量方面,2006年以来我国已连续超过美国,居全球首位。要想在科技创新能力上赶上和超过美国,至少应当在以下五个方面向美国学习:一是美国有充分竞争的市场。

企业不创新，就意味着很快会倒闭。所以，美国的企业都把创新作为生存之道。美国大学之间也有激烈竞争。好的大学才能吸引到优质生源，教师的薪酬才能高一些。美国考核大学办得好坏，主要看对相关产业发展的影响度，即一个学院或一个系在多大程度上带动了相关产业的技术进步。美国的硅谷主要是依托斯坦福大学和加州大学伯克利分校发展起来的。这两个学校的理工科专业，所有的老师和学生都搞科研，都有自己的专利甚至企业。大学是科技进步的策源地，是创造技术专利的基地，教师站在科技进步的最前沿，培养出的学生也是创新型的。二是美国政府在不同时期提出一些重大科技工程，政府与企业合作攻克，带动了世界技术进步。如政府提出的曼哈顿工程，带动了核电工业发展；星球大战计划带动了航天航空业发展；信息高速公路工程带动了互联网的发展；最近提出的新能源和再工业化计划，正在取得进展。三是完善的风险投资体系。包括天使投资、种子基金、创业投资基金、私募股权投资基金、纳斯达克市场等。在斯坦福大学旁边，有一个风险投资小镇，集中了一大批风险投资公司。学校的老师学生有一个创新构想，马上就会有一批风险投资家围上来，帮助分析深化研究的路径、技术工程化和产业化的前景，并提供资金支持。许多创新可能失败了，但少数成功的创新所带来的收益远远弥补了失败的损失。四是吸引全球人才。美国通过提供优厚的报酬和良好的研究条件，吸引了全球创新人才。在硅谷每年新创办的企业中，有一半左右是由亚裔主要是华人、印度人创办的。美国的大学用优厚的奖学金吸引全球的尖子生来留学，毕业后挑选优秀者留下工作。我们提出要"择天下英才而用之"，美国实际上早就是这么做的。五是军民融合的工业体系。美国国防部每年有3000亿美元以上的军事科研课题和军品订货，接受课题研究和订货的企业，除了满足军方需求外，其技术成果可以无偿转为民用，带动了民用高科技产业发展。我们在科技创新上正处于追赶美国的过程中，认真研究借鉴美国的经验，虚心当好学生，是非常必要的。

要继续强化企业作为创新主体的作用。令人高兴的是，在全球企业按国际专利申请量排名中，华为、中兴连续几年居于前三位。在进入前10名的企业中，中国企业已占一半左右。应鼓励企业把更多的利润用于研发投入，特别是要发挥国有企业在自主创新中的骨干和带动作用。对一些高度依赖进口的高科技产品，如芯片、发动机、碳纤维等，应组织产业集群，实施协同攻关，成果共享。

科技成果转化率低，是当前我国的一个突出问题。其原因是一些技术成果不够成熟；对技术成果工程化、产业化的重视程度不够，投入不足；有一些职务发明，由于技术转让收入的大部分要上缴财政，技术发明者对转化的积极性不高。应当针对这些问题，采取有效措施，从多方面努力，加快研发成果向现实生产力转化。

改革教育体制，创办高水平、创新型大学，培养大批创新型人才，是提高自主创新能力、实施创新驱动发展战略的基础工程。改革30多年来，我们通过改革科技体制，努力使企业成为创新主体，解决了长期存在的科技与经济两张皮问题。然而科技与教育两张皮的问题尚未破题，主要表现在大学的创新能力薄弱，对产业技术进步的影响力微乎其微，大学每年提交的专利申请量在全球大学中几乎可以忽略不计；具有创新能力的师资极度缺乏，教材内容陈旧，向学生大量灌输早已过时的落后技术和知识；大学之间和学校内部缺乏竞争机制，近亲繁殖，培养不出拔尖人才和领军人才；学校与风险投资体系、企业之间缺乏紧密联系机制，人才培养结构与市场需求脱节。

改革教育体制，首先应建立大学之间和大学内部的竞争机制。建立大学质量的第三方评估制度和大学教授的聘任制。鼓励社会办学、中外合作办学。美国加州理工学院已连续5年在全球理工科大学排名中居第一位，是帮助我国选拔和培养了钱学森这样杰出人才的学校。其重要经验之一，就是本校毕业的本科生不得报考本校研究生，研究生毕业不得留校任教，以避免近亲繁殖。这个机制值得借鉴。第二，以优厚待遇从全球选拔具有创新能力的师资。斯坦福大学和加州理工学院对教师的选拔都极为严格，只有在全球同行评议中被公认为前几名的学者才予以聘任，宁缺毋滥。这项制度如果全面推行有困难，可先在部分学校实行，逐步扩大范围。第三，建立大学与风险投资的对接机制。完善从天使投资到创业板市场的风险投资体系，实施创新全过程的跟踪服务。鼓励大学的教师、学生创造专利等科技成果，并以自己的成果创办高新技术公司。第五，从基础教育到大学教育都要把填鸭式、应试型教育改变为启发式、创新型教育，培养学生树立改变世界的雄心壮志和创新思维方式。扩大职业教育比例，重视对学生动手能力的技能培训。赋予大学在学科选择、教师选拔、教学内容、培养方式等方面的自主权。

宏观调控篇

对我国市场经济宏观调控体系的探讨[*]

一 分散型与协调型市场经济宏观调控

迄今为止，西方各主要市场经济国家根据本国的情况，实行侧重有所不同的宏观调控体系，形成了不同的市场经济模式。大体说来，可以分为分散型市场经济和协调型市场经济两类。

所谓分散型市场经济，以美国、英国为代表，主要特征是：(1)国家不制订统一的经济发展计划，只制订以经常项目为主的财政预算计划；(2)国家不制定产业政策，但在不同时期对某些行业实行保护性关税政策；(3)企业资金的来源以直接融资为主，以间接融资为辅。

所谓协调型市场经济，以德国、日本、韩国为代表，其主要特征是：(1)国家制订统一的经济发展计划（包括中长期计划、年度计划和专项计划）；(2)国家根据不同时期经济发展的任务，制定产业政策，并在财政、金融政策上给予扶持；(3)企业资金的来源以间接融资为主，以直接融资为辅。

显然，两种经济模式的最大区别在于政府干预经济的程度有所不同。

---

[*] 本文原载《中国工业经济研究》1993年第9期。

尽管目前经济学家对两种模式的优劣仍有争议，但有一个事实却是不可否认的，这就是从一个较长的时期来考察，协调型市场经济能够为本国经济的发展创造一个更为有利的宏观环境，从而使经济发展得更快一些。这从1992年美国大选中公众对政府的指责，以及克林顿上台后加强政府对经济的干预，可以得到证明。

在协调型市场经济国家，计划、财政、金融三大调控杠杆在宏观调控中所起的作用也是不同的。

在德国，金融调控居于中心地位，中央银行独立于政府，全权负责货币发行和市场物价的稳定。独立运行的银行体系，是原联邦德国经济管理体制的最大特点。正是由于这种体制，才使原联邦德国从20世纪50年代后期以来始终保持了物价的稳定，为德国经济在较长的时期内保持稳定增长提供了环境条件。

日本的宏观调控实际上是以财政为中心，特别是在20世纪六七十年代高速增长时期，政府用财政手段集中了大批建设资金，包括被称作特别会计的财政预算资金、国债基金、邮政储蓄和保险基金等，用于政策性投资贷款，并通过政府的窗口指导、引导商业银行的贷款，从而支持了产业政策的实施和国民经济发展计划的实现。日本在短时期内迅速实现重化工业化，出口大幅度增长，靠的是财政投资、融资的支持。可以说，财政投资、融资是日本宏观管理的最成功之处，是日本从50年代以来实现经济高速增长的重要原因之一。

韩国的宏观调控则是以计划为中心。韩国从60年代初期成立的经济企划院，负有制订计划、政策协调、编制预算和维护市场四大职能。企划院是一个超级部，是政府主导下的市场经济体制的中枢。把财政预算支出计划和经济发展计划统一起来，用预算计划和信贷计划支撑经济发展计划，是韩国宏观经济管理体制上的一大特点。1962年韩国还是一个落后的农业国，人均国民生产总值只有 87 美元，目前已达到近 7000 美元，成为新兴的工业化国家，钢铁、汽车、造船、石化、电子等主要工业产品产量已进入世界前 10 名。韩国从 1962 年编制第一个五年计划，迄今已完成 6 个五年计划，国民经济发展基本上是按照计划的路子走过来的。

虽然德国、日本和韩国的宏观经济管理体制各有不同，但实践证明都是成功的。这是因为他们的体制符合本国的经济和技术发展水平、企业的国际竞争能力、文化和社会背景，同时适应了不同时期经济发展主要任务的要求。尽管目前日本和韩国的宏观经济体制同高速增长时期已经有了很大不同，但他们的历史经验以及其他新兴工业化国家和地区的经验都证明，后发展国家要实施赶超战略，在较短的时间内走完发达国家用二三百年走过的道路，必须发挥政府的主导作用，依靠国家的力量来弥补市场调节的不足，把资源集中配置到经济效益最好的地方。如果没有政府强有力的宏观调控，依靠市场的自发调节，则工业的发展必然要走一条漫长的道路，即先是大量低水平的重复建设，然后再通过竞争不断提高生产的技术水平和集中度。如此，后发展的优势就不可能得以发挥。

二 我国宏观调控的主要任务

我国现阶段生产力发展水平比较低，处于二元结构状态。经济发展面临着工业化和现代化的双重任务。为了在 21 世纪中叶使人均国民生产总值达到中等发达国家的水平，必须实行赶超战略。建立社会主义市场经济体制，将能使蕴藏的巨大经济潜力释放出来。与此同时，必须建立起宏观经济调控体系。宏观调控的任务主要应当是：

1. 保持经济总量的平衡。总需求和总供给的平衡是各种经济关系中最基本的平衡。只有保持经济总量的大体平衡，才能保持物价的稳定，实现经济的稳定增长。保持经济总量的平衡，需要从需求和供给两个方面进行调节。需求的调节主要是合理控制投资和消费的增长速度。当前遇到的突出问题是，过去依靠下达投资规模计划的行政手段已经失效，而新的投资风险约束机制尚未建立起来，以间接手段为主的投资调控体系不能有效地发挥作用。1993年以来投资膨胀的局面已经出现，由此引起投资价格急剧上涨，并由于对进口的依赖增强，引起人民币市场汇率下跌。这种状况如果不能马上改变，将有引发通货膨胀的危险。问题的根源在于金融体制改革滞后，货币价格双轨制，造成大量货币在银行系统体外循环。各级地方政府和企业利用集资，发行股票、债券，由银行系统向非银行金融机构拆借资金，挪用流动资金贷款等，绕过信贷计划规模，扩大固定资产投资。经济形势的发展，充分说明了加强金融调控、抑制总需求膨胀的必要性。

2. 优化产业结构和地区生产力布局。在市场经济下，市场机制对资源配置将起到基础性作用。但市场的作用并不是万能的。许多国家的经验证明，政府在调整产业结构和地区生产力布局方面，应当发挥重要作用。所以，宏观调控的一个重要职能，就是运用各种经济杠杆引导资金的流向，使之符合经济发展战略和结构调整的要求。政府的调控作用与市场机制的作用并行不悖，而且是市场调节的补充。在结构调整中，当前面临的主要任务有三：一是如何把资金吸引到基础设施和基础产业建设上来，尽快克服交通、通讯和能源的瓶颈制约；二是如何克服投资规模结构不合理的状况，真正做到按经济规模的要求组织建设；三是如何解决大批资金由内地流向沿海，加剧地区经济发展不平衡的问题。显然，这些问题单靠市场不可能解决，需要有政府强有力的调控。

3. 培育具有国际竞争能力的企业集团。当代工业生产的发展，具有国际化、集中化、社会化的特点，大型跨国企业集团在生产、科研、贸易中具有非常重要的地位。国际化即一种产品的生产可以按照比较效益的原则，把零部件的生产分散在全球各地。集中化即一些行业的生产越来越向少数企业集中。越是大型企业，技术开发和竞争能力越强。社会化即生产的分工越来越细，一个企业在市场上的产品占有率越来越高。在这种情况下，只有使我国的工业生产融入世界生产体系，才能从中学到生产技术和管理经验。而没有大型企业集团，就很难同外国跨国公司对接。国外的大型企业集团是在长期的竞争中逐渐形成的。我国应当积极培育企业集团的成长，力争在较短的时间内，造就一批在国际上颇有名气的、具有较强的竞争能力的企业集团。

4. 在国际交流中保护国家和企业的利益。随着对外开放的不断扩大，我国企业同国外的交往越来越多。在对外贸易和交流中，政府要代表本国的利益，运用法规、关税等手段，调整各种关系，同外国政府进行谈判。特别是恢复我国关贸总协定缔约国地位，要求我们按照国际惯例改革现有的外贸体制，这就意味着我国企业将直接面临着国际竞争。在这种情况下，更需要政府根据结构调整和升级的需要，灵活地运用关税政策，调节进出口结构，保护国内幼稚产业，扩大出口。

三　我国宏观调控中计划、财政、金融的协调配合

建立一个高效灵活的宏观经济调控体系，是现代市场经济能够健康运行的前提条件。运用调控手段的各个部门，应当互相密切配合，同时在权限上互相制衡。其中，最重要的是计划、财政、金融手段之间的协调和配合。

计划是宏观调控的基本依据。国民经济和社会发展计划应当既包括发展目标、发展重点、战略方针，又包括实现发展目标的保证手段，即各种经济调控杠杆的运用。通过计划把各种经济政策公之于众，对微观经济活动可以起到引导作用。市场经济的计划同计划经济的计划有着根本的

不同：它不再是指令性计划和以实物指标为主的计划，而是指导性、预测性、政策性计划；对少数关系国家经济命脉和国计民生的产品，实行国家订货的办法；国家计划以中长期计划为主；年度计划着眼于财政、信贷、外汇的平衡和经济结构的调整；对一些市场供求波动较大的产品，在年度计划中将对其生产、建设和国内外市场需求情况进行预测。

财政是宏观调控的重要手段。目前，由于财政收入占国民收入的比重和中央财政收入占整个财政收入的比重都偏低，国家财政主要是维持经常项目支出，用于建设的财力很小，几乎成了"吃饭"财政。因此，财政在宏观调控中的重要作用并没有很好显示出来。今后，随着财政税收体制的改革，实行复式预算制度，国家用于建设的财政资金将逐步增加。同时，通过发行国家财政建设债券，筹集用于经济建设的国债基金，财政在调整国民经济结构中的作用将会越来越重要。

金融调控的作用随着改革的不断深化，已经越来越重要了。目前在企业的全部资金供应中，来自银行的比重已达 80% 以上。无论是对经济总量的控制，还是对经济结构的调整，金融调控已经具有至关重要的影响。在以金融调控为中心的市场经济国家，一般都有一个权力相当大的货币调控委员会，全权负责货币发行的控制，以保持经济的稳定。在我国，建立一个在政府内部独立行使职能的中央银行和国家货币调控委员会，是非常必要的。同时，为了加强对银行的监督，应当建立相应的监督机构，如银行监督局。在银行系统内，应当建立风险约束机制，逐步实现货币价格由双轨制向单轨制的并轨，加强中央银行对商业银行和各类非银行金融机构的监督。为了使国家基础设施和基础产业的重点建设项目有一个稳定的资金来源，参照许多国家的经验，应当把政策性金融同商业性金融分开，设立国家长期开发银行。同时，根据我国以公有制为主体的特点，应当建立专门经营国有资本金投资的国家投资公司，负责国有资金的保值增值，并使之与国家长期开发银行相配合，成为国家政策性投融资体系。

计划、财政、银行的协调配合，一般应通过年度计划的制定和执行来实现。在年初编制下一年度的计划时，应根据经济发展任务，经过反复协商讨论，提出财政、金融等调控政策，形成计划草案，报国务院审批，经全国人大批准后实施。

在计划的执行过程中，经常会遇到一些突发性问题，需要随时进行调控。究竟应采取哪些措施，调控的力度以多大为好，必须由各综合部门协商提出调控方案，由国务院进行决策。有关经济杠杆的协调运用和部门间的矛盾，一般应当由各综合部门自行协商解决。为此，应建立计划、经贸、财政、金融部门之间经常性的协调会议制度和组织制度。

四　建立宏观调控要转变政府职能

市场经济之所以具有动力和活力，关键在于它能通过物质利益和市场竞争，使每一个生产经营者都充分发挥主动性和创造性，都能根据市场需求和效益原则来选择自己的经营方向和经营方式，各生产要素能根据价格的高低，集中到最需要也是效益最好的地方。

宏观调控必须有利于这种主动性和选择性的发挥，必须有利于市场机制的正常运行。政府对市场的调控，是在遵从价值规律的基础上的行为，绝不能变成对市场的干扰。越过了这个界限，就会适得其反。长期以来，我们的计划和调控似乎是专门同价值规律作对，以致阻碍了生产力的发展。市场经济下的宏观调控与计划经济下的宏观调控相比，已经发生了根本的变化。

企业是市场的主体。经济发展的活力来自于企业的主动性和选择性。目前还有一些本来应当属于国有企业的权力，仍然掌握在政府部门手中，妨碍了国有企业经营机制的转换。所以政府部门应当继续转变职能，真正做到把宏观经济管住管好，把微观经济放开放活。国有企业只有摆脱了对政府的依赖，才能真正做到独立经营、自负盈亏。用市场经济国家普遍实行的有限责任公司制度来改造现有国有企业，可以使国家不再承担对企业的无限连带责任，有利于政企分开，并使政府对国有资产所有权的管理同宏观调控的职能分开，既有助于落实国有企业的经营自主权，又有助于政府集中精力搞好宏观调控。

维护市场秩序，保护合理竞争，也是宏观调控的重要职能之一。发达市场经济国家都有完善的反垄断法和反不正当竞争法，成为有序的规范的市场经济。我们在这方面还刚刚起步，出现一些混乱现象或违法行为，是难以避免的，但应引起高度重视，要学习国外的经验，加快经济立法，努力使经济运行和宏观调控都建立在法制的轨道上。

确保今年 8% 增长速度存在的问题和建议 *

分析今年支撑经济增长的三大因素，国内消费需求将保持平稳增长，预计全年社会消费品零售总额增长 10% 左右，消费需求在经济增长 8% 中约占 3 个百分点。固定资产投资及出口对经济增长的推动作用，还存在不确定因素。

从固定资产投资来看。为确保今年 8% 的增长速度，《中共中央、国务院转发〈国家计划委员会关于应对东南亚金融危机，保持国民经济持续快速健康发展的意见〉的通知》明确扩大内需，加快基础设施建设，在原固定资产投资规模上增加 2050 亿元。在落实过程中，各方面反映，存在

---

* 1997 年 7 月以后，从泰铢大幅度贬值开始，东南亚一些国家和地区货币币值相继狂跌，美国、中国香港股市跌破历史纪录。为了应对亚洲金融危机对国内经济的冲击，1998 年 4 月郑新立撰写了《确保今年 8% 增长速度存在的问题和建议》，提出通过发行国债扩大内需的建议。报告经时任国家计划委员会主任曾培炎上报国务院，朱镕基总理 1998 年 4 月 18 日批示："请岚清、邦国、家宝、吴仪同志阅。"国务院副总理吴邦国 4 月 23 日批示："是否可启动一些城市建设项目，如低压电网的改造，市内交通（有条件、有需要的城市的轨道交通）、城市环保等项目，当然不能一哄而起，要视需要与可能，以上意见供酌。"国务院副总理李岚清 4 月 27 日批示："赞成邦国同志的建议。"国务院副总理温家宝 4 月 22 日圈阅。国务委员吴仪 4 月 20 日批示："外贸出口还要千方百计实现 10% 的增长率。"4 月，国务院决定增发 1000 亿元 10 年期建设债券，在实际执行中按 1250 亿元掌握，同时银行配套贷款 1000 亿元，集中用于交通通信、农田水利、城市基础设施和环保、城乡电网改造、经济适用住宅等领域建设。国债连续发行了 5 年。这项政策有力地扭转了通货紧缩趋势，支持了当期经济增长，并为之后 10 年经济的高速增长奠定了坚实基础，成功地把亚洲金融危机的挑战变成了发展机遇。

以下问题。一是商业银行"惜贷"、"惧贷"的情况比较普遍，特别是对农田水利、生态建设以及资本金率低的项目，银行明确表示不愿承贷。为落实新增投资，国家计委已向银行推荐 1400 亿元的项目贷款，希望落实 980 亿元贷款，目前银行只承诺 175 亿元，待评估 361 亿元，共 536 亿元，尚有 444 亿元没有承贷。如果承贷评估进度不能跟上，将影响今年完成的投资额。二是原确定的 27850 亿元固定资产投资调控目标中，有外商直接投资 400 亿美元，但据外经贸部预计，全年外商直接投资只能达到 350 亿美元，比计划减少 50 亿美元，这意味着将有 400 亿元的外商直接投资需要通过增加国内投资来弥补。三是技改完成任务的难度比较大。去年计划 4300 亿元，实际只完成 3870 亿元。今年原计划 4700 亿元。在新增的 2050 亿元投资中，又增加技改投资 200 亿元，全年技改任务达到 4900 亿元。由于市场约束增强、企业自有资金不足、缺乏技术储备，选择有市场、有效益的项目难度较大。一些银行对技改投资实行"还旧贷新"、"以新还旧"的办法，使更新改造贷款难以足额到位。

从出口来看，由于受东南亚金融危机的影响，增长的势头减弱。按外经贸部提出的目标，今年全年出口、进口均增长 10%，出口额 2010 亿美元，进口额 1566 亿美元，顺差 444 亿美元，比去年增加 40 亿美元，净出口可以拉动经济增长 0.3—0.4 个百分点，这是比较乐观的估计。

在这种情况下，全年总投资在经济增长 8% 中要拉动 4.7 个百分点，固定资产投资达到 29800 亿元，增长 17.8% 左右。这样，使固定资产投资新增 2050 亿元，就能基本保证 8% 的增长目标。但是从 3 月份华东、天津交易会等出口订货以及近期调查的情况看，全年实现出口增长 10% 的难度较大，出口增长按 5%，进口增长仍按 10%，外贸顺差 320 亿美元，比上年减少 83 亿美元，净出口对今年经济增长的作用将转为 –0.7 个百分点左右，与顺差 444 亿美元的情况相比较，有 1 到 1.1 个百分点需要由境内投资来弥补，总投资要拉动经济增长5.7个百分点，固定资产投资要达到30800亿元，增长21.8%左右。因此，需要在已经增加2050亿元的基础上，再增加1000亿元固定资产投资。①

综上所述，如果其他因素不考虑，仅外商直接投资和净出口的减少，全年国内投资需要再增加1400亿元，才能确保8%的增长目标，如果1400亿元投资加不上去，将影响今年经济增长速度1.5个百分点左右，全年的增长速度可能只有6.5%。

为使今年8%的增长速度建立在稳妥、可靠的基础上，我们建议，再启动一批地方的基础设施建设项目，可选择若干地方财力比较好、有条件的城市，新开一批供水、供热、供电、污水处理、轨道交通等工程。有的项目地方都已做了大量的准备工作，不少已报批过，加快建设的条件比较成熟。还可选择一批中小型农田水利、生态建设项目。

为满足增加投资对资金的需要，允许地方以后的财力适当提前使用，由地方国投发行债券250亿元，今后由预算内和非预算内资金来归还。建议增发国债250亿元，期限可为8到10年，发行对象可增加机构投资者的比例。目前我国国债余额占国内生产总值的比重只有4.93%，远远低于发达国家40%—50%的水平；国债规模占居民储蓄存款的比重只有6.73%，同国外相比也处于较低水平。增发国债还有相当大的空间。此外，已确定增拨的50亿元中央财政资金，应尽快到位。

---

① 1998年4月，国务院决定增发1000亿元十年期长期建设债券，在实际执行中按1250亿元掌握，同时银行配套贷款1000亿元，集中用于交通通信、农田水利、城市基础设施和环保、城乡电网改造、经济适用住宅等领域的建设。这项政策对扭转通货紧缩的趋势、扩大内需、保持经济平稳较快发展起了重要作用，同时形成了一批优良资产，增强了经济发展后劲。

"软着陆"成功后的新形势和新任务[*]

1993年来,以抑制通货膨胀为主要任务的宏观调控取得了成功,国民经济呈现出"高增长、低通胀"的良好态势,同时,速度和就业等新的问题突出出来。正确认识新形势下的新任务,及时采取有效对策,是把目前经济发展的良好势头长期保持下去的重要保证。

一 能不能保持8%以上的增长速度,已成为国内外各方面关注的焦点

1992年,在邓小平南方重要讲话和党的十四大精神鼓舞下,全国掀起了改革开放和现代化建设热潮,当年,国内生产总值的增长速度达到14.2%。1993年下半年,针对经济生活中出现的"乱集资、乱拆借、乱设金融机构和房地产热、开发区热",党中央、国务院果断决策,实行适度从紧的财政、货币政策,整顿金融秩序。当年,经济增长速度降为13.5%。此后的4年,为了抑制严重的通货膨胀,合理控制了全社会固定资产投资规模,经济增长速度分别为12.6%、10.5%、9.7%和8.8%,平均每年下降1个百分点左右。与此同时,物价涨幅逐年大幅度下降,全国商品零售价

---

[*] 本文原载《学习研究参考》1998年第5期。

格上涨幅度已由 1994 年最高时的 21.4% 降为 1997 年的 0.8%。1998 年 1 月份，物价总水平与上年同期相比，已降为 −1.5%。至此，"软着陆"已经完全实现。从保持宏观经济运行良好态势的要求看，比较理想的状态是，经济增长速度下降的趋势应当停止，并把这种适度快速的增长速度长期保持下去。然而，由于连续 5 年经济增长速度的下降，已经形成了一种巨大的惯性。1998 年如果再降低 1 个百分点，经济增长速度将会跌到 8% 以下。要制止经济增长速度的下降，保持快速增长，必须及时果断地从需求上加以调节，保持需求对经济增长的必要的拉动力。

保持经济的持续快速增长是推进改革开放和保持经济社会稳定的需要。1998 年要加大国有企业改革的力度，国有企业的改革和改组应当在增量调节的力度比较大、需求比较旺盛、生产任务比较饱满的情况下进行，要在经济的快速增长中实现。同时，只有保持快速增长，才能缓解就业的压力。近几年的经验表明，大体上国内生产总值每增长 1 个百分点，可以新提供 80 多万个就业岗位。而每年新增城镇劳动力就有 700 多万人。经济增长速度达到 9%，才能满足新增城镇劳动力就业的需要。经济增长速度低于 8%，就业矛盾就会非常突出。从国际上看，由于受亚洲金融风暴的影响，各国的经济增长速度普遍放慢，中国经济保持快速增长，是对世界经济的重大贡献，有助于提高我国的国际地位。

实现经济的快速增长，也是有可能的。第一，我国的储蓄率比较高，改革开放以来，平均达到 40%，可以支持 33% 以上的投资率；第二，我国市场需求比较大，目前人均国内生产总值仅 700 多美元，处于低收入国家的行列，通过收入分配的调节，可以保持旺盛的消费需求，拉动经济增长；第三，我国的能源、原材料供给都比较宽裕，生产能力大量富余，同时，资源节约的潜力很大，可以支撑经济的快速增长；第四，改革开放 20 年来，我国经济虽几经波折，仍保持了年均 9.8% 的增长速度，这表明了我们具备这样的潜在增长能力；第五，从国外看，日本经济高速增长持续了20年，韩国持续了29年，与他们相比，我们国家大、基础差，各地经济发展不平衡，有着更大的增长空间，高速增长持续的时间会更久。

目前，不仅全国人民对1998年的经济增长十分关注，而且全世界都在注视着中国。有人预言，中国最终将难以躲过这次金融危机的冲击，经济增长速度会慢下来，人民币也将会贬值。这种言论在一部分人中颇有市场，影响了他们对中国经济前途的信心，在对华投资上采取观望态度。把经济增长速度保持在8%以上，可以用事实来驳斥这种言论，增强对外商投资的吸引力。1998年是党的十五大召开后的第一年，是实现"九五"计划承前启后的关键一年，也是九届人大产生的新的政府领导班子上任后的第一年，保持良好的发展势头，不仅具有重大的经济意义，而且具有重要的政治意义。

二 扩大内需，培育新的增长点，是保持经济快速增长的关键之举

社会主义市场经济和传统计划经济的一个重大区别，就是在计划经济条件下，经济增长主要受供给制约。而随着我国买方市场的出现和改革的深化，市场机制对经济活动的调节已经起着主要的决定性作用。因此，宏观经济管理应当由计划经济下以供给管理为主向需求管理为主转变，以适应发展社会主义市场经济的要求。

所谓需求管理，主要是对拉动经济增长的最终消费、总投资和净出口三大因素的管理。要通过各种宏观政策的调节，使总需求保持必要的均衡增长，从而对经济增长保持一定的拉动力。总需求增长过快，短时期内经济增长速度上去了，但必然导致通货膨胀，引起经济的大起大落；需求增长过慢，对经济增长的拉动力偏小，经济增长速度则减慢，使经济中蕴藏

的潜在增长能力不能发挥。

据统计，在拉动经济增长的三大因素中，1991—1997年，最终消费的拉动作用占54.5%，总投资的作用占40.7%，净出口的作用占5.2%，消费和投资对经济增长起着主要作用。

1998年，东南亚、东亚金融危机给我国经济增长带来了一些不利影响。由于周边国家和地区货币贬值，我国产品出口面临着严峻形势，1998年出口的增长预计将低于1997年，出口对经济增长的拉动作用将明显减弱。1997年，净出口403亿美元，比上年增长2.3倍，在GDP的增长率8.8%中，有2.87个百分点即32.6%是靠出口拉动的。1998年预计净出口比上年减少155亿美元，相应净出口对经济增长的拉动变为–1.21个百分点。与1997年相比，仅出口因素对经济增长的拉动作用就减少4个百分点，这需要靠扩大消费和投资需求来弥补。

消费是生产的最终目的，是推动经济发展的原动力。只有保持消费的持续增长，才能为经济的增长提供持久的动力。"八五"以来，有三年消费对经济增长的贡献率超过60%，二年超过50%。1993年，由于投资的超常增长，当年固定资产投资比上年增长61.8%，投资对经济增长的贡献率达到62.1%，才使消费需求对经济增长的贡献率降低到49%。1997年，消费需求对经济增长的贡献率陡跌为34.4%，这不能不引起我们的高度重视。分析消费需求对经济增长的作用大幅度减小的原因，可能有以下几个：一是消费方式在相当程度上还停在福利型、供给型、集团型的消费模式上，一些应该纳入个人消费领域的商品还没有进入个人消费，一些产品的消费政策还不利于扩大消费的要求，阻碍着生产、消费的良性循环，如城镇住宅等；二是城乡居民的收入水平和消费水平差距较大，城市已经饱和的消费品在农村市场缺乏接替吸纳能力，在中西部地区的广大农村，这个问题尤为突出；三是城镇失业、下岗人员增多，居民宁可把钱存入银行以备不测,而不愿意消费,部分低收入者需要商品而又缺乏购买能力;四是产品结构不适应市场需求的变化和多层次的消费需求,有些产品中间环节收费过多,导致售价过高,超过了群众的购买能力;五是消费领域比较狭窄,有些新的消费如卫生、文化、旅游、服务等还没有发展起来。现在积压商品和闲置的生产能力不断增加,据有关部门统计,全国库存男衬衫达 30 多亿件,皮鞋 40 多亿双,摩托车上千万辆,原有的生产能力不能很好发挥作用,新的生产线仍在纷纷上马。全国现有积压商品房 7000 多万平方米,钢材、水泥生产能力过剩,施工队伍闲置。对这些商品,广大人民群众并不是不需要,也不是完全没有购买能力,关键是生产与需求脱节,消费政策和分配政策不适应经济发展的要求。

马克思和恩格斯在分析资本主义的矛盾时指出,生产社会化和生产资料私人占有的矛盾是资本主义社会的基本矛盾,这个矛盾反映在生产和流通领域,是生产能力的无限扩张与广大劳动群众有支付能力的社会需求之间的矛盾,并必然导致周期性的经济危机。而社会主义市场经济与资本主义经济的一个重要区别就在于,我们的政权是掌握在广大劳动人民手中,政府代表着广大劳动群众的利益,生产的目的是为了满足人民不断提高的物质文化生活需要。因此,我们完全能够通过实行合理的国民收入分配政策,使人民的收入水平即支付能力与生产力发展水平相适应,引导生产结构与市场需求相适应,从而从根本上克服生产发展与人民群众有支付能力的需求之间的矛盾,避免产生生产过剩的危机。特别是目前我国的人均收入水平和消费水平都比较低,消费的潜在需求很大。如果我们能够通过消费和收入政策的调整,使消费需求保持合理的增长,就能为经济的持续增长提供强大的拉动力量,为经济的持续快速健康发展创造必要的条件。

扩大消费领域,提高消费水平,要在继续满足人民吃、穿、用消费水平提高的同时,把重点放在满足人民改善住和行的条件上。如果说,改革以来，我们主要通过满足人民吃、穿、用的需要，使农业和轻纺工业保持了长期的快速增长，从而支撑了整个国民经济的增长速度，那么，未来20年，以满足人民住、行需求为目标的城镇住宅业、交通运输业以及相关产业，将会获得快速发展的机遇，成为新的经济增长点。与吃、穿、用的商品相比，住和行的商品及服务将由千元级上升到万元级，在居民消费结构中的比重将逐步超过并将远远超过吃、穿、用的比重，对经济增长的拉动作用更大、更持久。在人均国民生产总值已经超过万元的发达国家，与改善住、行条件相关的产业仍然是带动经济发展的重要产业，有的国家甚至将50%以上的投资都用于住宅和基础设施建设。与扩大住、行消费相配套，在流通领域需要推行分期付款、抵押贷款等新的销售方式。当广大居民为改善住、行条件而努力工作时，不仅可以使经济增长获得巨大的动力，而且也有利于社会的安定。

考虑到1998年出口增幅的下降，消费需求不可能出现突破性进展，依靠扩大投资规模拉动经济增长，对1998年的经济形势将具有决定性意义。根据测算，在1998年计划经济增长8%中，将有6个左右的百分点需要靠投资拉动，投资对经济增长的贡献度应在60%以上。舍此，将难以扭转经济增长速度继续下滑的趋势。扩大投资的重点是铁路、公路、通信、环保、中小型农田水利、城镇住宅和城市基础设施、技术改造和高新技术产业化。

目前正是建设铁路、公路的黄金时期。因为，消费正在转型，居民储蓄率高，青壮年劳动力占整个人口的比重大。应当抓住机遇，在人口老龄化时期到来之前，加大投资力度，建成发达的综合运输体系。要加快城镇道路、供水、供电、供热、供气等基础设施建设，改变目前城镇交通拥挤、污染严重的状况。要重点发展中小城市和农村的小城镇，使中小城镇成为带动地方经济发展的科技、教育、商业、交通、信息中心，带动农村经济的发展。

三 在优化结构、转变增长方式的基础上，实现经济的快速增长

加快经济的发展，绝不是要回到过去那种高投入、低产出，高消耗、低效益的老路上去，要走集约化的道路，依靠技术进步，降低能源、原材料消耗，提高产品的加工深度和技术含量。在继续发展劳动密集型产业的同时，大力发展技术和资金密集型产业，实现产业升级。在东南亚、东亚金融危机中，有的国家受的冲击比较大，损失惨重，有的国家和地区能够抵御金融风险的冲击，关键在于产业的技术水平和产业结构。我国目前正处于产业升级的关键时期，劳动密集型产品在国内市场已经饱和，出口由于遭到外国的市场保护而不可能有大的增长，国内技术装备市场的2/3左右已被进口产品所占领。加快技术、资金密集型产业的发展，关系着我国工业发展的前途和命运。1997年，我国机电产品进出口第一次实现了平衡，出口达到600亿美元，取代纺织品成为第一大出口商品。但是与发达国家相比，我们的差距是显而易见的。美国出口产品中，80%是高新技术产品，日本出口的95%、德国出口的85%是高新技术产品。我国一年进口乙烯达400多万吨，乙烯下游产品包括合成纤维约173万吨，共花费外汇60多亿美元。每年进口汽车及其零部件达94亿美元。要追赶发达国家的水平，必须加大对机电工业的扶持力度，通过出口和顶替进口，实现机械工业、汽车工业、石油化学工业等支柱产业的振兴。

要加快高新技术产业化的进程。当代国际市场的竞争，归根结底是技术的竞争。谁掌握了高新技术，谁就能占领经济发展的制高点，掌握市场的主动权，在竞争中居于优势。美国依靠对高技术的大量投入，从而保持了在科技领域的领先地位，带动了经济的增长，维持了霸主地位。日本也明确提出要把推进创造性的科学技术作为21世纪行政的核心和行政改革的重点，制定了产业界、学术界和政府三位一体共同研究计划。欧盟各国也在加大科技研究的投入。我国要实现党的十五大提出跨世纪的奋斗目标，

完成国民经济发展第二步和第三步战略部署，必须在高技术的研究上，加大投入的力度。要发挥社会主义制度能够集中力量办大事的优越性，确定有限目标，集中人力、物力、财力进行攻关。特别是在大规模集成电路、核电、航空航天、生物工程、新材料、高速铁路设备等领域，应当集中力量加强科研的投入，加快发展，从而带动我国国民经济的现代化。

四 完善投融资体制，把居民储蓄引导到投资重点上来

扩大内需，增加固定资产投资，资金来源应主要立足于国内。目前，我国国内银行居民储蓄存款已达4万多亿元，由于直接融资比重较低，投资风险主要集中在银行贷款上。1997年，我国全社会固定资产投资完成25301亿元，比上年增长10.1%，扣除价格因素实际增长约9%，是"八五"以来增长最少的一年。投资增长慢的原因，除了宏观控制较紧外，企业和银行都强化了风险约束机制，也起了重要作用。从改革投融资体制的角度来看，这是一种好现象，说明长期以来存在的投资饥渴症已经有了一定的改变。1998年，将加快金融体制改革的步伐，银行对固定资产投资贷款将独立进行项目评审，自主决策。企业在加快改革之后，强化了投资的风险责任，对借用银行贷款进行投资将采取更加谨慎的态度。所以，今年通过深化企业和金融体制改革，企业和银行的行为方式将发生重要变化，很可能会出现由于找不到好的投资项目而贷款用不出去，投资规模难以较快增加。这将使宏观上希望增加投资的调控目标有落空的危险。

解决这一问题，需要采取新的办法。主要是通过增加投融资渠道，扩大企业和投资项目直接融资的比重。国外大量采用的发行项目建设债券，设立产业投资基金和各类基金会等方式，应当加以利用。运用BOT和转让经营权等方式，筹集建设资金，加快基础设施、基础工业的建设，也应当加快试点和推广。推行这些新的投资融资方式，可以降低商业银行贷款

风险的压力，开辟新的投资资金来源渠道，强化投资人的风险责任，有助于减少投资决策的失误，提高投资效益。

要积极扶持中小企业和乡镇企业的发展。国外经验表明，中小企业在吸纳劳动力就业、推动技术进步等方面具有重要作用。即使在美、日等大企业占据绝对优势的国家，中小企业仍然吸纳了70%以上的劳动力就业，所创造的产值和科研成果占全部企业产值和科研成果的一半以上。我国正处在加速工业化、现代化的时期，就业压力大，更应当重视保护和扶持中小企业的发展。对中小企业的贷款需求应尽可能予以满足。应当像美国和日本那样，设立专门的中小企业基金，通过财政和政策性贷款，支持中小企业发展。

要进一步扩大利用外资。在亚洲金融风暴中，我国经济保持了快速增长，人民币汇率稳定，这向世界展示了中国经济良好的发展前景和稳定的投资环境。我们要抓住这个机遇，加大吸引外商投资的工作力度，重点吸引跨国公司来华进行技术和资金密集型项目的投资，必要时应当让出一部分国内市场。稳步扩大利用外资的领域。吸引外资更多地投向中西部地区资源开发和基础设施建设。

中国宏观经济管理体制的改革[*]

一 宏观经济管理体制改革的基本方向

（一）打破高度集中的管理体制，实行简政放权

实行高度集中的管理体制，是传统经济体制的一个重要特征。这种管理模式的形成，主要的理论根据就是我国已经建立起了生产资料的公有制，因而政府作为社会经济的管理中心，就可以按照社会需要来直接分配社会劳动，实现社会产品供给与需求的平衡。出于这种考虑，我们把整个社会当作一个大工厂，计划统一下达，产品统购统销，资金统收统支，人员统包统配。我们以为，只要这样做，就能克服资本主义生产的社会化与生产资料私人占有的矛盾，克服生产能力无限扩张与人民群众有支付能力的有限需求之间的矛盾，避免周期性经济危机，实现经济的长期稳定发展。

在新中国成立初期，这种高度集中的管理体制，对于集中力量建设一批工业交通项目，奠定工业化的基础，发挥了重要作用。在第一个五年计划时期，虽然国力非常薄弱，我们能够同时展开 156 项重大工程，主要得

---

[*] 本文原载《中国经济转轨二十年》（外文出版社 1999 年版）。

益于高度集中的管理体制。20世纪60年代我国原子弹、氢弹和卫星研制成功，改革开放前30年经济建设的巨大成就，特别是重工业的迅速发展，应当说，都是由于在高度集中的管理体制下发挥了社会主义能集中力量办大事的优越性。

但是，随着经济规模的扩大和生产力的发展，这种高度集中的体制越来越暴露种种弊端，主要是地方的经济管理权限过小；企业几乎成了"算盘珠子"，政府拨拨动动，严重限制了地方和企业积极性的发挥。同时，随着社会需求的多样化及其不断变化，要求生产结构进行不断的调整才能满足需要。而这种经常变化的多样化的需求，是根本无法准确预测和精确计算的。因而根本不可能把数量庞大、瞬息变化的社会生产纳入一个统一的计划。如果硬要去做实际上办不到的事情，结果必然是出力不讨好。"计划赶不上变化"，成为一种常见的现象。它导致了产品品种单调，技术进步缓慢，产业结构扭曲，加之受政治因素的影响，使国民经济不断出现大的波动，经济发展没有达到预想的目标。实践证明，这种高度集权的管理体制，已经阻碍了生产力的发展。

1978年召开的党的十一届三中全会，恢复了我们党的唯物主义思想路线，深刻分析了经济体制的弊端，明确提出："实现四个现代化，要求大幅度提高社会生产力，也就必然要求多方面地改变同生产力发展不相适应的生产关系和上层建筑，改变一切不适应的管理方法、活动方法和思想方法，因而是一场深刻的革命。"全会指出了改革的方向、原则和主要任务。自此，我国宏观管理体制的改革展开了认识和实践互相推进并不断取得突破的伟大历程。在简政放权方面，主要进行了以下改革。

1. 给农民生产经营自主权

改革首先从农村开始。由于农村人多地少，基本上仍是手工劳动，农作物产量很大程度上取决于农民的生产积极性。因此，农村经济体制改革首先是改变土地经营权和生产计划过度集中的状况。废除了人民公社体制，改变了公社、大队、小队三级所有，生产小队为基础的经营管理体制，实行土地家庭联产承包责任制，农民分户经营与集体统一经营相结合。将农业生产经营的权限下放到农户。1979 年前，国家对 25 种主要农产品产量下达指令性计划，并对这 25 种产品的播种面积、总产量计划下达分地区的计划数字。到 1985 年，农业生产指令性计划基本取消，主要农产品产量分别实行指导性计划和市场调节。到目前，国家主要通过按保护价敞开收购粮食的政策，来鼓励农民种粮的积极性，引导农民调整种粮结构。经营自主权的下放，极大地调动了农民的生产积极性。1978—1984 年，全国粮食总产量由 3.048 亿吨增加到 4.073 亿吨，年均增长 4.95%；人均粮食占有量由 318.7 公斤增加到 395.5 公斤，年均增长 3.66%，一举解决了吃饭问题。到 1996 年，全国粮食产量达到 5.045 亿吨，人均粮食占有量达到 414.4 公斤，做到了丰年有余。

2. 扩大企业自主权

1984 年，党的十二届三中全会做出《关于经济体制改革的决定》，改革从农村走向城市。以扩大国有企业经营自主权为中心，在宏观经济领域进行了计划、物资、劳动工资、金融、商贸、物价、财税等多方面的改革。这些改革，在改变旧体制管理权限过分集中的状况方面迈出了重要步伐。1978 年国务院颁布了《关于扩大国营工业企业经营管理自主权的若干规定》，之后又颁布实施了《全民所有制工业企业法》，1992 年又颁发《全民所有制工业企业转换经营机制条例》，企业经营自主权逐步扩大并得到不同程度落实。这些自主权包括：生产经营决策权，产品、劳务定价权，产品销售权，物资采购权，进出口权，投资决策权，留有资金支配权，资产处置权，工资、奖金分配权，内部机构设置权，拒绝摊派权。落实企业的这些权限，使企业朝着自主经营、自负盈亏、自担风险、自我发展的方向逐步前进，增强了企业活力。与此同时，政府机关把本来就应该属于企业的权限下放之后，又为转变政府管理职能提供了条件。

3. 把能够通过市场解决的事情交给市场

在传统体制下，政府包揽了许多应该由市场调节的事务。如商品价格，应该通过市场竞争形成，这样才能发挥价格作为市场需求信号和竞争手段的功能，发挥市场配置资源的基础性作用。改革以前，绝大多数商品价格由政府决定。在社会商品零售总额、生产资料销售收入总额和农副产品收购总额中，政府定价的比重分别占97%、100%和92%。目前，由市场形成价格的机制基本形成。在社会商品零售总额中，市场调节价所占比重已达92.5%；在生产资料销售收入总额中市场调节价占82.1%；在农副产品收购总额中市场调节价占79%。一些可以由市场中介机构办理的事务，交给了市场中介机构。

4. 扩大地方经济管理权限

中国人口众多，地域辽阔，一个省的人口、面积往往同欧洲一个国家差不多。为了充分发挥地方政府在组织经济建设方面的作用，更好地利用各地的条件，在全国统一计划和政策的指导下，发展优势和特色经济，是改革的一个重要内容。改革前，地方政府经济管理权限比较小。随着改革的推进，地方政府管理经济的权限逐步扩大。

在生产、投资、流通、价格、外贸、外汇、劳动工资、科技、社会发展等方面，许多属于中央的管理权限，陆续下放到地方。在固定资产投资项目审批上，对内资项目，按投资规模划分，大中型项目由国家计委审批，小型项目由部门和地方审批。按资金限额划分，国家计委审批的项目限额，1985年以前为1000万元以上，1985年提高到3000万元以上，1987年对能源、交通、原材料工业项目审批限额提高到5000万元以上。随着改革开放的需要，国家还陆续放宽了一些沿海开放地区的投资审批权限。国务院1985年决定，广东、福建两省基建项目，2亿元以下的一般大中型项目，凡建设条件不需要国家解决的，由省自行审批。1988年决定，海南省总投资2亿元以下的建设项目，凡建设、生产、产品销售、外汇等条件能够自行平衡，并有偿还能力的，均由省自行审批；凡出口产品70%以上，不涉及国家配额的出口型项目，不限规模，都由省自行审批。1992年决定，上海浦东的非生产型项目，总投资在限额以上的，项目建议书经国家计委或国务院批准后，项目可行性研究报告和开工报告由上海市自行审批，报国家计委备案。对总投资2亿元以下的生产性大中型项目，符合国家产业政策，同时不需要解决有关条件的，项目建议书由国家计委审批后，可行性研究报告和开工报告由上海市自行审批。

适应对外开放的需要，国家对一些地区相继采取特殊政策。国务院1985年规定，广东、福建利用外资兴建的非生产性项目，不论规模大小，均由省自行审批。两省利用自筹外汇和留存外汇安排的、投资额在1000万美元以下的技术引进项目，由省自行审批。从1988年起，天津、上海、广东、福建、北京、辽宁、河北、山东、江苏、浙江、广西及经济特区的中外合资、合作经营企业，凡符合国家产业政策、建设和生产经营条件及外汇收支不需要国家解决，产品出口不涉及配额、投资总额在3000万美元以下的生产性项目，由上述地区自行审批。海南省开发能源、交通、通讯等基础设施和旅游设施的外商投资项目，建设和生产经营条件不需国家解决的，不限规模，均由省自行审批。其他外商投资项目和自借自还的国外贷款项目，投资额在3000万美元以下，建设和生产经营条件自行解决而不涉及国家配额的，也由省自行审批。内地省、自治区、计划单列市及经济特区的同类项目，投资总额在1000万美元以下的，由各地自行审批。

由于中心城市在经济发展中的特殊地位和作用，国家先后对14个中心城市或沿海开放城市实行计划单列。从1983年2月至1989年2月，国务院陆续批准重庆、武汉、沈阳、大连、哈尔滨、广州、西安、青岛、宁波、厦门、深圳、南京、成都、长春等城市在国家计划中实行单列，并赋予计划单列市省级经济管理权限，其经济和社会发展计划直接报国家计委，在全国计划中单列。为了进一步合理划分中央、省、自治区与市、县，直辖市与区、县的职责权限，理顺上下关系，1993年7月，中央决定，除重庆、深圳、大连、青岛、宁波、厦门仍保留计划单列市外，其余省会城市不再实行计划单列，但要继续实行沿海开放城市的优惠政策。

为了调动地方各级政府理财的积极性，打破财政预算管理上高度集中、管得过死、统收统支的僵化体制，从1980年起，国家先后对地方财政实行了"划分收支、分级包干"和"划分税种、核定收支、分级包干"以及各种形式的财政包干制。在少数民族地区和经济不发达地区、沿海部分开放地区以及计划单列市实行了特殊的预算管理体制。建立和完善了乡（镇）财政预算管理体制。

1985年3月，国务院又颁发了《关于实行"划分税种、核定收支、分级包干"财政管理体制的规定》，以划分税种作为划分各级财政收入的依据，开始改变过去按企业、事业的隶属关系划分收入的做法，为探索实行彻底的分税制迈出了有意义的一步。

1988年7月，国务院颁发了《关于地方实行财政包干办法的决定》，对37个地区分别实行不同形式的包干办法、包括收入递增包干办法、总额分成办法、总额分成加增长分成办法、上解额递增包干办法、定额上解办法、定额补助办法等。这些不同办法，考虑了各地的不同情况，有利于解决苦乐不均的问题。包干基数和分成办法一定几年不变，有利于扩大地方自主权，调动地方增收节支的积极性。但这项改革在收入上不是按科学设计的税种，而主要按企业的行政属性关系；对支出的划分不是按"因素法"，而是按"基数法"，增长部分基本上向地方财政倾斜，随着经济发展,将使中央财政的比例下降。

上述改革对打破财政高度集中的体制、扩大地方财力,调动地方积极性虽有积极作用,但存在的问题日益暴露。一是财政体制很不规范,不能体现公平和效益的原则。二是包干财政体制,容易助长地区封锁和保护,不利于全国统一市场的形成。三是财政与税收不配套,有些地方政府越权减免税收,使国家财政收入流失严重。四是这种体制难以扭转财政收入占全国国民生产总值的比重和中央财政收入占全国财政收入比重的下降,国家宏观调控的财力基础难免被削弱。这些问题只有通过实行分税制才能得到较好解决。

实行分税制的主要目标是:建立中央与地方规范的分配关系,从制度上保证各级政府的财权与事权的统一,实现责权利有机结合,消除政府间财力分配的随意性;逐步提高财政收入占国民生产总值的比重,适当提高中央财政收入比重,增强中央宏观调控的实力。

分税制的实施大体包括以下五个步骤。

1. 在明确中央和地方事权的基础上,划分各级政府财政的支出。中央财政支出的项目主要包括:中央统管的基本建设投资,中央直属企业的技术改造和新产品试制费,地质勘探费等。由中央财政安排的支出,主要包括:国防费、武警经费、外交和援外支出、中央级行政管理费,以及应由中央负担的国内外债务的还本付息支出、公检法支出和文化、教育、卫生、科学等各项事业费支出。地方财政支出和项目主要包括:地方统筹的基本建设投资,地方企业的技术改造和新产品试制费,支农支出,城市维护和建设经费,地方文化、教育、卫生等各项事业费和行政管理费,公检法支出,部分武警经费,民兵事业费,价格补贴支出以及其他支出。

2. 在各级政府的事权和财政支出范围确定的基础上,根据财权与事权一致、收入与支出一致的原则,划分中央与地方的收入。

中央固定收入包括：关税，海关代征消费税和增值税，消费税，中央企业所得税，非银行金融企业所得税，铁道、银行总行、保险总公司等部门集中缴纳的收入（包括营业税、所得税、利润和城市维护建设税），中央企业上缴利润等。外贸企业出口退税，除现在地方已经负担的20%部分外，以后发生的出口退税全部由地方财政负担。

地方固定收入包括：营业税（不含银行总行、铁道、保险总公司的营业税）、地方企业所得税（不含上述非银行金融企业所得税）、地方企业上缴利润、个人所得税、城镇土地使用税、固定资产投资方向调节税、耕地占有税、契税、遗产和赠予税、土地增值税、国有土地有偿使用收入等。

中央财政与地方财政共享收入包括：增值税、资源税、证券交易税。增值税中央分享75%，地方分享25%。资源税按不同的资源品种划分。海洋石油资源税作为中央收入，其他资源税作为地方收入。证券交易税，中央、地方各分享50%。

3. 合理确定地方财政收支基数。1994年财税体制改革将1993年作为财税体制测算的基期年，保留地方1993年既得财力。

4. 科学核定地方上解和补助地方的数额。在中央财政集中大部分收入的基础上，实行中央对地方的返还或转移支付制度。

5. 与分税制相适应，分设中央税务机构和地方税务机构。中央税种和共享税种由中央税务机构负责征收，其中的共享收入按比例返还给地方；地方税种由地方税务机构征收。

从分税制改革实施的情况看，取得了预期的效果。国家财政收入连续较大幅度增长，中央财政收入的比重开始提高。随着行政管理体制改革的进展，中央与地方的事权范围进一步明确，各级政府间的财政分配关系逐步规范，为建立稳定的中央与地方的关系，在中央的集中统一领导下充分发挥地方的积极性，将奠定可靠的基础。

(二) 打破企业的"大锅饭",形成竞争机制

企业吃国家的"大锅饭",是旧体制的一个主要特征。打破这一体制,在企业之间形成竞争机制,从物质利益上调动企业从事生产经营和技术开发的积极性,是宏观管理体制改革的一个突破口。

进行这项改革,难度较大的是人们的传统观念和习惯势力。因为,几十年来,企业已经习惯于一切由政府安排。企业生产什么,生产多少,听命于国家计划;生产的产品由国家调拨,利润上缴国家,所需资金向政府申请,人员由政府分配。企业管理仅仅局限于生产过程的管理。久而久之,企业成了"笼中之虎",丧失了竞争能力以致生存能力。企业不知道如何适应市场需求,缺乏产品开发和技术开发能力,经营管理落后,富余人员过多。面对"三资"企业、乡镇企业的竞争,显得非常被动,以致国外有的经济学家在评价中国国营企业的管理体制时,认为中国没有真正意义的企业。与此同时,各级政府为管理企业设置了许多部门,包揽了企业的经营业务,不仅捆死了企业,而且也不可能把主要精力用于研究解决宏观经济领域和公共事业发展方面的大事,形成政府职能与企业职能的错位。

为了打破企业的"大锅饭",逐步把企业推向市场,1979年,国务院颁发了《国家企业实行利润留成的规定》,允许企业用留成的利润建立生产发展基金、职工福利基金和职工奖励基金。1981年,开始实行多种形式的利润留成和盈亏包干办法,将企业生产经营的好坏与企业和职工的利益挂起钩来,使企业和职工从物质利益上关心企业的经营成果,打开了"大锅饭"体制的一个小小的缺口。

为了稳定国家与企业的利润分配关系,克服利润上交制度存在的多种弊端,开始探索把所得税引入利润分配的路子。1983年,国务院批转财政部《关于国营企业利改税试行办法》,从6月份开始全面开征所得税。凡

有盈利的国营大中型企业，按55%的税率缴纳所得税。税后利润一部分上缴国家，一部分留给企业。这就是第一步利改税。

1984年9月，进行了第二步利改税改革。改革的内容，除了将原来的工商税按照纳税对象划分为一些新的税种以外，对盈利的大中型企业按55%的固定比例缴纳所得税，对盈利的国营企业按新的八级超额累进税率计算缴纳所得税；按企业不同情况分别核定调节税税率；同时，盈利企业在征收所得税后，一般由企业自负盈亏，国家不再拨款；适当放宽小型企业标准；继续规定税前还贷和提取"两金"。第二步利改税使企业自有财力大大增加，活力增强，提高了自我发展的能力，稳定了国家财政收入。但由于所得税税率过高，税后又设置了一厂一率的调节税，出现了"鞭打快牛"的情况，而税前还贷和提取"两金"的规定，使国家和企业的关系又复杂化。

在实行利改税的同时，对一些企业和部门继续实行盈亏包干的分配形式，包括上缴利润递增包干、投入产出包干，对亏损企业和微利企业实行盈亏包干，对民航和邮电部门实行利润分成，对石化公司实行投入产出总承包，对冶金部实行投入产出包干责任制，对有色金属总公司实行产量包干等。

在1994年实行的财税体制改革中，取消了调节税、"两金"和多种承包办法，统一了内资企业所得税，实行33%的比例税率，对部分盈利水平较低的企业，在一段时间增设27%和18%两档照顾税率。这次改革，为规范企业与国家的关系，彻底打破国家对企业的"大锅饭"，建立企业之间平等竞争的机制，迈出了重大的一步。

（三）建立和完善宏观调控体系

改革宏观经济管理体制，需要把破和立结合起来，实行先破后立，先立后破，或破与立同时进行。如果说前述简政放权和打破"大锅饭"是对传统经济体制的"破"的话，那么，建立和完善新型的适应社会主义市场经济要求的宏观调控体系，就是非常必要的了。

1. 市场经济需要宏观调控

1992年党的十四大提出了建立社会主义市场经济体制的改革目标，改革进入了一个新的阶段。1993年党的十四届三中全会通过了《中共中央关于建立社会主义市场经济体制若干问题的决定》，全面规划了建立社会主义市场经济体制的框架体系，提出了转变政府职能、建立健全宏观经济调控体系的要求，指出社会主义市场经济必须有健全的宏观调控体系。宏观调控的主要任务是：保持经济总量的基本平衡，促进经济结构的优化，引导国民经济持续、快速、健康发展，推动社会全面进步。宏观调控主要采取经济办法，近期要在财税、金融、投资、计划体制的改革方面迈出重大步伐，建立计划、金融、财政之间相互配合和制约的机制，加强对经济运行的综合协调。计划提出国民经济和社会发展的目标、任务，以及需要配套实施的经济政策；中央银行以稳定币值为首要目标，调节货币供应总量，并保持国际收支平衡；财政运用预算和税收手段，着重调节经济结构和社会分配。运用货币政策与财政政策，调节社会总需求与总供给的基本平衡，并与产业政策相配合，促进国民经济和社会的协调发展。

市场经济需要宏观调控，这是由市场经济自身的客观规律决定的。在市场经济条件下，价值规律是各类经济活动必然遵循的规则。生产要素的配置主要靠价值的运动。与传统体制下主要靠行政手段配置资源相比，它的效率更高、效益更好。但是，市场不是万能的，而且有着自发性、盲目性的缺点。有关宏观经济总量、经济结构、收入分配、社会保障等方面的问题，依靠市场是解决不了的，必须通过宏观调控来弥补市场的失效，克服市场自身的缺点。同时，市场要正常地发挥调节功能，有赖于稳定的经济和社会环境，如果出现经济的大起大伏，物价忽高忽低，价值杠杆就不能正常发挥作用。作为一个发展中国家，要实施对发达国家的赶超战略，政府的宏观经济政策具有极其重要的作用。因为只有通过有效的宏观调控，才能实施正确的发展战略，制定能够促进经济持续快速健康发展的经济政策。宏观调控的必要性，也已为发达市场经济国家和新兴工业化国家的经验所证明。所有市场经济发达的国家，都有其各具特点的宏观调控。特别是新兴工业化国家和地区，实现经济起飞的重要原因，在于发挥微观经济活力的同时，国家制定和实施了正确的发展战略。我国人口多、底子薄，发展不平衡，只有实施宏观调控政策，才能使市场竞争的活力得以正确发挥，才能协调经济发展中各种矛盾关系，保持宏观经济的稳定，为实现现代化的发展目标创造良好的宏观经济环境。

2. 在实践中完善宏观调控体系

从传统计划经济体制过渡到社会主义市场经济体制，要求建立新型的宏观调控体系。从1992年提出建立社会主义市场经济体制的改革目标到现在，我们先是在抑制通货膨胀，继而又在扩大内需的实践中不断探索宏观调控的方法，建立和完善宏观调控体系，把改革和发展都大大向前推进。

1992年，在邓小平南方谈话和中国共产党第十四次全国代表大会精神指引下，我国经济发展和改革开放的步伐明显加快。1993年上半年，国内生产总值比上年同期增长13.9%，工业总产值增长25.1%，全社会固定资产投资增长61%，社会消费品零售总额增长21.6%。从这些惊人的指标看，显然经济生活出现了过热的现象。存在的主要问题，一是总量失控。总需求增长过快，大大超过总供给能力。二是结构失衡。股票、期货、房地产等迅速膨胀，而基础设施、基础产业发展相对滞后，特别是交通运输对经济发展的"瓶颈"制约矛盾突出。三是金融秩序混乱。乱集资、乱拆借、乱设金融机构，开发区热、房地产热相互推动，加剧了总供求关系失衡和结构扭曲。同时，各种不合理的减免税和偷漏税使正常财政收支大量流失。五是内外经济失衡。出口增长4.4%，进口增长23.2%，人民币大幅度贬值，国际收支平衡压力加大。

针对经济生活中出现的问题，为了制止整个经济状况的进一步恶化，1993年6月下旬党中央及时发出了《中共中央关于加强和改善宏观调控措施的通知》，采取了一系列宏观调控措施。

在金融方面，制止各种违反国家规定的集资；严格控制各项债券年度发行规模，严格控制地方政府债券的发行，限期撤销擅自设立的金融机构，或限期并入经批准的金融机构，取缔有价证券的黑市交易。严格控制货币发行，停止人民银行对非银行金融机构发放贷款，限期收回违章拆借资金，两次提高存贷款利率，取消省级分行7%的贷款规模调剂权，任何集资利率都不得高于同期国库券利率，优先保证国库券和国家重点建设债券的发行。

在财税管理方面，强化税收征管，清理越权审批的减免税，减免能源交通基金和预算调节资金的政策一律无效，控制社会集团购买力的过快增长，压缩预算会议费20%，严格控制出国活动和各种招商办展览活动。

在外汇管理方面，完善外汇上缴办法，严格审批对境外投资和其他外汇资本流出；在国内外汇市场抛售数亿美元，对汇价进行大规模干预；严格限制外币在国内市场流通，取缔炒买炒卖外汇等投机活动。

在控制固定资产投资方面，严格控制投资规模，清理在建项目，从严控制新开工项目；加强房地产市场管理。

在控制物价上涨方面，严格控制国家管理的商品和服务项目提价；停止出台地方管理的物价调价措施；建立粮食风险基金和副食品调节基金。

上述宏观调控政策的实施，取得了明显效果。经济过热的状况得到抑制，金融秩序明显好转，乱集资、乱拆借、乱设金融机构等混乱现象基本得到控制，乱拆借资金收回一半以上。清理整顿房地产和开发区等措施，有效抑制了投机和泡沫经济，股票市场趋于稳定，房地产热降温。

为了巩固宏观调控的成果，使宏观经济管理适应社会主义市场体制的要求，1994年，党中央、国务院果断推出了财税、金融、外汇、价格等宏观经济管理体制的重大改革。虽然改革涉及面广，难度和风险大，但由于改革方案准备充分，改革配套措施同步进行，在实施中又妥善处理了出现的问题，各项改革进展顺利。新体制及时到位，巩固和发展了宏观调控的成果。1995年，又进一步将抑制通货膨胀作为宏观调控的重要任务，并以此为中心，相应采取了一系列措施。主要有：实行适度从紧的财政货币政策。继续严格控制固定资产投资规模，严格控制新开工项目，严格按计划控制固定资产投资贷款，清理在建项目。控制消费基金的过快增长，制止和纠正乱加工资、乱发奖金和津贴的做法。整顿流通秩序，加强对市场价格的调控和监管。发挥国有商业和供销社稳定市场、平抑物价的主渠道作用。建立健全中央、地方两级重要商品储备制度和价格风险基金，增强国家调控市场的经济实力。从多方面采取措施，加强农业，实行"米袋子"省长负责制、"菜篮子"市长负责制和物价控制目标责任制，实施建立城市副食品供应基地为主要内容的"菜篮子"工程。利用进口，增强调剂国内市场能力。健全市场法规，规范市场价格行为，加强价格监管。

经过连续几年的宏观调控，不仅有力地促进了国民经济持续、快速、健康发展，而且有效地解决了在大步前进中曾一度出现的投资、消费增长过快，金融秩序混乱，货币过量发行，物价涨幅过高等突出矛盾和问题，避免了经济可能出现的大起大落，基本实现了"软着陆"。整个经济开始进入适度快速和相对平稳的发展轨道。宏观调控的成功，保证了"八五"计划的完成，使之成为新中国成立以来各个五年计划中经济增长速度最快、波动幅度最小的五年计划，并取得了"九五"的良好开局。

随着"软着陆"的成功，经济生活中又出现了需求不足的矛盾。1997年下半年，亚洲金融风暴爆发，周边国家和地区货币大幅度贬值，进出口下降，给中国经济发展带来严重影响。为了保持经济的持续快速增长，1998年春天，中央果断决策，采取扩大内需的政策。下半年发行国债1000亿元，吸引银行贷款1000亿元，集中用于农林水利、交通、通信、城乡电网、国家直属储备粮库、城市经济适用房、生态环境和城市基础设施建设。1999年，又进一步增强扩大内需的力度，继续采取积极的财政政策，增发国债，集中用于在建的基础设施项目、企业技术改造、生态环境、扩大大学招生所需要的基础设施等方面。银行采取措施增加货币供应，1998—1999年上半年，中央银行四次大幅度降低利率，取消对商业银行的贷款规模控制，多次发布贷款指导意见，并增加了对农村信用社的再贷款，扩大了对中小企业贷款的利率浮动范围。中国人民银行为增加基础货币投放，改进存款准备金制度，扩大国债、金融债公开市场业务，加大央行在货币市场的操作力度。在物价连续20多个月负增长的情况下，经济仍保持了较快的增长速度。

从抑制通货膨胀到扩大内需，宏观调控体系在实践中不断完善。计划、财政、金融三大调控手段互相配合，协调运作，提高了宏观调控的效率。概括这几年宏观调控体制和运行机制，有以下几个特点。

1. 通过年度计划确定科学的宏观调控目标体系

宏观调控首先要有明确的目标，各种调控手段围绕目标进行运作，才能形成合力，达到事半功倍的效果。每年年底，中央召开经济工作会议，分析经济形势，提出新一年经济发展的目标及政策措施，形成年度计划草案，提交全国人大会议讨论。年度计划的核心是八大宏观调控目标，即经济增长速度、全社会固定资产投资、价格上涨幅度、进出口总额、财政收支、货币发行量、城镇登记失业率、人口自然增长率。这八个指标是互相影响互相制约的，它全面反映着经济运行的状况。合理确定这八大目标，必须对经济运行的态势进行深入分析和科学预测，充分考虑宏观经济政策的力度和效果。一般它是由国家计委与财政、银行等有关部门经过反复磋商，并听取专家的意见，经过多次反复论证由国务院确定的。经过全国人大审议批准，它就具有了法律的效力，政府各部门将全力保证各项目标的实现。所以，从这个意义说，计划是宏观调控的依据，是协调各种调控手段的基础。

2. 根据经济运行出现的新情况，及时采取调控措施

在经济运行过程中，经常出现许多意想不到的情况。宏观调控体系必须能够及时发现和跟踪这些新情况，并及时调整政策方向和力度，以实现宏观调控目标。当遇到对经济影响比较大的因素，实现调控目标有困难时，需要经全国人大常委会批准，对宏观调控目标进行修改。能不能对突发性问题做出及时正确的反映，是对宏观调控体系有效性的考验。

1997年下半年东南亚金融危机爆发，对我国出口产生了严重影响。1998年以来，国家采取了一系列宏观调控措施，来弥补国际金融危机对我国经济的影响，包括：实施积极的财政政策，发行国债，加强基础设施建设；制定鼓励民间投资的政策，改善对中小企业的金融服务；调整收入分配政策，增加工资，提高下岗职工基本生活费、失业保障金和城镇最低生活保障线标准；调整价格，取消不合理收费，开设消费信贷，以刺激消费；加快城镇住房制度改革，培育城镇住宅业成为新的经济增长点；扩大大学生招生规模；提高出口退税率，增加出口信贷支持力度；扩大允许外商投资的领域，采取更积极的吸引外资的政策，等等。这些调控政策措施的及时出台，对解决需求不足的矛盾，支持经济的持续快速健康发展，发挥了重要作用。从目前来看，在如何抑制通胀，实现经济"软着陆"方面

已经找到了一套有效的办法，但在如何扩大需求，特别是增加民间投资和鼓励消费方面，还没有找到一套有效办法，有待于在实践中进一步探索。

3. 财政、货币、投资、消费、出口和分配政策密切配合

宏观调控的多种经济杠杆是互相联系的统一整体，应围绕同一调控目标，配合协调，联合行动。在财政政策与货币政策的配合上，应当说，在1993—1996年抑制通货膨胀的过程中，货币政策发挥了较大的作用。而在近几年启动经济扩大内需的过程中，财政政策发挥了较大的作用。但是，从近两年物价持续下降、通货紧缩趋向不断显现的情况看，货币政策应当发挥更大的作用。因为实施积极财政政策的目的，除了运用财政债券进行一些重点项目建设外，更重要的在于带动银行贷款和民间投资的增加，带动消费的增长。显然，近两年实施积极的财政政策，并没有发挥出带动效应。这就使国家扩大内需的政策效应大大减弱。对此，需要在继续扩大内需的实践中不断探索。

4. 宏观调控政策会出现失效现象

宏观调控政策并非都能达到预期的目标，有时调控非常灵验，有时则出现失效的情况。从实施宏观调控政策几年来的情况看，一般来说，控制需求的政策效应比较灵敏，而扩大需求、增加有效供给的政策，在短缺经济时代是灵敏的，但在买方市场条件下，往往比较困难。具体表现为，人民银行已连续7次降低存款利率，希望能启动消费和投资，但居民储蓄仍然大幅度增加，市场销售仍然疲软，投资欲望仍然不强。银行希望增加基础货币投放，增加贷款，但由于受有效需求不足的制约，货币投放难以较快增加，贷款的增长也比较困难。这在新中国50年的历史上，是从没遇到过的新问题。这说明，宏观调控政策的实施，需要有配套的政策和适宜的经济社会环境，要有政策的传导机制。否则，政策就很难得到社会的响应。这作为宏观调控遇到的新问题，也需要继续深入探讨。

二 计划体制改革

20年来，计划体制改革取得了重大进展。从总体上看，可分为两个时期。一是从1978年到1993年，为改革高度集中的计划管理体制时期；二是从1993年至今，为进一步巩固改革成果，建立适应社会主义市场经济要求的新型计划体制、计划内容和计划方法的制度创新时期。

（一）1993年以前我国计划体制改革的主要内容

1993年以前，我国计划体制改革的进展主要体现在大幅度缩小和改进指令性计划，使指导性计划逐步成为计划的主要形式，并在广泛的领域和较大的程度上发挥市场机制的作用。

1. 在生产方面

农业生产领域。1979年以前，国家计划对25种主要农产品产量实行指令性计划管理，并对这25种产品的播种面积和总产量下达分地区的计划数字。党的十一届三中全会以后，逐步减少指令性计划，到1985年已全部取消指令性计划。1993年年底，国家仅对粮食、棉花、油料、糖料、烤烟、肉类总产量、水产品、造林面积、天然橡胶9种主要农产品实行指导性计划管理。

工业生产领域。国家计委管理的指令性计划产品逐年减少，如下表所示。

国家计委管理的工业指令性计划产品情况（%）

年份	产品品种	占全国工业生产总产值的比重
1980	120	40.0
1985	60	20.0
1992	59	11.7
1993	36	6.8

数据来源：根据国家统计局公布的数字。

运输邮电领域。从 1985 年起，国家对部分重点物资的铁路货运量、部直属水运货运量、沿海主要港口吞吐量实行指令性计划管理；对交通部门公路汽车货运量、港口吞吐量、水运轮驳船货运量、民航运输总周转量、邮电业务总量实行指导性计划管理。

2. 在商品流通方面

国家计委负责平衡、分配的统配物资，1979 年为 256 种，1985 年减少到 20 多种，1990 年减少到 19 种，1992 年虽然品种仍为 19 种，但统配比重下降较大。1993 年进一步减少到 12 种。

主要统配物资占国内生产总量的比重变化情况（%）

年份	钢材	木材	水泥	煤炭
1979	77.1	85.0	35.7	58.9
1984	62.3	44.3	24.1	49.0
1990	41.6	30.7	13.1	50.4
1991	40.7	25.9	11.0	52.5
1992	34.3	19.5	6.9	49.5
1993	19.9	9.9	4.5	49.2

数据来源：根据国家统计局公布的数据。

1979 年，国家计划收购和调度的商品为 65 种（一类商品），1987 年减少到 23 种，1993 年进一步减少到 15 种。其中 13 种实行指令性计划，2 种实行指导性计划。

3. 在价格管理方面

发挥市场在价格形成中的作用。1992 年，国家物价局共放开了 571 种产品价格，下放省管 22 种。到 1992 年年底，国家物价局和中央有关部门直接管理的工业生产资料价格已由 1991 年年底的 737 种减少到 89 种。其中实行国家定价的只有 33 种。1993 年又放开了大部分钢材价格和约 2 亿吨的统配煤价格。在农产品方面，到 1992 年年底，国家物价局和国家有关部门管理的产品价格还有 9 种，其中实行国家定价的 5 种，实行国家指导价的 4 种。1993 年全国已基本放开粮食购销价。截至 1992 年年底，在社会商品零售总额中，政府定价占 5.9%，在农民出售的农产品总额中，政府定价只占 12.5%；在工业企业销售的生产资料总额中，政府定价也只占 18.7%。

4. 在外贸方面

出口商品。国家计委负责平衡协调的出口供货商品，在 1980 年为 900 多种，1985 年减少到 31 种，1991 年为 29 种。从 1993 年开始执行《出口商品管理暂行办法》，国家实行配额许可证管理的出口商品品种共 138 种，其中实行计划配额管理的 38 种，实行主动配额管理的 54 种，实行一般许可证管理的 22 种，实行被动配额管理的 24 种。实行出口许可证管理的商品占出口总额的比重，由过去的 66% 下降到 30.5%。

5. 在社会发展方面

劳动工资。国家计委过去负责编制全国的劳动工资计划总数，下达全民所有制分部门、分地区的劳动工资计划。其中分别列出国家机关、事业单位和企业的工资指标，并实行定量控制。从 1993 年起，改革原有的劳动工资指标，增加了一些全社会口径的指标，使职工人数、工资总额和国民生产总值、经济效益指标结合起来。同时将下达计划的覆盖范围由全民所有制扩大到全部职工及其工资总额。其中，除全民所有制工资总额增长比例不得突破外，其他指标只作为宏观监测性、指导性指标管理，不层层分解下达。"农转非"计划由省市计划部门上报国家计委，经综合平衡后列入国家计划，并下达分地区计划，作为指令性计划管理。

教育实行指令性计划和指导性计划相结合，即国家计划招生部分实行指令性计划，委托培养和自费生的招生数实行指导性计划。

卫生、文化、广播影视、体育、社会保障等，将全国总数列入国民经济和社会发展计划,作为指导性计划。

在国家直接计划管理范围大幅度缩小的同时,地方直接计划管理也明显减少。

(二) 1993年以来计划体制改革的主要内容

随着经济体制改革的不断深化,从"八五"时期开始,尤其是从1993年以来,根据党的十四大和十四届三中全会精神,计划体制改革进入了以建立社会主义市场经济新型计划体制为主要内容的制度创新阶段。在这一时期,计划体制改革取得了如下进展。

1. 继续缩减指令性计划管理的范围

(1) 生产方面。农业生产领域:在1985年全部取消指令性计划的基础上,目前国家仅对粮食、棉花、油料、糖料、烤烟、肉类总产量、水产品、造林合格面积和天然橡胶9种主要农产品生产实行指导性计划管理。工业生产领域:国家计委管理的指令性计划产品又从1993年的36种,减少到1998年的12种,占全国工业总产值的比重也只有4.1%。

(2) 商品流通方面。国家计委负责平衡、分配的统配物资在1993年进一步减少到12种的基础上,进一步缩减。1998年,国家计委只对原油、成品油、煤炭、天然气和汽车5种生产资料中的部分产品实行统一配置。

(3) 价格管理方面。建立主要由市场形成价格的机制。目前,除对极少数垄断性的公用事业和关系国计民生、不适宜竞争的重要商品继续由政府定价外,绝大多数商品和服务价格都由市场形成。1996年,市场调节价在社会商品零售总额中所占的比重已达92.5%;实行政府指导价的比重为1.2%;政府定价只有6.3%。在生产资料中,除石油、电力、化肥等少数重要商品继续实行政府定价外,其他商品都实行市场调节价。市场调节价在生产资料销售收入总额中占81.1%;政府指导价的比重为4.9%;政府定价仅为 14%。在农副产品收购总额中，市场调节价占 79%；政府指导价为 4.1%；政府定价占 16.9%。

（4）在固定资产投资方面。企业和地方的投资决策权进一步扩大。目前，国家负责安排的投资资金占全社会固定资产投资的比重已降低为 20% 左右。

（5）在外贸外汇方面。从 1994 年开始，完全取消了进出口总额的指令性计划，同时，进一步扩大企业外贸自主权，缩减配额、许可证管理的商品品种，除少数重要和特殊商品外，放开对进出口经营范围的限制，国家主要通过综合运用汇率、关税、利率、出口信贷等经济杠杆以及法律手段调节对外贸易。关税总水平由 1992 年年初的 43.2% 降到目前的 17%。1994 年，中国成功地实行了汇率并轨，建立了全国统一的银行间外汇市场和以市场供求为基础的、有管理的人民币浮动汇率制。在此基础上，从 1996 年 12 月 1 日起，我国开始承担国际货币基金组织协定第八条的义务，比对外承诺提前三年实现了人民币经常项目下的可兑换。

2. 改进了年度宏观经济总量和重大结构的平衡和协调方法

在年度计划的制定和实施中，要加强价值量的平衡测算和社会资金的协调平衡，同时继续做好其他基本生产要素和重要基础性商品的总量平衡。主要按以下几个层次进行经济总量和重大结构的平衡协调：一是社会总需求与总供给的平衡；二是全社会资金总量和重大结构平衡；三是居民可支配货币收入的来源和使用平衡测算；四是固定资产投资资金来源和使用方向的平衡测算；五是重要农产品、能源、基本原材料和主要农业生产资料的供需平衡测算；六是社会劳动力平衡测算；七是市场物价总水平和重大价格结构的平衡测算。在改进宏观经济总量和重大结构的平衡工作过程中，计划部门加强了与有关经济调节部门的联系和配合，在进行宏观调控的过程中发挥了重要作用。

3. 改革了计划指标体系

从1995年起，按照计划指标的性质和功能，将计划指标大体划分为"宏观调控目标"、"预期指标"和"国家公共资金和资源配置指标"三类。作为国家宏观调控和公共资源配置的一种特殊方式，特别是在新旧体制转换过程中，极少数计划指标仍采取指令性方式。

4. 逐步建立和完善了国家订货制度

国家从1994年开始建立国家订货制度。1995年继续对橡胶、小轿车、轮胎和生铁等4种产品实行国家订货。在总结试行国家订货经验的基础上，逐步规范国家订货制度，并初步建立了包括重要农产品、农业生产资料和基础工业产品在内的统一的国家订货制度。

5. 建立和完善了国家计划报告和信息发布制度

从1993年开始，试编了年度计划报告，体现了计划职能的转变和增强计划工作的政策性。1995年，国家对计划报告的性质、种类、内容、形式及编写、发布、实施等进一步规范，形成了比较完整的年度计划报告系列。此外，针对各年度经济发展的突出矛盾和重要问题，提出一些专题计划报告。并且，从1995年开始，国家建立了计划报告公开发布制度。

完善宏观经济信息发布制度。从1997年起，国家计委先后发布了我国电力、煤炭、炼油、乙烯、交通运输、钢铁和有色金属工业等方面的生产建设情况、市场需求状况、发展中存在的主要问题以及国家的政策导向，以引导微观经济主体的投资行为。

6. 搞好计划实施过程中的即期调控

在加强宏观经济和市场运行跟踪监测、预测、预警的基础上，适时适度地进行即期调控。即期调控的重点是：调节社会资金的流量和流向，保证重点建设资金需要；做好敏感商品的市场供应的动态平衡，及时处理生产、建设、运输、内贸、外经贸等方面需要计划部门综合协调的问题；做好落实抗灾救灾以及应付其他意外情况的有关工作。

7. 强化产业政策引导经济结构调整和优化升级的重要作用

1994年以来，国家计委会同有关部门加强了总体产业政策和专项产业政策的研究。《90年代国家产业政策纲要》和《汽车工业产业政策》，已由国务院批准颁布实施。1997年12月，国家计委颁布了《当前国家重点鼓励发展的产业、产品和技术目录》。同时颁布了新修订的《外商投资产业指导目录》和我国基础产业领域的第一项产业政策——《水利产业政策》。

8. 进一步改进中长期计划方法

适应发展社会主义市场经济的要求，计划体系逐步转向以中长期计划为主体。这既有利于充分发挥市场在短期资源配置方面的优势，又能更好地发挥计划引导长期资源配置的优势，促使计划和市场有机结合、优势互补。为了科学制定"九五"计划和到2010年的远景目标《纲要》，进一步改革了计划制定的内容与方法。（1）加强对中长期发展战略的研究，使"九五"计划成为为进入21世纪奠定良好基础的战略性计划。（2）加强对中长期市场运行环境、世界经济发展趋势、科技进步等方面的预测，贯彻可持续发展战略，促进经济增长方式由粗放型向集约型转化。（3）全面规划、突出重点。抓住对全局有重大影响的重点领域和重大问题，进行深入研究和重点规划。重视体现政府职能的社会事业的发展规划，特别对教育、卫生、人口、科技、环保、城市公用事业、扶贫以及社会保障等事业的计划编制。（4）切实做好"九五"计划主要宏观经济指标的平衡测算和衔接协调，合理确定"九五"的经济增长速度和投资规模。（5）在制定中长期计划中，进一步探索促使计划与市场有机结合的新路子。（6）做好中长期计划与产业政策和国土整治规划、中长期计划与年度计划、综合计划与各种专项规划和政策的衔接，从而形成国家中长期战略和计划的实施体系。

三 财税体制改革

我国财税体制改革是从对地方和企业的放权让利入手的。改革开放初期，通过财税体制改革的放权让利，打破了与计划经济体制相适应的统收统支体制，逐步改变统得过死、管得过多的弊病，大大激发了地方和企业发展经济的积极性和创造性。特别是党的十四大以来，按照建立社会主义市场经济体制的改革目标，财税体制改革取得了突破性的进展，初步理顺了财政分配中的一些基本关系，一个适应社会主义市场经济要求的财税体制框架已基本形成。在财政体制上，突破了过去高度集中、统收统支的管理模式，成功地实现了财政包干制向分税制的转变，初步建立起以分税制为基础的分级财政体制。在税收制度上，打破了计划经济条件下过于单一的税制结构，拓宽了税收调节领域，建立了以增值税为主体、消费税和营业税为补充的新型流转税制度，同时建立和完善了所得税制度。在预算编制上，改革了传统的单式预算制度，初步实行了由经常性预算和建设性预算构成的复式预算制度。

（一）从复合财税体制向以增值税为主的分税制转变

经过 1983—1984 年的两步"利改税"，我国的原工商税分解为产品税、增值税、营业税和盐税等四个部分，国家对一些采掘企业还开征了资源税。城市维护建设税、房产税、车船使用税和城镇土地使用税等地方税种也陆续开征。为了适应我国经济体制改革的需要，还开征了一些新税种。到 1993 年，我国的税种已达 32 个，基本上形成了以流转税和所得税为主体税种，其他辅助税种相配合的复合税制。

实行财政包干和两步"利改税"以后，财税体制改革取得了相当大的突破，但在一些方面仍不能适应社会主义市场经济体制的要求。主要表现在：一是税负不均，对企业之间的平等竞争很不利。企业的所得税是按不同所有制分别设置不同税种，税率很不一致。流转税当初是为调整计划价格不合理的矛盾而设计的，税率档次多，差距很大。二是国家与企业之间的分配关系错综复杂，非常不规范，使得国家财政收入缺乏稳定的财源保障。三是中央财政收入占国家财政收入的比重越来越低，导致中央掌握的财力与所承担的任务不相适应，国家调控经济的能力下降。四是税收调节的范围和程度都不够，对土地和资金市场的调节远未到位。五是对内资与外资企业实行不同税制，矛盾日益突出。在财税运行机制上，也出现一些紊乱现象。

为了解决上述问题，中央决定深化财税体制改革。1994年财税体制改革的指导思想是，统一税法、公平税负、简化税制、合理分权、理顺分配关系，保障财政收入，建立符合社会主义市场经济体制要求的税制体系。

流转税制改革的基本内容是，改变了以往按产品分设税目，按税目制定差别税率的传统做法，确立了在生产和流通环节普遍征收增值税的制度。改革的目标，是建立以增值税为主体、消费税和营业税为补充的流转税制度。改革的做法是，废止工商统一税，将1993年工商统一税按照55%、35%、10%的比例，分别转入增值税、营业税、消费税。新流转税制由增值税、消费税、营业税组成。在生产领域和批发零售环节普遍征收增值税，对少量消费品征收消费税，对不实行增值税的劳务和销售不动产征收营业税。增值税是只对纳税人在其生产、经营活动中所创造的新增价值或商品附加值征税。增值税征收范围包括生产、批发、零售和进口加工、修配，基本税率为17%，低档税率为13%。低档税率的适用范围主要是基本食品和农业生产资料。出口产品一般适用于增值税的零税率。在征税管理上，建立价外计税、发票注明税款抵扣的制度。对年销售额较少、会计核算不健全的小规模纳税人，实行按销售收入全额及规定的征收率计征增值税的简便办法。改革增值税纳税制度。对增值税纳税人进行专门的税务登记，使用增值税专用发票，对纳税人购销双方进行审计，建立起有效的稽查体系。

新消费税有 11 个征收品目，包括烟、酒、化妆品、贵重首饰、摩托车、小汽车、柴油、煤油等。消费税采取从量定额和从价定率两种征收办法。采取从价征收办法的，按不含增值税但含有消费税税金在内的价格和规定税率计算征收消费税。在对商品普遍征收增值税的基础上，对一部分经营活动征收营业税。营业税的征收范围包括提供劳务、转让资产和销售不动产，从事应税营业、转让、销售活动的单位和个人按其营业额和规定税率计算缴纳营业税。交通运输业、建筑业、邮电通讯业、文化体育业等的税率为 3%，服务业、转让资产、销售不动产等的税率为 5%，金融保险业的税率为 8%，娱乐业的税率为 5%—20%。

新的流转税制统一适用于内资和外资企业，取消了对外商企业征收的工商统一税。为了保持涉外税收政策的连续性、稳定性，过渡期内保留优惠，针对部分涉外纳税人税负提高的情况，采取税收返还的解决办法。凡按改革后税制计算缴纳税款比改革前增加部分，经主管税务机关审核后，采取税收返还的办法。

所得税税制改革的基本内容是，从 1994 年起，全国都按 33% 的比例税率统一内资企业所得税。对部分盈利水平低的企业，采取了过渡性的两档低税率。金融保险业的所得税税率在改革初期仍按原规定，从 1997 年开始，金融保险业统一执行 33% 的所得税率。取消国营企业调节税，取消向国有企业征收的能源交通重点建设基金和国家预算调节基金。把原征收的个人所得税、个人收入调节税、城乡个体工商业户所得税统一起来，对应税项目进行了调整。新所得税税率定为工资薪金所得实行 5%—45% 的超额累进所得税。同时，还开征了土地增值税，改革了资源税，扩大了征收范围，并改革和调整了其他税种，税制结构趋向合理。

我国经过1994年的财税改革，基本上建立了以流转税为主的税收体系。这一体系具有税源稳定的特点，对稳定财政收入、支持经济增长发挥了重要作用。随着改革的深化和经济发展，我国收入分配格局也发生了重要的变化，一部分人已经先富了起来。而现行税制在维持收入分配的社会公平方面力度还远远不够。针对我国收入分配差距不断扩大的状况，需要通过财税体制改革，进一步发挥所得税在调节收入分配中的重要作用，创造条件，在全国范围内形成一个比较稳定的中间收入阶层，以稳定国民经济发展的基础。

（二）国家预算制度改革——复式预算

自1992年开始，国家预算由单式预算改为复式预算。复式预算分为经常性预算和建设性预算。经常性预算不列赤字，中央建设性预算的一部分资金可以通过向国内外举债的方式筹集，但借债应当有合理的规模和结构，地方建设性预算按照收支平衡的原则来编制。复式预算强化了预算的平衡机制，有利于贯彻量力而行的原则。1994年实行分税制后，改变了由中央代编地方预算的做法，进一步强化了预算约束。

我国以往的国家财税预算制度，是在高度集中的计划体制下形成的。在这种"统收统支"的体制下，单式预算成为国家预算制度的基础形式是顺理成章的。随着社会主义市场经济体制的建立，国家预算制度也必然要相应改革。由于市场经济条件下的经济活动和联系从单一走向多元化、多极化，资金流动多渠道，现行的预算管理模式已不能适应国家预算管理的要求，不能对各项财政性资金进行有效的监督。因此，改革中央和省两级预算管理体制就自然提上议事日程。

我国实行复式预算制度主要遵循以下原则：一是复式预算制度的改革要有利于社会主义市场经济体制的总目标。随着改革的不断深化，我国的多种经济成分都得到较大发展,与此相应,宏观管理体制也从对国有企业界的直接管理转向间接调控,管理手段也由行政手段为主向以经济和法律手段为主转变。国家预算作为重要的宏观调控手段必须适应这种变化。二是复式预算制度的改革要有利于体现社会主义国家的双重职能。我国是一个以公有制为主体的社会主义国家。国家既具有社会经济的管理者的职能,也有国有资产所有者的职能。国家财政既要保证国家机器的正常运转,也要保证国有资产的保值增值。复式预算必须有利于双重职能的发挥。三是复式预算制度的改革要有利于理顺财政与其他部门的分配关系。我国的预算外资金数量较大,复式预算应逐步将这部分资金纳入预算管理。四是复式预算制度的改革要有利于强化财政预算约束机制。复式预算应体现科学、简明的特点,真实反映财政资金的流向和流量。五是复式预算制度的改革要有利于与其他有关方面的改革进展。六是复式预算制度的改革要有利于国家财政的法制建设。

(三)财税体制改革的重要步骤——"费改税"

改革开放以来的很长一段时间里,我国财税体制改革的主线是"放权让利"。改革过程中,先后实行了中央对地方的财政包干制和国家对企业的承包制。这对发挥地方和企业的积极性是有益的。然而,由于财权的不断分散,政府机构不断膨胀,财政支出压力也不断加大。各级地方政府为了供养人员的开销和经济建设,财政困难不断加剧。近几年来,一些地方、部门越权收费,以及巧立名目乱收费等,愈演愈烈。据统计,1996年全国收费、基金总额为3600多亿元(不包括社会保障基金),约占当年财政收入的46%。在收费、基金项目中,约有80%是越权设立的。据典型调查和估算,我国实际收费、基金总额与财政收入的比例约为1:1。

收费和基金是我国新旧体制转轨时期的产物。它在一定程度上对于各级政府筹集资金,加快经济建设和社会事业发展,发挥了一定的积极作用。但收费和基金发展到目前,已大大超出开征时的初衷,而且产生了一系列弊端。一是加重了企业负担。据国家经贸委对全国300户重点企业调查,国有工业企业各种不合理负担大体占实现利税的20%左右,与实现利润相当。二是严重侵蚀税基。征收收费、基金后,税基相应缩小,从而直接减少国家财政收入。三是收费养人,使征收成本提高,机构人员不断膨胀。据调查,目前的收费、基金中约有30%—40%用来养人,有的收费几乎全部用来养人,不仅征收成本高,而且机构臃肿,人浮于事。四是导致一些地方乱投资。许多收费、基金都用来搞了"小而全"、"大而全"的低水平重复建设,致使经济结构更加失衡。五是滋长腐败。大量的收费、基金游离于财政监督之外,成为各地方、各部门设置"小金库"的一个重要来源,使分配秩序混乱,腐败丛生。因此,在深化财税体制改革的基础上,按照发展社会主义市场经济的要求,"费改税"势在必行。

"费改税"的总体目标,是建立以税收为主体、辅之以小量规费的政府收入分配体系。实行"费改税",就是要用若干年时间,使我国的非税收入占财政收入的比重降至世界许多国家通行的水平,使国家财政收入占GDP的比重提高到20%左右。

实行"费改税",对促进国民经济和社会发展有着非常重要的意义。一是有利于提高财政收入的比重,增强财政宏观调控能力。近年来,由于收费、基金的大量存在,国家财政可支配的财力增长有限。实行"费改税",将大量分散于地方、部门的政府性收入纳入财政收入的轨道,使国家能够集中必要的财力,按照宏观调控的总体目标和要求,支持经济和社会事业的发展。二是有利于实行依法治税,规范财政分配秩序。目前的收费、基金中有相当一部分具有税收特征。实行"费改税",能够将各种不规范的收费、基金纳入依法治税的轨道,进一步理顺政府与企业、机构和个人的分配关系，并使这种分配关系置于完全的社会监督之中，实行法制化和规范化管理。三是有利于惩治腐败，建设高效廉洁的政府。在发展社会主义市场经济的条件下，政府收入应主要来源于税收，而不是靠收费、基金来维持。实行"费改税"，才能取消政府的灰色收入，从体制上铲除这方面滋生腐败的温床，为建设高效廉洁的政府创造条件。

"费改税"的内容，一是将具有税收性质的收费、基金列入"费改税"范围。比如，将养路费、车辆购置附加费、水运客运附加、公路建设基金等改为燃油税；将矿产资源补偿费、无线电管理费、水资源费等纳入资源税征收范围；将教育费附加、农村教育事业附加、地方教育附加、地方教育基金等改为教育税；将城市公用事业附加、城市排水设施有偿使用费、市政设施配套费等并入城市维护建设税。1999年要将道路和车辆收费的改革作为突破口，率先规范，积累经验，然后再逐步推开。二是对一些不体现政府职能，属于市场经营行为的收费，转为经营性收费，并依法纳税。应切实将政府性收费与经营性收费区分开来。促使具有完全自收自支能力或财政差额补贴的事业单位逐步向企业或中介机构转化，通过市场取得经营性收费。三是保留少量必要的收费，但要制定办法使其完善和规范。对继续保留且不能纳入税收范围的规费，实行财政收支两条线管理。坚决取消不合理的收费、基金项目。对在过渡时间内要完成其任务的收费、基金项目，要列出时间表逐步予以取消。在清理整顿期间暂停批准任何新的收费、基金项目。对巧立名目的不合理的收费，应坚决取消。

我国财税体制改革虽然取得了长足发展，但与经济、社会发展要求相比，仍有距离。目前的财税体制和财政状况还难以适应国民经济和社会进一步发展的要求，特别是在国内、国际经济环境出现诸多变化的情况下，财税改革仍面临许多新的课题，任务是相当艰巨的。我们坚信，在以江泽民为核心的党中央正确领导下，我国财税体制改革一定会进一步深入。随着改革的深化，国家财政状况一定会出现根本的好转，为国民经济发展提供更加有力的支持。

四 金融体制改革

我国金融改革的指导思想是，适应建立社会主义市场经济的需要，适应我国以公有制为主体、多种所有制经济共同发展的基本经济制度，符合我国经济发展多层次和地区间发展不平衡的格局，更好地发挥金融在国民经济中宏观调控和优化资源配置的作用，有利于防范金融风险和稳定金融秩序，有利于适应当今金融全球化趋势，促进国民经济持续、快速、健康发展。金融体制改革的目标是：建立在国务院领导下的独立执行货币政策的中央银行宏观调控体系；建立政策性金融与商业性金融分离，以国有商业银行为主体、多种金融机构并存的金融组织体系；建立统一开放、有序竞争、严格管理的金融市场体系。

（一）确立强有力的中央银行调控体系，加强金融监督管理

深化金融体制改革，首要的任务是把中国人民银行办成真正的中央银行，建立强有力的中央银行调控体系。改革的主要内容有四项：一是明确中央银行的职责。中国人民银行是我国的中央银行，享有货币发行的垄断权，是发行的银行。它代表政府管理全国的金融机构和金融活动，经理国库。根据《中国人民银行法》的规定，中国人民银行职责有十一项，大体可归纳为六个方面：制定和实施货币政策，保持货币币值稳定；依法对金融机构进行监督管理，维护金融业的合法、稳健运行；维护支付、清算系统的正常运行；持有、管理、经营国家外汇储备、黄金储备；代理国库和其他金融业务；代表我国政府从事有关的国际金融活动。中国人民银行各级机构的业务实行集中统一管理。中国人民银行分支机构具有七项职能：

金融监督管理、调查统计分析、横向头寸调剂、经理国库、现金调拨、外汇管理和联行清算。

改革和完善货币政策体系。《中共中央关于建立社会主义市场经济体制若干问题的决定》提出，中央银行要从主要依靠信贷规模管理，转变为运用存款准备金率、中央银行再贷款利率和公开市场业务等货币政策工具，调控货币供应量。货币政策的最终目标为：保持人民币币值的稳定，防止通货膨胀，并以此促进经济发展。

改进国有商业银行贷款规模管理，是我国金融宏观调控朝着社会主义市场经济要求迈出的重要一步。经国务院批准，中国人民银行决定从1998年1月1日起取消对国有商业银行贷款规模的限额控制，逐步推行资产负债比例管理和风险管理。这是贯彻全国金融工作会议精神、加快和深化金融改革的一项重要举措，是我国金融宏观调控方式的重大转变。

加强金融监管是维护金融体系正常运行的需要，是有效实施货币政策的基础。金融监管要达到的主要目的是：保持金融机构资产的安全性、流动性，保持适当的清偿能力，保护存款者的利益；维护金融秩序，保证金融体系的安全；保证金融体系的公平竞争且有效率。

改革人民银行管理体制是强化金融监管的重大举措。根据中共中央、国务院决定，从1997年10月开始，中国人民银行进行管理体制改革。改革的主要内容是，撤销31个省、直辖市、自治区分行，建立9个跨省区分行，在不设分行的省会城市设立金融监管办事处，撤销在同一城市重复设置的分支机构，并明确了总行、分行、中心支行、支行在金融监管方面的权利和责任，强化了分支机构的金融监管职责。这一改革有利于增强中央银行执行货币政策的权威性，有利于增强中央银行执行金融监管职能的独立性和公正性，有利于提高中国人民银行工作人员业务管理水平。

(二) 建立多元化银行体系，正确引导非银行金融机构稳健发展

改革开放以来，我国的银行体制已从"单一银行"制，发展成一个以中央银行为领导，国有独资商业银行为主体，股份制和区域性商业银行及多种金融机构并存的多元化体制。通过机构的多样化和引入竞争机制，不断提高银行的经营效益和服务水平。

1. 组建国家政策性银行

政策性金融是一个国家在经济发展时期必不可少的。政策性金融实际上是政府与金融相互渗透、相互利用的一种金融方式。一方面，政策性金融是财政分配的一种转化形式；另一方面，财政分配又利用了金融手段，使财政资金经营化。政策性金融是政府进行宏观调控和干预经济的一个重要工具，是执行和承担政府宏观调控职能的宏观调控主体，也是从事货币经营业务的微观市场主体。单独成立政策性银行，有利于形成不同的利益主体，能更好地形成制约机制。

根据国务院有关文件规定，我国政策性银行是"独立法人"，"实行独立核算，自主、保本经营，企业化管理"。这说明政策性银行又是金融企业。一方面，它作为金融企业，是因为政策性银行与商业性金融机构一样具有信用中介职能；另一方面，政策性银行又是特殊的金融企业，是与政府有特殊密切关系的金融企业。政策性银行既为"银行"，不论其被赋予的政策功能有多大，都必定有金融企业性质的一面。因此，政策性银行首先要办成"真正的银行"，以银行的方式而不是以财政的方式、赈济的方式、配给的方式执行政府的经济政策。

政策性金融继承了传统计划金融制度下的某些行动特征，如政策性金融资产配置方式和运行调节方式的计划化，但它以不破坏市场机制为前提，其职能定位是弥补商业金融的"空隙"和克服市场的弱点和消极方面，其运行机制并不是计划金融体系的运行机制，不是完全受制于政府的

从属物和行政工具，而是成为与宏观调控相适应的金融助推器。政策性金融将在国家有关法律支持下，与商业性金融平行运行、平行发展。在整个金融体系中，商业性金融居于主体地位，政策性金融居于补充地位。

2. 专业银行真正成为商业银行

在政策性业务分离出去之后，原国家各专业银行（中国工商银行、中国农业银行、中国银行和中国人民建设银行）转变为国有商业银行，按照建立现代商业银行的要求，加强内部管理，防范金融风险，强化统一法人体制和总行对分支机构业务活动的统一调度、严格监督，向集约化经营迈出重要步伐。

商业银行改革的核心，是建立自主经营、自负盈亏、自我发展和自我约束的运行机制。国有独资商业银行是我国商业银行的主体。1994年后，国务院已多次明确国有独资商业银行不再发放政策性贷款，为国有独资商业银行改革提供了条件。国有独资商业银行要通过依法经营、增收节支，努力提高盈利水平；除中国农业银行外，要把业务重点放在大中城市；要撤并业务量较小、长期亏损的分支机构，精减人员和费用；要强化一级法人管理，健全内部控制机制，多渠道增加资本金，提高和保持资本充足率；要逐步核销坏账，把一部分过去形成的不良贷款剥离出来转由专业机构经营，建立严格贷款质量管理制度，使资产质量达到世界上中等发达国家银行的水平。

3. 按照合作制原则改革农村信用社管理体制

农村信用社是我国农村金融的基础，农村信用社管理体制改革事关我国农业发展的大局。目前农村信用社问题较多，核心是其业务经营方针偏离了合作制原则。合作制不仅适合我国农村长期实行家庭承包经营制度，而且也适合农村现代化商品生产的要求。目前，我国靠提高农产品价格来增加农民收入有很大困难，农民小商品生产与国内大市场之间的矛盾也日益突出。因此，需要一种合作制形式，把农副产品的生产、加工、销售及其金融服务紧密结合起来，以克服农民家庭生产经营与国内大市场的矛盾；要把农产品加工和销售的利润按出售农副产品多少返还给农民，以增加农民收入，提高农民对工业品的购买力。针对上述情况，要坚持把农村信用社办成农民自愿入股、社员民主管理、主要为入股社员服务的合作金融组织，促进农村合作经济发展。

4．逐步发展各种非银行金融机构

保险公司、证券公司、信托投资公司和企业集团财务公司是我国金融体系的重要组成部分。特别是证券公司和信托投资公司，对我国资本市场发展发挥了重要作用。我国资本市场从无到有，证券融资逐年增加，是金融改革的重大成果。一个国家直接融资比重的高低，主要取决于企业信用状况、经营业绩和向社会筹资能力。直接融资有效合规地扩大，不会减少社会资金总量，相反可减轻银行信贷的压力，减少银行风险。中央银行要继续配合有关部门深化企业股份制改革，适当加快资本市场发展，逐步扩大直接融资比重。信托投资公司要按"信托为本、分业管理、规模经营、严格监督"的原则进行改革。20世纪80年代初期，地方财政和企业可供自己支配的资金有所增加，要求有相应金融机构代为管理资金，提高资金收益。参照国外做法，我国设立了信托投资公司这类非银行金融机构。由于对信托业务需求估计过高，信托投资公司批设过多，信托投资公司将吸收到的短期信托存款投资于房地产，加之对信托投资公司监管不力，导致今日许多信托投资公司面临困境。信托投资机构必须坚持"受人之托，代人理财"经营原则，实行信托业务和证券业务的彻底分离，提高规模经营水平，实行严格监管。企业集团财务公司要立足于筹集企业集团成员长期闲置资金，提高企业集团技术改造水平，不能把财务公司办成短期融资为主的商业银行。

5. 提高金融业对外开放水平

在华外资金融机构是我国金融业不可缺少的组成部门。我国金融业扩大对外开放将遵循的原则是：第一，平等竞争、互惠互利。引进外资金融机构，促进我国金融业的改革和发展。同时，支持国内金融机构到国外开拓金融业务，提高我国金融业参与国际竞争的能力，扩大中国与世界各国的经济和贸易合作。第二，中国与世界各地的贸易往来和经济合作是对外金融开放的基础，金融业的开放应与贸易和经济合作的发展水平相适应。第三，对外金融开放要与我国金融监管水平相适应。严格掌握市场准入条件，引进资信好、实力强、管理水平高的金融机构。第四，在税收、服务、监管等方面，对外资金融机构逐步实现国民待遇。1979年，日本长期信用银行在北京设立了第一家外资金融机构代表处。目前在华外资银行营业性机构有175家，资产总额为354亿美元，外汇贷款总额为270亿美元，外资银行的外汇贷款占境内全部外汇贷款的近1/4。8个国家的9家保险公司在中国设立了12家营业性机构，其中10家已经开业。

（三）完善和规范金融市场，改革外汇管理体制

实践证明，金融市场的建立和发展，对优化资源配置，搞活资金融通，提高资金使用效率，筹措长期资金，建立现代企业制度具有重要意义。

金融市场一般由货币市场和资本市场两个部分组成。资本市场是指证券融资和经营一年以上中长期资金借贷的金融市场，包括股票市场、债券市场、基金市场和中长期信贷市场等，其融通的资金主要作为扩大再生产的资本使用，因此称为资本市场。作为资本市场重要组成部分的证券市场，具有通过发行股票和债券的形式吸收中长期资金的巨大能力，公开发行的股票和债券还可在二级市场自由买卖和流通，灵活性强。货币市场是经营一年以内短期资金融通的金融市场，包括同业拆借市场、

票据贴现市场、回购市场和短期信贷市场等。资本市场和货币市场都是资金供求双方进行交易的场所，是经济体系中聚集、分配资金的"水库"和"分流站"。但两者有明确的分工。资金需求者通过资本市场筹集长期资金，通过货币市场筹集短期资金。我国的金融市场不断扩大和多样化，逐步形成了以同业拆借市场和外汇市场为主的货币市场和以股票和国债交易为主的证券市场。

我国金融市场改革的方向是：建立统一开放、有序竞争、严格管理的金融市场体系。新的金融市场具有以下特点：统一的金融市场又是分层次运行的，分为在全国范围配置资源的高层金融市场和在区域范围内配置资源的中、低层金融市场。新的金融市场体系，使货币市场和资本市场的容量扩大，改过去平调为通过市场性金融工具集中资金。在中央银行的严格管理下，进入市场的主体要明确界定，规范其资格和行为。同层次市场资金的双向流动与分层次市场资金的单向流动共存，使国家可以控制资金流向，使货币市场基本平衡。资本市场严格控制一级市场，适当放开二级市场，在中央银行调控下保持两大市场之间的基本平衡。

发展证券市场是建立社会主义市场经济体制的必然要求。建立发展健康、秩序良好、运行安全的证券市场，对我国优化资源配置、调整经济结构、筹集更多的社会资金、促进国民经济发展具有重要的作用。加强监管，规范运作，是证券市场健康发展的保证。中央决定，建立全国统一的证券期货监管体系，由中国证监会统一负责对全国证券、期货业的监管。这是对证券监管体制进行的重大改革。

《中华人民共和国证券法》的实施，是我国证券市场法制建设进程中的重要里程碑。证券法确立的证券市场的行为规则，体现了国家意志，符合投资者、经营者、发行人的共同利益，对每个证券市场的参与者都有约束力。在一系列的规则中，应当充分重视和坚持：证券市场活动中的公开、公平、公正原则；一切发行和交易行为都必须遵守法律、依法办事的原则；既要依法保护投资者的合法权益，又要使投资者树立风险意识的原则；严禁内幕交易、欺诈客户、操纵市场行为的原则；在依法加强对证券市场监督管理的同时，监督管理者也应依法办事，提高透明度，接受监督的原则；在证券市场的各个环节、各相关机构必须履行法定职责，保证发行和交易信息的真实、准确、完整的原则；严厉惩处违法行为，维护市场秩序，维护社会公众利益的原则等。在证券市场的活动中贯彻这些原则，对于维护规范、有序的证券市场，促进这个市场稳定、健康地发展，是十分必要的。

在加快发展和加快改革的形势下，深化外汇体制改革是经济发展的客观要求。保持人民币汇率稳定，逐步使人民币成为可兑换货币是我国外汇体制改革的目标。1993年11月中共中央《关于建立社会主义市场经济体制若干问题的决定》指出：建立以市场为基础的有管理的浮动汇率制度和统一规范的外汇市场，逐步使人民币成为可兑换的货币。中国坚持实行以市场供求为基础的、有管理的浮动汇率制度，保持人民币对世界主要币种加权平均汇率的稳定。1994年我国外汇管理体制进行了重大改革，汇率顺利实现了并轨。1996年12月，提前实现了人民币在经常项目下的可兑换。建立银行间外汇市场，实行银行结售汇制，取消外汇留成和上缴。取消外汇收支的指令性计划。国家主要运用经济、法律手段实现对外汇国际收支的宏观调控。停止发行和使用外汇券。同时，对资本项目外汇收支实行严格的管理。逐步放松资本项目外汇管制，最终实现包括资本项目可兑换在内的人民币自由兑换，是我国外汇体制改革的最终目标，还需要较长的过程。实践证明，这样有利于我国控制外债总量和结构，也有利于维护外国投资者的利益，得到国际社会充分肯定。

改革开放以来特别是近几年来，我国金融体制改革迈出了重大步伐，金融对外开放不断扩大，加强金融监管，改进金融服务，取得明显成效，对加强和改善宏观调控、治理通货膨胀、促进经济发展、保持社会稳定，发挥了重要的作用。同时，也必须清醒地看到，目前金融领域还存在不少矛盾和问题。我们在抑制通货膨胀过程中，积累了宝贵的经验，取得了明显的成效，但国内外形势发生了一些新变化，我国经济发展面临着较为复杂的外部环境，金融体制还不适应社会主义市场经济发展新形势的要求。当前金融紧缩是物价持续下降、各方面都感到资金非常紧张、社会投资增长缓慢、消费需求乏力的根本原因。要采取积极稳健的措施增强货币政策对经济增长的促进作用。在加强防范和化解金融风险的同时，建立信贷激励机制。促使国有商业银行不仅把考察放贷的安全性、可靠性放在第一位，而且重视信贷项目的市场前景、可行性，提高银行资金的效率和效益，加快资金周转。

扩大内需：一项重要的战略方针[*]

一 扩大内需对保持经济快速增长具有决定性作用

1998年经济运行中遇到的突出问题，是亚洲金融危机使我国出口的增长速度大幅度下降。年初预计出口增长10%，但到5月份却出现了负增长，出口对经济增长的拉动作用明显减弱；严重的洪涝灾害使灾区人民的生命财产遭受重大损失，运输和生产都受到影响；我国经济已经连续5年增长速度缓慢回落，为遏制下降的惯性，实现经济增长速度的止跌回升，需要付出很大的努力；随着全面买方市场的出现，活跃市场、促进经济发展的难度进一步加大。面对重重困难，中央提出了一系列扩大内需的政策措施，并根据经济运行的实际情况不断完善和加大了力度。一是调整投资计划，扩大投资规模。全社会固定资产投资增长幅度由原来的10%调整到15%以上。集中力量加快农林水利、铁路、公路、通信、环保、城市基础设施建设。二是拓宽投资领域，加大投资力度。6月份，国务院决定在加强上述领域建设的同时，增加国家直属储备粮库、城乡电网、城市经济适用住房及生态环境建设的投资。三是实施积极的财政货币政策，落实建设资金。中央财政发行1000亿元10年期的长期国债，补充和增加基础设施

---

[*] 本文原载《人民日报》1999年1月12日。

建设项目资本金，同时吸引商业银行贷款1000亿元。四是进行抗洪抢险和灾后重建。大力开展生态环境建设，在长江、黄河上中游封山植树，停止砍伐，进行"坡改梯"，建设干支流控制性工程。对长江中下游实行分类规划，退田还湖，平垸行洪，提高行洪蓄洪能力，建设高标准堤防。

为了充分发挥基础设施建设对经济增长的拉动作用，尽可能在当年多形成一些工作量，国务院各部门、各地方、银行和施工单位争分夺秒，做好项目前期工作，力争资金早到位、早开工。进入下半年后，投资增长速度逐月加快。1—11月，国有单位投资完成15035亿元，比上年同期增长22.3%，增长速度比上年同期快10个百分点。全年全社会固定资产投资约完成28680亿元，比上年增长15%。国家重点建设项目得到加强，完成情况明显好于往年。到10月底，118个重点项目完成年计划投资的76%。投资的增加有效地拉动了经济增长，扩大内需的政策取得明显成效。8月份，工业生产增长速度开始回升，同比增长7.9%，比7月份加快0.3个百分点。第三季度国内生产总值同比增长7.6%，比第二季度快0.8个百分点，出现了5年多来由降转升的拐点。第四季度，经济回升的势头进一步加快，全年实现了7.8%的增长目标。

1998年，我们之所以能够战胜意想不到的困难，保持经济的快速增长，扩大内需政策的实施起到了决定性作用。新增1000亿元国债投资，加上由其带动的银行贷款等各项投入，按当年完成60%的工作量计算，可以拉动经济增长两个百分点左右。我们在取得"软着陆"的成功经验之后，又开始摸索出启动经济的有效办法。事实又一次证明，以江泽民为核心的党中央，具有在复杂情况下果断正确决策的能力，能够熟练地驾驭宏观经济。

扩大内需虽然取得了预期目标，但也应看到：1998年扩大内需是以扩大投资为主，消费的增长仍比较缓慢；在投资的增长中，国有单位投资增长很快，而非国有单位投资增长预计为零，甚至可能为负增长；新增投资的重点是基础设施建设，这是一个最佳的选择，但产业结构升级的进展迟缓；投资资金的增加主要靠财政手段的拉动，这作为短期对策是必要的，但继续扩大投资需要有货币政策的配合。当然，这些问题需要今后在继续扩大内需中研究解决。

二 把扩大内需作为我国经济发展的基本立足点

扩大内需作为实现我国经济长期持续快速健康发展的客观要求，应当成为促进我国经济发展的一项带根本性的方针，成为经济发展的基本立足点。

只有坚持扩大内需，才能把我国经济增长的巨大潜力不断挖掘出来。我国作为一个发展中大国，目前人均国内生产总值只有 800 多美元，刚刚进入世界中低收入国家的行列。我国同发达国家的差距很大，这种差距就是发展的潜力。外商来中国投资，正是看中了这种巨大的潜力，问题在于如何把这种潜力挖掘出来。在目前的低水平下，我国经济发展就开始受到市场需求的制约，完全是消费体制和消费政策不合理带来的，应通过对需求的调节，使之对经济增长保持必要的拉动力。应当看到，在传统计划经济体制下，由于需求缺乏市场约束，所以防止需求膨胀的问题困扰了我们几十年。而在市场经济体制下，对投资和消费的约束机制已初步建立起来，根据供给能力的增长，适时扩大需求，开拓需求领域，已成为宏观调控和需求管理面临的新课题。

我国的高储蓄率为扩大国内需求提供了条件。我国人民有节俭的传统，始终保持着较高的储蓄率。特别是 1992 年以来，城乡居民储蓄存款余额以年均 8000 亿元的速度增加，由 1.15 万亿元增加到 5 万多亿元，加上各类金融证券，居民个人金融资产已超过 8 万亿元。把这笔巨额资金引导好，合理地使用于投资和消费，就可以将潜在需求转化为现实需求，将长远需求转化为即期需求，从而对当前的经济增长起到有力的拉动作用。关键是要采取有效措施，把居民储蓄运用好，使之加快运转，提高资金使用效益。同时，积极利用外资，也是增加国内投资需求的重要途径。

只有坚持扩大内需，才能使人民生活水平不断提高。扩大出口、增加国外需求的最终目的，是为了增加国内需求，提高国内生产能力，满足国内消费水平提高的需要。扩大国内需求，特别是扩大国内消费需求，将直接使广大人民受益。而人民消费水平的提高，有利于实现生产、消费的良性循环，有利于提高人民的劳动积极性，从而形成推动经济增长的强大动力。目前我国人均消费仍处在较低水平，应集中力量把"蛋糕"做大，改善人民生活。全国有9亿人口在农村，如能把他们的消费水平提高到目前城镇人口的水平，就可以支撑我国的经济总量增长2—3倍。

只有坚持扩大内需，才能在国际环境变化的情况下保持经济的稳定增长。目前，世界经济的发展出现了许多新的变化和特点。亚洲金融危机的影响继续存在，全球经济特别是贸易增长速度减慢。国际经济结构加速重组，知识经济迅速发展，传统产品生产能力普遍过剩。贸易保护主义抬头，贸易壁垒明显增加。随着国际资本流动的加快，世界经济发展的不确定性增多，我们宁可把事态估计得更严重一些，特别是亚洲各国因货币贬值使出口竞争力增强，会给我国出口带来更大的压力。我们应立足于扩大国内需求，以弥补出口增长受阻所造成的不利影响，把经济发展的主动权掌握在自己手中。

三　1999年扩大内需的重点和主要任务

继续增加投资，确保基础设施工程质量。继续实行扩大内需政策，要进一步增加固定资产投资规模，保持投资的较快增长。除了增加国有单位投资，要大力增加非国有单位投资。改革开放20年来，非国有单位投资年均增长28.6%，比国有单位高10.2个百分点，对推动经济增长发挥了重要作用。1998年非国有单位投资增长速度大幅度下降，是很不正常的，必须采取有效措施，改变这种状况。应在贷款、直接投资和投资方向等方面，为非国有单位投资的增长创造适宜的政策环境。

基础设施建设的注意力应集中到加强项目管理，确保工程质量上来。通过强化行政领导，严格项目法人责任制，推行规范的招标制和监理制，以及利用社会舆论监督等多种措施，保证工程质量。

加快结构调整力度，积极培育新的经济增长点。结构调整作为当前经济工作的一项紧迫任务，必须进一步加大工作力度，以推进产业结构升级，提高经济增长的质量和效益。一是积极利用先进技术改造和提高传统产业。淘汰落后的工业技术和生产设备，压缩剩余的生产能力。二是大力振兴装备制造业。结合加快基础设施建设，依托国家重大建设项目，抓好国外先进技术的引进、合作设计、合作制造，提高自主开发能力，推进关键设备的自主化生产，提高装备工业的技术水平。三是发展新兴产业和高技术产业，提高技术密集型产业在国民经济中的比重。探索高技术创业投资机制，试行高技术产业项目融资，支持高技术产业示范工程建设，加快电子信息产业发展。

把促进消费作为扩大内需的重要措施，使投资和消费双向启动。投资作为中间需求，只有同扩大最终消费结合起来，促进消费需求的不断增长，才能使投资取得预期效益，实现社会再生产的良性循环。增加消费需求，必须进一步完善收入分配结构和分配制度，提高城乡居民特别是中低收入者的购买力。合理引导居民心理预期，鼓励不同收入水平的居民增加消费，活跃市场。

吃穿用住行，是人类最基本的物质生活消费。目前城镇居民吃穿用的需求已基本得到满足。按吃穿用结构升级的一般规律，消费热点从千元级的家电向万元级的住房和汽车等高价值商品转移，住和行的消费需求将不断扩大，围绕满足住行需求的相关产业将出现一个高速增长时期，从而成为新的经济增长点。但由于体制和政策等因素，在城镇住行的消费方面，福利型、供给型和集团型的消费方式至今仍未打破，用于住行的消费品和消费行为，仍未完全纳入个人商品消费领域，使这两个方面的消费需求处于被压抑的畸形发展状态，围绕住行的相关产业也不能得到正常充分的发展。

改善居民住行条件，应当统筹考虑解决。目前中心城市房地产价格过高，主要是由于缺乏快捷交通工具，居住过于集中，造成地价过高。如果在城市郊区依山傍水的地方修筑配套齐全的住宅区，用轻轨或高速公路与市区连接，广大居民会自愿选择住在空气清新、安静幽雅的郊区。这将有效地抑制城市中心过高的地价，促进围绕住行的各个产业在相互依托中健康发展。

大力开拓农村市场。要以加快农村电网改造为契机，扩大家电产品在农村的普及率。加强水、路、通信等基础设施建设，改善农村消费环境。积极开发和生产适销对路的农业机械和各类生产资料，如节水灌溉、粮食烘干、田间作业、农产品加工、运输等设备。稳步发展小城镇，带动农村第二、三产业的发展和农业产业化，促进农村经济结构的调整。

进一步拓宽消费领域，推进非义务教育、医疗保健和社区服务的产业化。在不要国家投入的前提下，鼓励民间办学，发展各级各类教育，使所有愿意学习的人都能有学习的机会。社区服务是一个亟待发展的领域。发达国家社区服务的从业人员一般占全社会从业人员的30%左右，我国才刚刚起步。休闲旅游消费已在我国悄然兴起。1997年，国内旅游收入达2112亿元。据抽样调查，80%的城市居民曾到市外旅游。应进一步为第三产业的发展创造良好的政策环境。

在继续实行积极的财政政策的同时，必须辅之以适当的货币政策。运用财政政策启动经济，见效快，易于操作，对经济增长的拉动作用明显。我们要继续积极运用财政政策，扩大投资需求和消费需求，促进供给结构的优化。适时适度扩大财政举债规模，并更多地运用贴息等手段，发挥财政杠杆对全社会资金的引导作用。1998年财政赤字占国内生产总值的比重约为2.2%，低于3%的国际警戒线。年底债务余额占国内生产总值的比重约为10.3%，远远低于发达国家的债务水平，增发国债还有一定的余地。目前物价已连续15个月负增长，不用担心出现通货膨胀。与此同时，在保持贷款能够按时回收的前提下，根据扩大内需的要求，适当增加货币供应，切实做到防范金融风险与扩大信贷投入的有机统一，兼顾安全性、效益性和流动性。改进金融服务，拓宽信贷渠道，提高项目评估质量，制定具体办法，增加对中小企业的贷款。

化通胀压力为产业升级动力[*]

2010年，我国经济成功实现了由回升向好到平稳较快增长的转变，但通货膨胀压力也随之加大。2011年是实施"十二五"规划的开局之年。我们要在加快转变经济发展方式上取得新进展，保持经济又好又快发展的局面，并通过推进经济结构战略性调整为今年乃至今后5年、10年的经济平稳较快发展奠定坚实基础，必须按照去年底召开的中央经济工作会议精神，实施积极的财政政策和稳健的货币政策，增强宏观调控的针对性、灵活性、有效性，在保持物价总水平基本稳定的同时下大力气把社会资金引导到符合转变经济发展方式要求的方向上来，把通胀压力转变为产业升级的动力。

一 当前通胀压力分析

2010年，我国居民消费价格同比上涨3.3%。这是在2009年下降0.7%的基础上出现的，总体上仍处于正常范围之内。而且，由于2010年下半年中央及时采取了抑制物价的各项措施，CPI（居民消费价格指数）逐月攀升的势头有所改变，12月价格走势出现拐点，由上月的同比上涨5.1%下降

---

[*] 本文原载《人民日报》2011年2月23日。

为4.6%。通过分析可以看出，2010年价格变动的特点主要表现为结构性和输入性上涨。CPI上涨最快的11月，食品价格上涨占涨价因素的74%，住房价格上涨占涨价因素的18%，二者共占92%。所以，2011年要保持物价总水平基本稳定，应把重点放在抑制食品价格和住房价格上涨上。进口矿产品价格上涨对国内工业品出厂价格上涨形成了较大压力，全年原材料、燃料、动力购进价格同比上涨9.5%，推动工业品出厂价格同比上涨5.5%。

抑制食品价格上涨是2011年保持物价稳定的重中之重，其中最重要的是控制城市蔬菜价格。为此，有必要重新强调"菜篮子市长负责制"。在20世纪90年代中期通胀严重时，各大城市大力实施"菜篮子工程"，对抑制通胀发挥了重要作用。现在，许多菜地已经变成了大楼，城市蔬菜供应主要依靠外地长途运输。这在造成大量能源浪费和货物损耗的同时，也拉高了蔬菜价格。因此有专家建议，应把"菜篮子市长负责制"延伸为"菜园子市长负责制"。这是有道理的。

稳定物价的第二个重点，是抑制城镇住房价格。住宅业的发展应以党的十七大提出的实现"住有所居"为目标。住宅是商品，同时带有公共产品性质，不能成为投资炒作的对象。日本房地产泡沫破灭的教训应当牢牢汲取。在某种程度上，房地产市场的稳定影响着整个市场的稳定，而市场的稳定又影响着社会稳定。我们要实现经济社会长期稳定发展，就一定要避免形成房地产泡沫。2010年以来，中央已经3次发文，就稳定城镇住房价格提出政策措施，并已取得初步成效。现在的关键是强化地方政府的责任，控制土地价格，大幅度增加保障性住房供给。只要贯彻落实中央的决策部署，就一定能够建立起中国特色城镇住房制度，在保持房价稳定的前提下，实现房地产业繁荣发展。

近几年，我国进口铁矿石等矿产品价格连年大幅度上涨，国内钢铁企业不堪重负。解决这个问题的一个重要途径，就是扩大海外投资规模，获得更多的海外资源的勘探权和开发权，建立稳定的海外资源供应渠道，以打破跨国公司对价格的垄断。为此，不仅应鼓励大企业"走出去"，而且应鼓励中小企业"走出去"。应加大对企业特别是中小企业"走出去"的外汇支持力度。中小企业拿到资源勘探权和开发权之后，可以同大企业联合起来，并与政府的援助贷款相结合，形成"走出去"的合力。争取经过若干年的不懈努力，改变进口资源价格受制于人的局面。

二 把过剩资金引导到结构调整和产业升级上来

近两年，为应对国际金融危机的冲击，我国实施宽松的货币政策，加上外汇储备增加较多迫使央行增发基础货币，导致银行流动性过剩加剧，从而加大了通胀压力。对此，应采取积极措施予以化解，并努力把不利因素变为有利因素。这就要采取有力手段，把过剩的资金引导到结构调整和产业升级上来。具体来说，应引导社会资金投资于以下几个方面。

投资于资本市场，尽快把资本市场做大做强。我国资本市场发展时间不长，相对于银行金融市场仍属于薄弱环节。应利用流动性过剩的时机，尽快使资本市场发展壮大起来。应加快企业上市机制改革，进一步扩大上市企业数量，鼓励在海外上市的中资企业回归A股市场，逐步开放在境内投资的外资企业在境内上市，降低创业板、中小企业板上市的门槛，建立场外交易市场及其与创业板的转板机制，完善多层次的资本市场体系。重点发展合格机构投资者，规范市场交易行为，增强资本市场对投资者的吸引力。通过做大做强资本市场，充分发挥其优选企业、配置资本和调节分配的功能，起到产业升级发动机和资金蓄水池的作用。

投资于战略性新兴产业，以自主创新带动产业升级。加大财税支持力度，发挥财政资金引导和调动社会投资积极性的作用，鼓励银行和企业把资金投向新一代信息技术、节能环保、新能源、生物、高端装备制造、新材料、新能源汽车等战略性新兴产业。设立战略性新兴产业发展专项基金，集中支持重大产业创新发展工程、重大应用示范工程。完善和落实国家鼓励技术创新的各项政策，鼓励企业把更多的资金投入科研开发，掌握自主知识产权和形成自主品牌。大力发展风险投资公司和股权投资基金，支持技术成果的工程化、产业化。建立政府创业投资引导基金，扶持发展创业投资。扩大中小企业集合债券发行规模，允许战略性新兴产业的骨干企业发行企业债券。推动信贷方式创新，开展知识产权质押融资、产业链融资等。

投资于公用事业和基础设施，加快社会发展和城镇化。教育、医疗等社会事业和城市基础设施长期处于供给不足状态，严重制约着居民生活质量和城镇化率的提高。之所以如此，重要原因在于这些领域主要依靠政府投资，而政府财力不足。应开辟新的公用事业投资资金来源渠道，建立公用事业投资基金，采用 BOT（即建设、经营、移交）等成熟的投资运营方式，把社会资金引导到公用事业和基础设施投资上来。应鼓励民办学校、民办医院的发展，以满足多层次的需求。应加快高速铁路建设，完善现代综合运输体系。城市地铁建设可借鉴香港的模式，在地铁站口划出一定土地交由地铁公司进行商业经营，以其利润补贴地铁亏损，避免由政府背上公交亏损补贴的包袱。垃圾、污水处理等也可采取新的建设运营模式，实行市场化、企业化经营。据测算，每增加一个城镇人口，需要的潜在公用事业投资需求为 10 万元左右。如果城镇化率每年提高 1%，即增加 1000 多万城镇人口，就需要 10 多万亿元的公用事业投资。加大公用事业投资，既可为闲置资金找到出路，又可扩大居民消费，推动城镇化进程。

投资于第三产业，重点加快生产性服务业发展。我国第三产业发展长期滞后。到 2009 年，第三产业增加值仅占 GDP 的 43%，就业比重仅为 34%，比世界平均水平低十几个百分点。第三产业发展滞后，不仅加大了就业压力，而且制约了第一、第二产业的发展。因此，加快发展第三产业是加快转变经济发展方式的一项重要任务。应重点支持营销、物流、咨询、法律、会计、审计、技术市场、价格评估、服务贸易等生产性服务业的发展。特别应鼓励群众创业。根据第三产业小企业多、个体户多的特点，应建立面向小型、微型经营主体的小额贷款体系。应贯彻落实去年国务院关于鼓励民间投资的若干规定，尽快制定允许民间资金发起设立小型金融机构的实施细则。对个体户和创业者应实行减免税政策。据测算，如果能将个体经营户的纳税起征点从目前的月营业额5000元提高到10000元，就可使2000万人受益，并大大改善创业环境，而减少的税收只有不到10亿元。应鼓励发展连锁配送、网上交易等新型业态，尽快使第三产业有一个较大幅度的增长。

投资于农业现代化，培育新型农业投资经营主体。我国农业现代化的条件已经成熟，加快农业现代化面临着良好机遇：一是资金充裕，大量资金正在寻找投资出路；二是农业劳动力转移有出路，不少地方存在招工难；三是优质、绿色农产品需求旺盛，农业发展有市场支撑。实现农业现代化需要大量资金投入，仅仅依靠农业自身积累和政府财政投入是远远不够的。应创新机制，把大量社会资金引入农业现代化建设。为此，需要培育新型农业投资经营主体，包括家庭农场、农业合作社、农业公司等，发展规模化、集约化农业；对农户的承包地和宅基地应当确权颁证，依法维护其用益物权，推动土地承包经营权有序流转。应建立城乡发展一体化的新体制，充分发挥城市对农村的带动作用。农业现代化不仅将带来农业劳动生产率的大幅度提高，而且将有力带动相关工业的发展，并促使大批劳动力从土地上解放出来，支持第二、三产业发展，促进农村人口向城市转移，进而形成城乡协调发展的新局面。

投资于海外，把外汇储备转变为物质资源储备。我国外汇储备雄厚，工业生产能力过剩。扩大海外投资可以收到四大功效：一是到海外发展加工贸易，可以创造新的出口需求；二是到海外并购一些具有较好科技资源的企业，可以尽快提高自主创新能力；三是到海外获得较多的能源资源勘探权、开发权，可以缓解经济长远发展的能源资源瓶颈；四是把外汇的货币债券储备变为物质资源储备，可以有效规避外币贬值风险。因此，应采取有效举措，满足企业"走出去"对外汇的需求。

加强经济增长、结构调整与物价稳定的统一协调[*]

"十二五"时期是全面建设小康社会的关键时期,是深化改革开放、加快转变经济发展方式的攻坚时期。2011年是"十二五"开局之年,继续保持良好的发展势头,对于完成"十二五"各项目标任务至关重要。我们要抓住当前经济中出现的主要问题,保持宏观经济政策的连续性、稳定性,提高针对性、灵活性、有效性,特别是要处理好保持经济平稳较快发展、调整经济结构与保持物价总水平稳定三者之间的关系,在转变经济发展方式上迈出实质性步伐。

一 在稳物价和调结构中实现经济的较快发展

"十一五"时期,尽管受到国际金融危机的冲击,我国经济年均增长速度仍然高达11.2%。在经历了新一轮快速增长期之后,经济生活中也积累了一些矛盾和问题。突出的是,通货膨胀压力加大,投资与消费比例失衡加剧,第三产业发展严重滞后,经济增长过度依赖物质资源消耗,经济与社会发展不平衡,城乡发展差距继续拉大,生态环境亟待改善。这些问题如不能及时予以解决,不仅会影响到近期的经济稳定,而且关系到长期

---

[*] 本文原载《求是》2011年第9期。

的可持续发展。因此，在今年的经济工作中，必须把解决好当前矛盾同解决长远发展问题有机结合起来，加强经济增长、结构调整与物价稳定三者间的统一与协调，在稳定物价和调整结构中实现经济的平稳较快发展。

保持经济的平稳较快发展，是对今年经济工作的基本要求，也是解决各类矛盾的关键所在。抑制部分商品价格过快上涨，需要短缺产品的生产有一个较快增长。调整经济结构，也需要在生产中依靠对增量的调节来解决。特别是要实现扩大居民消费这一目标，必须通过扩大就业来增加居民收入，这就更需要保持较快的经济增长速度。应当看到，今年保增长的任务相当艰巨，主要困难在于我们可能会遇到需求不足的问题。一是前两年政府启动的4万亿投资计划到今年已经基本结束，民间投资去年虽有较快增长，但能否弥补政府投资刺激政策退出所带来的影响，尚难以确定；二是汽车、住房两大消费热点因各种原因开始降温，销售的增长幅度已经在下降，对经济增长的拉动作用有所减弱；三是为抑制通胀央行几次加息，控制贷款规模，在一定程度上制约了投资和消费的增长；四是发达经济体复苏缓慢，其进口需求近期难有大的增长，再加上贸易保护主义的不利影响，可以预计我国出口的增长速度短期内难以恢复到危机前的水平。因此，如何保持总需求的稳定增长，为经济的平稳较快增长提供足够动力，是今年宏观调控必须高度关注、需要妥善处理的问题。

对经济结构进行战略性调整，是保持物价稳定和实现经济长期较快增长的根本途径，是转变经济发展方式的重要举措。只有深谋远虑方能消除近忧。党的十七大提出要加快转变经济发展方式，正是从长远出发做出的重大战略决策。按照加快转变经济发展方式的要求，我们要在今后5年，全力实现"六大转变"：一要大力调整需求结构，实现经济增长主要由投资、出口拉动向消费、投资、出口协调拉动转变，增强消费对经济增长的拉动作用；二要调整供给结构，实现经济增长主要由第二产业拉动向第

一、二、三产业协调拉动转变，着力发展第三产业；三要调整要素结构，实现经济增长由主要依靠物质资源消耗向主要依靠技术进步、改善管理和提高劳动者素质的方向转变，以自主创新带动产业升级；四要调整经济与社会发展结构，改变社会发展严重滞后于经济增长的局面，大力发展社会事业；五要调整城乡结构，改变城乡差距不断拉大的趋势，建立城乡一体化发展新格局；六要调整内外经济结构，实现由"引进来"为主向"引进来"与"走出去"并重的方向转变。只有实现了这些转变，我们才能增强自身的承受能力，从容应对工资水平提高所带来的成本上升，有效化解通胀压力。更重要的是，能否在这6个方面取得实质性突破，不仅关系到今后5年经济的平稳较快发展，而且关系到未来10年、20年的发展，关系到我国能否成功跨越"中等收入陷阱"、迈入高收入国家行列。

稳定物价总水平，是今年宏观调控的首要任务，也是保增长与调结构的重要前提。当前物价上涨较快的趋势明显，居民消费价格在去年上涨3.3%的基础上，今年1、2月份同比上涨4.9%，3月份突破5%，通胀预期明显增强。物价的稳定关乎经济的稳定，只有保持物价基本稳定，才能为投资和消费创造良好的市场环境，为结构调整带来必要的市场压力。因此，稳定物价在一定程度上关系到转变经济发展方式这一战略任务的顺利完成。稳定物价需要从经济总量上适度控制总需求，在经济增长速度上做出一些牺牲。今年把经济增长的预期目标定在8%左右，把居民消费价格涨幅定在4%左右，就是充分考虑了这一要求。

二 按照加快转变经济发展方式的要求引导资金投向

2008年，为应对国际金融危机的冲击，我国实行了较为宽松的货币政策，加之外汇储备增加较多迫使央行增发基础货币，这就造成了当前流动性过剩，通胀压力加大。同时，"十二五"时期经济结构的战略性调整又需要大量资金。在此背景下，只有通过优化信贷结构，发展资本市场，把过剩的流动性引导到结构调整所需要的方向上来，才能既支持产业升级和转变经济发展方式，又有效地化解通胀压力，发挥一箭双雕的效应。具体来说，要着力把社会资金引导到以下几个方面。

引导社会资金投入到资本市场。我国资本市场相对于银行金融市场仍然比较落后。在企业资金来源中，分别来自资本市场和银行贷款的资金比例约为3∶7，而发达国家的这一比例约为7∶3；在资本市场中，债券市场融资与股票市场融资的比例在发达国家一般为7∶3，而我国的债券市场融资才刚刚起步。这就使得企业的融资成本偏高，金融风险过度集中于银行，大量非上市企业融资渠道不畅。因此，我们应抓住当前流动性过剩的机遇，尽快把资本市场做大做强。要加快企业上市机制改革，扩大上市企业数量，鼓励在海外上市的中资企业回归A股市场，逐步开放在境内投资的外资企业在境内上市，降低创业板、中小企业板上市门槛，建立场外交易市场及场外交易市场与创业板的转板机制，完善多层次的资本市场体系。规范市场交易行为，增强资本市场对投资者的吸引力，使资本市场优选企业、配置资本、调节分配的功能得到充分发挥，从而起到产业升级发动机和资金蓄水池的作用。

引导社会资金投入到战略性新兴产业。要加大财税政策对自主创新和战略性新兴产业的支持力度，发挥财政资金引导和调动社会投资积极性的作用，鼓励银行和企业投向新一代信息技术、节能环保、新能源、生物技术、高端装备制造、新材料、新能源汽车等战略性新兴产业。应设立战略性新兴产业发展基金，支持重大产业创新发展工程、重大应用示范工程。完善和落实国家鼓励自主创新的各项政策，鼓励企业增加研发投入，掌握自主知识产权和形成自主品牌。大力发展风险投资公司和股权投资基金，支持技术成果工程化、产业化。建立政府创业投资引导基金，扶持发展创业投资。扩大中小企业集合债券发行规模，允许战略性新兴产业的骨干企业发行企业债券。推动信贷方式创新，开展知识产权质押融资、产业链融资等。

引导社会资金投入到公用事业建设。据测算，每新增一个城市人口，潜在公用事业投资需求即为10万元左右，如果每年增加2000万城市人口，就需要2万亿元左右的公用事业投资。我国的教育、医疗等社会事业和城市基础设施长期处于供给不足状态，严重制约着居民生活质量和城市化率的提高。加大公用事业投资，既可以扩大居民消费、推动城市化进程，又能够为闲置资金找到出路。但一直以来，这些领域主要靠政府投资，在政府财力不足的情况下，只能依靠土地出让金和以地方财政为担保的融资平台取得收入，前者已成为推高房价的重要原因，后者则蕴藏着很大的风险，都是不可持续的。为此，我们要开辟新的公用事业投资资金来源渠道。建立公用事业投资基金，采用特许经营权包括"建设—经营—转让"（BOT）、"建设—转让—经营"（BTO）等投资运营方式，把社会资金引导到公用事业和基础设施投资上来。鼓励发展民办学校与医院。加快高速铁路建设，完善现代综合运输体系。加快城际铁路建设，以适应城市群发展的需要。在城市地铁、水务和垃圾处理等领域，也可采取新的建设运营模式，实行市场化、企业化经营。

引导社会资金投入到第三产业。到2009年，我国第三产业增加值仅占GDP的43%，提供就业的比重为34%，比世界平均水平低十几个百分点。第三产业发展的长期滞后，不仅加大了就业压力，而且严重制约着第一、二产业的发展。我们要重点支持营销、物流、咨询、法律、会计、审计、技术市场、价格评估、服务贸易等生产性服务业的发展。根据第三产业企业小、个体户多的特点，应建立面向小型、微型经营主体的小额贷款体系。应以贯彻落实国务院关于鼓励民间投资的有关政策为契机，尽快制定允许民间资金发起设立小型金融机构的实施细则。同时，对个体户和创业者应实行减免税政策。根据测算，如果能将个体经营户的纳税起征点从目前月营业额5000元提高到10000元，就会使约2000万人受益，从而有效改善创业环境，而减少的税收却不到10亿元。还要鼓励发展连锁配送、网上交易等新型业态。总之，要通过多方努力，尽快使第三产业有一个较大幅度的增长。

引导社会资金投入到农业现代化建设。当前，加快农业现代化面临着千载难逢的机遇。一是社会资金充裕，大量资金正在寻找投资机会；二是农业劳动力转移有出路，许多地方出现"招工难"；三是对优质农产品需求旺盛，农业现代化有市场支撑。实现农业现代化需要大批资金投入，依靠农户自身积累和政府财政投入是远远不够的。只有创新机制，把大批社会资金引入农业现代化建设，才是唯一正确途径。为此，需要建立新型农业投资经营主体，包括家庭农场、农业合作社、农业公司等，农民可以土地承包经营权入股，发展规模化、集约化农业。对农户的承包地和宅基地应当确权颁证，依法维护其用益物权，推动土地承包经营权的有序流转。要建立城乡一体化发展的新制度，充分发挥城市对农村的带动作用。农业现代化将有力地带动农用工业的发展，并将大批劳动力从土地上解放出来，支持第二、三产业的发展，促进农村人口向城市转移，形成城乡协调发展的新局面。农业现代化还将有力地带动农业劳动生产率和土地产出率的提高，迎来生产力的又一次大解放，对缩小城乡差距将发挥决定性作用。

引导社会资金投入到海外能源资源投资和国际并购。我国外汇储备雄厚，工业生产能力过剩，扩大海外投资可以发挥四大功效：一是到海外发展加工贸易，可创造新的出口需求；二是到海外并购一些具有较好科技资源的企业，可尽快提高自主创新能力；三是到海外获得较多的能源资源勘探权、开发权，可缓解经济长远发展的资源约束；四是把外汇的货币债券储备变为物质资源储备，可有效规避外汇贬值风险。为此，建议中央银行将部分储备外汇转存于商业银行，由商业银行将外汇贷给企业，满足企业在"走出去"过程中对外汇的需求。

三　从增加短缺商品供给入手化解通胀压力

当前的物价主要表现为结构性和输入性上涨。在去年 CPI 上涨最快的月份中，食品价格上涨占涨价因素的 74%，住房价格上涨占 18%，两者加起来占到了 92%。因此，2011 年要保持物价总水平基本稳定，必须把重点放在抑制食品和住房价格上涨上来。物价的输入性上涨也非常明显，尤其是进口矿产品价格的上升对国内工业品出厂价格的上涨形成了较大压力，去年原材料、燃料、动力购进价格同比上涨 9.5%，推动工业品出厂价格同比上升了 5.5%。

抑制食品价格上涨是今年保持物价稳定的重中之重，其中最重要的是抑制城市蔬菜价格。为此，我们有必要重新强调"菜篮子市长负责制"。在 20 世纪 90 年代中期通胀严重的时期，各个城市大力建设菜篮子工程，对抑制通胀发挥了重要作用。10 多年过去了，大部分菜地已经变成了大楼，许多城市蔬菜供应的 70% 以上依靠外地长途运输，既造成大量能源浪费和货物损耗，也拉高了蔬菜价格。因此，有专家建议把"菜篮子市长负责制"延伸为"菜园子市长负责制"，这是有道理的。一般来说，大中型城市的蔬菜供应有 50%—60% 立足于本地，是经济合理的，也符合建设绿色城市的要求。

稳定物价的第二个重点是抑制城镇住房价格。住宅业的发展应以实现党的十七大所提出的"住有所居"为目标。住宅既具有商品属性和经济功能，更具有民生属性和社会功能，不能成为投机炒作的对象。日本房地产泡沫所带来的教训应当牢牢汲取。在某种程度上，房地产市场的稳定影响和决定着整个市场的稳定，而市场的稳定又影响和决定着社会的稳定。我们要实现经济社会的长期稳定发展，就一定要避免制造房地产泡沫。去年以来，国务院已经3次发文，就稳定城镇住房价格提出政策措施，并已取得初步成效。关键在于强化地方政府的责任制，控制土地价格，大幅度增加保障性住房供给。当前，要落实保障房的建设资金，确保今年1000万套保障房按时开工竣工，并重视建立保障房的享受和退出机制。

近几年，由于受跨国公司垄断，我国进口铁矿石等矿产品价格连年大幅度上涨。据有关机构测算，仅去年一年，我国付给外国公司的铁矿石超额垄断利润即达230多亿美元，国内钢铁企业已不堪重负。解决这一问题的办法，除了统一对外谈判，增强对进口价格的发言权，根本出路在于扩大海外投资规模，获得更多的海外资源的勘探权和开发权，建立稳定的海外资源供应渠道，以打破跨国公司对价格的垄断。不仅要鼓励大企业"走出去"，更要鼓励中小企业"走出去"。大企业办不成的事，往往中小企业能办成。中小企业拿到资源勘探开发权之后，要同大企业联合起来，并与政府的援助贷款相结合，形成"走出去"的整体合力。经过若干年坚持不懈的努力，方能改变进口资源定价受制于人的情况。

国际石油价格的上涨，是我们难以控制的。一方面要通过扩大海外投资来解决，另一方面要立足于利用好国内资源，特别是要把我国煤炭资源丰富的优势充分发挥出来。我国已掌握了煤炭直接液化与间接液化的技术，并建设了几条示范生产线，对污染物的排放业已找到处理办法，且其生产成本远远低于进口石油价格，已经具备大规模生产的条件。应研究考虑以煤炭液化替代石油进口的战略决策，这是有效降低对进口石油依赖程度的根本出路。

全面把握好经济工作中的几个辩证关系[*]

刚刚闭幕的中央经济工作会议分析了当前经济形势，明确了坚持稳中求进工作总基调，统一了全党认识。面对国内外纷繁复杂的经济局面，为了全面落实会议精神，实现经济发展目标，必须在实践中把握好几个重要的辩证关系，抓住关系全局的主要矛盾和矛盾的主要方面，促进事物朝着有利的方向转化。

一 努力把握好供给和需求的辩证关系

供给和需求是一对须臾不可分离的对立统一体，没有供给的需求是望梅止渴，没有需求的供给是无效供给。在研究供给时必须考虑需求的总量和结构，做到按需生产、适销对路。只有这样，产品的价值才能通过市场交换得以实现，社会再生产才能持续进行。同样，在研究需求时，必须考虑供给能力的可能性，使需求与供给能力相适应，才能避免需求膨胀引发通货膨胀，抑或需求不足引发通货紧缩。在计划经济年代，由于缺乏需求的有效约束机制，短缺成为经济运行的主要特征。在消除了短缺现象并建立了市场经济体制之后，需求对经济增长的约束作用逐渐强化。通过扩大

---

[*] 本文原载《求是》杂志2017年第四期，发表时有删节。

内需，为经济增长提供动力支持，是20世纪90年代后期以来特别是新世纪第一个十年出现高达两位数的黄金增长期的关键所在。当前出现的产能过剩，首先是供给结构上出了问题，即劳动密集型、资源密集型产品严重过剩，而技术密集型、知识密集型产品供给不足。同时，需求不足的问题也不容忽视。马克思在《资本论》中透彻分析了资本主义市场经济中周期性生产过剩危机产生的原因，指出生产能力无限扩张和广大居民有支付能力的需求之间的矛盾，是资本主义的基本矛盾，这个基本矛盾必然导致周期性生产过剩的危机。马克思揭示的这一规律，是市场经济的基本规律，我们建立了市场经济体制，就必然要受这一规律的支配。改革37年来，我国投资率不断攀升，由"六五"时期的年均33.9%上升到"十一五"时期的44.7%，高了10.8个百分点；同期最终消费率则由66.4%下降到48.8%，低了17.6个百分点。"十二五"时期投资与消费的结构虽有改善，但其失衡的局面仍未根本改变。由于投资的增长速度长期大幅度超过居民收入和经济的增长速度，导致有支付能力的消费需求的增长严重滞后于生产能力的增长，事实说明我们自觉不自觉地走上了生产能力脱离有支付能力的消费需求而不断扩张的发展道路，这是导致当前产能过剩的根本原因。投资与消费的比例，是国民经济最基本的比例关系，这一结构失衡，必然影响经济全局，使经济的持续发展受阻。所以，当前在宏观调控中，必须努力把握好供给和需求之间的辩证关系，要坚持以推进供给侧结构改革为主线，通过去产能、去库存减少无效供给，加快产业结构、产品结构的优化升级，补上供给短板。与此同时，要适度扩大总需求，特别是扩大有支付能力的消费需求，为经济增长提供强劲动力，在结构转换中实现稳增长。在内需与外需的关系上，应以扩大内需为主。因为外需归根到底从属于内需，是为内需服务的。2016年上半年，海外投资比去年同期增长67%，国内投资仅增长8%，在国内投资增长放缓特别是民间投资增长低迷的情况下，海外投资暴增，是不正常的。只有坚持以扩大内需为主，才能对稳增长、惠民生直接发挥作用，并为扩大外需提供实力支持。

二 努力把握好短期与长期的辩证关系

千里之行，始于足下。保持经济的长期平稳健康发展，必须把长远战略目标和近期行动计划有机结合起来，要有明确的中长期目标和短期目标，并有相应的长远战略举措和短期调控对策。实现中长期发展目标，必须坚持不懈地实施长远发展战略，主要通过财政政策促进供给总量的增加和供给结构的优化，提高全要素的生产率。短期调控主要通过货币政策调节需求总量，保持总供求的大体平衡，以实现经济的平稳增长。在宏观调控的实践中，必须通过计划，把二者有机结合起来。国家通过制定中长期发展规划、年度计划和专项计划，提出不同计划期内的发展目标、战略、方针、政策，为运用财政、货币等手段调控经济提供依据，保持计划、财政、货币三大调控杠杆的协调配合。在制定年度调控计划时，围绕经济增长速度、居民收入、物价、就业、财政、货币、投资、国际收支八大指标的平衡，综合考虑各方面因素，努力保持经济的持续稳定增长，避免经济的大起大落。投资需求属于中间需求，投资增长速度和投资结构关系到未来的供给能力能否适应需求的增长和需求结构的变化，关系到产业结构的优化升级和长期增长能力，需要运用财政和土地供应等政策，引导社会资金和信贷资金的投向，使之符合中长期发展规划的要求。多年宏观调控的经验证明，短期目标与长期目标是一个对立统一体，过分强调哪一个方面，都会造成顾此失彼，对经济发展带来不可估量的损失。过分强调短期增长目标，不切实际地追求高速度，急功近利，必将为长远发展埋下隐患，结果欲速则不达；过分强调长远战略目标，把长期任务不切实际地压缩到短期内完成，牺牲短期增长甚至造成增长失速，将引发系统性风险，这是急于求成的另一种表现。经验还证明，在经济偏热时，适当踩一下"刹车"，在经济偏冷时，适当踩一下"油门"，以熨平周期性波动，是宏观调控的艺术。这些成功的经验是长期有效的。在中国过去67年的发展历程中，一个最容易犯的毛病就是急于求成。毫无疑问，当前强调发展方式转变和经济结构转型，是一个中长期发展目标，特别是实现产业结构由资源密集型、劳动密集型为主向技术密集型、知识密集型为主转变，不是三五年或一个五年计划就能实现的。产业结构与经济发展阶段紧密相关，必须按照经济成长的客观规律不懈努力、循序渐进。在宏观调控实践中，一定要清醒认识哪些事情是短期可以做到的，哪些事情是需要经过长期努力才能做到的，在短期调控中注意长期发展方向，使经济结构逐渐优化而不是恶化，具体来说，就是按照转变发展方式的要求引导资金投向，既满足即期增长需要，又能促进结构优化。

三 努力把握好城市与农村的辩证关系

城乡发展差距拉大是当前国民经济中的主要矛盾。我国已进入中高收入水平，跨入高收入国家行列即人均GDP1.2万美元还有一个大台阶。许多国家在这个台阶前徘徊了几十年，落入了中等收入陷阱。我国能不能顺利跨上高收入台阶，是对中国共产党执政能力和社会主义市场经济体制的考验。从国际经验来看，凡是进入高收入行列的国家，有一个共同特点，就是成功地解决了城乡二元结构问题，第一、二、三产业的劳动生产率大体相同，城乡居民收入基本拉平。凡是落入中等收入陷阱的国家，一个共同特点，就是城乡差距长期得不到解决。目前我国第一产业的劳动生产率不足全社会劳动生产率的三分之一，由此决定城乡居民收入之比为2.7∶1，在差距如此之大的情况下，要跨入高收入国家行列，是很难做到的。

习近平总书记提出要努力实现"城乡居民基本权益平等化，城乡公共服务均等化，城乡居民收入均衡化，城乡要素配置合理化，城乡产业发展融合化"。这一重要论述抓住了当前经济的主要矛盾，为推进城乡一体化改革发展指明了方向和要求。应当把农业现代化、新农村建设、农民工市民化三件事作为重要抓手，带动城乡一体化发展。

城乡结构调整需要改革来推动。习总书记最近指出，改革要"精准对接发展所需，精准对接基层所盼，精准对接群众所想"。推进城乡一体化改革，正是精准对接发展所需、基层所盼、群众所想的重大改革举措，将形成拉动经济增长的最大新动能。按照党的十八届三中全会《决定》部署，当前改革的重点：一是落实农户对土地的法人财产权。农村土地公有制如何同市场经济相融合，是建立社会主义市场经济体制必须解决的重大问题。赋予农户对所占有的承包地、宅基地以法人财产权，是对农村土地公有制实现方式的完善。土地成为可以转让、整合的商品，将为发挥市场对土地资源配置的决定性作用创造条件。为此，需要对农户的承包地和宅基地进行确权颁证，并完善对土地用途改变的监管制度。二是建立全国城乡统一的建设用地市场。我国正处于人类历史上规模最大的城市化进程中，城市建设用地增加和农村建设用地减少是必然趋势。由于城市土地利用集约化程度高，必然带来建设用地的节约和耕地的增加。城乡建设用地增减调整政策必须适应这一变化。由于劳动力的流动是全国性的，只有建立全国城乡统一的建设用地市场，才能适应人口流动的需要。只有实现不动产随着人口的流动在空间、价值形态上的转移，才能推动而不是阻碍城市化进程，生产关系才能适应而不是阻碍生产力发展。三是打开城乡资本市场之间的堰塞湖。长期以来，由于城市的各类生产要素已经市场化，而农村的生产要素还没有完全市场化，城市市场对农村市场就产生了一个虹吸效应，城乡资本市场之间形成了一个堰塞湖，这是城乡发展差距不断拉大的根本原因。如能以农民对土地的用益物权为质押，在"十三五"期间，撬动银行贷款和社会投资 20 万亿元，投入农业现代化、新农村建设和农民工市民化，城乡差距必将迅速缩小，2020 年全面建成小康社会就有了可靠物质保证。四是为进城落户农民提供与市民同等的公共服务。重庆市近几年已有 300 多万农村人口进城落户，市政府为进城农民送了一笔"安家费"和五件"新衣服"，即退出宅基地拿到一笔钱，进城后可享受市民养老、医疗、住房、子女入托入学等公共服务。重庆能做的事，沿海城市都能做到，关键在决心。五是把特色小镇作为城乡一体化的突破口。在中心城市周边一小时生活圈内，发展一批各具特色的小镇，实现要素集聚，既有利于缓解中心城市房价上涨、交通拥堵、空气污染等矛盾，又有利于带动城乡发展。日前，国家发改委等六单位联合发文，支持实施"千企千镇"工程，促进产城融合，这对优化城市结构和布局，推进新型城镇化将发挥重要作用。

四　努力把握好实体经济与虚拟经济的辩证关系

实体经济与虚拟经济之间既相互依存、相互转化，又相互促进、相互制衡。随着我国经济市场化程度的提高，把握好实体经济与虚拟经济的关系，对于避免经济波动、实现经济持续稳定增长至关重要。从国际经验来看，1997 年爆发的亚洲金融危机，主要由于外债负担过重，超过了经济的承受能力，一旦出现偿债困难，外资出逃，便酿成金融危机。2008 年爆发于美国的全球金融经济危机，主要由于金融衍生产品泛滥，虚拟经济过度膨胀，某个金融机构出现到期债务不能清偿，债务链断裂，就引发全局性的危机。经验还证明，虚拟经济膨胀与房地产泡沫总是紧紧连在一起。日本 20 世纪 80 年代以房地产为抵押的银行贷款膨胀，房地产泡沫破裂，导致日本经济一蹶不振。当前我国虚拟经济有两个潜在问题需要引起高度重视：一是企业债务率明显偏高，偿债付息压力过大。主要原因是以间接融资为主的金融体制，导致企业融资主要靠银行贷款。应加快发展资本市场，通过扩大股权融资来降低企业债务率，以规避债务风险。二是少数中心城市房价过高，已形成一定泡沫。应通过增加住宅用地供给、疏散城市功能、发展特色小镇等措施，把过高的房价降下来。

五　努力把握好政府与市场的辩证关系

处理好政府与市场的关系，是改革以来始终围绕的一个核心问题。党的十八届三中全会《决定》提出："发挥市场对资源配置的决定性作用，更好发挥政府的作用。"这是我们党对政府与市场关系认识上的新突破。发挥市场对资源配置的决定性作用，就是按价值规律办事。在同一行业内部，通过价值运动，使先进企业迅速集聚资源，充分发展；落后企业则被淘汰。在不同行业之间，通过价值运动，使短板行业通过较高的投资回报率大量吸引资源，迅速发展；过剩行业则由于资本价格下降，扩张欲望得到有效抑制，从而实现在不同部门之间按照社会需求的比例合理分配资源。政府的作用主要是宏观调控、市场监管、公共服务、对外协调。改革的全过程就是政府不断转变职能、市场对资源配置的作用不断扩大的过程。当前，处理好政府与市场的关系，应着重抓好以下方面：

完善城乡统一的全要素市场体系。发挥市场对资源配置的决定性作用，需要有完善的市场体系。要加快建立全国统一的全要素市场体系，特别是抓紧建立城乡之间双向自由流动的全要素市场，激活农村资源，充分发挥市场机制对促进农村发展的强大作用。要打破区域之间的行政壁垒，加快生产要素从沿海向中西部、从中心城市向周边地区流动。完善生态环境保护体制，建立环境价值补偿机制，形成促进环保产业发展的市场机制。

两手并用推动经济转型升级。实现经济转型升级，在需求结构上要推动经济增长由主要依靠投资和出口拉动向主要依靠消费拉动转变；在产业结构上由主要依靠第二产业向第一、二、三产业协调发展转变，加快发展第三产业；在要素结构上，实现经济增长由主要依靠增加物质资源消耗向主要依靠技术进步、改善管理和提高劳动者素质转变。这是一个全面战略性转变，只有充分发挥市场机制和政府引导的共同作用，才能取得成功。产业政策要从选择性政策向功能性政策转变，即由确定若干重点发展产业并赋予其特殊扶持政策，改变为围绕经济转型升级要求，实施普惠鼓励政策。如鼓励技术进步和节能减排，应不分行业和企业性质，凡是有利于实现这些要求的经济活动，都应给予鼓励和支持。

　　调整收入分配结构以实现共享发展。处理好效率和公平的关系，始终是政府面临的重大课题。党的十八届五中全会提出新发展理念，把共享发展作为重要内容，是针对当前居民收入差距拉大问题提出来的，目的在于通过强化共享发展，缩小收入差距。应当在不损害效率的前提下加大收入分配结构调整力度，使广大中低收入者特别是农民的收入增长更快一些。重要途径是通过加强对中低收入者的培训，提高其劳动能力，并创造更多较高收入的就业机会，鼓励创新创业。对弱势群体应给予帮扶。要通过教育上的公平来实现分配上的公平。

统筹城乡篇

农业现代化必须与工业化、城镇化同步推进*

"三化同步推进",是"十二五"时期我国经济发展的一个关键问题。"十二五"发展是以科学发展观为主题,以转变经济发展方式为主线。农业发展方式的转变既是整个经济发展方式转变的一个重要内容,同时也是实行一系列战略转变的一个前提条件,比如,我国经济增长要走消费驱动的路子,没有农民收入水平的提高,扩大消费拉动经济增长的目标就难以实现。要加快第三产业的发展,其中就包括农业服务体系的发展。要通过技术创新带动产业升级,要提高劳动者素质,改善管理,也离不开农业科技水平和农业劳动力素质的提高。所以,整个经济发展方式的转变,必须包含农业发展方式的转变。

一 农业现代化已明显滞后于工业化和城市化

之所以说农业现代化滞后于工业化、城镇化,主要有四个突出的标志。

第一个标志,第一产业与第二产业、第三产业的劳动生产率过于悬殊,2010年我国农业增加值占整个GDP的比例是10.3%,农业劳动力占全社会从业人员的比例是38.1%,据此计算,农业劳动生产率与二、三产

---

* 本文原载《农村工作通讯》2011年第17期。

业的劳动生产率是1∶5.3，也就是说，5.3个农业劳动力一年创造的商品和服务价值才相当于一个二、三产业的劳动力所创造的价值。这个水平比十年前的1∶6，提高了近一个百分点。一个国家现代化的过程，也是第一产业的劳动生产率不断提高，接近二、三产业的劳动生产率的过程。只有提高农业的劳动生产率，创造的价值多了，农民的收入才能增长，农业才能取得跟二、三产业同样的人均收入水平，这从改革开放30年各个省（区、市）的发展已经证明。现在浙江省农业劳动力占全社会劳动力比率下降到18.2%，江苏省下降到19%，因而这两个省农民收入与城镇居民收入的比例都下降到1∶1.9，远低于全国1∶3.23的平均水平。但令人忧虑的是，中部一些农业大省农业劳动力至今还占到50%左右。这些足以表明，我国农业的现代化落后于工业化和城市化。

第二个标志，我国农业的技术装备水平与国际先进水平的差距明显大于第二产业。我国现在工业的技术装备水平同国际先进水平还有一定的差距，但毕竟有了一些高技术的行业，而且这些高技术行业同国际水平已经相当接近。另外，即使在传统工业产业里，我国也有一些企业、有一些领域的技术已经站在了世界的最前沿。相对而言，我国农业的技术水平跟国际发达水平的差距却要远远大于工业同国际先进水平的差距。无论是从机械化水平、化学化水平、水利化水平，还是良种推广，都要比工业技术水平相对来比更落后一些。

第三个标志，我国农业的社会化、规模化、标准化的水平还比较低。农业要实现发展方式的转变，本质上就是要从传统农业向现代农业转变。传统农业是自给自足的自然经济，商品化率非常低。社会化就是要求生产出的产品主要是为社会服务，而且随着市场需求的变化，生产能与市场需求之间形成一个非常协调的关系。社会需要什么产品，就生产什么产品，需要多少就生产多少。但我国现在的农业还做不到。这几年猪肉、大蒜等部分农产品价格剧烈波动说明了这点。这是因为我国农业还没有摆脱传统的生产与需求脱节的影响，市场化程度比较低。另外规模化程度还低，我国农业生产还是依靠小商品生产，在一定程度上还带有自然经济的烙印，还是一种小生产。标准化程度低，就是我国的农产品的质量还缺乏一个保障体系，这直接导致我国一些食品安全事件的发生。一个三聚氰胺事件就给我国的牛奶产业带来毁灭性的打击，而国外的牛奶产业却因此有了发展机会，现在法国、德国正在研究要限制奶粉出口，理由是"出口中国太多，把国内的奶粉价格带高了，影响国内消费者的利益"。而我国的奶农呢？生产受到破坏，奶产品加工业受到了严重的冲击。因此，怎么建立一个保障体系，也是我国农业现代化要解决的重大问题。

第四个标志，农村劳动力的素质与农业现代化的要求还不相适应。尽管我国现在还有4亿农村劳动力，但现在农村几乎看不到三四十岁的壮年人，二十多岁的年轻人更难看到，全靠老人种地。这种情况下，农业现代化如何实现？现在很多人担心以后没有人种地。这说明，农业还是一个弱势产业，只有提高农业集约化水平，在农村搞种植业和养殖业能取得比外出打工更高的收入，才能把高素质的劳动力留在农村。要抓住未来十年到十五年工业化、城市化快速推进的机遇，加快农业现代化的步伐，改变农业现代化落后于工业化、城市化的局面。去年我国人均GDP已经超过4000美元。再有十年时间，到2020年，我国要实现全面小康，其关键就是我国六七亿农村人口能不能小康。到2025年我们GDP总量要超过美国，达到世界第一，届时人均GDP要翻一番半，也就是说要达到12000美元，进入高收入国家行列。在这个大背景下，我国农业必须要实现现代化，才不至于拖城市化、工业化的后腿。借鉴一下拉美等国家发展经验与教训，他们之所以长期陷入"中等收入陷阱"，30年、40年甚至50年，人均GDP在几千美元之间徘徊，原因也就在于城乡二元结构的问题没有解决好，有大量的农村人口存在，劳动生产率很低，融入不到工业化、现代化中间来，融入不到城市化中间来。亚洲的菲律宾、马来西亚、泰国、缅甸、柬埔寨，也是这样的状况。而日本和四小龙之所以能够走出中等收入陷阱，是因为这些国家或地区成功地解决了二元结构的问题，将人均GDP很快提高到了一万美元以上。所以中国未来十年到十五年，能否实现全面小康，能否避免落入"中等收入陷阱"，一举跨入高收入行列，能否使经济总量超过美国，关键是发展好农村，实现农业的现代化，让更多的农民进入到二、三产业，也享受到现代化的恩惠，分享到改革发展的成果。必须抓住机遇，不要就农业看农业，要从整个国家的宏观形势看农业，看农业的现代化。

二 当前推进我国农业现代化面临着千载难逢的历史机遇

第一个机遇是，我国社会资金富余，亟待寻找投资出路，发展农业现代化有充裕的资金投入保障。我国现在一年土地出让金的收入两万多亿元，同时，现在银行流动性过剩，银行资金富余找不到贷款的出路成为银行运营的一个很大的压力。另外，富裕起来的这部分群众手里有很多钱，也想找一些投资回报率比较高的项目投资。所以现在中国推进农业现代化不是没钱，而是怎么样建立一个机制，把社会资金吸引过来。

第二个机遇是，农业劳动力转移有出路。现在不只是珠三角、长三角，一些中西部的城市都存在招工难。工资1000元以下的都免谈，基本工资都达到了1500—2000元。要抓住这个机会，使农业劳动力能够顺畅地向二、三产业转移，使一部分农村人口向城市转移，从而为农业现代化创造条件。

第三个机遇是，现在社会大众对优质的绿色的农产品需求旺盛，优质农产品市场前景好。随着人民生活水平的提高，人们对农产品的改善性需求越来越多。只要产品能对路子，是信得过的，是绿色的，居民即使花更多的钱也愿意。

第四个机遇是，我国工业已经具有了强大的技术和生产能力，能够为农业现代化提供有力的装备支撑。农业的现代化对农业的技术装备提出了大量的需求，这为农机工业的发展提供了机遇。只要有需求，我国的工业生产能力马上就能发展起来，包括大型的农业机械，全过程的农业机械等等。

这四个条件结合在一起，就能为农业现代化创造一个好的环境，好的机制。这个机会千载难逢。中国的农业文明经过了几千年，现在正由农业社会向工业社会过渡，发达国家已经步入后工业化社会，我国许多地方现在还处在工业化的中后期，中西部的许多地方甚至处在工业化的初、中期，要利用这个大环境、好机遇来研究怎么样加快农业现代化。

三　积极培育新型农业投资经营主体

现代化、集约化、社会化的大农业不可能建立在数以亿计的分散的、小规模的一家一户生产的基础之上，必须建立和培育新的农业投资经营主体，这样才能把资金吸引到农村来，最重要的是发展培育好三类投资经营主体。

第一，要发展家庭农场。家庭作为一个基本的生产经营单位，具有很强的适应力。即使在美国、欧洲一些农业发达的国家，家庭农场仍然是主体，发挥着非常重要的作用。在美国一个家庭农场种几千亩地，欧洲种几百亩地。所以要把家庭这个经营单位的积极性进一步发挥出来。在黑龙江克山县，有位老人带着四个儿子、四个儿媳妇，种了6000亩地，年纯收入70万元。

第二，要培育农业合作社。现在发展的合作社必须是产权清晰的合作社，是土地入股的合作社，是劳动者的资本联合与劳动联合相结合的规范的、公司制的合作社。这跟以前搞"大锅饭""一大二公"有根本的区别。在法国、荷兰等一些发达国家，合作社在发展农业生产上发挥着巨大的作用。在法国，合作社销售的农产品占全社会农产品的80%。法国的农业品牌，包括葡萄酒的品牌都掌握在合作社的手里，法国的农业补贴都是通过农业部然后直接补贴给合作社，私营企业不补贴。资本主义国家都这么重视发展农业合作社，我们社会主义国家更应发展好合作社，努力把合作社培养成为新型的农业投资经营主体。

第三，要鼓励创办农业公司。现在，一些乡镇企业的老板赚钱了。但他原来是农民，对农业有感情，又熟悉农业，所以愿意把乡镇企业赚的钱投资农业。国家应欢迎他们回报农业、反哺农业，形成新的投资主体，不要拒绝他们，更不要害怕他们，要把新型的农业投资经营主体建立起来，把社会资金吸引到农村。

四 总结推广各地农业现代化的成功经验

改革开放30年我国各地都涌现了一批发展现代农业的实践与创新的样板，这些并不亚于安徽小岗村的承包经营，值得我们去好好总结并推广其经验。一是黑龙江克山县的土地流转。二是新疆库尔勒市巴州的规模经营。三是成都市的城乡一体化。四是河南新乡的城乡一体化。五是江苏昆山市的城乡一体化。六是北京顺义的土地入股合作社。七是重庆市让土地成为农民财产性收入来源。八是青岛莱阳土地入股发展养殖业的经验，等等。

这些都是农业产业现代化的典型，代表着中国农业发展前进的方向，它们的发展历程对其他地区发展现代农业有可供借鉴的经验与启示。

坚持走中国特色新型城镇化道路[*]

城镇化是人类社会发展进入工业化阶段之后的必然结果，与农业社会分散的村落式居住方式形成鲜明对比。改革开放35年来，随着工业化的快速推进，我国城镇化水平有了很快提高。工业化、城镇化产生的巨大供给能力和消费需求，有力地推动着经济发展。未来20年，城镇化仍然是我国经济发展的最大动力源泉。我国地域广阔，发展不平衡，城镇化应当是多层面、多形式的。深化农村土地制度改革，探索土地集体所有制的有效实现形式，是城镇化需要解决的核心问题。应从实际出发，积极探索中国特色的新型城镇化道路。

一 城镇化是未来20年我国经济发展的基本动力

城镇化既是工商业发展、集聚的结果，又为经济发展提供强大动力。因此，工业化与城镇化应当协调发展、同步推进。然而，由于体制上的障碍，改革开放35年来，我国城镇化的进程明显滞后于工业化。一个突出表现就是形成了2亿多农民工，他们在城市从事第二、三产业，却没有城市户籍、没有健全的社会保障，农村的承包地仍然靠自己或亲友耕种。这

---

[*] 本文原载《全球化》2013年第12期。

种状况造成了三个严重后果：

一是无法建立高素质的、稳定的产业工人队伍。特别是一些女工从事的技术性强的工作，刚刚达到熟练程度，就到了结婚年龄，需要回到农村去，非常可惜。由于职工队伍不稳定，也无法进行有效的职业技术培训。现在普通的熟练工好找，技术工人严重短缺，制约了制造业的升级和产品质量的提高。

二是农业长期沦为缺乏国际竞争力的弱质产业。农业现代化与城市化是一个问题的两个方面。由于农村大批年轻劳动力流失，造成"老人农业"，而鼓励土地流转集中的政策迟迟未能出台，高素质的劳动力在农村留不住，发展集约化、现代化大农业的进程严重受阻，有的地方甚至出现土地撂荒现象。城市化的滞后也延缓了农业现代化步伐。

三是降低了工业化、城市化在带动经济社会发展方面的综合效应。工业化创造供给，城市化创造需求。城市化在建立现代化大工业的过程中使供给能力得到极大提升，但由于城市化滞后，使消费需求不足，加剧了产能过剩的矛盾，并延缓了社会进步。特别是夫妻两地分居和数以千万的留守儿童，带来了新的社会矛盾和长期心理创伤。

未来20年，城市化仍然是我国经济发展的主要动力源泉。城市化将创造巨大的投资和消费需求。据测算，每增加一个城市人口，需要增加的基础设施投资即达10万元。每年增加1000万城市人口，需要增加的城市基础设施投资达1万亿元。再加上一个农村人口转变为城市人口，其商品性消费将增加3倍以上，城市化进程将为经济发展释放出巨大的拉动力。

2012年，我国城市化率达到52%。根据发达国家的经验，城市化率达到70%左右才稳定下来。未来20年，我国的城市化率每年将提高1个百分点左右，即每年将有1300万人进入城市。特别是党的十八大提出了农民工市民化的目标，进城农民同城里人一样享有教育、医疗、社会保障等公共服务，必将对农民进城产生更大吸引力。此外，服务业的加快发展，也将对城市化进程提供有力支持。随着第三产业"营改增"的税制改革全面推进，将为第三产业发展创造良好的政策环境，第三产业将出现一个爆发式增长局面，从而将为城市创造更多的就业机会。因此，未来20年，我国的城市化率保持在每年提高1个百分点左右是有可能的。到2030年城市化率达到70%左右，工业化、城市化的任务基本完成，人均GDP达到1.7万美元以上，快速增长期才会结束。在此之前，我们要按照城乡一体化发展的要求，不断清除阻碍生产要素在城乡之间自由流动的障碍，从城市化中不断释放经济增长的潜力。

二 三大都市群崛起将成为带动全国经济增长的引擎

由于我国人口多，经济发展不平衡，城市化的模式必将是多元化的。以京、沪、穗为中心的三大都市群、以省会城市为中心的次级区域性城市群、以县城为中心的就地城市化，三种模式同步推进、相互协调，将成为中国城市化的主要特色。

在前35年的发展过程中，以广州为中心的"珠三角"都市群、以上海为中心的"长三角"都市群和以北京为中心的"环渤海"都市群已初步形成。2012年，三大都市群的经济总量分别已达到1万亿美元以上，其中，"长三角"包括沪、苏、浙地区生产总值达1.7万亿美元，"环渤海"包括京、津、冀、辽地区达1.3万亿美元，"珠三角"包括粤、港地区1.1万亿美元，三个地区合计占全国经济总量的47.8%。到2020年，每个都市群的经济总量将达2万亿美元以上，超过目前纽约、东京都市群的经济规模。纽约都市群和东京都市群是目前全球经济规模最大的两个都市群，在美国和日本的经济中居于重要地位，在全球经济中也有重要影响。我国形成各具特色的三大都市群，成为全国的科技、金融、制造、贸易、交通、信息中心，形成产业、人口集聚区和经济增长极，成为拉动全国经济增长的三大发动机，对全球经济也将产生重要影响。

加快三大都市群的发展，必须打破行政壁垒和市场分割，形成一体化发展体制。在区域内，要允许各类生产要素自由流动、优化配置。要按照经济规律办事，尽可能减少行政干预。目前，行政壁垒和市场分割是三大都市群发展的最大障碍。以房价为例，中心城市和城市中心地段的房价可能高达每平方米数万元，但驱车半小时到郊区或周边地区，房价可能一下子降到每平方米几千元。如果通过快速轨道交通把市区与郊区、城区与周边地区连接起来，带动产业扩散和人口的合理流动，既能有效抑制城市房价上涨，又能缓解城市交通拥堵状况，还能带动郊区和周边地区发展。如此一箭三雕的好事，亟待通过去行政化和发挥市场机制的作用加以解决。

三　以省会城市为中心发展次级区域性城市群

在中西部的广大地区，省会城市多数已成为省域范围内的经济中心，在全省经济发展中发挥着重要作用。以省会城市为中心，与邻近的地级市用城际高铁联系起来，可形成区域性的城市群。与全国三大都市群相比，这是第二个层次的城市群，是带动省域经济发展的发动机。目前，这类城市群的雏形已现，规划思路明确，发展活力正旺，在带领中西部地区追赶沿海地区发展中发挥着越来越重要的作用。

以郑州为中心的中原城市群，包括洛阳、开封、许昌、漯河、新乡、安阳等城市在内，被京广、陇海高铁连接起来，已构成半小时生活圈，可实行同城化、一体化发展，有力地带动着中原经济区的崛起。郑州国际航空港的建成，进一步强化了郑州作为全国物流枢纽的地位。郑州至重庆高铁的即将开通，将进一步密切南阳与中原城市群的经济联系。在中原城市群的带动下，河南将走出一条不牺牲粮食生产的工业化、城市化、农业现代化同步推进的道路，这是中部地区实现现代化的新路子。

武汉城市圈包括宜昌、黄石、鄂州、孝感、黄冈、襄阳在内，以京广高铁和长江水运为纽带，正加快经济追赶步伐。这一地区，以武钢、二汽、武汉光谷为代表，工业基础雄厚，是中部的制造业中心。全省土地肥沃、雨量充沛、河湖密布，是传统的鱼米之乡。武汉城市圈的发展将为中部崛起提供重要支撑。

长株潭城市群是湖南的经济中心，目前已形成工程装备、机车车辆、动漫文化等支柱产业。湖南人才济济、资源丰富、区位优越，长株潭作为核心区加快发展，必将带动湖南经济的腾飞。在赶超沿海地区发展中，湖南必将后来居上。

以成都为中心包括德阳、绵阳、乐山、宜宾、南充、自贡等城市在内的城市群，地处天府之国的成都平原，科技资源雄厚、制造能力强大、农业生产发达。近十多年来，在国家西部大开发战略指引下，积极承接沿海和国外产业转移，电子、汽车、飞机、制药、发电设备等工业水平迅速提高。特别是成都市积极进行统筹城乡发展的体制探索，在推进城乡要素市场一体化和社会管理一体化等方面大胆创新，有可能在西部地区率先走出一条城乡一体化发展和同步实现现代化的道路。

上述四个区域性城市群的出现和迅速发展，为省域范围内以工业化、城市化带动农业现代化创造了经验，展现了中西部发展的巨大潜力以及释放发展潜力的正确途径。中西部的传统农业大省人口密集、交通发达、文化深厚，一个省的面积和人口相当于欧洲的一个大国。如果说前35年沿海地区已经走上了现代化道路，那么，未来20年，中西部的农业大省通过加快工业化、城市化步伐，能够赶上沿海的发展水平，就奠定了中国现代化的基础，中华复兴的伟大事业就取得了决定性的胜利。

城市群的发展是城市化的一个重要趋势。无论是第一层次的三大都市群，还是第二层次的区域城市群，都代表着这种发展趋势。城市群之所以成为城市化的发展趋势，原因在于中心城市与卫星城市之间可以形成功能互补关系，有利于实现城市功能的专业化分工，从而提高城市运行的整体效率。在城市群中出现以港口运输、加工制造、商务市场、科研开发、教育培训、休闲旅游、生活居住等功能为主的特色城市，就是城市功能专业化分工趋势的具体体现。

四 以县城为中心实现就地城市化

中国特色城市化的第三个层次，就是在经济发达地区，以县城为中心，包括县城关镇、若干小城镇和新型农村社区在内，形成就地城市化的模式。在县城、小城镇和新型社区居住的人口，主要从事第二、三产业，能够享受城市的公共服务，过上现代化生活。其前提条件是县域经济比较发达，有足够多的第二、三产业的就业机会，在全县范围内建成发达的交通网络，形成半小时生活圈。在苏南、浙江的一些县级市，如昆山、江阴、吴江、武进、安吉、余姚、上虞、慈溪等市，由于乡镇企业发达，农民的绝大部分已就地转移到工商业从业，而且吸纳了大量外省劳动力就业。当地人口仍居住在原来的住处，有的依山傍水，有的林竹环绕，别墅式建筑错落有致，形成优美、洁净、方便、舒适的人居环境。这里的人口不再向往大城市，甚至考上大学也不愿迁转户口。这里的城市化应当是比人口集聚的大中城市更高水平的城市化。凡是有条件的地区，应当实行这种就地城市化的模式。

在河南新乡的长垣、辉县和舞阳，经济比较发达，最近几年开始建设新型农村社区，完善公共服务，以成本价吸引而不是强制农民到社区购房居住，前提条件是交出原有的宅基地。交出的宅基地大于新占地的面积集中起来，交由开发商在城市进行商业开发，以商业房地产开发的利润补贴社区住宅建设。这就把农户改善居住条件的需求、开发商的利益同政府的发展规划结合起来，形成一个可以自我循环的机制。住在新型社区的居民，多数从事第二、三产业，少数从事农业，通过新型农村社区、工业园区与农业园区同步建设，把工业化、城市化、农业现代化有机结合起来，形成城乡一体化发展的模式。应当把新型农村社区建设纳入城市社区建设规划，统一提供公共服务，以加大三化同步发展的推动力，逐步缩小城乡发展差距。

在县域范围内实行就地城市化，在发达国家也有先例。例如德国是一个城市化非常成熟的国家，其城市人口的67%居住在小城镇。由于德国的交通发达，小城镇建设得很漂亮、很幽雅，一个小城镇只有一家工厂或银行，住在小城镇上班很方便，生活质量比住在大城市高，人们当然愿意选择住在小城镇。

我国县的平均人口数量在80万左右，如果县城能吸纳20万—40万人，两个小城镇吸纳20万左右，新型农村社区再吸纳20万人，全县就基本上整体实现了城市化。在工商业、旅游业发达的县，应当走这种就地城市化的道路。

五　城市群迅速发展的主要原因

以功能分工为基础的城市群的发展，主要是基于两大推动因素：

一是产业集群发展的需要。随着国际贸易的发展和全球竞争的加剧，企业为了降低成本，增强竞争力，客观上需要增加就地就近采购配套原材料和零部件的比重，推动产业链向上下游延伸，这就为周边城市的发展带来了机遇。以产业集群为纽带的城市群的形成，反过来又推动了产业集群的发展壮大，两者之间相互促进，造就在全球范围内无与伦比的竞争力，这是城市群发展的强大的内在动力。在"长三角"和"珠三角"，这种规律表现得尤为明显。如绍兴的柯桥镇化纤布纺织印染业的发展，拉动了萧山化纤原料产业的崛起，使这一地区成为全球最大最有竞争力的纺织业集群和各有分工的城市群。又如深圳电子工业的崛起，带动了东莞以电子产品为主的加工贸易的发展，两个城市在零部件供应、科技研发、营销网络、技术人才和熟练劳动力流动等方面形成的合作互补关系，增强了整体竞争力，为产业集群和城市群的同步发展注入了强劲活力。城市群的迅速发展，不仅表现在大中型城市群的发展上，而且表现在小型城市群的发展上。改革以来出现了被称为"块状经济"的小型城市群，即围绕某种商品的生产营销，以专业化分工为基础，在一个县或一个镇的范围内，形成了具有国际竞争力的产业集群，带动了工业化、城市化的发展。如义乌小商品城的出现和不断发展，带动了周边小城镇的繁荣。又如浙江嵊州的领带、河南长垣县的起重机、浙江大塘镇的袜子、山东魏桥镇的棉纺、江苏新桥镇的毛纺、浙江龙岗镇的印刷、福建石狮镇的服装等等，都是在"块状经济"的带动下发展起来的。

二是现代交通工具的出现为城市群的发展提供了条件。高速公路特别是城际高铁的出现，大大缩短了运输空间，使人员和物资的流通更加便捷，扩大了就业的空间，从而改变了人们城市化的观念。"TOD"就是这种新理念的集中代表，T（Transit）指交通，O（Oriented）即引导，D（Development）即发展。概括地说，就是交通引导城市、生产力布局和经济发展。我们要顺应这一趋势，加快高铁的建设，尽快在全国各个城市群之内和城市群之间形成高铁网络，充分发挥高铁在拉动经济社会发展方面的作用，为中国特色的新型城市化做出贡献。

六 释放城市化潜力的关键在于改革农村土地制度

改革农村土地制度，探索农村土地集体所有制的有效实现形式，是释放城市化巨大潜力的关键之举。目前,城市化需要解决的四大难题都有待改革农村土地制度来解决。

一是农民工市民化需要出让其原有土地的用益物权获得资金支持。城市化首先要解决的问题,是目前2亿多农民工的市民化。农民工的就业质量和收入不高,要在城市留下来并有体面的生活,除了政府要把为农民工提供公租房列入保障性住房的覆盖范围,让农民工享受到社会保障等公共服务之外,允许农民工将在农村占有的承包地和私有住宅出让,所获取的收入用以支持在城市安家落户,是一个重要条件。为此,需要建立农民承包地、宅基地和房产有偿退出制度。这是合乎情理的制度安排,不应再人为地设置障碍。

二是城市化增加的建设用地需要通过减少农村建设用地来弥补。几亿农村人口进入城市,必然带来城市建设用地面积的增加,所增加的建设用地,完全可以通过占补平衡来解决。目前,全国农村人均占用宅基地是城市人均占地的3.5倍。经验证明,通过政策调节,用进城人口原有的宅基地换取城镇住房用地,可以减少占地50%以上,不仅可以满足城市建设用地的需求,而且可以新增一部分耕地。推行这项工作,必须配套推进农村土地制度改革。

三是发展集约化、现代化农业需要建立鼓励土地流转集中的制度。现在农村劳动力有2.8亿人,耕种18亿亩耕地,平均每人只能种6.4亩地。以现在的机械化条件,每个劳动力能种几百亩至几千亩。实现土地的规模化、集约化经营,是提高农业劳动生产率和土地产出率的前提条件,也是把农业由弱质产业提升为具有竞争力的产业的前提条件。为此,必须建立土地承包经营权可转让制度,承认土地承包经营权具有交换价值,并对农户的承包经营权确权颁证,以鼓励土地自愿有偿地向农业合作社、家庭农场、农业公司集中。同时,为了加强银行信贷对农业的支持力度,应允许以土地经营权和宅基地使用权进行抵押，这也需要承认土地经营权和宅基地使用权具有交换价值，并对农户拥有的用益物权给予确权颁证。

四是建设农村新型社区需要实现包括宅基地在内的农村房产的商品化。我国农村是几千年形成的自然村落，居住分散，占地多，公用基础设施配套成本高。建设新型农村社区，是社会主义新农村建设的重要举措。由于农村居住布局的调整势必涉及原有房地产与新的房地产的交换，因此，必须承认农村宅基地和房产的商品属性，允许农户的房地产进行市场交换，要建立农村房地产市场，用市场机制而非行政手段对农民的居住布局进行调整。一些地方开展以宅基地换住房，基本上是依靠行政力量推动的，在财力比较强的地方易于推行。如果能引入市场机制，在政府规划指导下由开发商来运营，就能在保护农民利益的前提下大面积推广。农村新型社区建设将创造巨大需求，对于建设整洁、美丽农村，拉动经济增长将发挥重要作用。

积极探索农村土地公有制实现方式[*]

  目前我国正处于工业化、城市化、农业现代化快速推进的过程中。工业化需要从农村不断输送出高素质的劳动力，在由农民向第二、三产业从业人员的身份转换中，他们的承包地如何处理？城市化需要为新增人口提供住房和公共服务，如何让他们把在农村的住房置换为城镇的住房，把减少的农村宅基地变为城市新增建设用地？农业现代化需要发展社会化大农业，如何把家庭小规模土地经营转变为规模化、集约化经营？对于这些迫切需要回答的问题，党的十八届三中全会做出的《中共中央关于全面深化改革若干重大问题的决定》（以下简称《决定》）都给出了明确的答案，在农村土地制度改革上有了三大突破，认真学习、深入理解、不折不扣地落实《决定》的有关部署，将为三化同步推进提供强大动力，为实现十八大提出的到 2020 年全面建成小康社会目标做出贡献。

一　允许农民对土地的承包经营权抵押、担保、流转

  改革以来，我国离开土地的农民工已达两亿多人。他们在农村的承包地大部分依靠农忙季节回乡耕种或交给亲友代耕。这种状况带来两个不良

---

 * 本文原载《农村工作通讯》2014 年第 22 期。

后果：一是粗放型耕作降低了土地产出率，许多地方出现土地撂荒现象；二是在城市工作不稳定难以形成高素质的产业工人队伍，制约着工业升级的进程。解决这个矛盾的唯一途径就是鼓励外出农民工将自己的承包地转让出去，使土地向规模化经营主体集中。这件事在许多地方实际上已经在做，只是在国家政策上尚未得到足够支持。十八届三中全会《决定》明确指出："赋予农民对承包地占有、使用、收益、流转及承包经营权抵押、担保权能，允许农民以承包经营权入股发展产业化经营。鼓励承包经营权在公开市场上向专业大户、家庭农场、农民合作社、农业企业流转，发展多种形式规模经营。"这是农村土地经营制度的一个重大突破，是从农村实际出发做出的一项重要改革。按照《决定》精神，农村土地公有制将实行三权分离：所有权归村集体，承包权归农户，经营权放开。要稳定所有权，落实承包权，搞活经营权。所有权归村集体，不准自由买卖，就能避免土地的兼并。农户将承包权抵押后，如果失去了抵押物，债权方拿到的仍仅仅是土地的用益物权。承包权归农户，农户对承包的土地拥有法人财产权或用益物权，就可获得土地转包收入即财产性收入。承包权有了交换价值，进城农民转让承包权的积极性就会提高。放开经营权，鼓励种粮大户、农业公司、合作社扩大土地经营规模，对提高农业劳动生产率和土地产出率，都有重要作用。经验证明，有的农民把土地转让出去，获取的转包费甚至超过自己耕种的纯收入。有些地方将每亩地年转让费定为1000斤小麦的市场价。投资农业搞集约化经营，田埂取消可增加耕地面积5%，统一良种、深耕、灌溉、施肥、灭虫，单产提高，回报率可达30%以上。要抓紧搞好土地确权颁证工作，为土地承包权流转创造条件。

当前，农业现代化面临着千载难逢的机遇：一是农业劳动力转移有出路；二是大量社会资金急于寻找投资途径；三是市场对优质绿色农产品需求旺盛；四是农用工业能够满足农业现代化对技术装备的需求。这四个条件同鼓励土地承包经营权转让的政策结合在一起，农业现代化的进程将大大加快。

土地承包权流转，使农民从提高效率中增加收入。按照目前每亩转包费700元计算，一户10亩地每年可收入7000元。两口子出去打工，年收入6万元左右，加上土地转包费收入，家庭年收入即可进入中等收入家庭行列。种地的农民由于扩大了经营规模，收入也可以大幅度增加。根据实际经验，在单季农业地区，一个农民种100—120亩地，双季农业地区，一个农民种50—60亩地，农业劳动生产率就能达到第二、三产业的平均水平，农民就能成为体面的职业。而按照现在的机械化条件，在平原、浅丘陵地区，一个劳动力能种几千亩旱地。在南方水稻产区，一个农民能种几百亩水田。由于劳动生产率提高，其收入将超过外出打工的收入，有助于形成稳定的高素质农民队伍。土地的规模化经营有力地推动农业现代化，我国农业将会由一个弱质产业转变为具有国际竞争力的产业。

二 慎重稳妥推进农民住房财产权抵押、担保、转让

今年政府工作报告提出了抓紧实现1亿农民工市民化的目标。农民工市民化的一个基本条件就是在城里有住房。如果单靠打工收入买房，那将遥遥无期。如果把在农村的房子卖掉，就能获得一笔可观的收入，在城里买房或租房就有了可能。《决定》提出："保障农户宅基地用益物权，改革完善农村宅基地制度，选择若干试点，慎重稳妥推进农民住房财产权抵押、担保、转让，探索农民增加财产性收入渠道。"这为实现农村住房商品化提供了政策保障，是农村住房和宅基地制度改革的重大突破。照此要求推进改革，既有利于增加农民收入，缩小城乡收入差距；又有利于减少农村住房占地，满足城市化对新增建设用地的需求；还能够促进农民工市民化。目前农民工有2.7亿人，留守儿童6000万，留守妇女4300万，留

守老人 4000 万，共有 4.13 亿人全家分离。在群众路线教育中，我们倡导关心群众生活，帮助 4.13 亿人早日实现全家团圆梦，这是一件多么大的好事啊！应当根据各地情况抓紧来做。

世界各国经验证明，在城市化过程中，建设用地是减少的，耕地是增加的。因为城市化提高了土地利用的集约化程度。从我国的实际情况来看，农村人均占有的建设用地是城市的 3.5 倍，全国城乡建设用地 22 万平方公里，其中村庄建设用地达 17 万平方公里即 2.55 亿亩。目前我国土地资源的最大潜力在农村的宅基地。承认农村包括宅基地在内的住房的商品性质，允许其通过市场进行交换，是集约节约利用土地资源的客观要求。推进这项改革，不仅不会冲击 18 亿亩耕地红线，相反可以增加耕地。由于宅基地所占用的一般都是好地，复垦之后，其单产水平必将高于普通耕地。

承认农民住宅的商品属性，是实现生产要素在城乡之间双向自由流动的必然要求，是发挥市场在资源配置中决定性作用的客观需要。我国实行社会主义市场经济体制已经 20 多年，至今仍不承认农民的住房是商品，严重损害了农民的利益，也成为城乡收入差距不断拉大的重要原因。因为城市居民 80% 以上都有自己的私有住房，随着住房价格的上涨，城镇居民的财产不断增加。农民的住房由于不能商品化而失去了财富升值的机会。限制农民住房进入市场交易，等于剥夺了农民拥有财产性收入的机会。这是城乡居民之间最大的不平等。《决定》提出允许农民包括住房在内的宅基地抵押、担保、转让，是农村房地产制度的重大突破，是市场决定资源配置原则的重要体现。粗略估算，按每亩地 20 万元计，全国农村 17 万平方公里宅基地的市场价值可达 51 万亿元以上。把这笔巨大财富赋予农民，是《决定》送给农民的大红包，可有效地缩小城乡居民之间的收入差距，将成为农村实现全面小康和农民工市民化的重要支撑。

有的同志可能担心，万一进城农民工失业，农村又回不去，怎么办？这种担心是不必要的。因为进城落户的农民，将享受城市的失业保险。而且，中国工业化、城市化的历史进程是不会倒转的。农民工的下一代，在城市接受较好的教育，其生存能力肯定会比其父辈强。他们逐步融入城市，不可能再回到农村去了。

从国际经验来看，农民能不能分享到城市化过程中土地增值收益，是能不能跨越中等收入区间、进入高收入国家的关键。日本、韩国与印度、巴西、墨西哥提供了正反两方面的经验。我国正处于向高收入国家跨越的关键阶段，落实《决定》精神，使中国农民也能分享到土地增值收益，将为改变城乡二元结构，顺利跨入高收入国家行列提供保证。

三 农村集体经营性建设用地可与国有土地同权同价

《决定》提出，"在符合规划和用途管制前提下，允许农村集体经营性建设用地出让、租赁、入股，实行与国有土地同等入市、同权同价"。长期以来，城市新增建设用地都是由政府从农民手里先征用为国有土地，在完善道路、供水、供电等基础建设后，进行"招拍挂"。土地增值收益大部分落入政府手中，被征地农民的权益往往得不到保障。按照《决定》精神，农民将从经营性建设用地的出让中获得较高补偿，包括就业、社会保障和住房，都将得到较好的安置。这是从维护农民利益出发对征地制度的重要改革。《决定》还特别强调要建立兼顾国家、集体、个人的土地增值收益分配机制，合理提高个人收益。充分体现了对农民利益的重视。

农村土地制度的三项改革，将使土地公有制的实现方式发生重大变化，使之与市场经济有效融合。

建立城乡统一的建设用地市场，是发挥市场配置土地资源决定性作用的重要举措。长期以来，城乡之间生产要素不能双向自由流动，农村的劳动力、资金、土地可以源源不断流入城市，而城市的资金、技术、人才到农村流不进去，农村市场形成一个屏蔽，这是导致城乡差距不断拉大的根本原因。建立城乡统一的要素市场包括土地市场，是加快农村发展的根本途径。

对公益性建设用地，还是需要由政府征用。由于我国正处于基础设施快速建设阶段，特别是铁路、公路、管道、机场建设，必将占用部分耕地。各级地方党委、政府应做好群众工作，教育群众顾全大局，使基础设施建设能够得以顺利进行，建设成本能够得到有效控制。基础设施建设搞好了，有利于地方经济发展，也有利于农民增收。

农村土地制度的三项改革，将使土地公有制的实现方式发生重大变化，使之与市场经济有效融合。过去，我们在国有企业改革中，曾成功地通过两权分离，实现了国有经济与市场经济的融合。党的十四届三中全会《决定》曾指出，国有企业对所占有的国有资产，拥有法人财产权，可以抵押、担保、转让、受益。十八届三中全会又提出，对国有企业的管理要从管资产为主向管资本为主转变。现在是把这一成功经验在农村土地制度上加以复制，从理论和实践上来说，都不应该存在障碍。其中略有区别的是，农村土地有一个用途管制问题，即耕地的流转必须在不改变用途的情况下进行。如果需要将耕地变为建设用地，必须符合建设规划，并依法办理征地手续。党的十七届三中全会决定还明确，土地的占补平衡可以在省域范围内进行。这就可以把农村零星、分散的建设用地资源加以复垦，通过土地市场交易和规划部门统一调剂，满足投资者对建设用地的需求。重庆市通过地票市场，挖掘农村分散的建设用地资源，既满足了工业化、城市化对建设用地需求，又扩大了耕地面积，增加了农民收入，起到了一箭三雕之功效。

聚焦农村改革　破解需求瓶颈[*]

当前，我国经济面临下行压力加大，企业生产经营困难增多，部分经济风险显现等问题，而需求不足是经济运行的主要矛盾。必须抓住主要矛盾，采取重大改革措施。重新聚焦农村改革，大幅度调整城乡关系，释放农村需求和城乡一体化发展的巨大潜力，是破解需求不足难题的根本途径。用10到15年的时间，把农业劳动生产率提高到社会平均劳动生产率的水平，把农民收入提高到与城市居民相同的水平，基本消除城乡发展差距，不仅能使我国经济以7.5%以上的速度持续增长到2030年，也是中国特色社会主义制度优越性的体现。

一　需求不足是当前经济运行的主要矛盾

当前经济运行的主要矛盾是什么？是最终需求不足。产能过剩和需求不足是同一问题的两种表述方式。我们的宏观经济对策必须紧紧抓住解决这个主要矛盾来进行。

冰冻三尺，非一日之寒。纵观30多年来的发展轨迹，我们基本是依靠高投资、高消耗、高污染来支持经济的高增长，走的是一条粗放

---

[*] 本文原载《光明日报》2015年1月28日。

型的发展道路。对此，不能苛求于前人。因为当时面临的主要矛盾是短缺，是商品的极度匮乏。我们用 20 年的时间消灭了短缺，这是了不起的伟大成就。但是由于对高投资率、低消费率这个问题的严重后果觉悟较迟，没有及时采取有效措施，加上投资增长的巨大惯性，以致 30 年来投资率一路攀升，最终消费率和居民消费率一路下降，投资与消费的比例关系陷入目前极度扭曲状态，这就是当前经济下行、需求不足、增长乏力的根本原因。从 1981 年到 2013 年，我国投资率从 32.5% 一路攀升至 47.8%，同期，最终消费率从 67.1% 下降到 49.8%，居民消费率从 52.5% 下降到 36.2%，分别上升了 15.3 个百分点和下降了 17.3、16.3 个百分点。目前我国每年创造的 GDP 总量，将近一半用于扩大再生产，仅仅有三分之一多一点用于 13 多亿人消费。美国的居民消费率为 70%。像我国这样的投资与消费结构在全球各国是绝无仅有的，是注定不可持续的。

显而易见，我国经济发展已经由供给约束阶段转变到需求约束阶段。需求不足的问题不突破，其他措施难以发挥大的作用。结构调整的主要目的就是从结构的转换中创造和释放出新的需求。宏观经济管理部门和研究机构应把主要精力集中在破解需求瓶颈制约上。

马克思用毕生精力研究资本主义市场经济规律，最后得出结论，生产能力无限扩张和广大居民有支付能力的需求之间矛盾，是资本主义的基本矛盾，这个矛盾必然导致周期性的生产过剩的危机。"二战"后发达市场经济国家探索避免生产过剩危机的办法，通过加强经济预测、宏观调控和发展福利社会，使过剩的矛盾得以缓解。

我国从提出建立社会主义市场经济体制到现在，只有 20 年的时间。对市场经济的客观规律认识不深、研究不够，缺乏有效对策。我们已经有效地解决了计划经济下的短缺问题，但对过剩问题尚未破题。

二 释放农村需求潜力是解决需求不足难题的关键一招

据统计，2013年，我国农村仍居住着6.3亿人，农业劳动力尚有2.4亿人，农业劳动力占全社会从业人员的比重为31.4%。农业劳动生产率只及全社会平均劳动生产率的三分之一，农民人均收入水平也只及城市居民的三分之一。把农业劳动生产率提高到社会平均水平，从而使农民的人均收入水平赶上城市人口收入水平，理应成为当务之急。释放6.3亿农村人口的消费潜力，足以支持我国经济以7.5%以上的速度发展到2030年。中国30多年改革发展的一个重要经验，就是不管什么商品，只要农民学会制造，这种商品很快就会由供不应求转变为供过于求；不管什么商品，只要农民有钱购买，这种商品很快就会由供过于求转变为供不应求。释放农村需求的巨大潜力，首先要提高农民的购买力。以汽车来说，尽管不少城市已经因交通拥堵而限购，但农村不存在这个问题。2013年，我国民用汽车拥有量为1.27亿量，拥有率不足10%，全世界平均为30%以上，发达国家高达80%甚至更高。如果让农民买得起车，将足以支持我国汽车工业在未来十几年的高速增长，城乡结构将由此发生深刻变革。

通过加快农业发展方式转变，建立现代化、规模化、专业化大农业，是提高农业劳动生产率和增加农民收入的根本途径。习近平主席在去年全国农村经济工作会议讲话中曾指出，单季农业地区，每个劳动力能耕种100—120亩地，双季农业地区，每个劳动力能耕种50—60亩地，其劳动生产率就能达到社会平均劳动生产率，农民就能成为一个体面的职业。在广大平原和浅丘陵地区，达到这样一个最低规模要求已经有了条件，农业现代化出现了千载难逢的机遇：一是农业劳动力转移有出路，到处都是招工难；二是农用工业可以提供充足的农机装备等农业生产资料；三是市场对优质农产品的需求旺盛；四是各级政府对三农包括水利的投入规模高达五万亿元上，今后还会不断增加。充分利用这些有利条件，大幅度提高农业劳动生产率，大幅度缩小乃至消灭城乡居民收入差距，此其时也。实际上，在沿海地区，农民富裕程度超过城市，生活环境也优于城市。现在，应把这一经验在全国更大范围内推开，让更多农民受益。

笔者去年12月下旬赴黑龙江黑河市农村调研，那里的土地85%以上已经流转，由合作社、农业公司、种田大户耕种，每亩每年转包费平均700元左右。有一个村有耕地2万多亩，原来由220多个劳动力分散耕种，现在组建了合作社，只用十几个劳动力种地，其余劳动力全部外出打工。经当年上海老知青的引荐，妇女到上海做月嫂，月工资5000多元，两口子都出去打工，年收入可达10万元，加上土地转包收入一万多元，家庭年收入超过11万元，收入比原先翻了两三番。合作社搞规模化、标准化经营，使单产提高30%以上。从黑河的情况看，在合作社、农业公司和种植大户三种经营模式中，股份合作制更受农民欢迎。因为土地、农机农用资料都可作价入股，收入按股分红。合作社聘请管理人员、农机手等，由合作社发给工资。合作社的工作人员大都是社员，他们既拿到分红，又拿到一份工资，收入略低于外出打工者。由于他们可以照顾家庭，这也得到了补偿。

中央经济工作会议把转变农业发展方式作为今年第三位的任务。只要加强政策引导、鼓励，土地流转的速度可能会快一些。沿袭了几千年的以家庭为单位的自然经济模式，在工业化、城市化浪潮冲击下，将逐步退出历史舞台。

三 鼓励农民工有偿退出宅基地并在城市购房

目前，我国有农民工2.7亿人，农村留守儿童6000万人，留守妇女4600人，留守老人4000万人。共有4.13亿人急切地期盼着全家团聚。大批儿童不能在父母身边生活，对幼年心理带来创伤。加快解决农民工的家庭团聚问题，将拉动巨大的城市建设需求，对稳增长将能起到立竿见影之效。党的十七届三中全会关于农村改革的《决定》提出，土地占补平衡只能在省域范围内进行。党的十八届三中全会《决定》提出，允许农户对宅基地使用权抵押、担保、转让，第一次赋予宅基地以商品属性，农户凭借其使用权即法人财产权，就可以像城里人一样，分享到城市化过程中土地增值的收益。这个市场范围有多大，农民退出的宅基地就能在多大范围内享受到的级差地租的收益。笔者1月初到河南新乡市农村调研，了解到农户拿退出的宅基地到县级土地市场交易，每亩价格仅5万元左右，拿到新乡市地级土地市场交易，每亩能卖20万元。土地部门的同志估计，如能在郑州开放省级土地市场，每亩可卖到50万元左右。这对进城购房的农民工来说，是一笔不小的收入。吸收农民工较多的城市，应为农民工建福利房。过去城市人口享受到福利分房，随着房价提高，出现了财富升值效应。以农民工退出宅基地为条件，换取新增城市住房建设用地，以较低的价格为农民工建房，使农民工在城里买得起房，这是政策的关键。

农民工市民化，可收到多方面的好处：第一，这是新形势下党和政府关心群众生活的重大行动，对密切党与农民的关系将产生深远影响；第二，农民工在城里安了家，就可以参加各类技术培训，熟练工留在企业，有利于形成稳定的高素质的产业工人队伍；第三，有利于节约利用土地资源，农民工再也不必把辛辛苦苦挣来的钱用于在老家建一座无用的楼；第四，为四亿多人在城市造房，将形成巨大的需求，加上进城后增加的消费需求，将成为破解需求不足矛盾的根本举措。

四 亟待厘清的几个认识误区

重新聚焦农村改革，释放农村发展的巨大潜力，必须首先打破思想障碍，厘清几个认识上的误区。

第一，认为农村土地制度改革必然冲击18亿亩耕地红线和国家粮食安全。发展现代化农业，将使我国农业由一个弱质产业提升为具有国际竞争力的产业，这是对粮食安全的根本保障。土地经营权的流转，必须在不改变农业用途的前提下进行。当然，应借助土地经营权流转的机会，推广粮改饲和种养结合模式，促进粮食、经济作物、饲料三元种植结构协调发展，提高畜牧养殖业在农业中的比重。这样，用同样面积的土地，可能将生产出比粮食更多的食物。宅基地的退出，除了能满足新增建设用地的需要，还能节约50%以上的土地，用于新增耕地。这是试点地区的经验证明了的。世界经验也证明，所有国家在城市化过程中耕地都是增加的。现在，全国农村宅基地占地17万平方公里，折合2.55亿亩。每个农村人口占有的建设用地是城市人口的3倍多。建立城乡一体化的建设用地市场，促进土地资源的节约集约利用，势在必行。

第二，担心农民工在城市失业，老家又回不去，怎么办？农民工市民化以后，即享受到城市的社会保障，包括养老、医疗、失业、工伤等保险。担心农民工失业的问题自然化解。

第三，担心农民对土地的法人财产权实现之后，会不会引起货币超发和通货膨胀。改革以来，我们始终担心农民的收入水平上不来，却从来没有担心过农民口袋里钱多了怎么办。农民能够像城里人一样分享到城市化过程中土地增值的收益，而且通过设置区域性土地交易市场，让远离城市的农民的宅基地，也能分享到大城市的级差地租，这是农民的权利。看到农民能够从退出的宅基地中拿到财产性收入，看到农民工能在城里买房买车，我们只有为农民工感到高兴。农民工增加的购买力充其量只能对缓解通货紧缩发挥些作用，说会引发通货膨胀，实在是不着边际。

改革以来，每一次大的突破，都率先来自农村。重新聚焦农村改革，使农业劳动生产率赶上社会平均劳动生产率，使农民人均收入赶上城市人均收入，基本消除城乡发展差距，这一历史任务亟待我们来完成。

以全面小康为目标加快城乡一体化进程[*]

如何释放经济发展的巨大潜力，克服经济下行压力？根本途径在于加快城乡一体化改革发展。党的十八届三中全会《决定》对建立城乡一体化的新体制做出了重要部署。当前，聚焦城乡一体化改革，促进城乡协调发展，应作为到2020年全面建成小康社会、保持经济持续健康发展的重大紧迫任务。

习近平总书记在去年4月30日中央政治局集体学习时，就健全城乡发展一体化体制机制问题发表了系统的重要讲话。他说："全面建成小康社会，最艰巨、最繁重的任务在农村特别是农村贫困地区。""我们一定要抓紧工作、加大投入，努力在统筹城乡关系上取得重大突破，特别是要在破解城乡二元结构、推进城乡要素平等交换和公共资源均衡配置上取得重大突破，给农村发展注入新的动力，让广大农民平等参与改革发展进程、共同享受改革发展成果。""目标是逐步实现城乡居民基本权益平等化、城乡公共服务均等化、城乡居民收入均衡化、城乡要素配置合理化，以及城乡产业发展融合。"这个讲话为推进城乡一体化改革指明了方向，并提出了具体举措，应当引起全党的高度重视，并全面贯彻落实。

---

[*] 本文原载《改革》2016年第1期。

一 城乡居民基本权益平等化是城乡一体化的前提条件

长期以来，为了实现工业化的任务，我们不得不采取工农业产品价格剪刀差的办法，让农业为工业提供积累。与此同时，实行城乡分离的管理制度，以防止农村人口大量涌入城市，造成城市农产品供给的短缺。这些制度沿袭了60多年，形成了一些固化的习惯势力和思维定式。在全面建设小康社会的今天，这些涉及城乡居民基本权益的旧制度，显得多么不合时宜！

城乡居民基本权益不平等集中体现在两个方面：一是财产权的不平等。城市的生产资料和消费资料几乎已全部商品化，包括国家、集体和个人所有的土地、厂房、设备、住宅等，都允许在市场上自由流通；而农村的土地、住宅等产权仍不明晰，农户对土地和房产等的法人财产权仍不落实，农村的土地、住宅等作为农民最重要的生产资料和消费资料仍不能实现商品化、市场化，因此，农民就不能像城里人一样享受城市化过程中不动产增值的收益。这是城乡居民基本权益上的最大的不平等，是城乡居民收入差距拉大的重要原因；二是在户籍制度上的不平等。尽管有2.8亿农民工为城市建设做出了巨大贡献，有些农民工进城已二三十年，但是由于农村户口的身份，他们享受不到城市户口所附加的各类社会保障和公共服务，绝大部分仍处于全家分离状态。从农民应有的公民基本权益上说，这是很不合理的。党的十八届三中全会《决定》提出："赋予农民对承包地占有、使用、收益、流转及承包经营权抵押、担保权能。"提出："保障农户宅基地用益物权，改革农村宅基地制度，选择若干试点，慎重稳妥推进农民住房财产权抵押、担保、转让，探索农民增加财产性收入渠道。"提出："在符合规划和用途管制前提下，允许农村集体经营性建设用地出让、租赁、入股，实行与国有土地同等入市、同权同价。"这三项改革是对农村土地公有制实现方式的重大突破，是对农民住宅制度改革的重大突破。它第一次赋予农村土地和农民住宅以商品属性，明确了农户对自己的住房拥有所有权，农户对承包地和宅基地拥有法人财产权，这为发挥市场对农村土地资源配置的决定性作用，促进土地资源的节约集约利用，提供了前提条件，为农民在城乡之间自主选择居住地和户籍，通过转让包括宅基地在内的土地使用权和房产获得财产性收入，打开了一扇大门。

承认农民对农村土地的法人财产权，与土地的私有化是截然不同的，同时解决了土地公有制与市场经济有效对接的问题。这是中国共产党的创造。不折不扣地落实三中全会精神，就能在土地和房产的法人财产权上，使城乡居民拥有同等权益。我们应当为农民获得的这些权益感到由衷高兴！

二 城乡公共服务均等化是城乡一体化的重要举措

城乡公共服务的差距是城乡差距的重要体现。包括养老、教育、医疗、交通、供水、供电、环境等，农村都明显落后于城市。原因在于长期以来公共服务事业投入重点在城市，城市越来越漂亮，即使中西部地区的城市与沿海地区相比也毫不逊色。但是，农村特别是中西部地区的农村公共服务投入严重不足，导致农村居民不能像城里人一样享受到大体均等的公共服务。由于公共服务的落后，制约了农村经济发展和农民素质的提高。

改变中西部农村公共服务落后状况，政府要把农村作为公共服务投入的重点，通过城乡人均公共财政支出的均等化实现城乡基本公共服务的均等化，尽快弥补农村公共服务投入的欠账。近期应当把教育、医疗、交通、环保、养老作为农村公共服务发展的重点。沿海地区农村公共服务比较好，主要在于通过发展乡镇企业，很快富裕起来。富裕起来的农村，主要通过自己增加投入，再加上地方政府的帮助，把公共服务完善起来。中西部农村也必须走这条路子。

要运用政府和社会资本合作的模式（PPP）来发展农村服务业。如何吸引社会资金投入农村建设，应找到有效办法。这就要以农村宅基地、承包地为质押，撬动银行贷款。以村庄土地整理节约的住宅建设用地的商业开发，吸引社会资金投入，鼓励城市资本下乡、市民资本下乡。可先在城市郊区和旅游区搞，建立市民农庄，然后逐步扩展。如果能在"十三五"时期撬动银行贷款和社会资金20万亿元，投入农业现代化、新农村建设和农民工市民化，我国农村面貌将发生一个重大变化，农民收入将大幅度提高，既可避免落入中等收入陷阱，又能有力支持经济的持续健康发展。

三 城乡居民收入均衡化是城乡一体化的根本目标

城乡居民收入差距大，是城乡差距的集中反映。实现城乡居民收入均衡化，是建立城乡一体化发展体制机制的核心。最近几年，农民人均收入增长速度超过城市居民，城乡居民收入差距已经由2009年的3.3∶1缩小到2014年的2.8∶1，令人欣喜。继续保持这一势头，从根本上说，要靠提高农业劳动生产率。而提高农业劳动生产率又必须扩大土地经营规模。目前，一个农业劳动力平均只能种7亩地。如果在单季农业地区能种到100—120亩，双季农业地区能种到50—60亩，农业劳动生产率就能赶上社会平均水平，农民就能成为一个体面职业。在土地所有权归村集体的前提下，允许农户凭借承包权将经营权有偿转让，这样既可使农户获得财产性收入，又有利于发展土地规模化经营。要鼓励发展各类合作经济，特别是以土地承包权入股的股份合作社。鼓励农民工返乡创业，发展现代农业、农产品加工业、商贸流通业和乡村旅游业。继续鼓励农村富余劳动力外出打工。现在沿海和城市的许多地方招工难，家政服务人才短缺，一个月嫂的月收入达五六千元。一家两口人出去打工，年收入可达8—9万元，加上土地转包收入，家庭年收入可达 10 万元左右，一下子就可赶上或超过城镇居民平均收入。所以，只要创造一个城乡一体化的体制机制和政策环境，发挥城市对农村、工业对农业的带动作用，实现城乡居民收入均衡化，已不是遥远的将来，而是近在咫尺。

韩国在 40 多年工业化、城市化过程中，城乡居民收入始终保持同步提高，城乡收入之比保持在 1∶0.9 左右。韩国之所以能做到这一点，主要在于两条：一是早在 20 世纪 70 年代初期，就开展新农村建设活动，政府出资帮助农村发展；二是农民分享到了城市化过程中土地增值的收益。我们作为共产党领导的社会主义国家，应当更有条件实现城乡居民收入的同步提高。

四 城乡要素配置合理化是城乡一体化的必然要求

促进城乡要素配置合理化，是实现城乡协调发展客观要求，其关键是允许各类生产要素在城乡之间双向自由流动，发挥市场对资源配置的决定性作用。长期以来，由于人为地设置了许多障碍，使农村的劳动力、资金、土地等要素大量流入城市，而城市的资金、技术、劳动力很少流入农村，这是导致城乡发展差距不断拉大的根本原因。为此，毫不动摇地落实十八届三中全会《决定》精神，清除要素流动的各种障碍，是推进城乡一体化改革的首要任务。

土地是一种重要的生产要素，也应发挥市场对土地配置的决定性作用。与其他要素不同的是，土地有一个用途管制问题。如果把耕地变为建设用地，必须符合城乡建设规划，并办理相应的法律手续。党的十七届三中全会关于农村改革的《决定》已经明确，土地的占补平衡，只能在省域范围内进行。但至今只能在少数县域范围内试点。中央办公厅去年下发的关于农村改革的实施意见指出："完善和拓展城乡建设用地占补平衡和'地票'试点。"应当总结推广重庆"地票"市场的经验。重庆经验的核心是远离城市的农村退出的宅基地，通过全市统一设置的地票市场，也能分享到城市市区土地的级差地租。对于可能出现的占好补差问题，通过建立第三方的土地质量评估机构，加强土地质量的监管，可以妥善解决。如能创造一个城乡要素自由、平等交换的制度，实现城乡要素配置的合理化，在中部地区和西部平原、浅丘陵地区，用5—10年时间，使农民人均收入水平赶上沿海农民的水平，是完全有可能的。

五 加快城乡一体化改革发展的三个抓手

加快城乡一体化发展进程，必须把农业现代化、新农村建设、农民工市民化三件事连在一起，同步推动。国务院提出要抓好三个一个亿：即东部地区抓好一亿农民工市民化，中西部城市再吸纳一亿农民工就业，城市抓好一亿户棚户区改造。这两个三件事互相牵制，互相影响。农业现代化能够进一步释放农业劳动力潜力，为农用工业发展和水利建设提供需求；新农村建设能够改善农村生产、生活环境，为建材工业提供需求；农民工市民化能够使4亿多离散人口实现全家团圆梦，形成城市建设的需求。抓好这三件事，又必须深化农村土地制度改革。通过农村土地的确权颁证，鼓励承包地经营权向合作社、农业公司、家庭农场集中，为扩大土地经营规模，发展集约化、现代化农业创造条件。通过进城落户农民退出宅基地，既能满足城市新增建设用地需要，又能增加一部分耕地，有利于推进新农村建设和农民工市民化。有同志担心农村土地制度改革会不会冲击18亿亩耕地红线。世界各国的历史证明，在城市化过程中，各个国家的耕地都是增加的。我国农村宅基地占地17万平方公里，合2.5亿亩。农村人均占有的建设用地是城市人均占地的三倍多。随着农村人口的减少和城市人口的增加，配套实施城乡建设用地占补平衡的政策，我国耕地面积有可能增加一亿亩以上。如此连环套式整体推进改革，必将激发出巨大的需求潜力，成为未来十几年拉动经济增长的强大动力，并将迅速缩小城乡发展差距，从而使我国顺利跨越中等收入区间，到 2022 年前后使人均 GDP 达到 1.2 万美元以上，进入高收入国家行列。2021 年是中国共产党成立 100 周年。我们党用一百年的时间，把一个半封建半殖民地的旧中国带入一个高收入国家，将是中国共产党对人类社会做出的最大贡献！

借鉴荷兰、日本经验教训　加快我国农业现代化[*]

建立现代化、集约化、社会化大农业，使农业成为一个具有国际竞争力的行业，使农业劳动生产率赶上社会平均水平，从而使农村居民人均收入赶上城镇居民水平，是2020年实现全面小康的迫切需要，也是跨越中等收入陷阱的必要条件。经过30多年的快速工业化和城市化，目前，加快农业现代化的各种物质条件都已具备。我国经济社会发展能够为农业富余劳动力向非农产业转移提供收入更高的就业机会，并拥有强大的农用生产资料供给能力和巨额的城市资本。所缺少的只是一个体制机制。加快农业现代化步伐，要从中国实际出发，并借鉴国外经验，其中，荷兰和日本的农业走了不同的路子，导致了不同的结果，作为正反两方面的教员，值得我们认真研究、比较、思考和借鉴。

一　荷兰农业是以合作社为主体的社会化大生产，日本农业是以农户为主体的小生产

荷兰农业条件并不好，气候阴冷潮湿，光照时间少，人均耕地只有1.3亩，27%的耕地和60%的人口处于海平面以下，靠着前辈修建的长达2400

---

[*] 本文为郑新立2016年4月23日在全国小康研究会举办的"加快农业现代化研究会"上的发言。

公里坚固的防潮大堤，才把耕地保护下来。因此，他们对土地极为珍惜，把提高土地产出率作为主攻方向。全国190万公顷农田中，57%种植粮食和花卉，40%为草场。总共只有25万农业劳动力，兴办了7.3万个农牧场，其中奶牛农场1.89万个，畜牧农场1.68万个，耕作农场1.11万个，实行种植、畜牧养殖、加工、销售一体化经营。在种养环节，以家庭经营为主，在加工、销售环节，以合作社经营为主，所有家庭都根据自己种养的品种参加一个或几个合作社。荷兰的乳制品很有名。奶牛饲养一般以家庭为主，同时加入乳制品合作社。乳制品合作社除了按合同收购家庭奶牛场的牛奶，还根据股份多少和经营情况向社员分红，合作社与社员之间形成利益共同体，大家拥有共同的商品品牌，共同维护商品质量和品牌信誉。大概是因为花卉最赚钱，所以荷兰农民把栽培郁金香等花卉作为主打产品。花卉种植也有专业分工，有的家庭几十年只种一个品种。由3000多个花农组成的花卉合作社，建立了一个全球最大的花卉批发市场，面积相当于12个足球场，每天早晨5点开始拍卖，9点左右即可进入欧洲各城市零售店。花卉销量占欧洲市场的80%。农业虽然具有分散劳动和与自然过程相结合的特点，但在荷兰，组织化程度很高，这是他们具有国际竞争力的重要原因。

　　反观日本，全国有200多万个农业经营主体，基本上是以农户为单位的分散的小规模生产。虽然农户之间也有资金方面的合作，但整体来讲，农业的专业分工和组织化程度较低，由此决定劳动生产率低下，农业完全丧失了国际竞争力。大米的价格每斤卖到50元以上，沦为全世界最大的农产品进口国。

二　荷兰农业是一个高盈利行业，日本农业却只能靠政府补贴过日子

　　以专业分工为基础的社会化大农业，提高了荷兰农业的劳动生产率和

经济效益。荷兰农业劳动力占全社会劳动力的2%，农业增加值却占GDP的4%，出口占总出口的25%。全国农业劳均产值4万多欧元，劳均出口3.3万美元，第一产业劳动生产率和农民收入均高于第二、三产业。在荷兰，农民是一个真正体面的职业，农业成为大把赚钱、大量缴税和大批出口的摇钱树，成为国民经济的支柱产业。

反观日本，农业成为国民经济的一个沉重包袱。2014年，日本农业增加值为6万亿日元，政府给农业的补贴也是6万亿日元，200多万个农业经营主体一年创造了一个零。好在日本的工业盈利能力比较强，农村人口不多，否则，政府是补不起的。

三 荷兰对农业劳动力的资质有较高的要求，日本的农业已沦为老人产业

荷兰农业是一个资源密集型与知识密集型、技术密集型相结合的产业，花卉、蔬菜育种和栽培，良种奶牛、肉牛的培育繁殖，以及食品加工工艺装备等，都具有世界领先的技术。对从事农业生产经营的劳动力的资质也规定了较高的标准。只有取得农业大学毕业证书即绿色证书的人，才有资格种地和养牛。即使对家庭私有土地的经营继承，如果没有获得绿色证书，也取消经营的继承权。全国的农业教育体系分为高中低三个层次，初等教育培养技术工人、中等教育培养农艺师、高等教育培养科研人员。农场经营管理更是一门所有从业人员必修的基础课。完善的教育体系和严格的从业资质管理制度，使农民具有较高的素质，为农业成为一个具有国际竞争力的产业提供了人力保证。

反观日本，2015年农业从业人员209万人，平均年龄65.8岁。由于老年人退出农业之后，年轻人不愿意务农，过去5年，农业劳动力减少20%。农业劳动力占全社会劳动力的比例为4%，农业增加值占GDP的比

例仅为1%。由于农业劳动力短缺，土地弃耕面积达42.4万公顷。日本农业的衰落景象与荷兰农业的勃勃生机形成鲜明对比。

四 荷兰致力于发展高附加值的出口农业，日本竭力保护本国农产品市场

荷兰国土面积狭小，耕地面积仅为我国的1.6%，农业劳动力人数仅为我国的0.1%。2015年荷兰农产品出口额达824亿美元，自1989年以来，净出口额始终居全球第二位，仅次于美国。荷兰进口一些粮食、饲料，满足国内食品和畜牧业发展的需要。也就是说，荷兰从人均土地资源少的基本国情出发，进口占用土地和水资源多的农产品，经过转化增值，变成劳动、技术、知识密集型的农产品用于出口，提高了外贸的经济效益。为了使农产品打入国际市场，荷兰请美国和欧洲的质量监管专家帮助建立质量标准，而且国内标准高于国际标准，并严格检测管理，从而取得了国外消费者的信任。

反观日本，由于农业缺乏国际竞争力，国家对农产品进口设置这样那样的壁垒，以保护国内农产品市场。封闭市场的结果，保护了落后。目前，日本食品的自给率仅为39%。由于对农产品的刚性需求，到头来，还得依赖进口，而且进口的比重还会不断提高。根据有关国际机构对农业竞争力的评价，荷兰农业的竞争力指数为0.261，日本为−0.914。日本的农业已成为失败的典型案例。

纵观荷兰、日本农业的经验教训，我们应当得到哪些启示？一是要在家庭土地承包的基础上，走以合作社为经营主体的社会化大生产的道路。荷兰发展农业合作社的经验证明，它有助于实现产加销一体化，干成单家独户干不了的事情，使农民能分享到种植养殖、农产品深加工和产品营销三个环节的利润；有助于采用先进的科学技术和大型农业机械，提高生产

效率；有助于创建和维护农产品品牌，提高品牌的信誉度和市场占有率；有助于把小规模经营的农户引入专业化、社会化的生产体系，分享到规模化经营带来的利润。合作社可以有多种形式，股份合作、土地入股、公司化经营等就是中国农民的创造。通过建立现代产权制度和按劳分配制度，合作社可以避免大锅饭和平均主义。二是要吸引高素质的劳动力从事农业经营。这就要通过土地经营权流转，发展集约化、高效益农业，使从事农业经营比外出打工获得更高的收入。目前，我国农业劳动力出现类似日本的老龄化趋势，必须引起高度重视。三是强化农业科研和技术培训体系，大力培育农产品新品种，努力使农业劳动力掌握先进的栽培、饲养、加工技术。我国现在主要依靠农业技术员的指导是不够的，一定要让农民成为具有农业技术和知识的劳动者。四是积极扩大农产品出口，建立开放型农业。我国农业劳动力为荷兰的 900 多倍，2015 年我国农产品进出口 1875.6 亿美元，其中，出口 706.8 亿美元，比荷兰少 117 亿美元，进口 1168.8 亿美元，逆差 462.0 亿美元。我们应当学习荷兰经验，发挥我国劳动力资源丰富等优势，努力扩大农产品出口。通过出口劳动、技术、知识密集型农产品，进口一些资源密集型农产品，实施以劳力换土地的战略，即以劳动力资源丰富的优势弥补土地资源稀缺的劣势，可以倒逼我们提高农产品质量，获得农产品外贸的比较效益。

城乡一体化是最大的新动能[*]

在经历了30多年的快速增长后，我国经济遇到了新的矛盾和问题，突出的是产能过剩、经济下行、动力不足。如何通过深化改革，形成新的经济增长动能，实现经济的持续健康发展，成为当前从理论认识到政策措施上亟待解决的问题。

一 经济结构转换是形成新的发展动能的源泉

在经济发展的长过程中，必然伴随着经济结构的转换，从而不断释放经济增长的新动力。如果因为体制僵化，阻碍结构转换，不能释放新的发展动力，经济增长就必然减缓甚至停滞。中国改革以来之所以能创造经济奇迹，关键在于通过不断深化改革，推动经济结构经历了三次大的转换。

第一次结构转换，是上世纪80年代推行土地家庭联产承包责任制并伴随乡镇企业崛起，带动了国民经济的起飞。改革激发了蕴藏在几亿农民中发展经济、摆脱贫穷的巨大潜能，农业劳动生产率和土地产出率大幅提高。同时，针对工业消费品极度匮乏的状况，通过发展乡镇企业，满足市场需求，仅用十几年时间，就一举结束了困扰我们几十年的短缺经济。这

---

* 本文原载《学习时报》2016年12月15日。

次结构转换的特征是农产品、轻纺工业产品供给的大幅度增加，使最终消费品在社会总产品中的比重迅速提高，改变了长期以来经济结构"重重轻轻"和农业发展滞后的扭曲状态，从而释放出巨大的发展动能。既满足了市场需求，又拉动了经济快速增长。

第二次结构转换，是上世纪九十年代以国有企业改革为中心的宏观管理体制改革和四大支柱产业振兴，带动了经济的腾飞。1993年党的十四大提出了建立社会主义市场经济体制的改革目标，十四届三中全会做出了具体规划，以企业为主体建立市场经济体制的改革激发了经济活力。同时，"九五"计划提出振兴电子机械、石油化工、汽车制造、建筑业四大支柱产业，使之在国民经济中的比重由8%迅速提高到25%以上，改善了居民的居住和出行条件，降低了电子机械、石油化工产品对进口的依赖。在工业结构中，重工业的比重由50%左右提高到70%以上，重工业的快速发展成为拉动经济增长的主要动力。

第三次结构转换，是进入新世纪的前十年，通过发行长期建设债券，主要用于基础设施建设，使国民经济出现了长达十年两位数的黄金增长期。仅用十几年时间，我国高速公路、高速铁路的通车里程就跃居世界第一位，大学招生人数增长10倍以上，经济总量从全球第六位上升到第二位，并为经济的持续增长奠定了坚实基础。

实践证明，在经济发展的不同阶段，结构转换面临着不同的任务和要求。只有遵循经济发展的客观规律，从经济发展的内在要求出发，打破思维定式和体制禁锢，为结构转换创造良好的政策环境，把社会资金引向结构调整所需要的方向，才能把经济持续健康发展的局面继续保持下去。

二 推进城乡一体化将释放出巨大的新动能

2015年，我国人均GDP已达8000美元，跨入高收入国家行列即人均 1.2 万美元还有一个大台阶。许多国家在这个台阶前徘徊了几十年，落入了中等收入陷阱。我国能不能顺利跨上高收入台阶，是对中国共产党执政能力的考验，是对中国特色社会主义市场经济体制活力的考验。从国际经验来看，凡是进入高收入行列的国家，有一个共同特点，就是成功地解决了城乡二元结构问题，第一、二、三产业的劳动生产率大体相同，城乡居民收入基本拉平。凡是落入中等收入陷阱的国家，一个共同特点，就是城乡发展差距明显存在，长期得不到解决。当前我国经济社会发展存在的诸多矛盾中，城乡发展差距大是最为突出的主要矛盾。这个矛盾决定和影响着其他矛盾。诸如区域发展差距的矛盾，本质上也是城乡发展差距的反映。中西部的城市与东部的城市相比，没有什么差距，主要是中西部农村落后于东部的农村。全国城乡居民收入之比为 2.7∶1，浙江省为 1.7∶1。在全国城乡差距如此之大的情况下，要想跨入高收入国家行列，是很难做到的。

习近平总书记去年 4 月 30 日在中央政治局集体学习时就城乡一体化问题发表了一个重要讲话，提出要努力实现"城乡居民基本权益平等化，城乡公共服务均等化，城乡居民收入均衡化，城乡要素配置合理化，城乡产业发展融合化。"这个"五化"的提出，应成为推进城乡一体化的重要目标和指导原则。当前，应重点抓住农业现代化、新农村建设、农民工市民化三件事，带动城乡一体化的改革发展。

劳动生产率低、缺乏国际竞争力，是我国农业存在的突出问题。发展集约化、规模化、专业化、社会化大农业，提高农业供给效率，是农业现代化的当务之急。由此将释放出对农用生产资料和服务业的巨大需求，拉动农机、化工等农用工业和服务业的发展。农业现代化对水利事业的发展也将提出巨大需求，由此将拉动水利建设的投资。

新农村建设已经取得了很大成就，但与城市相比，基础设施、公共服务落后的问题仍十分突出。结合村庄整治和新型社区建设，加大对农村基础设施建设投入，可释放对建材工业的巨大需求，逐步使农村成为美丽、宜居、令人向往的地方。

全国目前共有 2.7 亿农民工，6000 万留守儿童、4300 万留守妇女、4000 万留守老人，共 4.13 亿人口处于全家分离状态。实现全家团圆是他们的梦想，也是把农民工培养成高素质的产业工人队伍的需要。通过提高户籍人口的城市化率，为农民工及其家属提供城市保障房和公共服务，将释放巨大的城市住房、基础设施和公共服务需求，成为拉动经济增长的强大动力。

除了城乡一体化之外，当前我国经济中还有一些新动能亟待释放。我国公共产品供给短缺，通过推行 PPP 模式，运用财政投融资和政策性金融，引导银行贷款和社会投资，发展交通、通讯、环保、教育、医疗、市政、养老、文化、旅游等事业，有着巨大的投资空间。通过全面推行"营改增"税制改革，鼓励第三产业发展，能够使第三产业继续保持快速增长势头。积极实施鼓励大众创业、万众创新的政策，以自主创新带动产业升级，正方兴未艾。当然，这三个方面与城乡一体化相比，显然城乡一体化是能量最大的新动能，调整城乡结构是我国经济发展进入新阶段的历史性要求。如果说改革以来已经经历的前三次结构转换及时为经济发展注入了新动能，那么，蓄势待发的以城乡结构调整为主要内容的第四次结构转换，必将为未来十几年经济的持续健康发展提供强大的新动能。

三 聚焦城乡一体化改革才能释放最大新动能

城乡结构调整需要改革来推动。习总书记最近指出，改革要"精准对接发展所需，精准对接基层所盼，精准对接群众所想"。推进城乡一体化改革，正是精准对接发展所需、基层所盼、群众所想的重大改革举措。按照党的十八届三中全会《决定》部署，当前推进城乡一体化改革的重点应当包括以下内容：

一是落实农户对土地的法人财产权。农村土地公有制如何同市场经济相融合，是建立社会主义市场经济体制必须解决的重大课题。党的十四届三中全会《决定》提出赋予国有企业对所占有的国有资产以法人财产权，使国有企业成为独立经营主体，从而实现了国有经济与市场经济的融合。同样，赋予农户对所占有的承包地、宅基地以法人财产权，就可以在不改变土地公有制性质的前提下，使土地的用益物权成为可以转让、整合的商品，从而为发挥市场对土地资源配置的决定性作用创造条件。为此，需要对农户的承包地和宅基地进行确权颁证。农户有了对土地的法人财产权，能够从法人财产权的出让中获得财产性收入，就会根据机会成本选择自己经营土地或转移经营权，从而为土地经营权向合作社、农业公司、种田能手集中，发展规模化经营创造条件；进城农民在农村闲置的宅基地及其房产，就能从市场交易中获得财产性收入，从而为建设用地的集约节约利用和优化配置建立起一个有效的市场机制。

二是建立全国城乡统一的建设用地市场。今年国务院8号文件"关于推进新型城镇化的若干意见"，提出了"全面实行城市建设用地增加和农村建设用地减少相挂钩的政策"，这是对十八届三中全会有关农村土地制度改革精神的具体贯彻落实。在工业化、城市化过程中，由于有大批劳动力从农业转移到第二、三产业，大批人口从农村转移到城镇，必然伴随着城市建设用地的增加和农村建设用地的减少。同时，由于城市土地利用的集约化程度高，单位建设用地所容纳的人口，城市比农村高3倍多，这就必然带来建设用地的节约和耕地的增加。根据测算，全国现有2.5亿亩宅基地，如果能够实现宅基地及房产的商品化，可减少农村建设用地50%以上。所有发达国家的经验也证明，在城市化过程中，耕地是增加的。我国正处在人类历史上规模最大的城市化过程中，城乡建设用地的增减调整政策应当与这一进程相适应。特别是前30多年劳动力的流动是全国性的，沿海地区吸纳了大部分中西部农村富余劳动力。只有建立全国城乡统一的建设用地市场，在全国各地城乡之间进行建设用地的调整，才能使农村减少人口而闲置的建设用地及时退出，用以满足城市新增人口对建设用地的需求，抑制房价上涨。退出农村建设用地所获得的财产性收入，用于在城市购置住房，不动产随人口的流向实现空间和价值形态上的转移，唯有如此，生产关系的调整才能称得上适应了生产力发展的要求，否则，就是阻碍生产力的发展。因此，建立全国城乡统一的建设用地市场，势在必行，刻不容缓。重庆地票市场的试验是成功的，如能扩展到全国，必将取得巨大的宏观经济效益和社会效益。

三是打开城乡资本市场之间的堰塞湖。长期以来，由于城市的各类生产要素已经市场化，而农村的生产要素特别是土地、房产等还没有市场化或处于半市场化状态，城市市场对农村市场就产生了一个虹吸效应，农村的土地、劳动力、资本等资源源源不断流入城市，而城市的资源却流不进农村，长期单向流动的城乡市场，是导致城乡发展差距不断拉大的根本原因。一个突出的现象是，城市的资本大量过剩，房价一涨再涨；而农村的资本严重短缺，房价便宜得难以想象。如能以农民对土地的承包权、宅基地的使用权和集体经营性建设用地的经营权为质押，在"十三五"期间，撬动银行贷款和社会投资20万亿元，投入农业现代化、新农村建设和农民工市民化，农村面貌将发生巨大变化，不仅为2020年实现全面小康提供保障，而且将有助于避免我国落入中等收入陷阱，到2022年进入高收入国家行列。

四是为进城落户农民提供与市民同等的公共服务。重庆市近几年已有300多万农民进城落户，市政府为进城农民送了一笔"安家费"和五件

"新衣服",即退出宅基地拿到一笔钱,进城后可以享受到市民的养老保险、医疗保险、住房保障、子女入托入学政策和所有市民的公共服务。重庆作为一个西部山区城市,财力并不宽裕,尚且能够为农民工市民化做这么多好事,沿海城市财力比西部雄厚,农民工为本地经济发展做出了重大贡献,理应拿出一定财力支持农民工市民化,不能把为农民工提供住房和社会保障当作一种包袱,甩给农民工输出地。沿海城市要增强竞争力,也必须有一只稳定的具有较高素质的产业工人队伍,把农民工留下来,是本地经济持续发展的需要。

四 加快城乡一体化需要厘清几个认识误区

党的十八届三中全会提出了城乡一体化改革发展的理论和部署,关键是要把各级干部的思想认识统一到中央《决定》的精神上来,并不折不扣地贯彻落实。当前,需要厘清几个认识上的误区。

必须破除农村土地两权分离是搞土地私有化的认识误区。恰恰相反,由于找到了土地公有制的有效实现方式,使之与市场经济相融合,从而能够更好地坚持农村土地的公有制。确认农户对土地的法人财产权,把耕地的所有权、承包权、经营权分离,农户凭借对土地的承包权,可以获得经营权转让的财产性收入。中部有些农村把每亩地年转让费定为1000斤小麦的市场价,很有创意。宅基地使用权转让,按照重庆的交易价格为每亩20万元左右。这里所转让的是用益物权,不是所有权,所以土地的公有制性质不变。

必须破除城市资本下乡是掠夺农村资源的认识误区。恰恰相反,只有确认农村资源的市场化地位,才能使农民分享到城市化过程中不动产增值的财产性收入。按照市场经济规律,生产要素总是朝着获利较多的地方集聚。农村生产要素有了交换价值,才能吸引资本进入。资本又是要素流动的龙头，资本流向农村，其他生产要素就会随着进入农村，从而推动农村经济社会的发展。

必须破除城乡一体化会冲击 18 亿亩耕地红线的认识误区。恰恰相反，实行城市建设用地增加和农村建设用地减少相挂钩的政策，可以减少农村宅基地的浪费，根据经验，退出的宅基地至少 40% 可以用于增加耕地。至于占好补劣等问题，可以通过建立耕地质量监管等制度加以解决。

必须破除解决三农问题主要靠财政投入的认识误区。恰恰相反，只有通过建立城乡一体化的市场机制，吸引大批社会资金和银行贷款进入，才能迅速改变农业农村的落后面貌。目前，用于三农的支出占财政支出的比重已达 10% 以上，财政对三农的支持已经尽了很大的力。应当把对三农的财政支持方式由补贴为主改为引导为主，发挥财政资金四两拨千斤的作用，引导更多的社会资金和银行贷款投入农业农村发展。

把特色小镇作为城乡一体化突破口 *

去年12月12日，由国家发改委、国家开发银行、中国光大银行、中国企业联合会、中国企业家协会和中国城镇化促进会六单位联合下发了《关于实施"千企千镇"工程，推进美丽特色小（城）镇建设的通知》。《通知》遵照习近平总书记关于发展特色小镇的重要批示精神，号召企业、事业单位与地方政府开展合作，积极进行特色小镇建设；强调要发挥市场导向作用，鼓励社会组织和资本有效地参与到特色小镇建设中来。认真落实《通知》精神，促进特色小镇蓬勃健康发展，是走新型城镇化道路的重要举措，是实现城乡一体化发展的突破口。尽快建成一批各具特色、产城融合、美丽宜居的小城镇，对于优化城市布局和结构，带动乡村发展，提升我国经济的专业化、社会化水平和国际竞争力，到2020年全面建成小康社会，具有重大战略意义。

当前，我国正处在工业化、城镇化快速推进的过程中，城镇化是带动经济增长的重要动力。改革38年来，随着工业化的迅猛发展，城镇化水平大幅提高，2015年城镇化率已达56.1%，迅速兴起的大大小小的城市，在集聚生产要素、形成现代生产力等方面发挥了重要作用，成为拉动经济

---

* 本文原载《经济日报》2016年11月10日。

增长的重要动力。但是，由于城镇化很大程度上是在各地经济发展的过程中自然形成的，缺乏明晰的战略规划引导，带来了一些新的矛盾和问题，突出有三：

一是不少发展较快的大城市、特大型城市交通拥堵、空气污染、房价畸高，制约了城市的可持续发展；二是常住人口和户籍人口形成二元格局，既不利于培育稳定的高素质的产业工人队伍，又造成了新老居民之间基本权益的不平等；三是城市结构、布局不合理，城市总量明显偏少，大城市、特大型城市由于吸引要素的能力强、就业机会多而迅速膨胀，中小城市特别是小城镇由于吸纳就业的能力弱而发展缓慢、数量偏少，中西部地区尤为明显。在城市群内，行政区划常常扭曲资源的合理配置，繁华的都市往往被周边地区落后的农村所包围，形成经济发展的巨大落差。

发展特色小镇，可以有效解决当前城市化过程中出现的各种弊端。与大城市相比，其好处在于：

——有利于带动城乡一体化发展。特色小镇位于城乡结合部，建设特色小镇，能够带动周边农村基础设施和公共服务的发展，吸纳农村劳动力就业，实现城乡产业融合，使城市文明迅速扩展到农村，缩小城乡发展差距，实现城乡协调发展。

——有利于提高市民生活质量。特色小镇将打造精致、优美、舒适的生活环境，完善配套的教育、医疗等服务设施，可以呼吸到清洁的空气，没有噪音的困扰。小城镇着重提高对就业的吸纳能力，大部分人可以就地就近上班，住宅价格不高。在小镇居住，其生活质量将优于城市。

——有利于形成完整高效的产业链。特色小镇围绕一种产品和服务，形成包括研发、生产、物流、营销等完整的产业链，通过高度专业化分工，降低成本，提高效率，增强国际竞争力。还可以依托一个企业、一所大学、一个医院、一个科研单位、一所银行等，构建完善的服务体系，形成优越的发展环境。

——有利于增强城市群的整体竞争力。在中心城市周围，形成大中小城市协调配套的组团式发展格局，每个城市各有特色、功能互补，能提高城市群的整体创新能力和发展活力，从而形成带动全国乃至全球科技、文化进步的经济增长极。

——有利于释放经济增长的新动能。吸引一批企事业单位从中心城区转移到特色小镇发展，不仅为这些单位的发展扩大了空间，而且将拉动基础设施、公共服务、厂房设备等投资需求。这将释放出巨大的经济增长潜能，成为当前稳增长的强大动力。

从发达国家的经验来看，特色小镇已成为城市化的一种重要模式，居住在特色小镇已成为许多人的追求。德国的城市化率已达90%以上，但是70%的人口居住在小城镇。著名的大众汽车公司、奔驰汽车公司、住宅储蓄银行等都单独设在一个小镇上。美国的城市化先是经历了一个人口、产业向城市集中的过程，然后又经历了一个郊区化的过程。在纽约等大城市郊区，分布着许多各具特色的小镇，如格林尼治基金小镇，斯坦福大学旁边的风险投资小镇等，既提供了中心城区不可能提供的优越环境，又在全球经济中发挥着重要作用。在法国、瑞士等国家，特色小镇也成为靓丽的风景线。

特色小镇在中国也不乏佼佼者。改革30多年，我国的纺织业逐步从大城市转移到小城镇，形成了三大名镇：以化纤布纺织印染为特色的浙江绍兴柯桥镇，以毛纺织为特色的江苏江阴新桥镇，以棉纺织为特色的山东邹平魏桥镇，其生产规模、技术水平、品种质量、市场占有率在全球都居第一位。浙江诸暨大唐镇生产的袜子占全球一半以上。一批旅游小镇、科技小镇、金融小镇、商业小镇、工业小镇、文化小镇等纷纷涌现、蓬勃发展。在这些小镇上，各类专业的生产要素高度集聚，形成了全国乃至全球无与伦比的竞争力。浙江省在改革以来形成的各类块状经济的基础上正全力建设 78 个特色小镇，诸如科技成果孵化的梦想小镇、基金小镇、网店小镇、丝绸小镇、风情小镇等，必将进一步提升浙江经济的品质和国际竞争力。

经过多年努力，我国已经建成了举世最大的高速公路网、高铁网和通讯网，为人员和物资在城乡和城市之间大规模快速流动创造了良好条件。长三角、珠三角地区已崛起的现代化都市群，在全球经济中都居于举足轻重的地位。大众创业、万众创新需要找到新的发展空间。我国已经形成的强大的制造业生产能力，亟待找到新的需求。纵观全局，调整城镇化结构和布局，加快发展特色小镇的条件已经成熟。

总结国内外经验，搞好特色小镇建设应注意以下几点：

——精心布局、整体规划。特色小镇的布点应优先选择在大城市、特大城市周边一小时生活圈内，接受城市第二、三产业的扩散、辐射和带动，以利于形成大中小城市和小城镇合理布局的城市群。依托资源优势和远离中心城市建设的小城镇，必须首先改善其交通等基础设施条件。对特色小镇建设要做好可行性研究和总体规划，规划方案应经有关专家论证和第三方评估，以避免盲目性。

——突出特色、创造优势。小城镇建设要坚持从具体实际出发，围绕一个核心产业或产品，吸引相关企业和科研机构进入，通过分工协作、技术创新和经营模式创新，努力做到全国第一、世界领先。要避免千镇一面，东施效颦。要选择具有一定优势的产业、产品和企业，通过特色小镇建设，赋予其更好的配套协作条件和更大的发展空间，从而创造出新的竞争优势。

——城乡一体、搞活土地。贯彻落实中央关于城乡一体化改革发展的各项政策，使进入小城镇的居民平等享受各项基本权益和公共服务。适应劳动力全国流动的需要，建立全国统一的类似重庆的地票市场，全面实施城镇建设用地增加与农村建设用地减少相挂钩的政策，落实十八届三中全会关于农村土地制度改革的各项部署，使进城落户的农民分享到土地使用权转让所获得的财产性收入。通过发挥市场对土地资源配置的决定性作用，实现土地资源的集约节约利用。

——财政引导、金融支持。要运用PPP模式，通过财政资金的引导，吸引民间资金进入小城镇建设。鼓励政策性金融、商业贷款和各种基金、债券等，支持特色小镇建设。要允许以农村土地的法人财产权为抵押，撬动银行贷款和社会资金投入特色小镇建设。

——企镇对接、搞好示范。实施"千企千镇"工程，带动特色小镇建设，需要广大企业和地方政府的支持和参与。希望"千企千镇"能做成样板工程，吸引全国各地有更多的企业、大学、医院、银行、科研机构等迁出地价昂贵、拥挤不堪的市区，到小镇来打造属于自己的优美环境和发展空间，带动小镇及周边发展，从而改变目前各种资源过度向大城市集聚的城市化趋向，共同走出一条中国特色的新型城镇化道路。

自主创新篇

自主创新：增长方式转变的关键*

当前，我国国民经济正处于平稳快速增长之中。为了把这种良好的发展势头长期保持下去，必须下决心转变经济增长方式，推进产业结构优化升级。提高自主创新能力，是增长方式转变和结构调整的关键环节。我们一定要集中力量，务求在自主创新上取得突破性进展。

一 自主创新是转变经济增长方式的关键环节

从2003年以来，我国经济增长速度明显加快，出现了高增长、低通胀、高效益的良好局面。2003、2004年和今年上半年，国内生产总值的增长速度均保持在9.5%的高位上。同期居民消费价格仅分别上升1.20%、3.9%和2.3%；国家财政收入分别增长4.9%、21.4%和14.6%。规模以上工业企业实现利润分别增长44.1%、36.0%和19.1%。粮食产量止跌回升，农民收入显著提高。宏观经济运行保持这样的良好状态，是非常难得和令人鼓舞的。

但我们也要清醒地看到经济运行中潜在的矛盾和问题。主要是两年多来经济增长速度的加快，在一定程度上是由钢铁、水泥、电解铝、房地

---

* 本文原载《求是》2005年第8期。

产等行业投资过快增长拉动起来的，也就是说，是由高投入、高消耗、高污染的粗放型增长方式推动的。近两年的能源消耗总量分别增长 15.3% 和 15.2%，经济增长的能源弹性系数由 1996—2002 年的年均 0.21 分别上升到 1.61% 和 1.60%。投资弹性系数即全社会固定资产投资增长速度与 GDP 增长速度之比，由 1996—2002 年的 1.44 倍分别上升为 2.92 倍和 2.72 倍。由此说明，获得同样的经济增长速度所需要的能源和投资在大幅度上升。2004 年我国的国内生产总值约占全球的 4%，但消耗的一次性能源约占全球的 12%，淡水占 15%，氧化铝占 25%，钢材占 28%，水泥占 50%。这种增长结构对一些重要资源特别是铁矿石、氧化铝的需求，超过了国内市场的供给能力，而大量依赖进口也受到了国际市场供给与运输能力的限制。因此，这种粗放型增长是不可持续的，它已成为当前经济运行中最为突出的问题。

1995 年在制定"九五"计划时，中央就明确提出要使增长方式由粗放型向集约型转变。多少年过去了，我们在转变增长方式上也确实取得了一些成效，但总体来看没有突破性进展，特别是近两年来粗放型增长方式明显回潮。究其原因，主要是在技术上缺乏自主创新能力。由于缺乏技术，对那些技术密集型的产品和产业，我们虽然有市场、有资金、有劳动力，但眼看着效益很好的投资项目却干不了，只能长期依赖进口；而那些国内技术比较成熟、但处于产业链低端的项目，却成为吸引投资的热点，出现大量低水平重复建设。因此，缺乏具有自主知识产权的技术和产品是转变增长方式与结构调整的主要制约因素。为了消除经济增长中的不健康不稳定因素，实现经济的长期平稳较快发展，就必须在增长方式转变上迈出实质性步伐。只有提高自主创新能力，利用自己的技术成果调整投资结构，加大对信息产业等技术含量高、经济效益好、物质消耗少、环境污染低，能充分发挥劳动力资源优势的产业的投资，真正走新型工业化道路，才能彻底告别粗放型增长方式。归根到底，要把提高自主创新能力作为实现经济平稳较快增长、避免大起大落的关键之举。

二 实现自主创新的条件已经具备

实施自主创新的战略，加大技术研发的投入，较大幅度地提高技术进步对经济增长的贡献率，目前在我国的条件已经具备。首先，经过20多年的改革开放，我国的经济实力明显增强，国内生产总值总额已居世界第七位，进出口总额居世界第三位；去年国家财政收入已达2.6万亿元，全社会固定资产投资突破7万亿元，有能力增加技术开发的投入。其次，20多年来，我国已引进了大批先进技术和设备，大大缩小了同国际先进水平的差距，目前在每个行业都有一些企业的技术装备处于国际先进水平。第三，多年来我们培养了大批人才。仅国有企事业单位的专业技术人员就达2170万人，有科学家和工程师226万人，形成了专业门类齐全的科研队伍。每年科技经费总额达3500亿元。第四，我国已涌现出一批依靠自主创新迅速发展起来的企业典型，证明中国人有能力进行技术创新。他们的成功经验，增强了我国企业以自主创新求发展的信心。例如：

海尔集团公司1983年至今的产品销售额年均递增70%，已由一个街道集体小厂成长为一个销售额上千亿元的跨国家电企业。重视技术开发，是海尔成功的重要原因之一。海尔技术开发投入占销售收入的5%，有一支强大的科技开发队伍，拥有专利3000多项，现在平均每天都有两个以上的专利产生。

华为公司在通信行业能够站在全球技术发展的前沿，关键是重视技术创新。今年公司销售额将超700亿元大关，其中出口50亿美元。全公司2.3万名职工中，从事技术开发的达1.3万人，去年技术开发投入为45亿元，占销售额的10%。

奇瑞公司在汽车行业是一个后来者。他们投放市场的第一台轿车就是自主开发的产品，现在不仅在竞争激烈的国内市场站稳了脚跟，而且在国外建立了两个总装厂。奇瑞技术开发投入占销售收入的10%以上，从事技术开发的人数占全国汽车行业的60%。

像这样的典型还有很多。凡是经营成功的企业和有远见的企业家，都高度重视技术开发，舍得在这方面增加投入。如果像这样的公司中国有1000家，那么就不会出现资源的瓶颈制约，中国经济的平稳较快增长就有了可靠的基础。

三 抓紧建立以企业为主体、产学研结合的创新体系

技术资源短缺是当前经济发展的最大瓶颈。打破技术的瓶颈制约，必须增加技术开发的投入。但据国家统计局统计，全国大中型企业中，至今有71%的企业没有技术开发机构，2/3的企业没有技术开发活动。2003年企业科技经费支出占产品销售收入的比重仅为1.52%，其中用于新产品开发的支出仅占0.66%。根据国际经验，企业技术研发投入不应低于销售收入的3%，否则将失去竞争力。在高新技术企业，技术研发投入要占10%以上。消化吸收创新引进的外来技术，是技术进步的捷径，当年日本、韩国引进欧美技术，用在引进和对引进技术消化创新的投入比例为1∶5，而我国的这一比例为1∶0.07。结果是引进再引进，长期形不成拥有自主知识产权的技术和产品。

为什么我国企业普遍缺乏技术开发的积极性？这要从体制机制上找原因。要通过深化企业改革，建立产权多元化的股权结构，并以此为基础建立现代企业制度和与之相适应的公司治理结构，特别是建立由股东大会选举产生的董事会代表投资者利益进行经营决策的制度。只有这样，经营者才能从企业的长远发展出发增加技术开发的投入，才能有效克服企业经营

决策的短期行为。目前企业技术开发投入已占全社会技术开发投入的50%以上，但还远远不够。根据国外经验，企业技术开发投入和企业从事技术开发的人数都应占全社会的70%以上。所有的大中型企业都要建立自己的技术开发机构，企业的产品要做到正在生产的一批、等待投放市场的一批、处在研发阶段的一批，真正把科技作为关系企业兴衰的第一位大事。

要形成以企业为主体、产学研结合的科研力量的合理配置。科学院的研究机构和大学主要从事基础与应用研究，企业主要从事新产品、新工艺、新技术的开发。技术开发和应用研究要以市场为导向，尽可能缩短技术成果工程化、产业化的时间，从根本上解决科技与经济"两张皮"的问题。

大企业要成为行业技术进步的基地，同时也要发挥中小企业在技术创新中的作用。要鼓励应用型科研院所进入大型企业内部，这样既有利于加强大型企业的科研能力，又有利于科研院所自身的发展。目前独立的应用型科研院所虽然在为企业提供技术服务中做出了一些成绩，但对行业性重大技术课题的研发则有所减弱，久而久之，当企业自身的研究力量壮大之后，这些独立的研究机构将面临被市场淘汰的危险。应继续推进原部属科研院所的改革，把进入大型企业作为一个较好的选择。要发挥中小企业市场应变快的特点，采取优惠政策，鼓励科技型中小企业的发展，特别是在软件、零部件生产等领域，大批高度专业化的中小企业的存在是技术进步的客观需要，而且许多大企业也都是由小企业成长起来的。

实施自主创新战略，应当把原始创新、系统集成和引进消化吸收创新结合起来。近期内尤其要重视对引进技术的消化吸收创新。经验证明，比起原始创新和系统集成，引进技术消化吸收创新可以大大节省投入的时间和资金。对重大设备和工程，要用系统集成的办法创新，组织多学科多专业技术人员联合攻关。要鼓励原始创新，克服浮躁情绪和急功近利，提倡不同学术见解的争鸣，形成良好的创新氛围。

四 健全鼓励自主创新的体制、政策和法规

增强自主创新意识，建立创新型国家，需要政府与企业的密切配合。要加快建立健全鼓励技术开发投入和自主创新的体制、政策与法规，引导企业自觉地走上依靠技术进步的发展道路。

完善鼓励企业增加技术开发投入的税收政策。目前，我国虽然也有一些鼓励企业增加技术开发投入的税收政策，但存在着力度不够、门槛过高、范围偏小的问题。税收优惠方式以直接减税为主，而在研发费用扣除、固定资产折旧、投资减免，延期纳税以及对高新技术产业免征固定资产投资方向调节税等方面则缺少实质性的鼓励措施。税收优惠没有明确到具体的科研开发活动，而仅以企业为对象，一方面可能使优惠政策被滥用，企业一旦被确认为高新技术性质，其非科技收益也享受优惠待遇；另一方面造成优惠缺位，大量非高新技术企业的科技活动难以享受到税收优惠。由于鼓励研发投入的税收优惠政策只有在企业每年新增10%的部分才能享受，要求过高，致使骨干企业中的平均落实率也仅在14%以下，企业实际享受优惠的金额只占应享受金额的5.8%。由于企业开发新技术和设备国产化所需的关键零部件进口不能全部享受关税与进口增值税的优惠政策，致使国产设备的竞争力下降，企业自主研发制造的积极性受挫。与发达国家相比，我国鼓励自主研发的税收优惠政策的力度和范围都远远不够。所以，要围绕形成鼓励自主创新的税收制度，加快税制改革。

建立健全创业基金、风险投资和创业板市场。要建立有利于科技创新和科研成果向生产力转化的风险投资机制，吸引大批社会资金投向科研开发和成果转化。目前，这方面的工作才刚刚起步，应加快推进步伐。要借鉴发达国家的经验，吸引国外的风险投资机构，培养从事风险投资的人才，逐步形成风险投资的氛围。

通过政府采购，鼓励使用新产品、新设备。由自主开发生产的新产品新设备，在投入市场的初始阶段，需要政府的扶持，帮助其在使用中逐步完善设计，提高质量。政府采购是支持新产品新设备的重要政策，这在美国被普遍采用。美国有一个《购买美国产品法》，规定凡是用纳税人的钱采购的商品，必须优先采购纳税人所办企业生产的产品，只有当国内企业不能满足要求时才允许进口。我们应学习借鉴美国的这一经验。

依托重大项目实施以市场换技术。我国巨大的市场需求是一项重要资源。要利用市场资源吸引国外公司与国内企业联合设计和生产，并对国内企业转让技术。二滩电站和三峡电站发电设备的国际招标，就是采用这种办法。前来投标的国外公司必须与国内设备制造公司结为伙伴联合投标，并向国内企业转让设备制造技术。在国内企业具备一定实力的情况下，也可由国内设备制造企业为主，联合一家国外公司为技术支持方，作为投标单位。这样做，既有利于外国公司进入中国市场，也有利于国内企业制造技术的提升。

建立军民结合、寓军于民的科技体制。军品生产与民品生产结合，军工技术向民用技术转移，是美国支持产业技术进步的成功政策。现在美国居世界领先地位的高技术产业，大部分都是由政府资助研究的军工技术转为民用技术发展起来的。长期以来，我们照搬原苏联的军工与民用相隔离的科研体制，割断了军工技术带动民用技术发展的纽带。要彻底摆脱这种传统计划科技体制的影响，建立军民结合、寓军于民的新型科技体制。

充分发挥重点实验室、工程中心等技术孵化器的作用。科研机构和大学科研人员的研究成果迅速转化为市场所需要的产品，要有一系列的中间环节。中央和地方都应建立一些实验室和工程中心，通过提供免费或优惠服务，吸引拥有科研成果的人才，利用这里的设备，完成其工程化、产业化的转化工作。我国目前有大量的科技成果尚未开发利用，专利的利用率比较低，技术成果的转化环节亟须加强。特别是一些老工业基地，正处于产业转型过程中，做好这项工作对建立新的产业十分必要。德国鲁尔地区成功地由煤铁工业为主转为以电子、生物产业为主，工程中心发挥了重要作用。

提高自主创新能力的多种途径*

党的十六届五中全会建议提出自主创新的战略以来，自主创新在全国已经引起了强烈的反响，得到了各级政府特别是企业界的响应。在当前和今后一个较长的时期，提高自主创新能力对我们国家的经济发展具有重大的战略意义。

首先，提高自主创新能力是转变增长方式的关键环节。早在第九个五年计划期间，我们就提出了要转变增长方式，但是十年过去了，我们在增长方式的转变上进展不大，原因就在于我们缺乏具有自主知识产权的产品和技术。只有提高自主创新能力，只有具有自主知识产权的产品和技术，才能真正实现增长方式由粗放型向节约型的转变。

第二，提高自主创新能力是保持经济平稳、快速、持续增长的需要。从20世纪90年代中期以来，我国的国民经济发展进入了长达十年的平稳快速增长的新阶段。这十年来，经济摆脱了长期以来存在的大起大落的困扰，年度经济增长幅度相差一到两个百分点，最高不到两个百分点，平稳的增长保持了十年，这是很不容易的。现在党中央、国务院希望我们能够把平稳增长的势头长期保持下去，保持到"十一五"，一直到2020年再保

---

* 本文原载《企业党建》2007年第2期。

持15年的长期平稳快速的增长，年均增长速度在8%—9%之间。要实现这一目标，关键要靠通过提高自主创新能力转变增长方式，摆脱经济增长过分依赖投资、依赖出口的局面，特别是要摆脱过分地依靠高消耗、高污染、高投入的行业投资的过快增长支撑经济增长的局面。要发展高技术产业，要发展那些对能源、资源消耗比较低，附加值比较高，劳动力资源优势得到充分发挥的产业，这就有赖于我们通过自主创新形成一些投资热点和经济增长点，这样才能够保持经济长期平稳快速的增长。

第三，提高自主创新能力也是全国人民的收入增长随着经济增长同步增长的客观要求。这些年大家都有一个感觉，GDP的增长速度这么快，平均每年增长9%—10%，但是老百姓自己感觉到的收入增长并没有随GDP的快速增长而增长，我们的财富还没有很快积累起来。这里面一个很重要的原因就是：在经济增长里边，一些高盈利的行业往往是外商投资或者是加工贸易企业实现的，出口产品里相当一部分是贴牌生产。比如说纺织品的出口，从2005年起中国就超过1000亿美元，是世界最大的纺织品出口国，但是纺织品的出口产品特别是出口的服装，80%是贴牌生产，整个生产的全过程都是我们干的，最后一道环节贴人家的一个商标，80%以上的利润都让人家拿走了，我们辛辛苦苦半天只拿到很少一部分利润。

国内的企业都是这样的。高利润都让外商来做或者进口，老百姓什么时候才能富起来呢？因此我说提高自主创新能力是转变增长方式的中心环节，实现经济长期平稳快速增长的客观需要，也是中国老百姓的收入能够与经济增长同步提高的客观需要。

自主创新的目的是拥有自主知识产权的产品和技术，要达到这个目的、实现这个目标的方法不拘一格，是多种多样的。我最近总结了国内企业自主创新的一些经验，大概归纳为九种途径。今天我想让大家分享我的研究成果，可以采用这些方式提高我们的自主创新能力。

第一种途径是引进消化吸收再创新。这是我们五中全会建议提出来的，在今后一个较长时期内，在能够引进技术的行业，我们主要应采取这种方式提高创新能力。实践证明，这种创新方式是技术创新的一个捷径，因为它时间最节省，成本最低。当年日本、韩国引进欧美技术，就是通过消化吸收再创新迅速形成了出口的拳头产品，所以他们非常重视消化吸收再创新。

第二种途径是通过系统集成的方式创新。主要适用于大型复杂装备和产品，特别是技术装备领域。技术装备研制涉及各个技术领域和各个环节的技术，通过把各个领域的技术集中起来就可以形成一个能够解决重大复杂任务的大型技术装备。

第三种途径是原始创新。原始创新主要靠科学院和大学教授，但是企业搞原始创新也不是不可能。深圳有两个企业摘了两个成功创新的世界级案例。第一个案例是用基因工程治疗癌症，现在已经在全世界第一个突破了，治疗了很多病人。研究人员是军医大学的教授，在美国留过学，在日本留过学，回国以后开展研究，成功了。第二个案例是朗科集团的技术人员，原来是中科院的两个研究生，在外国公司打工期间酝酿了一些创新思路，两个人就回来在移动存储领域开展研究。他们的发明是闪存跟WSP之间的直接联系，这在IT行业、在全世界都是独创性的，包括日本索尼、松下等在内的国外一些大公司已承认这个技术专利，准备付给他们专利费。这两个科技成果都是原始创新，都是小企业做出来的，因此企业不要自卑，不要看不起自己，在某些领域我们只要能钻进去，也可能搞出原始创新的成果。

第四种途径是通过技贸结合、国际招标。这方面比较典型的就是三峡模式。长江三峡工程发电机组的制造，左岸电站14台机组实行国际招标、技贸结合，中标的都是外国的跨国公司，但是这些跨国公司来投标时我们要求必须拉一个中方的制造企业作为合作伙伴，而且要给我方转让技术，必须有一台机组全部在国内企业制造。通过这个方式，进行左岸电站的招标制造，国内企业就提升了自己的设计制造能力，所以右岸电站12台机组招标，中国企业中标8台，哈尔滨动力厂就中标了。据他们介绍，中方制造的右岸电站发电机组在某种技术上还有创新。技贸结合、国际招标提升自主创新能力的模式可以在所有重点项目上推广应用，要在政府的组织协调下，运用政府采购国际招标的形式，提升内资企业的创新能力。

第五种途径是通过国际兼并拥有知识产权。现在国外一些企业有技术、有成果，但是没有市场，国内的企业有市场但是没技术，合起来就可以双赢。国内一些企业通过到海外兼并濒临倒闭或非常困难的企业，使原有的技术资源包括技术成果和技术开发人才全部为我所有，产权归我，通过兼并方式提高了自己的创新能力，这个模式在上海和浙江有很多成功的案例。

第六种途径是委托国外机构研发拥有自主知识产权的技术。有一些技术国民经济和社会发展非常急需，但是国内研究力量目前还研究不了、研究不出来，我们可以实行国际招标，用重金委托国外的研究机构帮我研发。神华集团煤炭直接液化技术就是成功的案例。

第七种途径是与国外合作进行研究开发，共享成果。国外的企业和研究机构非常愿意和中国合作，以色列科学院院长就曾讲他特别愿意和中国人合作搞科研：你们提出项目、提出课题，我们两家合作，你们承担的部分你们花钱，我们承担的部分我们花钱，研究出来成果以后双方共享。这种方式也可以推广。我们现在已参加全球卫星定位系统伽利略计划，参加热核聚变国际研究，大量生产中间的技术也可以通过国际合作方式进行研究和突破。通过在国外设立研发机构，利用国外的技术力量进行研究，成功的案例有华为和中兴，他们在海外都设立了研究所，雇用当地的科研力量，研究成果为我所用。

第八种途径是国内设计国外制造，或者进口关键的零部件在国内制造。华为是一个成功的案例。华为在开始起步的时候设计程控交换机，芯片设计出来了但是国内造不出来，就拿到国外造，或者直接从国外采购，程控交换机可以在国外制造，也可以采购关键零部件在国内制造。现在好多产品自己能设计出来，但由于工艺技术水平落后我们造不出来，或者虽然能造出来但是造出来的质量不行，我们就在国内设计，在国外制造，或者是大部分在国外制造，少部分零部件采购进来，在国内制造，这也能提高自主创新的能力。华为在通信设备制造领域可以说已经站在世界技术发展的最前沿。华为2005年有三万多人，有两万人在搞科研，当年的技术开发投入达50多亿元，占到销售额的10%，国家发改委高新技术产业司一年掌握全国的钱才十几个亿，一个公司一年的技术开发投入达50多亿，这是多大的投入强度！

2005年华为公司申请的国际技术专利有240多项，我看了一下同行业的思科，它代表着国际最先进水平，2005年申请的国际专利是220多项，比华为还少了20多项。全国2005年申请的国际专利有2000多项，华为一家申请竟占全国申请总数的十分之一。全国这么多企业，如果有一百个能成为华为，我们的自主创新力量不就起来了吗？

第九种途径就是产学研结合，企业跟大学、研究所结合起来。我国企业研究力量普遍比较弱，对企业来说是技术难题，可是到研究所和大学那儿，可能这些问题早已经解决了，或者不费吹灰之力。这是老办法，但也是非常有效的办法，要继续使用。

自主创新的路径很多，需要我们不断地总结推广。有一份投入就有一份回报。我们的国有大中型企业，现在创新投入比全国平均水平还低，这是说不过去的，因为国有大企业拥有最好的设备，拥有很多利润，拥有最优秀的技术人才。国有大中型企业应当成为自主创新的主力军，应当在各行业技术开发上成为排头兵，成为基地，带领行业的技术进步。通过这样一个研讨会，企业和新闻媒体的同志一起呼吁创新，推动中国企业舍得在技术开发上花钱，根据本企业的具体情况采取适合自己的形式搞技术创新。我们相信：通过五年或十年的努力，我们一定能够创造出一大批拥有自主知识产权的产品和技术，把投资吸引到这些技术成果上来，形成一大批新的投资热点和经济增长点，带动产业结构的升级，从而实现今后十几年经济长期的平稳快速增长。

华为：专利申请全球金牌的背后[*]

日前，世界知识产权组织公布的数据显示，华为公司2008年专利合作条约申请数达到1737件，首次成为全球第一大国际专利申请公司。至此，华为公司已连续6年夺得中国企业专利申请数量第一，连续3年占据中国发明专利申请数量第一。截至2008年12月底，华为公司累计申请国内外专利35773件。

在当前国际金融危机的大背景下，在沃达丰、爱立信等世界电信巨头业绩纷纷滑坡的情况下，华为公司2008年合同销售额高达233亿美元，同比增长46%。

仅用21年的时间，华为从没有自己产品和技术的小公司，迅速成为世界电信巨头，动力何在？

正是自主创新提供的持续不断的"源头活水"，养育出华为公司这棵电信世界的"参天大树"，并将专利申请的全球金牌揽入怀中！

一 市场导向
——技术创新的基本原则

不管是产品的核心技术开发还是外表设计，以市场为导向是华为公

---

[*] 本文原载《人民日报》2009年4月27日，与许珠武合写。

司进行技术创新的基本原则。华为要求研发人员直接对产品的市场成功负责，而不仅是对项目的研发成功负责，并且从流程运作和考核机制上来保障这种导向。

以市场为导向的技术创新，帮助华为公司赢得了客户，赢得了市场。

1998年，华为通过市场调查，特别是与电信运营商的深入交流，了解到运营商对接入服务器有着巨大的需求潜力，而当时流行的接入服务器大都不具备电信级的性能。为此，华为公司迅速开发出了创新的电信级接入服务器产品A8010，一经推出，迅速风靡市场，2000年市场占有率为70%。

在拓展欧洲3G市场时，华为公司注意到欧洲运营商在网络部署中希望基站能占地更小、安装更方便、更加环保省电、覆盖效果更佳，由此提出了分布式基站理念，并率先将其产品化，彻底改变了传统基站的建设模式，不仅大大降低了机房的建设与租用成本，并且易于安装，降低了设备安装成本，帮助运营商降低运营成本30%以上。目前分布式基站已经成为全球范围内移动运营商在部署移动网络的重点考虑方案，大量运营商由于采用了华为公司的解决方案而使得网络质量和性能发生了彻底的改观。《商业周刊》对此评价："华为公司的成功是因为其为客户提供了顶级质量、最优性价比的产品。"

二　高额投入

——获得企业活下去的权利

华为公司持续的技术创新，逐年增加的专利申请，与其高强度的物力、人力投入分不开。

华为公司创立初期，就将自己以代理销售国外产品所获得的微薄利润，点点滴滴都投入到小型交换机的技术开发上，集中力量，重点突破，逐渐取得技术的领先和利润空间的扩大。此后又把利润投向升级换代产品的研究开发中,周而复始,逐渐壮大。

进入 21 世纪,华为公司坚持以不少于销售收入 10% 的费用和 43% 的员工投入研究开发,并将研发投入的 10% 用于前沿技术、核心技术及基础技术的研究。为了积累起雄厚的技术人才资源,华为曾连续几年以每年三四千人的幅度招聘国内著名高校的毕业生,目前仍坚持以每年数千人的幅度招聘海内外优秀技术人才。以华为公司近年销售额及公司人员增长情况计算,公司最近两年的年均研发投入至少在 10 亿美元以上,研发人员达到 4 万人。其科研投入强度在国内整个信息产业企业中一直高居榜首,与国际高科技行业中的著名企业相当。

在高强度投入技术创新的同时,华为公司也极为重视以知识产权保护技术创新。早在 1995 年,华为公司就率先在国内企业中设立了知识产权部,统一负责整个公司的知识产权事务,把保护技术成果、扩大专利的拥有量作为知识产权工作最基本的内容。这也是公司专利申请量逐年增加并实现国内外第一的一个重要原因。

技术创新背后是巨大的风险,大量的技术创新投入有可能会血本无归。但是,华为始终把技术创新放在企业生死的高度来看待。事实证明,由于踏准电信技术的演进道路,每次战胜风险都给华为公司带来了丰厚的回报。

"不创新才是华为最大的风险",华为总裁任正非说,"没有创新,要在高科技行业中生存下去几乎是不可能的。若不冒险,跟在别人后面,长期处于二三流,我们将无法与跨国公司竞争,也无法获得活下去的权利。若因循守旧,也不会取得这么快的发展速度"。

三 激励机制

——培育研发人才的肥沃土壤

"中国并不缺乏创新的种子,缺乏的往往是创新的土壤。"华为人认为,研发工作是企业的核心活动,又是创造性劳动,应有完善的激励机制进行配套,为此,公司利用各种价值分配形式,如职权、工资、奖金、安全退休金、医疗保障、股权、红利以及其他人事待遇,对研发人员进行全方位的激励。

在物质激励方面,各种待遇水平向研发人员倾斜。根据职位职责和胜任能力定工资,根据业绩定奖金,根据潜力定股权,是华为公司在报酬机制上的具体做法。只要肯干又有潜力,华为公司提供给每个研发人员充分的发展机会和发展空间。公司强调向各级研发人员下达挑战性的目标和任务,同时每个开发项目组会得到充分的授权,开发部门的领导主要是把握方向,不会过细干预项目开发工作。此外,公司非常重视精神鼓励,通过各种方式对员工进行认可和表扬,根据评比的奖牌和奖杯,结合企业文化的各种荣誉奖对职工进行公开的表彰。

四 集体奋斗

——重大技术攻关制胜的秘诀

深圳湾畔的华为大厦悬挂着这样一张巨幅照片:十个年轻人呈扇形靠近,十只有力的手紧紧相握,形象地传递着这样一个信息:在华为人的心目中,每一个胜仗都是团结合作、集体奋斗的结果。

每位初入华为的新员工都会收到一份《致新员工书》,里面有这样一句:华为公司是一个着眼于大市场、大系统、大结构的高科技企业,没有责任心、不善于合作、不能集体奋斗的人,等于丧失了在华为进步的机会。

经常性的跨部门技术攻关和会战是华为公司的一大"景观"。已研发成功的多种大型复杂的产品系统,如 C&C08 交换机、GSM、数据通信和智能网等,都是由数千研发人员在 2—3 年的时间跨度内,分散在不同地域协同完成的。

为了早日实现产品的创新突破，缩短与国外通信巨头的差距，从而获得竞争先机，华为的研发人员经常集体加班，累了，就在办公室铺垫子睡一觉。这也形成了公司传承至今的"床垫文化"。

一位清华大学毕业的研究生说："在华为，我们能做一些一个人根本不可能做成的事情。几百人协同作战，攻下的又是一件件为民族争气、为国家争光的产品，所以至今热情不减！"

五 全球资源
—— 赶超前沿技术的保障

在核心技术方面，华为公司承认自己是追赶者，承认西方企业的领先地位。因此，《华为基本法》明确指出：广泛吸收世界电子信息领域的最新研究成果，虚心向国内外优秀企业学习，开放合作、独立自主地发展领先的核心技术体系。这是华为公司在核心技术发展方面的国际化战略思路。

为了及时整合利用全球创新资源，华为公司在瑞典斯德哥尔摩、美国达拉斯及硅谷、欧洲、印度班加罗尔以及中国的深圳、上海、北京、南京、西安、成都和武汉等地设立了14个研发中心，建立了一套完整的全球研发体系，广泛吸收国际技术人才，实现了全球同步技术开发。公司还与全球前50位运营商中的36家展开技术合作，建立了近20个联合创新中心。

目前，华为公司的技术创新，已从在国内跟踪国际技术为主的自主研发发展到综合利用国际资源、以国际研究机构为主力的适当超前研发。在3G专利方面，华为公司目前拥有的基本专利数量排名全球前五位；在LTE（4G长期演进）专利方面，华为公司已跻身全球前三位的基本专利拥有者。在全球专利竞争中，华为公司已从2G时代的跟随者，跃进为目前全球3G的同行者，并正在布局成为4G的领跑者。

自主创新是实现产业升级的中心环节*

中央经济工作会议强调，要更加注重推进自主创新。这既是党中央在复杂的经济环境中，推动经济社会又好又快发展的重要经验总结，也是实现产业升级、转变经济发展方式的关键环节。纵观世界近代史，每一次大的经济危机出现，都会带来全球产业结构的调整，催生新的技术革命。2008年爆发的席卷全球的金融危机，将有力地刺激全球科技进步和新技术产业的兴起，为绿色经济的发展提供历史机遇。我们要战胜危机的影响，变挑战为机遇，就必须把自主创新摆在更突出的位置，以自主创新带动产业升级，增强国际竞争力。

一 后危机时代凸现自主创新的紧迫性

这次全球金融危机给美国等经济发达国家带来重创。由于金融泡沫的破裂，造成了市场需求萎缩，全球贸易大幅下降，发达国家经济总量减少。由于各国一致采取了经济刺激政策和金融救助方案，避免了像20世纪30年代大危机时的经济崩溃，2009年下半年全球经济出现了缓慢复苏迹象。但是，由于不良资产的消化还需要较长时间，占需求总量大部分的

---

* 本文原载《求是》2010年第2期。

居民消费短期内难以恢复，科学技术上尚未出现大的突破，预计在两三年内全球经济都将处于低速徘徊状态。从历史经验来看，真正走出危机的影响，出现新一轮复苏和繁荣，有待于科学技术创新带来新的投资需求，从而形成能够带动产业结构升级的新的经济增长点。

刚刚闭幕的哥本哈根全球应对气候变化大会通过的协议，在应对气候变化长期目标、资金、技术和行动透明度等问题上达成共识，对相关科学技术研究和产业发展提出了重大课题。目前各国政府和科学家、经济学家、企业家都在积极寻求对策，探索清洁生产技术和低碳经济发展道路。谁将在新一轮全球竞争中胜出，取决于在相关技术研发上的投入和将新技术产业化的速度。美国奥巴马总统提出的为期10年总投资达3万亿美元的新能源和低碳技术开发及产业化计划，表达了美国通过占领新的科技制高点，引领新一轮产业结构调整方向，继续保持科技和经济全球领先地位的愿望。欧盟、日本等发达国家也纷纷制定相关规划，增加研发投入，支持相关产业发展。这是一个全球性的重大科技研发工程和经济发展战略，将对未来全球面貌和人类社会产生重大而深远的影响。

中国正处在工业化、城镇化加速推进阶段。为了追赶发达国家的经济发展水平，目前正致力于产业结构的优化升级，促进经济发展方式转变，努力使经济发展由主要依靠增加物质资源消耗转变为主要依靠科技进步、改善管理和提高劳动者素质，提高第三产业在国内生产总值中的比重。中国制定的"十一五"时期节能减排目标，到2010年使单位GDP的能源消耗下降20%，这相当于减少二氧化碳排放量15亿吨，从而为应对全球气候变化做出重大贡献。最近，中国政府又主动提出，到2020年，使单位GDP的碳排放量比2005年减少40%—45%，充分体现了中国作为负责任大国的形象。按照科学发展观的要求，中国还提出了建立资源节约型、环境友好型社会的发展目标，努力实现产业结构由能源资源密集型为主向资本、技术、知识密集型产业为主的转变，降低高耗能、高污染、资源型产业在国民经济中的比重，提高产品的技术含量和附加值，这就需要把提升产业技术水平、实现产业结构升级与新一轮全球产业结构调整的任务结合起来。也就是说，我们既要尽快缩小同发达国家现有产业技术和产业结构上的差距，又要赶上新一轮产业技术进步和产业结构调整的步伐，这对我国科技进步和结构调整提出了更为艰巨的任务。从当前来看，我国出口大幅下滑，而具有较高技术含量的新产品却能扩大出口，这充分证明了自主创新是应对危机的有效措施。

实现产业技术进步和结构升级，引进技术和外资是一个捷径。但是，作为一个经济大国，经济的发展必须建立在以自主知识产权为主的技术基础之上，这是使我国人民能够从经济发展所创造的财富中更多受益的根本途径。况且，真正的核心技术、关键技术是买不来的，必须提高自主创新能力。党的十六届五中全会关于制定"十一五"规划的《建议》指出：要深入实施科教兴国战略和人才强国战略，把增强自主创新能力作为科学技术发展的战略基点和调整产业结构、转变增长方式的中心环节。党的十七大报告进一步强调：提高自主创新能力，建设创新型国家，这是国家发展战略的核心，是提高综合国力的关键。这些论述充分体现了党中央对这一关系国家兴衰的重大问题的重视程度，全球金融危机的爆发，证明中央在这一问题上的高瞻远瞩，进一步增强了提高自主创新能力、建设创新型国家的紧迫性。

二　企业要把自主创新作为发展的核心战略

把科学技术转化为生产力，以自主创新带动产业升级，关键在于企业。必须增强企业的自主创新能力，形成以企业为主体、市场为导向、产学研结合的技术创新体系。因为企业最了解市场需求，能够按照市场需求开发新产品并迅速投放市场，使研发投入较快地取得回报。企业最了解行业技术进步的最新动态，能够把基础研究和应用研究的成果迅速转化为新的生产技术。以企业为技术创新的主体，可以从根本上解决我国科技与经济两张皮的体制问题。在发达国家，科研人员分布和科研资金投入的70%都集中于企业。党的十七大提出，要鼓励创新要素向企业集聚，抓住了我国科技体制中的要害问题，为增强企业自主创新能力指出了努力的方向。

近几年，我国企业的研发投入有了较快的增长，从2004年到2008年，规模以上工业企业研发经费支出年均增长29.2%，但与十七大报告提出的要求相比，还有相当大的距离。2008年，我国从事科技活动的科学家和工程师，企业仅占57.6%；规模以上工业企业中，有研发活动的仅占6.5%，研发经费支出仅占企业主营业务收入的0.61%；在大中型工业企业中，上述两个比例分别仅为24.9%和0.84%。技术引进经费支出与消化吸收经费支出的比例，规模以上工业企业为3.8∶1，大中型工业企业为4.1∶1。大中型工业企业新产品销售收入占主营业务收入的比例仅为6.7%。这些情况说明，我国工业企业对技术研发的重视程度虽然有了提高，但尚未真正走上以技术进步求发展的道路，仍然停留在重引进、轻消化的状态。这对于后危机时代国际竞争加剧和科技进步面临新突破的形势，是很不适应的。

实践证明，在技术研发上，有一分投入就会有一分回报，投入越多，回报越丰厚。近些年，我国已有不少企业通过自主创新走上了快速发展的道路，成为国内外市场上的佼佼者。如华为公司，每年研发投入占销售收入的比重达10%，如果完不成这个指标，年终就作为一个重大问题来查找原因。去年研发投入达70亿元，申请国际专利1600多项，在全球企业中排第一位。自主创新增强了企业的竞争力，在去年全球电信装备市场大幅滑坡的情况下，华为的销售收入增长30%以上。该公司员工平均年龄只有27岁，科研团队都是来自国内各大学毕业不久的学生。华为的成功证明，我国企业具有巨大的技术创新的潜力，关键在于企业要制定一个以自主创新为核心的发展战略，舍得在研发上加大投入，善于组织科研队伍攻关。只要锲而不舍，就一定能成功，不论外国有或没有的先进技术，我们都能够创造出来。

我国国有企业特别是中央所属企业，资金雄厚、人才济济，站在各个行业技术的前沿，理应成为自主创新的主力军。为此，应改进对央企的考核标准，建立技术成果评价制度，把企业无形资产的增值纳入考核范围，以激励企业增加研发投入，提高企业资产的有机构成。如果全国100多家央企都能像华为那样重视技术研发，我们就能从根本上改变技术落后特别是缺乏核心技术的局面，实现以技术创新带动产业升级和发展方式转变的战略目标。

三 完善鼓励自主创新的政策和社会环境

2006年国务院颁布的中长期科技发展规划纲要，明确了到2020年科技发展的目标、任务和战略重点，各部门围绕落实纲要出台了70多项配套政策，对鼓励自主创新发挥了重要作用，但仍存在不少问题。据有关部门调查，一些政策落实困难，如"技术开发费150%抵扣所得税"政策，仅有38%的企业享受到，有19%由于部门协调不够未能享受，还有19%的企业根本不知道有该政策。应对各项政策的实施情况进行一次全面检查、总结，使之进一步完善。需要调整的应及时调整。对那些企业利用程度不高的政策，应探究其原因，改进实施办法，以扩大政策效应。应针对战略性新兴产业的技术研发，实行特殊的扶持政策，尽快取得突破，以占领世界科学技术和产业发展的制高点。

进一步完善鼓励自主创新的政策和社会环境，关键是要完善高新技术产业化的风险投资机制。地方政府应运用自己的财力，建立对高新技术企业的投资鼓励和贷款风险担保贴息制度，形成一个有利于技术创新和技术成果产业化的良好的政策环境。深圳市在这方面提供了经验。改革开放以来，深圳的经济发展成功实现了由外资企业为主向内资高新技术企业为主、出口由加工贸易为主向一般贸易为主的转变，关键在于构建了鼓励自主创新的政策和社会环境。市政府出资兴办的风险投资公司和贷款担保公司，专门对处于起步或爬坡阶段的高新技术企业予以扶持，现在深圳发展起来的具有一定规模的高新技术企业，90%以上在成长的关键阶段都得到过这两个公司的支持。这两个公司也在支持高新技术企业发展中扩大了经济规模，进一步加大了对企业的扶持力度，同时还带动了民营风险投资公司和贷款担保公司的发展，全市兴办了200多家风险投资公司，一度占全国风险投资公司总数的70%以上。正是这样一种激励创新的市场机制的形成，才促进了深圳高新技术产业的发展，创造了深圳奇迹。这一成功实践给予我们以巨大的启发，就科技创新资源来看，深圳远不是全国最好的，在全国的大城市中，有许多城市的科研院所、大学和科技人才的数量远超过深圳，如果这些城市能够像深圳一样，营造一个鼓励扶持创新的政策环境，完全有可能在一个较短时间内再造出十几个像深圳这样的创新型城市。如果各个城市都有自己的长项，在一两个产业技术领域达到世界先进水平，那么，党的十七大提出的建设创新型国家的战略目标就有了可靠保证。

  2009年创业板的推出，为高新技术企业的发展提供了一个新的融资渠道。美国的纳斯达克市场为美国培育了一大批高新技术企业，像微软这样的全球软件行业的龙头老大，就是依托纳斯达克市场迅速膨胀起来的。目前，他们又把吸引上市企业的重点放在了中国。我们期望中国的创业板市场能学习借鉴纳斯达克的经验，在优选和支持中国高新技术企业发展中发挥助推器的作用。

在实践中，我们还要把扶持创新与扶持创业结合起来。最近几年，一些地方政府在鼓励自主创业、以创业带动就业方面出台了一系列政策，对于企业等市场主体的增加发挥了显著成效。由于新办企业和个体经营户的数量迅速增加，就业矛盾大大缓解，为本地经济发展注入了活力。特别是中西部地区，凡是认真实行鼓励创业政策的地方，居民收入增长速度都明显加快。应当把鼓励自主创新与鼓励创业有机结合起来，鼓励科技人员和大学毕业生创业，支持以创新带动创业。

四 充分利用国际市场的科技资源提升自主创新能力

全球金融危机给发达国家的企业带来严重困难，一批拥有较好科技资源的企业，由于受市场需求和资金供给的影响而陷入困境。对于我国企业来说，通过企业并购来利用国外科技资源，提高自主创新能力，这是千载难逢的机遇。我们拥有的巨额外汇储备，为国际并购提供了资金条件。企业应广泛了解国外有关信息，通过深入调查，精心选择并购对象。一般来说，在危机期间，对经营困难的企业实行兼并或控股，使其免于倒闭，减少失业，不仅会受到被兼并企业的欢迎，也会受到当地政府的支持。我们的驻外机构和各类智库，应当为企业海外并购提供有关信息和咨询服务，以减少投资失误。

要积极实行引智创新，即通过引进国外科技人才，与国内技术人才结合起来，对各个行业的一些重大技术难题进行科研攻关。实践证明，这是自主创新的一条捷径。在国际金融危机冲击下，国外一些科技人才找不到满意的工作，一些刚刚退休的科技人才想继续发挥余热，这就为我们吸引国外人才提供了机遇。要把引智创新作为提高自主创新能力的一项战略措施加以实施。各级政府要为企业吸引海外人才提供支持。

要鼓励企业到海外设立研发机构，吸引当地人才，了解科学技术的最新进展。利用现代信息传输手段和时差转换，使国内外科研机构联合研发，做到一天 24 小时不停工作，以提高研发效率。目前，已有不少国内企业在国外设立研发机构，对企业的技术开发起到了重要作用。

要提高利用外资水平，鼓励跨国公司把研发机构设在我国。同时要积极利用外资企业的技术溢出效应，带动我国企业的自主创新。对加工贸易产品，应通过学习创新、增加配套、逆向并购等途径，逐步使之转变为拥有自主知识产权和自主品牌的一般贸易产品。

"一流企业卖标准，二流企业卖专利，三流企业卖产品，四流企业卖苦力。"这是对不同类型企业在市场竞争中所处地位的生动描述，也是评价企业自主创新能力的市场标准。我国已有上百种产品产量居全球第一位，成为名副其实的制造大国，但远不是制造强国。贴牌生产产品在出口产品中仍占相当大的比重。由于缺乏自己的标准、专利和品牌，国内企业仅能分得产品利润总额中的很小一部分。我们要通过实施自主创新战略，尽快改变这种状况，从而增加经济活动的收益，为提高我国居民的收入水平做出贡献。

深圳国际专利申请量为何遥遥领先[*]

2007年党的十七大报告提出，把提高自主创新能力、建设创新型国家作为国家发展战略的核心。十七大后的7年，是我国历史上科研费用增长最快、科技成果增加最多的时期。2013年，全国科技研发投入占国内生产总值的比重达2.09%，国内发明专利授权量达14.4万件，国际专利申请量21516件。国际专利申请量占全球申请量的10.5%，与美国的距离在迅速缩小。从2010年到2013年的4年，美国申请国际专利的数量为中国的倍数依次为6.0、3.6、2.8、2.5倍。照此发展下去，再用3年至5年时间，中国申请国际专利的数量将赶上或超过美国，形势喜人。

但是，应当看到，我国专利申请很不平衡：一是在地域上，专利申请集中在沿海城市，中西部申请量较少；二是在产业上，专利申请集中在信息通信、石油化工、电动汽车等领域，生物工程、机械制造、农畜水产等领域较少；三是在申请主体上，民营企业申请量较多，国有企业、科研机构、大学较少。

特别值得提出的是，深圳市去年申请国际专利达10049件，同比增长25.3%，占国内企业和个人申请国际专利总量的48.1%。在全球企业国际专

---

[*] 本文原载《经济日报》2014年7月21日。

利申请量排名中，中国共有 4 家公司进入前 50 位，其中，中兴公司和华为公司分别以 2309 件和 2094 件居第二位和第三位，华星光电公司和腾讯公司分别以 916 件和 365 件排名第 17 位和第 48 位。这 4 家公司都属于深圳。

凡是看到这样一组数字的人，我相信都会感到震惊和感慨！一方面我们为深圳的创新能力感到自豪，另一方面也一定会为各地在自主创新方面的差距深深触动。因为深圳拥有的科技创新资源在全国各大城市中远远不是最好的，深圳没有多少著名的科研院所和大学，也没有多少院士、教授、博导。为什么深圳能出这么多科技成果？与北京、上海、武汉、西安、成都、沈阳等科技资源集中的城市相比较，我们能找到哪些差距？值得向深圳学习些什么？

一是崇尚创新的文化氛围。从 20 世纪 80 年代初期开始，深圳不断吸引着来自全国各地的有志青年。他们到深圳来，不是为了当官，更不是贪图安逸，而是立志要干一番事业，到深圳来创新创业。在体制上他们要走出一条新路，在技术上力求采用和创造当代最新技术。敢于创新的人在深圳能够受到推崇，新思路、新模式、新技术很容易得到采纳和应用。为了攻克一个技术难关，他们什么苦都可以吃。华为公司拥有的有效发明专利达 18881 项，是国内企业中拥有发明专利最多的企业。华为的文化叫"垫子文化"。新来的员工发一个床垫子，放在办公室。领到任务后，不分白天晚上连轴转，困了就在垫子上睡一会，醒了继续干。公司员工的平均年龄仅有 27 岁，就是靠这种拼命精神，仅用 25 年时间，从零起步，跑到了全球通信设备制造行业的第一名。中兴、腾讯、海洋王照明、鸿富锦、比亚迪等一大批公司，也都是在创新中发展起来的。创新是深圳的灵魂。创新文化，是深圳与其他城市相比一个最鲜明的特色。

二是激励创新的竞争机制。优胜劣汰是市场竞争的重要法则。在深圳，大家遵循市场竞争法则，从而激发了企业发展的活力和员工的创造力。几乎在每个行业，都有两个以上的企业在竞争。华为和中兴两个公司，都从事通信设备制造，他们相互竞争，互不服气，在国际市场上，一个企业走到哪里，另一个马上追到哪里。2010年，华为的国际专利申请量居全球企业第一名，两年以后，中兴又跃居全球企业第一名。在相互竞争中，两个企业都成为中国企业自主创新和国际化经营的领跑者。

三是容忍失败的社会环境。技术创新是一个高风险的事情，一个新产品、新技术的创造，往往要经过许多次失败。建立鼓励创新、容忍失败的社会环境，对于一个企业、一个城市、一个国家非常重要。对于创新失败的人，一定要安慰、鼓励，领导要主动承担责任，切记不能推诿、责备，更不能处罚。要推行首台套政策，鼓励使用创新设备和产品。对使用首台套设备出现了事故的，要帮助查找原因，改进技术装备，完善保险制度，建立经济补偿机制，切莫一棍子打死。在全社会建立容忍失败的社会环境，才能形成鼓励创新的浓厚氛围。

四是不拘一格的人才战略。人才是自主创新之本。能够创造技术专利的人才是非常难得的，必须广揽全球人才。深圳在自主创新方面的成功，主要在于吸引了全国人才，包括海外回归的人才。深圳有一大批公司，都是全国各地的人才带着技术成果，来这里进行工程化、产业化之后兴办起来的；有些是海外学者带着技术成果回来创业成功的。华大基因公司在基因的研究力量和研究成果方面都居于世界前列。这个公司就是一批海外归来的学者组建起来的。美国之所以在科技创新上领先于世界，一个重要原因是吸引了全球人才。美国硅谷每年新创办的企业中，有半数是由亚裔主要是中国人和印度人创办的。在这一点上我们做得还远远不够。特别是在吸引外国人才方面，我们需要向美国学习。

五是慧眼识金的风险投资。技术创新以及技术成果的工程化、产业化，必须有风险投资机制的支持。早年，深圳市政府出资办了一个风险投资公司、一个贷款担保公司，专门支持技术成果的工程化、产业化。现在深圳成长起来的高技术企业，绝大部分在成立初期或发展的关键阶段，都获得过这两个公司的支持。在两个国有风险投资公司的带领下，20世纪90年代曾有200多家民营风险投资公司集中在深圳，一度汇集了全国三分之二的风险投资企业。对于一个值得投资的企业或项目，往往是政府的风险投资公司先投入一部分，民营风险投资公司纷纷跟进。现在，深圳的风险投资公司资金规模已经很大，他们立足深圳，触角已伸向其他科技资源密集的城市，发挥了溢出效应。

六是面向全球的开放意识。科技是没有国界的，是全人类的共同财富。一个封闭的城市和国家，科技肯定落后。深圳在建立之初就以对外开放作为立足点。在扩大对外贸易中熟悉国外市场，了解全球技术进步趋势，通过引进、消化、吸收、创新，逐步拥有自主知识产权的技术。从两头在外即高技术的零部件在国外加工，产品销往国外市场，设计在国内，逐步发展到在国外设立研究机构，利用国外智力资源，走出了一条外向型经济和技术发展道路。

七是一视同仁的扶持政策。政府的扶持政策对于提高自主创新能力和发展高新技术产业十分必要，对于处在赶超阶段的国家来说尤为重要。政府要运用减税、贴息、资本金补助等手段，鼓励企业增加技术研发投入和技术成果的工程化、产业化。银行贷款和企业上市、发行债券等，都应当向创新型企业倾斜。政府还应办好高新技术园区，办好创新型大学，根据本地主导产业发展要求，建立技术研发中心、技术成果孵化中心等。对国有企业和民营企业，在各项政策上要一视同仁。要重视发挥小企业在技术创新中的作用，对小微企业给予扶持。政府财政在其他方面应少花钱，但在鼓励技术创新上应舍得投入。实践证明，在技术创新上，有一分投入，就有一分回报。

加快形成以创新为主要引领和支撑的经济体系和发展模式[*]

5月27日，习近平总书记在华东7省市党委主要负责同志座谈会的讲话中指出："综合国力竞争说到底是创新的竞争。要深入实施创新驱动发展战略，推动科技创新、产业创新、企业创新、市场创新、产品创新、业态创新、管理创新等，加快形成以创新为主要引领和支撑的经济体系和发展模式。"在经济发展的新常态下，我们要克服当前产能过剩、经济下行、通货紧缩等矛盾，实现经济的长期持续健康发展，必须认真贯彻落实总书记的讲话精神，通过改革创新，激发潜藏于13亿民众之中的智慧，释放经济增长新的活力和动力。

一　我国已进入只有靠创新才能持续发展的新阶段

我国经济的快速增长已经持续了37年，人均国内生产总值进入了上中等收入国家水平。纵观世界各国经济发展历史，如果没有技术创新和体制创新的引领和支撑，经济增长就将停滞。创新驱动成为经济发展新阶段的关键之举。

---

[*] 本文原载《求是》2015年第21期。

破解产能过剩难题靠创新。我国工业产品中有 200 多种产品的产量已居世界第一位，主要能源、原材料、消费品和投资品的产量已占全球产量的三分之一到二分之一。这是长期以来经济增长主要靠投资驱动所带来的结果。由于不断扩张的生产能力超过了市场需求，导致产能过剩，企业设备利用率仅为 70% 左右。在落后产能大量过剩的同时，高新技术产品却大量依赖进口，例如每年进口的芯片和精细化工产品各达 2000 亿美元以上；我国虽然是世界汽车生产和消费第一大国，但汽车的高附加值关键零部件主要依赖进口。在产能过剩的表象下掩盖着高技术产品的供给不足及其技术创新能力的薄弱。

打破国际市场技术垄断靠创新。改革开放以来，我们大规模引进了国外的先进技术和管理经验，通过引进、消化、吸收、再创新，提高了工业技术水平和企业经营管理能力。现在，能够买来的一般技术差不多都买来了，剩下的核心技术在国际市场上是买不来的。从对引进技术的再开发上看，我们的投入也严重不足。日韩用于引进和对引进技术再开发的投入比例为 1∶5，我国的投入比例不到 1∶1。打破国外公司对国际市场的技术垄断，除了靠自主创新，别无选择。

跨越中等收入陷阱靠创新。纵观世界各高收入国家和长期在中等收入区间徘徊的国家之间的一个重要区别，就是城乡居民之间的收入是否大体拉平，城乡发展差距能否大体被消灭。而缩小城乡发展差距，关键在于能否使各类生产要素在城乡之间自由流动，实现城乡一体化发展，通过加快农业劳动力向非农产业转移和发展农业集约化经营，使农业劳动生产率提高到全社会平均水平。我国目前城乡居民人均收入相差 3 倍以上，其决定因素是农业劳动生产率不足社会平均劳动生产率的三分之一。在农村人口仍占总人口近一半、城乡居民收入差距较大的情况下，要想跨入高收入国家行列，几乎是不可能的。因此，进行体制创新，建立城乡一体化发展新制度，吸引城市的技术、资本、人才流向农村，加快农业现代化，是避免落入中等收入陷阱的客观要求。

我国已经具备了创新引领发展的基本条件。党的十七大提出把提高自主创新能力、建设创新型国家作为国家发展战略的核心。此后的八年，是我国研发投入增长最快、技术成果涌现最多的时期。我国年研发投入资金量已居全球第二位，研发的技术人员数量居全球第一位。企业已经成为研发投入的主体和创新的主体，涌现了一批创新型企业，如华为、中兴等公司，每年提交的技术专利申请量已经跃居世界前列。我国国内申请的发明专利已居世界第一位，我国企业申请的国际专利数量同美国的差距正在迅速缩小。党的十八届三中全会提出的各项改革举措正在逐步落实，体制机制创新正进一步释放创新创业的潜力，广大科技人员创新的积极性已经调动起来。可以说，创新的形势令人鼓舞，以创新引领和支撑的经济体系和发展模式正在形成之中。

二 如何打造以创新引领和支撑的经济体系

以创新引领和支撑的经济体系，相对于以传统技术为基础的经济体系，是截然不同的。它要求高新技术产业应成为国民经济的主导产业，新技术、新产品在每年经济增量中必须占有一定的比重，实现内涵式的扩大再生产。即使在传统产业中，也要用当代最新技术加以改造，包括实现工业化与信息化的融合，在农业中广泛采用生物工程技术，在第三产业中广泛采用信息技术和当代最先进物流运输方式，在能源产业中不断提高清洁可再生能源的比重等。与传统经济体系相比，这种新的经济体系将大大提升经济效益、社会效益和生态效益。

建立以创新引领和支撑的经济体系，必须全面推进科技、产业、企业、市场、产品、业态、管理等各个领域的创新。

科技创新是各个领域创新的先导。科学技术是第一生产力，它物化在技术装备、生产工艺、操作技术等生产的各个方面和全过程。科技进步是经济发展的推动力量。科技创新包括基础科学、应用科学和专业技术的创新，必须合理布局这三个领域的人力、财力、物力的投入，使之相互协调、相互推动。当前，我们在基础科学研究领域的投入相对薄弱，应适当加强。要以基础研究的突破带动应用技术和专业技术的进步。

产业创新是技术进步的立足点。基础研究和应用研究的成果，只有转变为产业技术，才能使科学技术转化为现实生产力，才能为人类带来实实在在的恩惠。当代技术进步催生了一系列新的产业，如互联网产业、遥控产业、基因工程产业、新能源产业、激光产业、石墨烯产业、太赫兹产业、3D打印产业等。在这些领域，我们同世界先进水平还有较大差距，必须加大投入，迎头赶上。在传统产业技术的更新改造方面，我们同发达国家比，也有很大差距。如石油化工产业，我们每年进口原油和精细化工产品各2000多亿美元，充分说明在这个传统产业的技术上，我们仍然远远落后于发达国家。利用我国丰富的煤炭资源和国内已经取得突破的煤化工技术，发展煤化工产业，完全可以替代石油和化工产品的巨量进口。又如我国每年进口各种芯片2000多亿美元，如果组织芯片产业技术的协同攻关，就有可能实现芯片的国产化。

企业创新是推动技术创新的主体。目前，我国企业的研发投入、研发力量、研发成果均已占全社会的70%以上，赶上了发达国家的水平，这是一个巨大进步。但是，应当看到，企业对技术研发的重视程度和投入很不平衡。在规模以上工业企业中，2013年有研发和试验活动的企业所占比重仅为14.8%，研发试验投入强度仅为0.8%。一般来说，在传统行业，研发经费占销售收入的比重要达到3%以上；在高新技术行业，研发经费占销售收入的比重要达到10%以上。我国大多数企业尚未达到这一标准。落实习总书记提出的加快形成以创新引领和支撑的经济体系的要求，一定要从企业做起，努力使更多的企业成为创新型企业。

市场创新是企业产品价值实现的前提。在产能过剩、需求约束日趋强化的条件下，企业要想不断发展，必须建立用户第一的理念，千方百计满足市场需求，不断开拓新的市场。要善于发掘潜在的市场需求。例如，随着环境污染的加剧，环保产业将成为新的增长点；随着老龄化社会的到来，养老健身产业将成为一个新兴的产业；随着越来越多的企业"走出去"，为他们提供海外投资的咨询、融资、保险等服务，也将派生出新的产业。我们不仅要研究和开发国内市场，也要研究和开发国际市场。只有通过市场创新，开拓多元化、大规模市场，才能增强经济拉动力。

产品创新是适应不断变化的市场需求的必然要求。随着人们收入水平的提高，消费需求将不断升级，而科技进步使企业能够创造出更多新的产品和服务，以满足需求结构的变化。企业应把不断开发新产品作为生存发展之本，既满足现有的需求，更要通过开发新产品创造新的需求。产品创新既要注重其功能、外观，更要注重质量和安全，创造和培育著名商标。

业态创新是基于新技术或规模化、标准化要求的企业经营模式创新。新业态最先而且大部分出现在商业领域，以连锁店、超市、仓储式货柜、快递、快餐为标志，其方便快捷和高效率对传统商业模式构成了强大竞争压力。随着互联网的出现，网店、互联网金融、移动支付、众筹、在线教育、无纸化设计制造、3D打印、文化创意、旅游地产、预约出租、网络影院等"互联网+"行动异彩纷呈，改变了人们的生产方式、流通方式和生活方式。几乎在所有的经济领域，谁能率先行动，谁便能占得先机，取得不可估量的成就和效益。

管理创新是各类创新的基础和动力源泉。管理创新主要是制度、体制和机制的创新。一个好的制度，可以使大家和谐相处，使老有所养、幼有所教，为实现共同的理想而奋斗。一个好的体制，能够激发人的创造智慧，把众人的力量凝聚起来，形成强大合力。一个好的运行机制，可以使企业、大学、研究机构乃至整个国家最大限度地减少内耗，灵活高效运转，做到人尽其才、物尽其用、财尽其力。管理和科技被并称为现代化的两个车轮，科技创新必须有管理创新予以支持。要吸收当代世界先进的管理经验，不断推进管理创新，把每个单位、行业、地区和国家管理好。

三 如何构建创新驱动的发展模式

建立创新驱动的发展模式，涉及从科技创新到经济发展的全过程，必须对各个环节进行改革和制度重构。

第一，激发创新主体的活力和动力。企业、大学、研究机构是科技创新的三支队伍。目前，民营企业已成为技术创新的主力军，每年申请的技术专利占全国申请总量的三分之二左右。国有企业尚有巨大的创新潜力，通过落实十八届三中全会提出的改革措施，实行从管资产为主向管资本为主的转变，发展混合所有制，建立员工持股制，强化市场竞争，将能把国有企业潜藏的创新能力激发出来。在发达国家，大学是科技创新的基地，重大的创新往往出自大学。有人统计，近代约 70% 的科技创新是大学贡献出来的。向发达国家学习，创办高水平、创新型大学，应作为教育体制、科技体制改革的重点。通过引进高水平师资等措施，推动国内重点大学的主要学科达到世界前沿水平，创造更多的科技成果。要改革科研院所管理体制，充分发挥科学院和各类专业研究设计机构在科技创新中的作用。科学院侧重基础研究。原各部门所属的研究设计院所改制之后，在对行业重大技术难题的研究上有所削弱，应通过行业协会或政府组织产业联盟，实施协同创新，尽快攻克阻碍行业发展的技术难题。

第二，建立科技成果向生产转化的有效手段。长期以来，科技成果工程化、产业化始终是我国科技体制的一个突出的薄弱环节，以致大批辛辛苦苦研究出来的成果束之高阁，浪费巨大。发达国家科技成果转化率一般在60%左右，我国不到20%。成果转化率低，除了研究成果质量上的原因外，主要在于用户、技术持有者和政府之间缺乏一个紧密的连接转换机制。企业担心新技术不成熟，对技术的工程化和中间试验投入缺乏积极性，不愿承担"首台套"风险。技术持有者缺乏工程化和中间试验的资金，特别是由财政资金资助的科研成果，其推广应用后取得的收益分配与研发者脱节，因此，成果评审报奖后就算完事，对成果的深化研究和推广应用积极性不高。针对这些问题，在深化科技体制改革中，政府有关部门应把加强成果转化环节作为重点。要由政府出资，建立成果工程化和中试专项基金，对该环节进行补助。对财政资助和职务发明的技术成果，其转让或应用后所获收益，应将大部分留给持有成果的单位和发明人。

第三，完善支持创新创业的风险投资体系。科技创新离不开金融的支持。建立完善的风险投资体系，包括种子基金、创业投资基金、私募股权投资基金、创业板市场等，才能发挥金融对科技创新以及高新技术产业发展的重要支撑作用。种子基金是专门投资于创业企业研究与发展阶段的风险投资基金。创业投资基金是专门投资于具有发展潜力和快速成长公司的风险投资基金。两者投资的对象一般都处在创业阶段，属于高新技术行业的小企业。私募股权投资是专门投资于非上市企业的权益性投资，投资对象一般都具有一定的资金流。前者属于早期投资，后者属于后期投资。要完善创业板市场，使风险投资能有退出机制。美国的高新技术企业，主要是靠风险投资支持发展起来的。我国风险投资起步晚，发展不成熟，应借鉴国外经验，重视培育和发展各类风险投资，通过市场估价、优选、投资机制，扶持具有良好前景的高新技术企业的发展。

第四，合理发挥政府在支持创新创业中的作用。创新的活力来自市场，但这并不能忽视政府的作用。美国之所以能长期保持科技的世界领先地位，与合理发挥政府的作用密不可分。美国政府在支持科技创新中的作用，至少体现在四个方面：一是在不同时期提出能带动科技进步的国家重大工程，动员各种资源予以实施。如历史上提出的曼哈顿工程带动了核工业发展；星球大战计划带动了航空航天事业发展；信息高速公路计划带动了互联网的发展；正在实施的新能源计划和制造业复兴计划，也将对能源产业和制造业发挥重要影响。二是允许由财政资金资助研发的军工技术无偿转移到民用工业，带动民用技术进步。三是制定保护知识产权、完善竞争环境、扶持小企业发展的法律，政府设立小企业局，财政拨专款，帮助小企业转化科技成果。四是广纳全球人才。通过提供奖学金和加入美国国籍等制度，吸引各国优秀人才前来留学和工作。我国正处在科技追赶阶段，只有学习借鉴美国等发达国家的管理经验，并从我国实际出发，制定正确的政策法规和发展战略，才能尽快赶上。

第五，培养和吸引国内外创新人才。建立以创新为主要引领和支撑的经济体系和发展模式，关键在于人才。在大力培养国内创新型人才的同时，还要按照党的十八届三中全会提出的号召——择天下英才而用之。要深化教育体制改革，从小抓起，培养学生创新能力，培养领军人才。鼓励留学人员学成回国。制定吸引全球人才战略和政策。鼓励企业到海外设立研发机构，就地利用国外人才资源。

产业振兴篇

20世纪90年代支柱产业的培育和发展[*]

一 经济成长的新阶段及主要任务

经过15年的改革开放，我国经济的发展水平和经济格局发生了巨大的变化，经济成长已经进入了一个新的阶段。这个新阶段的主要标志：一是农业的发展已经基本满足了人民温饱的需要；二是工业消费品由短缺转变为低水平过剩；三是能源、原材料产量已居于世界前列。许多国家工业化的历程都表明，当农业和劳动密集型工业的发展满足了人民吃饭、穿衣等基本需要之后，即人均国民生产总值达到300—400美元时，经济的发展将出现一个新的跳跃。这个跳跃就是以满足新的更高层次的消费需求为目标，集中发展资金密集和技术密集型产业，使经济发展进入一个加速工业化的阶段。综合以上各方面的情况，我国经济已进入加速工业化的新阶段。

从消费需求的发展阶段来看，我国20世纪要实现小康水平的目标，解决人民住和行的问题已摆上议事日程。根据抽样调查和民意测验，城镇居民的最大愿望是改善居住条件，其次是希望有电话、汽车作为传递信息和代步的工具。没有这些新的消费领域的开拓，要实现人均国民生产总值

---

[*] 本文原载《改革开放论坛》1993年第2期。

由 300 美元向 1000 美元的跳跃，是不可能的。

从产业发展的现状来看，目前我国煤炭、水泥、农产品总产量居世界第 1 位，发电量居世界第 4 位，钢产量居世界第 3 位。也就是说，我国工农业生产可以为加工工业提供的劳动对象和动力已居于世界前列。但工业增加值却排在世界第 11 位，落在巴西的后边，原因就在于产品的加工深度低、产品技术含量少、产业结构和产品结构处于国际产业链的低端。因此，我们用同样多的能源、原材料消耗，只能生产出相当于发达国家 1/6—1/4 的产值。1990 年中国、美国、日本的制造业附加值分别为 940 亿美元、8682 亿美元和 6893 亿美元，中国仅相当于美国的 1/9 和日本的 1/7。因此，在新的成长阶段，我国工业的发展方向必须由粗放型向集约型转变；由重点发展煤炭、钢铁等初级能源和原材料，向发展节能、节材的高附加值产品的方向转变；由一般加工工业向深加工、高技术含量的加工工业转变。

二　20 世纪 90 年代新的经济增长点

20 世纪 80 年代我国经济的发展主要依靠农业、轻纺工业和建材工业的迅速增长。20 世纪 90 年代经济再上新台阶，必须寻找新的增长点。新的增长点作为带动国民经济发展的主导产业，应当具有以下特点：(1) 对生产和消费的带动作用大，产业关联度高，市场前景好；(2) 产品的附加价值和技术含量高，回笼货币能力强；(3) 对资金有吸引力，资源条件允许，有可能在近期内搞上去；(4) 经济效益好，有利于增加财政收入。

在工业领域，培育和建立新的主导产业，必须按照党的十四大的要求，振兴符合上述特点的机械电子、石油化工、汽车制造和建筑业，使之成为国民经济的支柱。

我国电子工业起步不算晚，投入的人力、财力也不算少，但发展缓慢，与国外相比，处于落后状态。1990年全国电子工业净产值约145亿美元，而美国则为2263亿美元，日本为1587亿美元，韩国也达到260亿美元。仅此一个行业，就使我国的国民生产总值一年比美国少2100亿美元，比日本少1400亿美元，二者分别为我国工业增加值的2.2倍和1.5倍。这是用发展轻纺工业和其他一般加工工业所根本无法弥补的。更重要的是，电子工业的落后，影响到整个机械产品的档次，阻碍着信息业的发展，以致影响到整个工业技术水平和社会生活的各个领域。江泽民同志说，电子工业是国民经济增长的倍增器，这是富有远见的论断。集中力量发展电子工业，使之成为20世纪90年代的支柱产业，应是产业发展序列中的第一位的选择。机械工业中，应当把交通通信设备、能源设备、化工设备等大型成套设备作为发展的重点。要按照机电一体化的要求，发展机电产品。造船业是技术密集型、劳动密集型产业，我国具有发展造船业的有利条件。加快发展造船业，不仅可以振兴航运事业，而且可以出口创汇。

石油化工是现代工业的一个重要部门，发达国家普遍作为支柱产业优先予以发展。从1950年到1990年的40年间，全世界的钢产量增长3倍，而乙烯和塑料则增长60倍，这是因为生产可代替钢材的塑料的成本只及钢材成本的1/2。目前国外以塑代钢的比例达到50%，而我国不到10%。我国乙烯产量不仅远远落后于美、日等发达国家，而且落后于韩国。1991年韩国乙烯产量达到255万吨，我国仅176万吨。乙烯工业落后，使钢材消耗需求增长过快。钢铁工业的快速发展又给能源和运输带来很大压力，在宏观上是很不合算的。在石油化工产品中，精细化工产品比重小，也是我国石化工业落后的一个重要表现。发展石化工业，必须把精细化工放在重要位置，这是提高石化工业经济效益的重要途径。

汽车工业是我国工业结构中突出的落后环节，以致我国不得不用宝贵的外汇进口汽车。在现有汽车保有量中，进口汽车约占1/3。1992年我国生产汽车 100 万辆，但进口零部件就花了 25 亿美元。每进口一辆汽车所花的钱，等于在国内建厂形成一辆汽车生产能力需要的投资。目前，我国汽车产量仅相当于日本的 1/18。韩国从 20 世纪 60 年代开始发展汽车工业，起步比我国晚 10 年，但目前汽车产量已为我国的两倍多，汽车已成为韩国的出口拳头产品，国内 70% 的家庭拥有汽车。韩国领土面积仅为我国的 1%，而汽车保有量达 500 多万辆，仅比我国少 200 万辆。汽车是一个典型的高附加价值产品。汽车文明是现代工业文明的一个重要标志。我国目前的钢铁工业、化学工业、机械工业、石油工业的发展水平，已经为汽车工业的大发展提供了前提条件。居民手中的 10000 多亿存款，只有用汽车这种昂贵的商品与之交换，才有足够的吸纳能力。国外经验证明，当人均国民生产总值达到 1000 美元时，汽车开始进入家庭。我国珠江三角洲、苏南地区和杭嘉湖地区以及一些城市郊区，人均国民生产总值已达 1000 美元以上。汽车逐步进入家庭，对稳定市场物价将会起到举足轻重的作用。显而易见，我国汽车工业大发展的时机已经成熟。

建筑业是劳动密集型产业。在我国，建筑业理应成为一个强大的支柱产业。国外建筑业占国民生产总值的比重一般在 20% 以上，我国目前只占 5%。影响建筑业发展的关键因素，是城镇住宅的福利化、非商品化，住宅的生产、流通、分配和消费不能进入良性循环。要通过房屋的商品化改革，按照价值规律的要求，推动建筑业迅速发展。20 世纪末要实现小康水平，改善居民居住条件是一个重要内容。应当加快住房制度改革的进程，与此同时，要进行工资分配制度的改革，把对住房的福利性补贴转化为工资收入，通过住房价格调节供求，缓解住房分配不公的矛盾，把居民收入的一部分转化为住宅建设的投资，以支撑住宅建设事业的发展。建筑业包括社会基础设施的建设，也要走社会集资和价值补偿的道路。珠江三角洲 20 世纪 80 年代修了 1000 多座桥，一举结束了汽车轮渡的历史，靠的就是

"以桥养桥"的办法。这个经验值得普遍推广。

上述四大支柱产业是我国经济成长新阶段工业的带头产业，是新的经济增长点。发展这四大产业，市场有需求，产业关联度高，必然会带动90年代我国工业和整个国民经济的迅速发展。

三 发展支柱产业需要强有力的产业组织政策

四大支柱产业除电子和化工中的新型材料等行业外，一般属于传统工业，技术上已经成熟。为了发挥后发展的优势，我们要制定明确的产业政策，通过宏观调控和政策引导，必要时运用行政手段，来加快支柱产业的培育和发展。当然，政府的宏观调控和行政组织手段，应以不妨碍市场机制作用的发挥为前提。要充分利用市场机制对资源配置的基础性作用，通过市场竞争，把各类生产要素集中到技术先进、管理水平高、产品质量好、生产成本低的企业。通过对先进企业的扶持，提高其市场占有率，从而使落后企业和产品无生存余地。这是克服目前建设项目小型化、分散化和技术上倒退现象的唯一有效的办法。

要按照规模经济的原则来组织支柱产业的建设。四大支柱产业都是比较典型的经济规模效益显著的产业。如汽车工业，轿车年产量应达到30万辆，零部件的生产才能实现专业化、社会化，才能大量降低成本，产品在国际市场上才会有竞争力。乙烯的经济规模应在年产量30万吨以上，国外最大规模已超过70万吨。达不到经济规模要求的建设项目，在恢复我国关贸总协定缔约国地位、允许国外产品进入的情况下，是注定没有前途的。所以，经济规模原则应成为发展支柱产业的重要原则。

对现有企业按专业化、社会化大生产的要求进行改组，是发展支柱产业的重要措施。我国这四个产业已有相当大的生产能力，基础较好，布局布点也基本拉开。问题在于过于分散，各个企业都热衷于"大而全"、"小而全",而且产品、设备老化,冗员过多。应围绕生产市场前景好的新产品,把相关企业组织起来,打破条条块块限制,发展横向联合。特别是电子机械和汽车工业,目前生产厂家很多,但大批量、专业化、高水平的企业很少。应按照经济规律和利益分享、风险共担的原则,通过各级政府的协调,把同类型企业组织起来。为了克服地方财政包干带来的限制,应当改革税制,把目前的按产地征收流转税改为主要按经营者和投资者所在地征收所得税,使地方政府从利益上支持企业之间的横向投资和联合。

对于重要的新技术和新产品开发,应在全行业统一组织力量,实行科研攻关。如集成电路等关键元器件的制造技术,要集中人力、物力、财力予以突破,研究出来的成果共享。为了加快技术进步的速度,应积极争取引进技术。但一般真正先进的技术,外国是不愿出售的。所以,对电子工业等重要技术,要立足于自己开发。也可以邀请外国专家,特别是外籍华人专家联合研究开发。

项目建设要按照尽可能缩短建设周期的要求,达到一定的投资强度。不干则已,一干就要抢时间。早一天投产就意味着早一日开始资金的回收。如果拖长建设周期,贷款利息负担就会加重。国外建设一个年产24万辆的微型轿车厂,有的只用一年时间。他们各项准备工作做得非常充分,一旦开工建设,就分秒必争。这是一条重要经验。

四 建立高效、灵活的投融资机制

支柱产业大部分是资金密集型产业。发展支柱产业,必须搞活资金市场,建立健全投融资机制,使企业或建设项目的业主能够迅速地从市场获得所需要的资金。

股份制是集资的重要形式。应从国家"八五"计划和十年规划已经确定的重大建设项目中,选择一些投资回收率预期比较高的项目,实行中央、地方、企业联合投资，并按投资额分享利润和就业指标。对建设单位，可以采取招标的办法确定。要扩大股票市场的试点，改变目前我国股票市场需求大大超过供给的局面。但根据我国的国情，在可以预见的未来，企业的资金来自间接融资应是主要的，来自直接融资将保持在一个较低的水平。即使像日本这样股票市场发达的国家，直接融资的比重也不过占企业全部资金来源的30%左右，而其余70%左右则主要来自银行等金融机构的贷款。从长期来观察，间接融资比重高的企业具有较强的竞争能力。根据我国的实际情况，目前适当发展企业股票融资以形成对企业的社会监督，开辟新的融资渠道是必要的。但从长远来看，还应把银行间接融资作为企业获得资金的主渠道，大力加以发展。

要建立国家政策性投资银行，财政资金适当给予贴息补助，用以支持支柱产业中的一些投资回收年限长、投资回收率低但社会效益好的企业和建设项目。其他一般性建设项目，主要运用商业银行的贷款。

大量利用外资，是发展支柱产业的一条重要资金来源渠道。特别是汽车、建筑、一般石油化工等，在某些发达国家已成为夕阳工业，要吸引他们向我国转移，或购买其二手设备，并积极争取买方信贷。通过利用国外资源和生产能力，把我国的支柱产业迅速发展起来。

论我国的大企业集团战略*

一 确立大企业集团战略应是未来一段时期我国经济发展和体制转换的重要内容

新中国成立46年来，我国已经建成了具有相当技术水平和总体规模的比较完整的工业体系，形成了庞大的国有资产存量。但按计划经济模式形成的经营单一化、规模小型化、组织分散化和缺乏技术开发能力的企业组织结构，以及战线过长、缺乏活力、效率低下的国有资产结构，显然是不能适应发展社会主义市场经济要求的。虽然改革以来的不断改组和调整使之得到了一定的改善，但结构不合理的问题仍然严重存在。如何通过"九五"期间乃至更长时期的努力，更快形成我国经济以适应更高层次竞争、更具集团化组织秩序、更具规模效益为特征的新型格局，是摆在我们面前的重大课题。我们认为，尽快形成一批技、工、贸一体化的企业集团，使它们充当国民经济的骨干和各行业技术进步排头兵，以带动整个经济结构的优化升级，是当务之急。

产业集中度低、规模效益差是我国经济中的一个突出矛盾，它直接制约着经济竞争的能力和经济效率。发达市场经济国家的一些关键产业的集中度都是非常高的。1972年，美国99%的汽车、92%的平板玻璃、90%

---

* 本文原载《中国工业经济》1995年第11期，与李量合写。

的汽轮机与汽轮发动机、85%的家用冰箱与冷柜、83%的电视显像管行业集中在本行业排名前4的企业手中；如果把企业数量放宽，那么可以看到以上行业各自有100%、96%、98%和97%集中在行业排名前8的企业手中。可以说，西方国家几乎所有重要产业都是大企业唱主角。我国在20世纪60年代曾进行过组建工业托拉斯的试验，但不久即作为资本主义的东西加以批判。由于缺乏市场竞争和条块分割，形成企业组织的"小矮树"状态和分散化格局，目前在我国431家最大企业中，核心企业固定资产原值在10亿元以上的只有27家，在1亿元—10亿元之间的为144家，在5000万元—1亿元之间的83家，在5000万元以下的177家。在世界级的企业名录中，还找不到我国企业的名字。

社会主义市场经济不应是一种简单重复的低水平竞争的经济，而应是与社会化大生产相适应的更高层次更高水平的现代市场经济。现代企业制度也不是资本主义初期以业主制、合伙制为主要形式的企业制度，而是以大企业为主导、以有限责任制度为主要内涵的企业制度。西方自19世纪中期以来，就逐步确立了这样的经济格局，大企业（集团）绝对规模大，占有市场份额大，左右着各行业乃至整个经济的命脉和走向。从资本主义发展的历史看，正是在资本集中和经济集团化过程中，产生了技术和产业的革命，促进了专业化协作的发展，产生了公司法人制度、法人治理结构以及分权化的事业部体制，使资本主义市场经济的稳定性、有序性及效率得以增强。正如西方不少经济学家所说的，我们正处在以大企业为轴心的经济时代。因此，有理由说，我国社会主义市场经济正是以国有大企业（集团）为主导，中小企业充分发展的市场经济。

我们认为，我国建立社会主义市场经济体制，不仅要放开市场，而且要创新组织，在政府"看得见的手"下面，还应培育大企业集团这一"看得见的手"。我国市场发育仍处于相对低度状态，大企业集团的作用可以从根本上改变我国的市场结构，形成全社会平均利润率机制，提高市场经济的竞争层次和水平，从而真正形成"按比例分配社会劳动"的市场机制。可以说，市场竞争不只是中小企业在价格、销售上的比赛，而是大企业（集团）有组织的在远见、胆识、决策与操作能力上的竞争。我国未来的产业经济格局中，在诸如纺织、服装、鞋帽、玩具等领域，主要由市场调节。但在资本密集、批量生产、资产专业化程度高的那些部门，如汽车、钢铁、电信、玻璃、电子与电器、化工、航空、飞机制造等，必须通过培植大企业集团，有组织地开展竞争。

二 要充分认识大企业集团的规模效应和经济稳定协调功能

经济学告诉我们，从一种分散状态转化为集中、从小规模过渡到大规模，可能产生一种规模收益递增的现象。产业和经济的集中度适当提高，可以降低平均单位生产成本，进而提高劳动生产率，产生一种所谓的规模经济效益。这种效益具体表现为生产数量规模效益、投资规模效益、技术创新规模效益、规模管理效益以及结构升级效益等。以大企业为龙头的企业集团，还可以产生单个法人企业所不具备的生产要素的组合效应、单位资本的股权放大效应以及资本运作的协同效益等。

在现代市场经济中，企业集团发展的过程和生产集中的过程与社会化大生产和专业化协作分工发展的过程是相辅相成的。大企业与中小企业共同构成网络联系，大企业通过各种购销关系、组织外国协作、签订承包合同等，把各式各样的企业联结成一个有机整体，由此形成了产业和市场的内在稳定机能。在日本，以大企业为中心聚集了一批中小企业，这样数量庞大的小企业也不是盲目运行的，而是以大企业为核心，朝着"小而精、小而专、小而活、小而赚"的模式发展。大企业集团的成长可以自动提高产业和经济的素质，还可以对宏观经济的运行起到抗风险、抗阻力的作用，增强经济运行的稳定性，减小经济运行的周期性波动。

大企业集团一般都是现代产业技术进步的基地，是工业应用技术的重要创新者，是推动科技发展的主体，其功能是任何别的科研组织所不能取代的。从资本主义经济史看，正是由于资本的垄断和集中形成了大企业组织，才出现了战后的产业革命和科技革命，促使电子计算机、激光、宇航、核能和合成化工的大步发展。现代科研需要的投入是单个中小企业所不能承担的，也是政府难以承担的，大企业组织在产品创新基础上的科研组织功能正是现代技术革命的主导力量。也正因为大企业具有这种科研实力，西方不少国家往往把一些政府规划的项目委托大企业，有的还给予财政拨款。国外几乎所有的大企业都有若干科研中心，有的科研人员还超过生产工人人数，其科技投入占销售收入的比重一般达 10% 以上，有的甚至达 20%。我国在这方面的差距相当突出，切实推进我国科技进步，推动科学技术转化为现实生产力，必须依托大企业集团，切实发挥它们在联结技术与生产组织技术创新方面的枢纽作用。

大企业集团不仅是参与国际竞争的主力军，也是我国进行国际合作的基础。当代国际资本、技术和商品的流动大都是大型跨国公司之间进行的，高水平的国际合作也是以大企业唱主角。随着我国经济国际化程度的提高，我国经济来自国际竞争的压力越来越大。我国目前的企业组织还不具备与国际跨国集团较量的能力，这制约着我国进一步推进对外开放和向国际市场的拓展。只有培育一批有实力有水平的大企业集团，才有可能迎接国际跨国公司的大举进入，才能有效地开展与国际跨国公司之间的合作，才能真正引进高新技术和吸引外资，才能真正打出去。这在目前已经表现得非常迫切。

在现代市场经济中，以企业集团为主要形式的企业群体还具有一种宏观传导和协调功能。大企业集团有一种政府起不到或可以代替政府更好起到的作用，就是通过其在产业界和经济界的影响力带动中小企业，充当产业发展和市场秩序的协调者角色，它们依靠其生产规模、市场份额、广泛的联系、良好的信誉和产品质量，乃至企业文化去影响和引导中小企业。通过大企业集团的母公司，公众的利益和政府的意志就可以更有效地传达到基层，政府也可以通过其采集微观信息，改善决策和增强调控能力。政府直接管企业是旧体制的特征。但新体制不等于政府可以超脱企业，关键是构建一种充当政府与中小企业之间、宏观与微观之间桥梁的中介力量。这样，政府就可能与重点产业组织建立相互依托的关系，这样的产业组织除行业性的协会外，大企业集团是不可忽视的重要方面，政府致力于制定政策和宏观导向，社会中介力量积极传导和发挥骨干作用，这越来越成为现代市场经济的基本格局。

大企业集团在构建我国国有资产管理新体制方面是可以发挥特殊作用的。传统体制下政企不分，政资不分，企业被管得很死，国有资产经营效率低。同时，国有资产分布在各行各业，战线拖得很长，规模组织程度很低。改革以来，企业在放权让利下"活"了，但并没有解决国有资产分布不合理的问题，也没有解决政府行政管理与资产管理的矛盾，现实中还大量出现管理混乱、国有资产流失和产权权益严重受损现象。进一步深化企业改革，必须明晰产权，理顺国有资产管理体制。在未来的国有资产管理格局中，国有资产的分布必然相对集中于一些关键的具有战略意义的行业，国家也不可能对单个企业的国有资产进行直接管理。这就要求对不合理的国有资产结构进行重大战略性调整，使之逐步侧重于战略产业的大型企业集团。

三 西方市场经济国家促进经济集团化及推行大企业政策的经验值得我们借鉴

西方国家的现代市场经济及所谓的现代法人制度是在大企业的成长中

建立起来的。世界上各工业发达国家都经历过企业规模迅速扩大，整个工业生产越来越集中于大企业的过程。正如马克思在分析资本主义生产方式时所讲："假如必须等待积累去使某些单个资本增长到能够修建铁路的程度，那么恐怕直到今天世界上还没有铁路。但是，集中通过股份公司转瞬之间就把这件事情完成了。"① 这里讲的集中和股份公司形式正是大企业生产的形式。

在 19 世纪 70 年代，美国杜邦公司的成功就在于毕业于麻省理工学院的杜邦三兄弟进入杜氏企业并对其进行重组。他们把所有杜氏企业及该行业其他一些主要企业进行合并，成立了统一的杜邦公司，使其生产能力控制了该行业的 60%。20 世纪初，当通用汽车公司濒临破产边缘时，也是杜邦兄弟之一的波埃尔·杜邦入主通用，收购包括别克（BUICK）汽车公司及一批汽车零售部件企业的控制权，并进行结构重组，从而使通用起死回生。经济的集中必然引起制度的创新，正是波埃尔在通用与著名企业家斯隆合作创立了公司统一计划与事业部自主经营相结合的分权模式。

美国历史上经历过两次著名的企业兼并浪潮，一次是 1897 年至 1903 年以横向合并为主的兼并，诞生了像美国钢铁公司、杜邦公司这样的垄断组织。第二次是 1925 年至 1930 年以横向、纵向兼并为主的兼并，形成了一批集团化的和跨国化的巨型组织。英、德、日、法等国也都在 19 世纪末 20 世纪初，通过企业联合相继出现大量托拉斯、康采恩等垄断组织，迅速实现了工业化和现代化。当然伴随着资本集中和企业集团化，也会出现过度的垄断，妨碍正常的竞争。现代资本主义经济正是在垄断与竞争的交替发展中运行的。适应规模经济要求的生产经营集中化、集团化、跨国化、一体化与适应专业化分工要求的分散化、小型化、竞争性、多样性并

---

① 《资本论》第 1 卷，人民出版社 1975 年版，第 370 页。

存，日益成为当今世界经济的趋势。资本主义国家政府也是在顺应这种趋势，并通过反垄断和促进竞争的政策调控产业秩序和市场结构的。列宁称资产阶级政府为"百万富翁们的全国委员会"，其统治以大财团为基础，它们自觉不自觉地实施一系列扶持大财团的政策。它们所实施的大集团政策大体包含以下方面：

一是日本、韩国等十分注意通过产业政策引导大企业集团的发展，在政府支持的产业，政府十分重视培植大集团。二是"二战"后西方国家推行的"经济计划化"，也是有利于大企业的。三是通过实施优惠的税收政策，进行既有利于国家垄断资本积累，又有利于私人垄断资本的再分配。四是运用信贷政策扶植大财团，国家控制的金融机构向大财团优先贷款或进行低息贷款。有的甚至通过财政拨款向垄断企业提供补贴，或进行财政贴息。五是运用国家公共开支和国家订货订单支持大企业集团，如美国在"二战"中将70%的巨大军事订货主要交给100家大公司，大大促进了这些公司的发展。六是有的国家还向大企业的科研机构无偿支付大量科研费用，或将科研成果提供垄断集团使用。七是通过推行结构调整促进大企业的发展。西方国家在实行国有企业私有化过程中，往往把一些有利可图的国有企业以大大低于资产价值的价格出售给私人垄断资本家，或委托一些私人财团去经营。俄罗斯及东欧国家在私有化过程中，普遍采取培植大企业集团的措施，组织工业企业之间的联合及产业企业与金融企业的联合。

四 我国实施大集团战略要与调整国有资产存量结构和振兴支柱产业结合推进

大集团战略不是单个资本积累所能实现的，必须走企业联合的资本集中之路。从市场经济发展的历史看，联合与兼并作为市场存量结构调整的基本方式，可以加速实现资本的集中和规模的扩充。联合可以迅速实现现有企业的集团化，兼并则可以使中小企业迅速变成大企业，大企业变成特大企业或巨型企业。联合或兼并作为企业一体化的行为，都包括横向一体化和纵向一体化两类。横向一体化主要是生产同类产品的企业进行联合、合并或兼并。纵向一体化又称垂直一体化，即与生产主营产品相关的供应、生产、销售以及科研单位进行联合、合并或兼并。我国由计划经济转向市场经济，国有资产迈向市场化，必然经历一个长期的结构变动过程，实施有利于国家发展战略和产业政策的联合和兼并势在必行，这也是历史赋予我们的大好机遇。

由市场进行结构自发性调整的过程相当缓慢，我国政府应当对结构的调整和重组加以规划和指导。我们要做的首先是对国有资产的企业结构、行业结构和区域结构进行必要的规划，适当收缩国有资产的行业战线，重塑国有资产在各行业、各种企业组织的分布结构。进行结构重组，应当成为我国进行公有制改革的特殊选择，它与原苏联和东欧国家进行的私有化改革有着本质区别。各地区也要转变追求门类齐全、自成体系的发展观念，通过组织区域化的经济联合，自觉调整地区产业结构，从而根本改变我国地区产业结构趋同的问题。

进行结构重组，首要的是打破地区、部门界限，组建和重点扶持一批以国有资产产权联结为主要纽带的大型企业集团。现有的国有企业都应纳入结构重组的范围，除特殊行业或领域，国家实行国有独资大企业的垄断控制外，绝大部分国有企业都应通过联合实行集团化或通过兼并合并实行大规模的企业集中化，对难以集团化或集中化的数量大、规模小及非必要行业的中小企业，一般可采取出售或长期租赁的改革方式逐步放弃国有模式。

结构重组要体现效率优先、重点突出的原则。在"九五"期间，我国将全面实施20世纪90年代产业政策，花大力气振兴支柱产业，扶植先导产业，逐步实现我国产业结构高度化的战略目标。为实现这一目标，建议将国有资产存量结构重组与大集团战略规划结合起来，在统一规划基础上，将国有资产的存量、国家投资及社会投资的增量，适度向电子、汽车、石化、机械和建筑等产业倾斜。这一过程主要应成为一个组建大型企业集团和扶植重点企业向集团化方面发展的过程。

当前尤其要重视对纳入国家试点的大型企业集团进行支持，发挥其在结构重组中的作用。大力促进试点集团开展联合或兼并，提高试点企业集团的生产规模水平和整体经营功能。提倡试点集团母公司通过参与产权市场，联合或兼并与集团主营产品生产相关的生产企业，以及相关的供应、科研、销售、外贸等企事业单位。发挥试点企业集团母公司的作用，统一协调集团内部有关联合、合并、分立、兼并以及对外投资、增减资本金等重大结构变动事项。对试点企业集团母公司需要联合或兼并的国有企业，国家应给予行政划拨、提供特别信贷及减免被联合或兼并企业历史债务等方面的政策支持。

为了配合大企业集团战略，国有资产管理体制应做相应改革。在推进建立以产权联结为主要纽带的母子公司体制基础上，国家资产管理者可将部分大型企业集团母公司培育为国家授权的国有资产产权主体。授权其统一经营管理集团内部国有资产的产权经营管理职能，直接代表国家行使出资者职能，承担国有资产保值增值的责任。大力推进政企分开，规范政府对企业集团的管理，必须相应取消政府主管部门与试点企业集团的子公司的行政隶属关系，授权母公司统一行使对子公司的管理，中央和地方政府部门都不得随意干预试点企业集团母公司的产权管理和成员企业的法人财产权。行政部门一般不应直接去管企业集团的单个成员企业，而是通过集团公司实施行业规划和管理，执行有关行业的产品质量、安全生产标准和有关政策法规。这样，既可通过大企业集团实现国有资产的企业化经营和科学管理，又可大大促进大企业集团的成长。

五 实施大企业集团战略关键在于建立政策保障体系

现在各方面对发展大企业集团的意义已取得相当的共识。党的十四届三中全会通过的《中共中央关于建立社会主义市场经济体制的决定》也明确指出，要"发展一批以公有制为主体，以产权联结为主要纽带的跨地区、跨行业的大型企业，发挥其在促进结构调整，提高规模效益，加快新技术、新产品开发，增强国际竞争能力等方面的重要作用"。问题的关键在于如何建立有效的政策保障体系。

第一，实施有利于大企业集团发展的产业政策及配套的投资政策。继续扩大有资格的企业集团的投资权限，国家在固定资产投资总规模限额内，应当优先安排大企业集团符合产业政策要求的计划项目。国家可以将一些重点项目委托有能力的大集团进行投资建设，以发挥其在调整产业结构和提高投资效益等方面的作用，壮大经营规模，增强其在国内外市场上的竞争能力。在重大项目建设等方面，国家可以借鉴法国等的经验，广泛采用经济计划合同的方式，与一批大企业集团建立稳定的关系。

第二，实施有利于大企业集团的金融政策。可以研究考虑的措施大体包括以下方面：在符合同家产业政策前提下，国家银行要优先考虑大企业集团生产经营的信贷需求；国家政策性银行对部分大企业集团所承担的政策性建设项目，要给予相对优先的政策性贷款支持；财政部门对大企业集团承担国家重点建设项目向商业银行的贷款，可视情况给予一定的财政贴息；国家直接融资计划和政策要重点考虑大企业集团生产建设的融资需求，在国家股票、债券发行计划上予以优先安排；可选择部分商业性银行或非银行金融机构向试点集团的新建项目参股，促进金融资本与产业资本的直接结合；扩大大企业集团的境外融资权，对有资格的集团，经批准可直接利用国际商业贷款，国家对大企业集团借用外债可试行余额管理；具备条件的集团母公司，经批准可优先到国外融资，包括直接到境外发行债券和股票等。

第三，实施有利于大企业集团的国有资本利润分配政策。借鉴日本企业重视企业留利的经验，国家在产业政策和行业规划指导下，对大企业集团国有资产股权收益，可批准适当留作母公司资本公积，由集团公司专项投入国家批准的或者国家委托承建的建设项目，或者作为增加母公司的国有资本金，或者用作补充集团企业的流动资金。通过这些措施，确保大企业集团建立不断增值的资本营运能力。

第四，形成有利于大企业集团的财税政策体系。当务之急是突破企业财务解缴渠道不便的财务体制，改变目前企业集团按单个企业向中央或地方财税部门分别解缴所得税的做法，统一大企业集团的财税解缴渠道，由母公司在合并财务报表的基础上一个头统一解缴中央或地方税务部门。国家要进一步研究改进企业所得税的中央与地方共享体制。此外，要研究一套有利于集团化经营、激励提高规模经济水平的税收优惠政策。

第五，形成有利于大企业集团的国家订货制度，改进国家对企业的生产计划管理方式。国家一般采取国家订货方式向大企业集团母公司下达生产任务，通过国家订货引导和扶持企业集团的生产经营，并优先协调解决企业集团完成生产任务所需的重要能源、原材料和运输条件以及在生产经营过程中遇到的重大困难和问题。

第六，大力推进试点企业集团开展国际化经营，形成有利于集团发展的外贸政策体系。要指导企业集团树立国际竞争观念，尽快制定或完善集团对外发展战略。在此基础上，国家要继续扩大企业集团的外贸自主权，根据集团实际业务需要，可适当扩大其经营进出口业务的范围，鼓励集团对外承包工程，向外输出劳务，开展国际交流与合作。大力提倡大企业集团母子公司开展与外贸企业的联合。鼓励有条件的集团开展境外投资和经营，以扩大产品出口能力，按规范化的跨国公司模式发展。

支持一批大企业集团母公司直接在国家进出口银行和中国银行申请开户，进行外汇结算，申请外汇贷款。大力促进大企业集团生产的大型机电产品出口，中国银行可试行向大企业集团的国外用户提供卖方信贷。中国银行要发挥境外分行的作用，积极为大企业集团提供进出口信息及担保、信贷等服务。在国家产业政策指导下，有条件的集团成员企业可在母公司协调下通过与外商合资、合作进行改建，或新设有限责任公司，积极寻求境外发展的机会。

第七，进一步沟通国家与大企业集团的信息交流与对话渠道。国家综合经济部门和行业管理部门要定期发布宏观经济信息，引导企业集团的生产经营活动。企业集团有义务按照国家的要求反映生产经营情况和问题。鼓励政府部门与大企业集团建立多种形式的情况交流、信息反馈和协商对话。

动员各方力量发展第三产业[*]

第三产业的发展水平是衡量一个国家经济社会发展程度的重要标志。新中国成立后的 20 多年，我国第三产业有所发展，但基本上处于被抑制状态。十一届三中全会以后，才获得了新的生机。1979—1991 年，第三产业平均每年递增 10%，高于同期国民生产总值的增长速度。第三产业的迅速兴起，对方便人民生活、促进生产发展、吸收劳动力就业发挥了重要作用。但是，我国第三产业还处于比较落后的状态。为了适应加快改革开放和经济发展的新形势，党中央、国务院做出了加快发展第三产业的决定，江泽民同志在党的十四大报告中提出要大力促进第三产业的发展，这是意义深远的重大战略决策。

加速发展第三产业，首先需要解决思想认识问题。长期以来，我们把现代化建设主要理解为多建工厂、多生产产品，而第三产业则被认为是不创造社会总产品和国民收入的部门，对第三产业发展经常采取"管、卡、压、清、整"等限制措施，以致第三产业长期得不到应有的发展。应当看到，第三产业劳动也是一般人类劳动，它同物质产品的生产过程一样，在消耗物化劳动和活劳动的同时，创造出使用价值和价值。所不同的是，第

---

[*] 本文原载《人民日报》1992 年 3 月 5 日。

三产业以第一、第二产业所创造的产品为基本物质条件，主要通过服务的形式生产非物质形态的产品，满足生产和生活的多种需要。还应看到，随着科学技术进步并成为第一生产力，生产过程中的智力因素越来越具有决定性作用。第三产业作为国民经济运转的"润滑剂"和"增效剂"，渗透到第一、第二产业，物化于各物质生产要素之中，成为推动第一、第二产业发展的强大动力。

发展第三产业，还需要破除从事第三产业特别是商业、服务业劳动低人一等的陈腐观念。历史上重农抑商、重工抑商的传统观念，曾对我国商品经济的发展起过阻碍作用。在改革开放的今天，我们要彻底摈弃旧观念，树立新的择业观念，树立第三产业职业荣誉感。

党中央、国务院提出的发展第三产业的目标是：争取用10年左右或更长一些时间，逐步建立起适合我国国情的社会主义统一市场体系、城乡社会化综合服务体系和社会保障体系。第三产业的增长速度要高于第一、第二产业，第三产业增加值占国民生产总值的比重和就业人数占社会劳动者总人数的比重，力争达到或接近发展中国家的平均水平。

当前，我们要紧紧围绕建立社会主义市场经济体制，从培育社会主义统一市场、城乡社会化综合服务和社会保障三大体系入手，重点加快发展投资少、见效快、效益好、就业容量大、与经济发展和人民生活关系密切的行业；与科技进步相关的新兴行业；农村第三产业和对国民经济发展具有全局性、先导性影响的基础行业。

放宽政策，是加快第三产业发展的首要条件。第三产业大多数行业具有面广分散、流动性大、投资规模小和以劳务为主等特点，最适合集体、私营和个人投资兴办。除铁路、公路、重要港口、机场、邮电通信、科研、教育、城市公用设施等以国家投资经营为主，同时动员社会力量去办以外，对服务性、娱乐性、社会公益性行业，如商业、饮食服务、托幼、洗理、修理、搬运、出租车、社会咨询、家庭服务等，要广泛动员和依靠社会各个方面的力量，放手让各类国有企业单位、城乡集体经济组织和个人兴办。要坚持国家、集体、个人一起上，坚持谁投资、谁所有、谁受益的原则，充分调动各方面兴办第三产业的积极性。要简化开办第三产业企业的登记手续。要打破行业、地方对市场的垄断，保护公平竞争。同时，抓紧制定和完善有关第三产业，特别是有关市场管理的法律、法规，完善市场竞争规则，维护市场秩序，使第三产业的发展纳入健康的法制化的轨道。

以企业化、社会化为方向，建立充满活力的第三产业自我发展机制，是发展第三产业的重要一环。要改变目前第三产业中的一些行业按福利型、公益型和事业型兴办并长期靠财政拨款和补贴过日子的状况。要赋予国有第三产业企业以经营自主权，允许他们采取各种灵活的经营方式，扩大经营范围。积极创造条件，逐步实现企事业单位、机关后勤服务和福利设施的社会化、市场化。

积极鼓励第一产业、第二产业的人员、资金和设备向第三产业转移。一方面要鼓励第二产业和行政机关的人员从工厂和机关分离出来，从事为生产和生活服务的第三产业；另一方面，要鼓励第三产业企业跨部门、跨地区兼并应当关停并转的工业企业。要在财产、人事等管理制度上为这种转移创造方便条件。鼓励大专院校毕业生和转业军人到第三产业企业工作。

要特别重视农村第三产业的发展，积极建立农村社会化服务体系。引导乡镇企业和农民到小城镇兴办第三产业、建设小城镇市场和基础设施，促进农业劳动力向非农产业转移。同时，鼓励农民在农村兴办第三产业。

积极利用海外资金、技术和销售渠道发展第三产业。吸收外商投资建设交通运输设施。在部分有条件的城市，利用外资试办自然科学、经营管理、职业培训等教育事业。鼓励第三产业企业走出去，实行国际化经营。

发展第三产业，是直接造福人民的宏伟事业，关系到我国经济发展第二步、第三步战略目标的实现。让我们在党的十四大精神指引下，紧紧抓住历史机遇，利用各种有利条件，加快第三产业发展步伐，为推动国民经济跃上新台阶做出贡献！

按照新型工业化要求调整投资结构*

中国经济平稳快速增长的局面已经保持了12年。然而，2003年以来出现的部分行业投资过快增长，引起能源、原材料和运力紧张，价格上涨等问题，如不能及时加以解决，任其发展，将有可能使良好的发展势头出现逆转。按照新型工业化道路的要求调整投资结构，成为化解当前经济运行中的突出矛盾，避免经济大起大落的根本之策。

一 投资结构背离发展战略是当前经济运行中的突出矛盾

从新中国成立到20世纪80年代的40年，中国经济发展始终摆脱不了周期性通货膨胀和大起大落的困扰。在经济上升时期，各方面拼命增加投资，建设规模超过国力的允许范围，引发通货膨胀。为了治理通胀，政府不得不采取严厉措施治理整顿，大批正在建设的工程下马，引起经济大幅度波动，造成巨大损失。从"九五"以来，我们总结历史的经验教训，认真思考避免经济大起大落的办法，提出了转变经济增长方式，就是要使长期以来高投入、高消耗的粗放型增长方式转变到集约型增长道路上来，并提出用体制转变推动经济增长方式的转变。"十五"计划进一步提

---

* 本文是郑新立在"工业与环境协调发展高峰论坛"上的发言，原载《中国经济时报》2004年6月7日。

出要对国民经济结构进行战略性调整，实现产业结构的优化升级，提出了加快工业化、城市化战略。2002年召开的党的十六大提出了要走新型工业化道路，即以信息化带动工业化，以工业化促进信息化，走出一条科技含量高、经济效益好、资源消耗低、环境污染少、人力资源优势得到充分发挥的新型工业化路子。2003年召开的十六届三中全会又提出了坚持以人为本、树立全面协调可持续的发展观，促进经济、社会和人的全面发展。新型工业化道路的提出，把工业化和转变增长方式有机结合起来了；科学发展观的提出，又把经济发展和社会发展结合起来，突出了人的全面发展。这一系列发展战略的提出，反映了我们党对发展规律认识的不断深化。认真地、不折不扣地落实这些发展战略，是保持经济持续、快速、健康发展的关键。

正是由于积极推进经济增长方式的转变和结构调整，并针对经济运行中的问题采取有效的调控措施，我们才抑制了通货膨胀，克服了需求不足，战胜了亚洲金融危机的冲击和"非典"疫情的影响，创造了新中国成立以来保持平稳快速增长最长的时期。特别是在1997—2001年，我们在能源消耗低增长甚至零增长的情况下，国内生产总值保持了7.1%以上的增长速度，转变增长方式确实取得了成效。

2003年以来，投资结构出现了大的变化，钢铁、水泥、电解铝和房地产业投资增长80%到1倍以上。2004年1—4月，这些行业的投资同比又增长35%—93%。与此相反，符合新型工业化要求的投资却增长缓慢。如电子信息产业作为走新型工业化道路的主导产业，投资的80%是来自外资，国有和国有控股企业与民营经济投资各占10%。软件产业作为信息产业中的一个重要行业，在印度，其产值已占GDP的16.7%，而中国尚不足1%。国内市场巨大的软件需求，绝大部分依赖进口。发展软件业不会增加多少资源消耗，也没有污染，有利于发挥中国人力资源优势。然而，投资增长上不去。一些能够带动产业结构优化升级的战略性产业，如大型设备制造业、飞机制造业、船舶制造业、精细化工产业、中医药产业、新型能源产业等，投资增长也非常难。中国去年进口各类电子机械设备两千多亿美元，如能在国内制造，既可以节约一半以上的成本，又不会带来多少消耗和污染。2003 年中国固定资产投资增长了 26.7%，其中基本建设投资增长了 28.7%，房地产投资增长了 29.7%，而主要体现内涵式增长的更新改造投资仅增长了 25.1%。作为国民经济中突出的薄弱环节，第三产业的投资增长也比较缓慢，因此，第三产业的增长速度仍长期低于 GDP 的增速。第一产业投资仅增长 1.6%，这与中央一再强调把解决"三农问题"作为全党工作"重中之重"的要求是很不相称的。总体来看，在 2003 年的投资结构中，高消耗、高投入、高污染的产业投资增长过猛，而符合新型工业化道路要求的产业投资增长缓慢。这种趋势说明，我们正在自觉不自觉地回到十多年前长期走过的粗放型增长的老路上。如果我们长期处于国际产业链的低端，而高端产品则主要依赖进口，我们在国际化进程中就将处于十分不利的地位，也必将延缓中国现代化的进程。正反两方面的经验证明，粗放型增长是必然导致通货膨胀之路，是必然引起经济大起大落之路。这种回头路是坚决不能走的。

二 粗放型增长模式回潮的原因

2003 年以来，投资结构与发展战略严重背离，有其客观原因。只有实事求是地分析其深层次原因，才能找到有针对性的解决办法。概括起来，主要原因如下。

一是受技术瓶颈的制约。走新型工业化道路需要加快发展高新技术等战略性产业，而这些产业由于缺乏技术资源，虽然我们有需求、有资金，但是投资却难以增长上去。技术成为新型工业化的突出瓶颈。而形成技瓶颈的原因，又在于我们还没有建立起有利于技术创新的机制，企业缺乏技术创新和投入的动力。据国家统计局提供的数据，2003年全国大中型企业中进行研究开发活动的仅占30%，有技术开发机构的企业仅占25%，用于产品和技术研发的投入占销售收入的比重仅为0.75%。而根据国外的经验，企业用于研发的投入一般不应低于销售收入的3%，否则企业就缺乏长远发展的能力；如果低于2%，企业在市场竞争中就必将被淘汰。在高新技术产业，企业用于研发的投入要占销售收入的10%以上。中国海尔集团2003年在世界100家名牌中被排在第95位，实现了中国产品进入国际名牌的零的突破，关键在于他们用于技术开发的投入能够占到销售收入的5%以上。引进技术并重视消化吸收创新，是企业技术进步的一条捷径。与日、韩相比，我们在这方面是不成功的。日、韩用于引进技术的资金和用于对引进技术消化创新的投入之比为1∶5左右，而中国的这一比例仅为1∶0.07。因此，日、韩在引进欧美技术之后很快形成自主知识产权的产品，并能大批出口。而中国由于长期以来"重引进、轻消化"，"重引进硬件、轻引进软件"，以致引进再引进，长期不能形成自主开发能力和具有自主知识产权的产品。过去我们总认为企业缺乏技术开发的资金，然而这些年有些大量赢利的企业也不愿意在技术开发上投入。如轿车行业的骨干企业，年利润额在50亿—80亿元以上，仍认为自己没有产品开发能力，而那些赢利额少得多的非骨干企业，技术开发的积极性反而很高，而且卓有成效。这就使我们不能不思考技术进步的机制问题。在任厂长搞技术开发既承担风险，效益在自己任期内又很可能体现不出来，企业缺乏技术开发的动力，用于技术开发的投入就不能增加。如果国内企业靠政策保护，同外资企业合作即可轻松赢利，当然不愿意走自主开发技术的艰苦道路。所以，归根到底，要走新型工业化道路，增加技术密集型产业的投入，降低经济增长对能源、原材料的依赖和对环境的压力，就必须从深化企业改革、建立技术创新机制、增加技术开发投入做起。这虽然是一项长期措施，看来似乎远水不解近渴，但是，必须下决心从解决问题的症结入手，经过三五年坚持不懈的努力，一定能在这方面取得突破。

二是市场需求拉动的结果。这些年以改善居民住房和出行条件为主要内容的消费结构升级，拉动了住宅业、汽车制造业和基础设施投资的增长，这是正常的必然的结果。同时对这种排浪式消费热潮也应合理地加以引导。既要进一步促进消费热点的形成，又要尽可能避免其带来的负面效应，减轻相关产业发展和消费对资源、环境带来的压力。中国钢材生产能力已达 2.3 亿吨，在建生产能力 1.3 亿吨，建成之后生产能力将达 3.6 亿吨以上，超过美日俄和欧盟各国生产能力之和；中国的水泥生产能力已达 8 亿吨，加上在建能力将超过 10 亿吨，生产能力已经超过世界总能力的一半以上。再加上其他高消耗产业的发展，将使能源、原材料和运力的供应处于严重短缺局面。这将引起国内及全球相关产品价格的上涨，是资源供给能力和环境都无法承受的。解决这一问题的出路也在于科学技术。要通过引进和自主开发新技术，大力发展新能源、可再生能源，发展新型材料，发展大容量的公共交通和经济适用住宅。要立足于中国的资源储存条件，发展煤制油产业和生物液体燃料，减少石油进口，用新型合成材料取代金属材料，搞好废旧物资的回收，发展循环经济。

三是急于求成的政绩观的影响。发展经济是各级政府的中心任务，特别是在政府换届之后，新上任的领导希望很快做出政绩，因而选择那些急功近利的建设项目，甚至牺牲农民的利益，通过批租土地寻求建设资金，并以土地抵押获得银行贷款，不惜以牺牲环境为代价，搞低水平的重复建设。这种单纯追求 GDP 增长的政绩观，也是导致部分行业投资过快增长的重要原因。

四是政府缺乏引导资源配置的有效手段。在发挥市场配置资源的基础性作用的同时，政府要运用各项经济政策对资源配置进行合理的引导。在经济快速增长和产业结构升级阶段，这两方面的作用都不能忽视，缺一不可。特别是在外商投资大规模进入的情况下，政府要采取有力措施扶持国内企业的发展，支持薄弱环节和战略性产业的发展，增强国内企业的竞争力。要通过强有力的经济杠杆，按照新型工业化道路和科学发展观的要求，引导企业资金和银行贷款的投向。运用法律手段对土地等稀缺资源实施保护。政府不是要代替企业的投资行为，不是要扭曲市场价格的信号，而是要发挥好政府的经济调节和公共服务职能，确保国家经济发展战略的实施，实现国民经济长期平稳快速增长的目标。

三 调整投资结构的方向和任务

从 2003 年下半年开始，国家采取了一系列宏观调控措施，包括控制土地征用规模、提高部分行业投资企业自有资金的比例、清理整顿开发区、按产业政策优化贷款结构等措施，目的在于抑制钢铁、水泥、电解铝和房地产等行业投资的过快增长。与此同时，要制定相应的鼓励政策，引导社会资金投向新型工业化道路和科学发展观要求的方向，为社会资金找到新的出路。

（一）大力发展电子信息产业

近十年来，电子信息产业以高于 GDP 2—3 倍的速度快速发展，已成为中国经济的第一大产业，产业规模居世界第三位，出口额 1410 亿美元。程控交换机、移动电话、彩电、彩色显示器、激光视盘和收录机等产品产量跃居世界第一位。但是，与发达国家比，中国信息产业大而不强，产品自主创新能力不足，核心技术落后，软硬件比例失衡，涉及关键技术的软硬件完全依赖进口，2003 年中国进口集成电路等电子元器件达四百多亿美元；产品的技术含量和附加值低，2003年中国电子信息产品的增加值率仅为18.3%，远低于美国的58%。加快中国信息产业发展，必须增加投入。要以扩大应用为主导，以基础设施和网络体系建设为支撑，以核心技术创新为动力，进一步深化体制改革，增强企业整体素质，提高自主开发能力，实现跨越式发展。

(二) 加快大型装备制造业的发展

重大装备制造是装备制造业的核心，是机械科学、制造技术、信息处理与控制技术、系统集成、材料技术等工业和技术门类的综合、交叉与提升。加快重大技术装备业的发展，对于促进中国产业结构升级和技术进步、满足现代化建设一系列工程的需要、增强国际整体竞争力和维护国家安全都具有重大意义。要依托重大工程建设项目，加快设备自主制造的进程，力求到2010年在大型高效发电、高效输变电、高速轨道交通、数控机床以及石化、冶金、采掘、轻工、纺织等重要行业和领域的关键技术设备上取得突破，实现和基本实现国产化。

(三) 加快发展运输装备制造业

随着中国交通基础设施的不断改善，为运输设备制造业的发展提供了难得机遇，包括汽车制造业、船舶制造业、飞机制造业、高速铁路设备制造业都应当有一个较快的发展。目前在这些方面我们都具备了一定的制造能力，并有一批具有相当水平的技术队伍，要通过运输装备制造业的发展提高中国机械制造业的水平，改变主要产品依赖进口的局面。

(四) 大力发展生物技术和中医药产业

生物技术产业是当今世界发展最快，潜力最大和影响最深远的先导性高技术产业，也是中国与发达国家差距较小，有可能在较短时间内赶超的领域。加快生物技术产业的发展，对于转变经济增长方式，提高人民生活质量有极其重要而深远的战略意义。未来一段时间中国应不断加大对生物技术产业的支持力度，重点研究开发生物芯片、功能基因组、遗传改良动植物、基因工程药物及疫苗、环保生物、生物新材料、生物育种、生物化肥、生物农药、生物医药等产业。

中医药是中国传统的民族产业，凝聚着中华民族的智慧。随着全球回归自然热潮的兴起，中医药正在被越来越多的人认识，市场前景十分广阔，但是，目前中国中医药的发展落后，全世界每年中医药的国际贸易量约二百亿美元，而中国的市场占有率仅为1%左右。甚至出现进口洋中药超过中药出口的局面。必须加快中医药发展，把传统中药制作和现代科学技术结合起来，走中药现代化的道路。要制定完善国产中药标准和规范，开发一批疗效确切的重要产品，突破一批中药研究开发和产业化关键技术，扶持一批拥有自主知识产权和国际竞争力的企业集团，保持中国中医药科技的优势，实现传统中医药产业向现代中医药产业的跨越，为人类健康做出新的贡献。

（五）大力发展新材料工业

新材料工业技术含量高，产品附加值大，涉及技术范围广，是推进技术进步和结构调整的基础性、先导性产业。新材料相对于传统材料性能高、成本低、资源消耗少、环境污染小，具有广阔的市场前景。加快发展新材料工业将为中国重化工业产业升级和实现装备制造业由大到强的转变，提供重要的原材料支撑。要把发展稀土材料、高温材料、超导材料、陶瓷材料、激光材料、生物材料等高性能的新型材料作为战略重点，加快发展。

（六）加快发展新能源产业

新能源产业包括除化石能源和大型水力发电之外的风能、太阳能、核能、水能、地热能、生物能、海洋能、氢能、燃料电池、生物液体燃料等可持续使用的能源资源。中国新能源资源极其丰富，几乎用之不竭，对环境损害少，大力开发利用新能源，有利于生态环境良性循环和可持续发展，对于缓解中国经济发展的能源约束，保证能源安全具有重要的战略意义。要加大对新能源发展的扶持，不断提高新能源在能源消耗中的比重，优化能源结构。

四 综合运用各类经济手段引导资源配置

发达国家政府在扶持本国战略性产业的发展中采取了许多有效的措施，为我们提供了有益的经验。

第一，政府运用财政资金支持重要技术的研究开发。如美国每年通过国防部下达的科研资金达 2800 亿美元以上。这些军工科研项目下达到企业、科研机构和大学，其成果除用于军工外，直接转化为民用技术。美国高新技术产业的优势地位就是通过军工技术转化形成的。

第二，政府直接兴办重大科技工程带动战略性产业发展。如美国，通过政府兴办曼哈顿工程，带动了核工业的发展；政府制定和实施星球大战计划，带动了航天航空工业的发展；政府制定和实施信息高速公路工程计划，带动了电子信息产业的发展；目前美国政府正在大规模实施的 NMD、TMD 计划，必将对军事工业和信息业的发展产生重要影响。

第三，通过政府采购支持战略性产业发展。美国政府在七十多年前有一个《购买美国产品法》，目前仍然适用。该法规定凡是使用纳税人的钱采购商品，必须优先购买纳税人所办企业生产的产品，只有当本国企业不能满足需要时才允许进口。美国有一个政府采购局，负责政府采购商品的统一招标和供给，其中 80% 是军工产品。

第四，政府通过贷款贴息和资本金补助支持战略性产业的发展。对需要重点发展的产业，国家财政资金给予一定的支持。如日本通过财政贴息对银行贷款实行窗口指导，对战略性产业发展优先提供贷款支持。法国在 20 世纪 80 年代初期，曾经制定了工业现代化计划，政府确定重点发展空中客车、高速铁路、核电和生物工程，由财政提供资金支持，并通过计划合同的形式，规定由企业承担的技术研发和新产业发展的任务，明确了政府和企业的责任，从而使这几个产业逐步成为法国具有国际竞争力的产业。意大利在 20 世纪 70 年代为了扶持本国产业的发展，重点选择纺织、皮革、汽车等具有一定潜在优势的产业，由政府拿出一定的资金，并组织专门的专家委员会评议，对重点企业给予支持，使这些产业增强了国际竞争能力。

当前中国正处于工业化和现代化的关键阶段，通过政府的长期供给政策，引导生产要素的配置，使之投入到符合新兴工业化道路要求的方向，是非常必要的。认为搞社会主义市场经济就可以把资源配置的功能完全交给市场，政府不要有什么作为，是极其有害的。拉美一些国家正是由于听信了所谓华盛顿共识的新自由主义的主张，丧失了民族产业发展的机遇，导致通货膨胀、经济动荡，人均国内生产总值长期在 1000—2000 美元徘徊。而亚洲一些国家，通过把市场机制与政府的引导很好结合起来，发展有自主知识产权的产品和本国有竞争力的产业，很快实现了从人均 1000—3000 美元、直到人均 1 万美元以上的快速发展。当前我们要运用各种杠杆，加大对资金投向的引导力度。

第一，充分发挥市场竞争机制的作用。按照新型工业化的要求调整投资结构，归根到底要靠市场竞争和优胜劣汰，发挥市场配置资源的基础性作用。抑制某些行业投资增长过快的局面，也要靠竞争来解决。只有通过竞争，才能淘汰落后的生产能力，提高劳动生产率，增强中国企业和产品的竞争力。为此，要建立全国统一市场，消除地区封锁和价格垄断，放开市场准入，创造公平竞争的环境。

第二，建立产业政策、财政政策、金融政策、土地使用政策相互配合的宏观调控体系。确定战略性产业发展的重点。要把用于基础设施建设中的财政资金用其他社会资金置换出来，作为诱导性资金，用于对国家重点支持的产业和建设项目的贷款贴息，发挥财政资金四两拨千斤的作用，引导社会资金投向，优化产业结构。按照产业政策优化贷款结构，既有利于实现战略性产业的振兴，也有利于降低银行贷款风险。

第三，运用政府采购等手段，支持设备自主制造。采用优惠政策，鼓励企业使用国产设备。目前这项政策已在轨道交通设备、环保设备中实施，要把这些政策扩大到其他各类装备制造业。要学习和推广三峡电站建设中通过设备国际招标，以市场换技术，提高国内企业设备制造能力的成功经验，广泛运用政府采购制度，加快设备国产化步伐。

第四，鼓励企业加大技术研发的投入。对设立技术研发中心和从事科研开发活动的企业，要加大政策支持力度，包括对这些企业提供科研资金的支持；通过国家下达重点技术开发课题，对技术研发及其工程化、产业化提供资金支持。要尽快建立创业板市场，设立国家风险投资基金。鼓励企业把更多的资金用于设备更新和技术改造。

第五，对国有企业、集体企业和非公有制企业在政策上要一视同仁，特别要注重支持中小企业和高新技术企业的发展，支持出口和市场前景好的企业。目前，民营经济正在从劳动密集型产业向资本和技术密集型产业冲击。要鼓励民间资金参与国有企业的改组，建立混合所有的股份制经济，以增强国有经济的活力，在产权多元化的基础上建立现代企业制度。

按照新型工业化道路的要求调整投资结构，需要计划、科技、财税、金融、海关、环保、资源管理、工商管理、质量管理等有关部门的协调配合。通过企业与政府的双向互动，积极配合，共同努力，我们一定能够落实科学发展观的要求，走出一条有中国特色的新型工业化道路，实现全面建设小康社会的目标。

抓住重大问题推进供给侧结构性改革[*]

日前召开的中央经济工作会议指出，要坚持以推进供给侧结构性改革为主线。这就是要通过深化改革促进结构转换，以结构转换释放经济发展潜力，提高供给质量，在解放和发展社会生产力中更好满足人民日益增长的需求。我们要紧紧抓住对国民经济有重大影响的问题，聚焦结构性改革，促进经济平稳健康发展。

聚焦农村改革，促进城乡一体化发展

城乡发展差距拉大，是当前国民经济结构中最为突出的矛盾。我国农村尚有6亿多人口，城乡居民收入之比为2.7∶1。国际经验证明，凡是成功进入高收入行列的国家，无一不是在基本消除了城乡居民收入差距之后。我国城乡收入差距如不能尽快缩小，农村市场巨大的需求潜力不能得以释放，要想避免落入中等收入陷阱、跨入高收入国家行列，是很困难的。因此，如同改革初期农村率先改革解放了生产力那样，再次聚焦农村改革，进一步解放农村生产力，增加农民收入，应成为现阶段供给侧结构性改革面临的首要任务。造成城乡居民收入差距大的根本原因，是农业

---

[*] 本文原载《人民日报》2017年2月16日。

劳动生产率过低，农业劳动生产率还不到全社会平均劳动生产率的三分之一。提高农业劳动生产率是一项系统工程，必须继续推动农业劳动力向第二、三产业转移，农村人口向城镇转移，通过建立城乡一体化新制度，引导资本、技术和高素质劳动力流向农村。

习近平总书记2015年4月30日在中央政治局集体学习时就城乡一体化发表了一个系统讲话，提出要努力实现"城乡居民基本权益平等化，城乡公共服务均等化，城乡居民收入均衡化，城乡要素配置合理化，城乡产业发展融合化"。这个讲话为加快城乡一体化改革发展指明了方向和要求。长期以来，农村发展滞后于城市，农业劳动生产率提高缓慢，根本原因在于城乡两个市场发育程度不同。城市的生产要素都已经市场化了，而农村的生产要素仍处于半市场化状态。由此在城乡市场之间形成一个虹吸效应，农村的劳动力、土地、资金等源源不断流入城市，而城市的资本、技术和高素质劳动力却流不进农村。城市的资本严重过剩，农村的资本极度短缺。所以，实现城乡协调发展，首先必须建立农村全要素的市场体系，实现要素在城乡市场之间双向自由流动。关键是改革农村土地制度，赋予农村土地以商品属性。党的十八届三中全会《决定》对农村土地制度改革做出了明确部署，指出："赋予农民对承包地占有、使用、收益、流转及承包经营权抵押、担保权能"；"保障农户宅基地用益物权，改革完善农村宅基地制度，选择若干试点，慎重稳妥推进农民住房财产权抵押、担保、转让，探索农民增加财产性收入渠道"；"建设城乡统一的建设用地市场"，"允许农村集体经营性建设用地出让、租赁、入股，实行与国有土地同等入市、同权同价"。认真地不折不扣地落实这些改革部署，土地作为商品进入市场，农民凭借对土地的用益物权获得财产性收入，就能为土地使用权的流转、劳动力的流动、农民工的市民化等提供体制条件。农民工退出的宅基地可用于增加城市建设用地和耕地，所获得的财产性收入有助于在城镇买房，举家转为城市户籍；农民承包地经营权有偿转让有利于发展土地规模化经营，提高农业劳动生产率，并使出让者获得租金收入；结合宅基地整理进行村镇建设，可改变农村基础设施落后状况，改善农村生活环境，使农村变得比城市更美丽、宜居。在"十三五"期间，如果能以农村"三块地"的用益物权为抵押，撬动银行贷款和社会投资20万亿元，投入到农业现代化、新农村建设和农民工市民化上来，城乡发展差距拉大的状况必将发生根本改变，2020年全面建成小康社会就有了可靠保证。发展特色小镇是城乡一体化的突破口。最近，习近平同志就发展特色小镇两次做出重要批示。位于城乡结合部的特色小镇的发展，能够带动周边农村基础设施和公共服务的发展，有利于吸纳农村劳动力就业，促进第一、二、三产业融合发展，并使城市文明迅速扩展到农村，实现城乡协调发展。去年12月12日，由国家发改委、国家开发银行、光大银行、中国企业联合会、中国企业家联合会、中国城镇化促进会六单位联合下发了关于实施"千企千镇"工程，推进美丽、特色小镇建设的通知，鼓励大城市的企业、事业单位搬出地价昂贵、交通拥堵、空气污染的市区，到周边的小城镇落户，打造优越的环境，获得更大的发展空间。希望有越来越多的企业能积极参与到这项行动中来。

聚焦投资体制改革，扩大公共产品供给

当前在供给结构中，生产资料和消费资料都已处于产能过剩状态，但公共产品供给不足，包括环境、交通、市政、医疗、教育、社会保障、文化、信息等，特别是清洁的空气、干净的水，成为人民最为关心的不满意的问题。公共产品供给不足的原因主要是体制不合理，我们缺乏公共产品的价值补偿机制。过去公共产品主要靠财政投资，财力有限就限制了公共产品供给能力的扩大。改革投资体制，采用政府与企业合作的方式即PPP

模式，就能有效解决这一问题。这就要求政府对需要建设的公益性或半公益性项目的投入和收益进行精细测算，并给予一定的政策补偿，使投资这些项目的企业有合理回报，通过招标确定项目投资企业。在选择投资企业时，对国有企业和民营企业应一视同仁。去年，有一家民营企业先后与四川凉山自治州、湖南湘西自治州、湖北恩施自治州、云南大理自治州签订了公路等基础设施建设协议，投资总额达几千亿元。这些项目建成后，上述地区的交通状况将有重大改善。可见解决公共产品短缺问题，不是缺乏资金，也不是没有技术和施工能力，关键在政府要有所作为，而且需要规划、财政、金融部门的密切配合。在项目实施中，政府和企业都要信守合同，确保工程质量，政府承诺给予企业的政策和补助要及时兑现。2016年货币发行出现了M2增速远远低于M1增速的新情况：到12月末，M1增速为21.4%，M2增速仅为11.3%，两者相差10.1个百分点。原因是连续几年经济下行、工业生产者出厂价格连续54个月为负，企业看不到市场亮点，投资积极性下降，拿到银行贷款后又以活期存款存入银行。针对这一问题，通过扩大实施PPP项目，发挥财政资金对银行贷款的引导作用，有利于改变M2增速连续6年下降的情况，支持公共产品投资的增长。针对治理雾霾这一人民关心的问题，应落实十八届三中全会《决定》提出的实行"谁污染、谁付费，推行第三方治理制度"，通过政府制定排放和收费标准，并严格监督执行，形成吸引企业和社会资金投资环境治理的市场机制，真正把环保产业打造为一大支柱产业。

聚焦科技教育体制改革，增加技术和人才供给

技术和人才是供给结构中最短缺的资源。供给侧结构性改革的核心是提高自主创新能力。要落实创新发展理念，通过鼓励技术创新，以具有自主知识产权的技术实现产业升级，逐步由现在以资源密集型、劳动密集型

为主转变为以技术密集型、知识密集型为主,在国际分工中由产业链的中低端向中高端跨越。当前的问题是,对研发的重视程度和投入很不平衡。从地区来看,有的城市已形成鼓励创新的机制和社会环境,研发成果开始成批涌现,如深圳市每年申请国际专利的数量占全国申请量的47%,创新已经成为经济增长的第一驱动力。而许多创新资源优于深圳的城市,在技术创新成果上都远远落后于深圳,说明这些城市的创新潜力尚未发挥出来。深圳建立创新型城市的经验主要是,经过多年坚持不懈努力,已经培养出崇尚创新的文化氛围,鼓励创新的市场机制,容忍失败的社会环境,不拘一格的人才战略,慧眼识金的风险投资,面向全球的开放意识,一视同仁的扶持政策。各地应学习推广深圳的经验,抓紧建立鼓励企业增加研发投入的激励机制,提高广大科技人员创新的积极性,加快科技成果的工程化、产业化。从企业来看,我国已有一批创新型企业,每年国际专利申请量跻身世界前列,如华为公司去年研发投入达596亿元,国际专利申请量连续几年居世界前三位之内。在全球企业按国际专利申请量排名中,中国企业已有5家企业跻身前10名。但多数企业研发投入不到销售收入的2%,不少企业尚没有研发活动和技术专利。国家对技术创新的鼓励政策为企业利用的比例还不够高。企业已成为研发投入和提供创新成果的主体,其中民营企业已成为技术创新的主力军。国有企业集中了大批优秀人才,创新的潜力亟待发挥。应抓紧建立国有企业技术创新激励机制,充分发挥国有企业在自主创新中的骨干和带动作用。大学不仅要培养创新型人才,还要成为科技创新的重要基地。实现这两个任务,首先要有具备创新能力的老师,有好的教育体制。在科技创新上,我们要实现从追赶到引领的转变,需要研究借鉴发达国家的经验。美国之所以长期居于全球科技领先地位,一是有充分竞争的市场,企业不创新,就必将被淘汰,所以,美国企业都把创新作为生存之道。美国的大学之间也有激烈的竞争。美国考核大学办得好坏，主要看对相关产业发展的影响度，即一个学院或系在多大程度上带动了产业技术进步。二是美国政府在不同时期提出一些重大科技工程，政府与企业合作攻克，带动了全球技术进步。三是有完善的风险投资体系，包括天使投资、种子基金、创业投资基金、私募股权投资基金、纳斯达克市场等。四是吸引全球人才。美国通过提供优厚的奖学金和报酬，吸引了全球的人才。五是军民融合的工业体系。美国国防部每年有3000亿美元以上的军事科研项目和军品订货，接受这些研究项目和军品订货的企业，除满足军方需要外，技术成果可无代价转为民用，带动了民用高科技产业发展。应借鉴美国经验，从我国实际出发，深化科技教育体制改革。

为了创办我国高水平、创新型大学，首先要建立大学之间和学校内部的竞争机制。建立大学办学质量的第三方评估制度和教师的聘任制。鼓励社会办学、中外合作办学。第二，以优厚待遇从全球选拔具有创新能力的师资。如果全面推行有困难，可先在少数学校实行，逐步扩大范围。第三，建立大学与风险投资的对接机制。完善从天使投资到创业板市场的风险投资体系，实施创新全过程的跟踪服务。鼓励大学教师、学生创造专利等科技成果，并以自己的成果创办高新技术公司。第四，从基础教育到大学教育都要改变填鸭式、应试型教育为启发式、创新型教育，培养学生树立改变世界的雄心壮志和创新思维方式。扩大职业教育比例，重视对学生动手能力的技能培训。赋予大学在学科选择、教师选拔、教学内容、培养方法等方面的自主权。

结　语

在实践中探索符合中国国情的改革方法*

40年来,我国改革开放走出了一条中国特色社会主义道路,极大地促进了经济社会发展,取得了巨大成功。改革成功的关键在于我们始终坚持实事求是、理论联系实际、一切从实际出发的唯物主义思想路线,坚持在实践中不断探索符合中国国情的改革方法。在确定了改革的目标、方向之后,改革的方法正确与否,对改革的成功就具有决定性意义。改革中好的做法很多,概括起来,以下方法被实践证明是卓有成效的。

一 把是否有利于经济发展作为检验改革的标准

改革之初,由于思想上左的禁锢较多,生怕违背了哪些教条,改革难以迈开步伐。是真理标准的大讨论,解放了大家的思想。评判改革措施是否正确,应当把实践作为唯一正确的检验标准,这就是邓小平同志提出的要看改革"是否有利于发展社会主义社会的生产力,是否有利于增强社会主义国家的综合国力,是否有利于提高人民的生活水平"。从农村开始的改革,源自安徽小岗村农民的创造。长期以来,我们把平均主义、"大锅饭"当成社会主义的金科玉律,在农村搞"一大二公"的公社制,超越

---

* 本文原载《求是》杂志 2018 年第 12 期。

了生产力发展阶段,实践证明阻碍了农村经济发展。而小岗村悄悄搞的土地承包到户,实践证明有利于增产增收。尽管当初有不少人认为承包到户是搞资本主义,但是,由于把实践作为检验真理的标准,小岗经验势不可挡地迅速推广,全国粮食连年大幅度增产。不到十年时间,一举解决了长期困扰的吃饭问题。实行了30多年的粮食统购统销制退出历史,土地家庭联产承包责任制姓资姓社的争论不争自明。农村改革的成功鼓舞了广大干部群众的改革热情。改革从农村推向城市,从农业推向工业企业,从微观经济推向宏观经济,改革之火终成燎原之势。回忆起来,如果把改革前那套左的做法当成社会主义原则,不敢越雷池一步,就不会有今天的成就。

二 始终坚持改革的市场取向

计划经济的本质是否定社会产品的商品属性,或者仅仅承认个人消费品的半商品性质,把国民经济看作一个大工厂,产品统一调拨、资金统收统支、人员统一调配、工资同步增长。全国的投资都要集中到国家计划委员会,地方和企业没有投资权。在新中国成立初期,为了集中力量进行工业化建设,这种体制发挥了一定的积极作用。但是,随着经济规模的扩大,这种体制越来越显露出弊端,阻碍了生产力发展。特别是在我们这样一个长期以小农为主体的自然经济国家,要想迅速建立起现代经济体系,商品经济是一个不可逾越的历史阶段。从改革初期重视发展商品生产商品交换,继而到计划经济为主、市场调节为辅,再到有计划的商品经济,直到1992年党的十四大才提出建立社会主义市场经济体制;从党的十四届三中全会提出发挥市场对资源配置的基础性作用,到党的十八届三中全会提出发挥市场对资源配置的决定性作用,都反映出我们党对中国特色社会主义经济体制的不懈探索和对市场经济规律认识的不断深化。整个40年的改革进程，都明确无误地显示出一个趋势，那就是以市场为取向的改革。重视发挥市场的作用，就是尊重价值规律的作用，这是任何主观意志无法改变的，其实质就是在同一行业内部，通过价值规律的运动，能够把资源配置到最优秀的企业，实现优胜劣汰；在不同行业之间，通过价值规律的运动，能够按照社会需求的大致比例分配社会劳动，实现各类商品的供求平衡。这是计划经济不可能做到的。

诚然，市场有其盲目性的一面。这要靠发挥政府的作用加以弥补。政府的作用主要是宏观调控、市场监管、社会管理、公共服务。把市场的作用和政府的作用有机结合起来，才能实现经济的持续健康发展。

三 坚持渐进式改革

中国的经济体制改革是史无前例的伟大事业，在改革的推进中，不仅不能耽误经济发展，而且必须加快经济发展，带来人民收入的较快增加，改革才能赢得人民的支持。因此，改革不能盲目行动、急于求成，必须循序渐进。看准了的事情，就坚决改。没有看准的，就等一等。要学会在旧体制中培育新体制的萌芽，鼓励其成长，逐步取代旧体制。那种"休克疗法"的所谓改革，是对人民不负责任的行为，在中国的改革进程中始终是禁忌的。对所有制结构的调整，就是渐进式改革成功的范例。改革初期，对国营企业、集体企业的改革尚未找到有效途径。在不断对公有制经济改革进行探索的同时，改革的重点实际上放在了鼓励发展非公有制经济上。上世纪80年代对轻纺工业实行"六个优先"的政策，包括优先供给能源、原材料等，出现了乡镇企业异军突起。随着非公有经济的不断壮大，对国有企业形成竞争压力，国有企业不改革就面临着破产的威胁，改革的积极性大大提高。同时，国有企业改革剥离几千万员工，大部分进入民营企业。如果没有民营经济发展为国企改革所创造的条件，国企改革也不可能顺利进行。反观前苏东国家国企改革的失败，与缺乏民营经济发展的环境密切相关。我国国企改革真正走上正确轨道，是在 1993 年党的十四届三中全会提出建立现代企业制度之后。按照产权清晰、责权明确、政企分开、管理科学的要求，在混合所有的股份制的基础上，建立规范的公司治理结构，才逐渐形成国营企业和民营企业在平等竞争中共同发展、相得益彰的蓬勃局面。

四　坚持一切改革先试验、后推广

改革的举措是否符合生产力发展要求，不经过实践检验很难做出正确的判断。在对改革举措的正确性缺乏充分把握的情况下贸然推广，必然带来损失和被动。因此，按照先试点、后推广的原则，允许地方、企业先改先试，然后总结经验，逐步在全国推广，有序推进各项改革，这是我国改革能够取得成功的重要经验。不仅在微观管理体制改革上坚持这样做，在宏观管理体制改革上更重视这样做。

党的十八届三中全会《决定》提出国有企业改革要实行以管资本为主、发展混合所有制和允许混合所有制企业实行员工持股制，就是总结企业改革发展的成功经验写进去的。汇金公司就是管资本的成功案例。它管理着数以十万亿元的资本，对所有的国有银行持股，并根据对各个银行持股比例的多少，向各个银行的董事会和股东会派出不同职务的管理人员，行使不同的权益。汇金公司并不干预所持股银行的经营活动，银行有充分的经营自主权，汇金公司的运营效率和效益都很好。国有企业吸收民营企业入股，发展混合所有制经济，有利于发挥各自的优势，提高国际竞争力，避免内部人控制和利益输送，绝不是国有企业兼并民营企业。允许混合所有制企业员工持股，主要是管理骨干和技术骨干入股，有利于使员工与企业成为利益共同体，同心协力把企业办好。这是 40 年改革发展中涌现出来的先进典型的经验，是经过实践检验的，应当得到不折不扣的贯彻落实。

对服务业企业实行营业税改增值税的改革，实践证明是一项成功的改革，它使第三产业企业的税负平均降低30%以上，带来了连续多年第三产业迅速发展的局面。这项改革先从部分地方的部分行业开始试点，取得成效后逐步在全国和绝大部分行业推广。改革初期可能出现税收下降的情况，但是，随着改革带来第三产业的迅速发展，税收总额又逐步回升，并远远超过改革之前。对小微企业提高税收起征点，效果更为明显。由于新办企业数量迅速增多，企业发展加快，不仅增加了就业，而且扩大了税基，最终增加了税收。目前，第三产业的增加值和就业人数占全社会总量的比重虽然已有明显提高，但仍有较大增长空间，改革仍需继续推进和完善。

五 坚持以开放促改革、促发展

以开放促改革、促发展，是40年来始终坚持的一条原则。改革之前的30年，由于国际环境制约，中国基本上是在封闭情况下主要依靠自力更生进行建设的。1978年开始的对外开放使我们打开了眼界。学习国外先进管理经验和技术，扩大商品和人才交流，改变了传统的思维定式，大大加快了中国现代化进程。

在宏观管理体制上，八十年代我们重点学习日本的产业政策、收入倍增计划、财政投融资、银行窗口指导、进口替代等。九十年代重点学习德国稳定物价的政策、社会政策等，学习美国宏观调控、财政政策与货币政策配合、资本市场监管、科技进步政策、基础设施建设融资方式、农业发展政策、军民融合等。对一些成功的中小国家和发展中国家的经验，我们也虚心学习。如韩国快速实现工业化，荷兰发展高效农业，芬兰重视科技、教育，爱尔兰兴办出口加工区，以色列重视科技研发，印度发展软件产业的经验等，我们都认真考察学习。在有关市场经济立法方面，我们积极引进、翻译、学习。借鉴国外经验，并不是生吞活剥，而是根据中国的国情特点，灵活地加以应用。正是在学习借鉴各个国家经验的基础上，逐步形成了具有中国特色的宏观经济管理体制。

大批引进国外资金、技术，鼓励兴办合资、外资企业，迅速提升了中国企业的技术水平和国际经营能力。从兴办经济特区到开放沿海沿边内地城市，逐步形成梯次开放格局。深圳是一个以开放促改革、促发展的成功范例。从引进外资开始，逐步发展创新型、外向型内资企业，用 40 年时间，就从一个小渔村发展为粤港澳大湾区经济总量最大的创新型城市。2017 年，我国商品出口总额已居世界第一位，进出口总额和利用外资总额居世界第二位，对外投资总额进入世界前列。随着"一带一路"战略的实施，国内自由贸易试验区和自由贸易港建设的推进，我国将形成全面开放的新格局。

六 坚持各项改革统筹协调、整体推进

经济体制改革涉及从宏观到微观的各个方面，不同时期的改革都需要有一个整体规划，分别轻重缓急，稳步协调推进。这个整体规划就是每隔几年由党的中央全会做出一个关于改革的《决定》，对改革进行部署。1984 年十二届三中全会《关于经济体制改革的决定》，1993 年十四届三中全会《关于建立社会主义市场经济体制若干问题的决定》，1999 年十五届四中全会《关于国有企业改革和发展若干重大问题的决定》，2003 年十六届三中全会《关于完善社会主义市场经济体制若干问题的决定》，2008 年十七届三中全会《关于推进农村改革发展若干重大问题的决定》，2013 年十八届三中全会《关于全面深化改革若干重大问题的决定》等，都是具有

里程碑意义的总体规划，指导改革不断夺取新的胜利。各个部门和地方根据中央《决定》精神，制定改革实施细则，确保改革有重点、分步骤有序推进。

党的十八大以来，改革从经济体制向政治体制、文化体制、社会体制、生态文明体制和党的建设制度全面展开，中央更加重视各项改革协调配套和系统集成。党的十九大把"着力增强改革系统性、整体性、协同性"作为过去五年全面深化改革的一项重要经验，并写入了新修改的党章。六大改革围绕完善和发展中国特色社会主义制度，促进国家治理体系和治理能力现代化这个总目标，统揽全局，周密部署，精准对接，注重实效，不断释放出发展新动能。

附　录

《郑新立文集》(16卷)
总目录

第一卷
(1981—1990年)

论最终产品与最终产品率 ……………………………………（1）
加强集中管理是发展电力工业的重要措施 …………………（58）
专业化协作道路要坚持走下去
　——北京市机械局企业改组情况调查 ……………………（63）
《决议》发表以来关于计划经济和市场调节问题的讨论情况 ……（73）
北京第一机床厂做好定额管理中思想政治工作的调查 …………（78）
控制建设规模　保证经济稳步发展 …………………………（86）
基本建设投资规模的制约因素 ………………………………（91）
在发展生产的基础上逐步改善生活 …………………………（103）
技术进步的资金问题 …………………………………………（106）
技术改造要有一个长远的总体规划 …………………………（109）
用系统工程的方法提高企业素质 ……………………………（116）
总结过去　探索未来
　——王梦奎著《我国社会主义建设道路的探索》一书评介 ……（121）

社会主义社会要自觉地坚持改革	（126）
完善工业企业经济核算工作的一个成功经验	（132）
论厂长负责制	（135）
厂长应该代表谁	（147）
中青年干部的一项迫切任务	（151）
第二次革命与理论开拓	（154）
提高经济效益之路	（159）
第二次革命与理论问题	（207）
经济体制改革要从中国实际出发	（215）
从中国实际出发进行改革的指导文献	（228）
实现小康水平的粮食问题	（233）
佛山市资金、技术、劳务市场考察	（250）
在发展中完善租赁经营	（264）
加强党内生活民主化建设	（266）
社会主义商品经济运行的系统控制模型初探	（271）
1987年经济情况初析	（286）
顺义县土地适度规模经营中的新情况和新问题	（295）
技术商品与技术市场	（303）
一个年产百万只北京鸭的养殖集团是怎样发展起来的	
——顺义县前鲁鸭场调查	（310）
发展新型建筑材料势在必行	（318）
抓紧建立财政、金融相互配合的宏观调控体系	（324）
如何把握紧缩力度	（326）
国民经济信息控制系统探讨	（332）
当代信息业的发展及带来的机遇	（347）

启动经济的着力点应放在市场 ……………………………………（355）
加速发展科技教育事业促进经济振兴 …………………………（357）
论信息化同工业化、商品化、社会化、现代化的关系 ……………（370）

第二卷
（1990—1994年）

实现20世纪90年代经济稳定发展的若干对策 ……………………（1）
本世纪汽车工业应成为支柱产业 ………………………………（16）
宏观经济走势与企业经营决策 …………………………………（26）
1991年：市场回升加快但难以突变 ……………………………（37）
《社会主义精神文明建设全书》前言 ……………………………（41）
深入开展政策研究
　　——《现代政策研究全书》摘录 ……………………………（43）
《中华人民共和国大辞典》前言 …………………………………（267）
动员各方力量发展第三产业 ……………………………………（269）
20世纪90年代市场日趋成熟 …………………………………（272）
按现代企业制度的要求规范国家与企业的分配关系 ……………（274）
对改革全民所有制实现方式的探讨 ……………………………（279）
关于建立国家进出口银行的探讨 ………………………………（289）
扩大企业自主权不会造成"一放就乱" ……………………………（293）
面对"复关"挑战的汽车工业 ……………………………………（296）
加快建立社会主义市场经济新体制 ……………………………（302）
社会主义市场经济需要强有力的宏观调控体系 …………………（306）
适应社会主义市场经济要求　加快固定资产投资体制改革 ………（314）
20世纪90年代支柱产业的培育和发展 …………………………（319）

未来十几年我国企业家的历史使命 ……………………………………（326）
当前我国房地产情况的调查报告 ……………………………………（331）
建立固定资产投资的激励和风险约束机制 …………………………（337）
我国经济发展的新阶段及跨世纪展望 ………………………………（344）
日本、新加坡房地产业考察报告 ……………………………………（363）
对我国市场经济宏观调控体系的探讨 ………………………………（372）
邓小平的经济思想指明了计划体制改革的方向 ……………………（380）
改革计划体制　转变计划职能 ………………………………………（391）
坚持改革、发展和稳定的相互促进、相互统一 ……………………（404）

第三卷

（1994—1996年）

宏观经济政策分析（1993—1994）……………………………………（1）
　　前言 ……………………………………………………………（3）
　　第一章　走向持续、快速、健康发展的一年 ………………（5）
　　第二章　中国金融政策：1993年评价与1994年取向 ……（26）
　　第三章　中国财税政策：1993年评价与1994年取向 ……（56）
　　第四章　中国投资政策：1993年评价与1994年取向 ……（85）
　　第五章　中国价格政策：1993年评价与1994年取向 ……（108）
　　第六章　中国农业与农村经济政策：1993年评价与1994年取向 ……（134）
　　第七章　中国对外经济政策：1993年评价与1994年取向 ……（162）
　　第八章　中国房地产宏观政策：1993年评价与1994年取向 ……（207）
建立适应市场经济要求的投资体制 …………………………………（237）
加快改革　促进发展　保持稳定 ……………………………………（256）
加快环渤海地区经济的振兴 …………………………………………（260）

建立和完善社会主义市场经济体制 ……………………………………（273）
韩国的宏观经济管理体制 …………………………………………（285）
加快支柱产业发展　促进国民经济腾飞 …………………………（319）
回顾：全面改革90天 ………………………………………………（325）
更新计划观念　转变计划职能 ……………………………………（329）
抓住振兴支柱产业的关键环节 ……………………………………（344）
中国经济的跨世纪展望 ……………………………………………（348）
把国有企业改革推向前进
　　——纪念蒋一苇同志 …………………………………………（359）
抑制通胀　事关大局 ………………………………………………（363）
1995年中国市场走势展望 …………………………………………（368）
政府的发展战略与社会发展 ………………………………………（372）
转变经济增长方式是实施新发展战略的核心 ……………………（376）
跨入新世纪的伟大纲领 ……………………………………………（385）
论我国的大企业集团战略 …………………………………………（393）
用法律维护市场竞争秩序 …………………………………………（405）
保持国民经济稳定增长是计划工作的首要职能 …………………（407）

第四卷
（1995—1996年）

经济体制六大改革 …………………………………………………（1）
　绪　论 ………………………………………………………………（3）
　　第一章　建立现代企业制度 ……………………………………（6）
　　第二章　财税体制改革 …………………………………………（61）
　　第三章　金融体制改革 …………………………………………（79）

第四章　对外经济体制改革 ……………………………………（109）

第五章　计划体制改革 ……………………………………………（152）

第六章　固定资产投资体制改革 …………………………………（178）

学习全国人大八届四次会议《政府工作报告》辅导 …………………（197）

第一章　迈向二十一世纪的宏伟蓝图 ……………………………（199）

第二章　"八五"时期的伟大成就 …………………………………（214）

第三章　今后15年的奋斗目标和指导方针 ………………………（229）

第四章　"九五"的宏观调控目标 …………………………………（242）

第五章　促进经济增长方式的转变 ………………………………（256）

第六章　切实加强农业 ……………………………………………（270）

第七章　加强基础设施和基础工业 ………………………………（283）

第八章　大力振兴支柱产业 ………………………………………（296）

第九章　积极发展第三产业 ………………………………………（308）

第十章　区域经济协调发展的方向和政策 ………………………（320）

第十一章　建立现代企业制度 ……………………………………（332）

第十二章　积极发展和完善市场体系 ……………………………（344）

第十三章　规范和完善初次分配与再分配机制 …………………（355）

第十四章　加快社会保障制度改革 ………………………………（362）

第十五章　健全宏观经济调控体系 ………………………………（369）

第十六章　进一步发展开放型经济 ………………………………（382）

第十七章　加快经济立法 …………………………………………（395）

第十八章　全面发展社会事业 ……………………………………（407）

第五卷

（1995—1996年）

中国支柱产业振兴方略 …………………………………………………（1）

前言 ……………………………………………………………………（ 1 ）

第一章　振兴支柱产业是经济发展新阶段的战略任务 ……………（ 3 ）

第二章　确立四大支柱产业的客观依据 ……………………………（ 15 ）

第三章　我国支柱产业的发展现状和存在的主要问题 ……………（ 23 ）

第四章　振兴我国支柱产业的重点、目标与政策建议 ……………（ 52 ）

第五章　我国汽车工业的现状与问题 ………………………………（ 73 ）

第六章　汽车工业的产业特征和发展趋势 …………………………（ 78 ）

第七章　中国汽车市场前景预测 ……………………………………（ 84 ）

第八章　我国汽车工业发展战略抉择 ………………………………（ 97 ）

第九章　振兴中国汽车工业的对策措施 ……………………………（ 106 ）

宏观经济政策分析（1994—1995）…………………………………………（ 116 ）

前言 ……………………………………………………………………（ 116 ）

第一章　改革、发展和稳定相互协调、相互促进的一年 …………（ 118 ）

第二章　中国金融政策：1994 年评价与 1995 年取向 ……………（ 149 ）

第三章　中国财税政策：1994 年评价与 1995 年取向 ……………（ 175 ）

第四章　中国投资政策：1994 年评价与 1995 年取向 ……………（ 202 ）

第五章　中国价格政策：1994 年评价与 1995 年取向 ……………（ 234 ）

第六章　中国农业与农村经济政策：1994 年评价与 1995 年取向 ……（ 269 ）

第七章　中国外贸、外汇政策：1994 年评价与 1995 年取向 ……（ 296 ）

第八章　中国社会发展政策：1994 年评价与 1995 年取向 ………（ 329 ）

1996 年的经济走势与宏观对策 ……………………………………………（ 359 ）

要坚持以市场换技术 ………………………………………………………（ 368 ）

积极推进经济增长方式的转变 ……………………………………………（ 370 ）

推进经济增长方式由粗放型向集约型的根本转变 ………………………（ 382 ）

让企业集团尽快成为主角 …………………………………………………（ 392 ）

在开放中重视产业安全 ·· (395)
深化改革　促进经济体制转变 ·· (399)
跨入新世纪的宏伟蓝图 ·· (411)

第六卷
（1995—1997年）

新的征程　新的纲领
　　——学习党的十四届五中全会文件 ·· (1)
工业发展政策
　　——比较与借鉴 ··· (71)
　　　前言 ·· (73)
　　　中国经济发展的新阶段与工业政策 ····································· (75)
　　　工业发展政策制定和实施机制的国际比较 ·························· (95)
　　　隐蔽的政府干预：美国的工业发展政策 ···························· (132)
　　　重视提高劳动者素质：德国的工业发展政策 ····················· (151)
　　　大力推进工业现代化：法国的工业发展政策 ····················· (170)
　　　经济高速增长时期的日本工业政策 ···································· (179)
　　　政府干预与外向型发展战略紧密结合：韩国的工业发展政策 ······ (192)
　　　产业组织结构政策的国际经验和启示 ································ (210)
　　　日、韩、德外贸政策及与中国的比较 ································ (229)
　　　日、韩技术引进政策及与中国的比较 ································ (261)
　　　中国工业政策的变化与选择 ··· (304)
　　　提高我国产业经济规模的途径与对策 ································ (319)
　　　对我国产业政策的再认识 ··· (334)
要把养殖业作为未来15年我国农业和农村经济的增长点 ············ (346)

加快存量调整　鼓励兼并联合

　　——答《新闻报》记者问 ……………………………………………（357）

"中策现象"的几点启示 ………………………………………………（364）

1996—1997年经济体制改革形势分析 ………………………………（369）

振兴支柱产业是未来十几年国民经济发展的战略任务 ………………（378）

城镇住宅业为何难成增长点 ……………………………………………（381）

"回归"后的香港为内地经济发展带来新机遇

　　——答《中国市场报》记者郝泽华问 ……………………………（383）

开创长期持续健康发展的时期 …………………………………………（386）

改革投融资体制　促进经济长期稳定增长 ……………………………（391）

思想理论的重大突破 ……………………………………………………（399）

历史性的伟大成就 ………………………………………………………（408）

第七卷

（1997—1999年）

美国技术市场与信息咨询市场 …………………………………………（1）

经济转轨时期政府的主要职能与法制建设 ……………………………（70）

学习邓小平思想　健全宏观管理体制 …………………………………（84）

积极推进两个根本性转变　解决好改革发展两大课题 ………………（113）

中国产业结构的现状与变动趋势 ………………………………………（130）

正确处理基础设施、基础工业建设与振兴支柱产业的关系 …………（154）

调整结构　开拓市场　培育新的经济增长点 …………………………（159）

新经济增长带

　　——京九铁路沿线地区经济发展思路 ……………………………（184）

把高增长、低通胀的良好发展势头保持下去 …………………………（234）

继续贯彻稳中求进的方针 ……………………………………………（241）

以满足住行需求带动经济增长

  ——答《中国经济导报》记者胡跃龙问 ………………………（249）

确保今年8%增长速度存在的问题和建议 ………………………（253）

关键是抓落实 ……………………………………………………（256）

"软着陆"成功后的新形势和新任务 ……………………………（264）

荷兰住房抵押贷款与保险相结合的办法及可借鉴的经验 ………（273）

重视发展知识经济　加快实现国民经济现代化 ………………（279）

扩大内需：我国新经济政策详解 …………………………………（306）

启动四个消费"发动机"拉动经济增长

  ——答新华社记者李安定问 ……………………………………（318）

根治重复建设从何入手 …………………………………………（322）

信息产业应成为新的经济增长点 …………………………………（325）

重视消费需求的拉动作用 …………………………………………（327）

质量责任重如泰山 …………………………………………………（329）

完善宏观经济调控体系 ……………………………………………（331）

中国宏观经济管理体制的改革 ……………………………………（343）

扩大内需：一项重要的战略方针 …………………………………（381）

扩大内需：今年做什么

  ——答《人民日报》记者费伟伟问 ……………………………（388）

国民经济开局良好　扩大内需仍需加力 ………………………（391）

就当前经济热点问题答记者问 ……………………………………（393）

产业升级与投资结构调整 …………………………………………（397）

充分发挥香港自由港的作用 ………………………………………（405）

第八卷
（1999年）

打破需求制约　促进经济增长 ……………………………………………（1）
伟大的成就　灿烂的前景
　　——新中国50年回顾与新世纪展望 ……………………………………（11）
积极启动消费市场 ……………………………………………………………（15）
发展计划学（上） ……………………………………………………………（21）
　　导论 ……………………………………………………………………（23）
　　第一章　现阶段我国发展计划的基本特点 …………………………（32）
　　第二章　现阶段发展计划工作的主要任务 …………………………（52）
　　第三章　发展计划体系与计划重点 …………………………………（74）
　　第四章　发展计划的新形式 …………………………………………（97）
　　第五章　社会主义市场经济条件下国家发展计划的
　　　　　　编制及其技术 ……………………………………………（116）
　　第六章　科教兴国战略 ………………………………………………（147）
　　第七章　可持续发展战略 ……………………………………………（169）
　　第八章　总供求平衡与结构优化 ……………………………………（195）
　　第九章　收入分配与消费调节政策 …………………………………（220）
　　第十章　全社会资金的来源、运用与计划管理 ……………………（242）
　　第十一章　固定资产投资计划与管理 ………………………………（261）
　　第十二章　国际收支平衡与对外经济调节政策 ……………………（282）
　　第十三章　价格宏观管理与调控 ……………………………………（313）
　　第十四章　发展计划中宏观调控手段的运用与协调 ………………（347）
　　第十五章　发展计划与法制建设 ……………………………………（381）
　　第十六章　发展计划与新国民经济核算体系 ………………………（399）

第九卷
（1999—2002 年）

发展计划学（下） ………………………………………………………（1）
  第十七章　计划依托体系 ……………………………………（3）
  第十八章　我国计划经济体制的形成和变革 ………………（23）
  第十九章　国外发展计划概况 ………………………………（55）
  第二十章　历次五年计划的制定与执行情况 ………………（86）
采取积极措施　鼓励社会投资 ………………………………………（110）
继续扩大内需　促进经济持续快速增长 ……………………………（114）
坚持扩大内需的基本政策　促进经济持续快速健康发展 …………（117）
当前扩大内需的重点 …………………………………………………（135）
坚持扩大内需的发展政策 ……………………………………………（138）
利用外资促进行业调整的新探索
  ——我国感光材料行业企业与柯达公司合资合作情况
   调查报告 ………………………………………………（140）
中华民族伟大复兴的两个支柱 ………………………………………（147）
未来 20 年中国经济增长的支撑点 ……………………………………（149）
进一步增强扩大内需力度 ……………………………………………（152）
"三步走"战略构想与我国现代化进程 ………………………………（157）
中国经济发展的两个 50 年 ……………………………………………（165）
物价水平持续下降的货币本质 ………………………………………（170）
我国国民经济和社会发展计划与可持续发展 ………………………（175）
制约消费增长的原因及对策 …………………………………………（190）
扩大内需应当着重于扩大消费领域 …………………………………（199）
把扩大内需同优化产业结构结合起来 ………………………………（202）

制定"十五"计划需要研究的几个问题 ……………………………（206）
体制阻碍消费的正常升级 ……………………………………（212）
需求不足是当前经济生活中的主要矛盾 ……………………（215）
2000年宏观调控的目标和任务
　　——答中央电视台记者张泉灵问 ………………………（218）
新中国50年回顾与2050年前瞻 ……………………………（224）
中国宏观经济展望 ……………………………………………（230）
政府投资安排新计划 …………………………………………（234）
扩大内需：宏观调控的首要任务 ……………………………（238）
抓住机遇　迎接挑战　积极应对全球化趋势 ………………（245）
高储蓄、高投资，低收入、低消费是需求不足的根本原因 …（261）
扩大假日经济效应 ……………………………………………（267）
发展高新技术　带动产业升级 ………………………………（268）
西部大开发要尊重自然规律和经济规律 ……………………（272）
巩固扩大内需的政策效应　把经济回升的良好势头
　　保持下去 …………………………………………………（274）
买方市场全面出现后的新形势新任务 ………………………（280）
"十五"期间房地产发展面临的问题 …………………………（290）
加快经济结构的战略调整 ……………………………………（295）
政策和策略是党的生命 ………………………………………（306）
迈上新征程　再创新辉煌
　　——学习十五届五中全会关于"十五"计划的《建议》……（308）
抓住历史机遇　加快中华复兴 ………………………………（317）
湖北将进入一个加速发展新时期 ……………………………（319）
行以车便　城以车兴 …………………………………………（321）

今后五年经济社会发展的主要目标 （323）
名牌战略是企业兴旺之道 （329）
积极推动电子商务的发展 （331）
围绕制定和落实经济政策搞好调查研究 （334）
"十五"计划纲要的指导方针和特点 （338）
坚持以发展为主题 （344）
大力吸引资金　加快西部开发 （350）
发展名牌　增强国际竞争力 （355）
实现跨越式发展的机遇和挑战 （357）
提高投资回报率　增强西部对资金的吸引力 （366）
当前中国农村经济发展中需要研究的几个问题 （371）
抓住机遇　积极应对全球化趋势 （383）
从"江阴板块"看苏南乡镇企业的巨变 （399）
全球化条件下中国产业升级的趋势和途径 （402）
北京周边地区如何融入首都经济圈
　　——答《农民日报》记者问 （405）
走可持续发展之路是企业的必然选择 （410）

第十卷

（2002—2005年）

加快中国农业发展和实现农业产业化的必由之路 （1）
学习国外先进经验推进农业产业化经营 （8）
当前宏观调控中亟待研究解决的几个问题 （14）
正确认识税收功能 （24）
实施以劳力换土地战略　积极发展农产品对外贸易 （26）

从万吨挤压机问世看中国装备制造能力 ……………………………（40）
抓住机遇　走向世界　把乡镇企业做大做强 ……………………（44）
2002年上半年经济形势分析和宏观调控对策建议 ………………（59）
公有制实现形式的重大突破
　　——浙江省公有制经济实现形式和发展状况的调查 …………（68）
抓食品质量安全是当前的头等大事 ………………………………（93）
2020年中国经济前瞻 ………………………………………………（95）
中国农村新型合作经济组织发展现状、问题及对策 ……………（102）
在加快发展战略性产业中重振辽宁雄风 …………………………（112）
《农村土地承包法》为社会稳定和农村发展提供了法律保障 ……（118）
经济理论不能长期滞后于实践 ……………………………………（120）
国家兴衰　系于政策 ………………………………………………（122）
努力提高农业产业化组织经营水平 ………………………………（124）
中国宏观经济形势及展望 …………………………………………（128）
发展要有新思路 ……………………………………………………（134）
依托区位优势　提升城市实力 ……………………………………（142）
增加粮食主产区农民收入是解决"三农"问题的突破口 ………（144）
把小麦经济做大做强 ………………………………………………（152）
"农业问题"的"浙江答案" ………………………………………（157）
关于山西煤炭运销总公司改革的建议 ……………………………（162）
营造迈向国际化城市的投资发展环境 ……………………………（168）
城市化不能长期滞后于工业化 ……………………………………（174）
加快改革　调整结构　扩大消费　协调发展
　　——2003年经济走势分析和2004年对策建议 ………………（177）
发展资本市场是完善市场体系的当务之急 ………………………（183）

完善社会主义市场经济体制的纲领

　　——学习党的十六届三中全会《决定》……………………（187）

增强武汉经济圈发展活力……………………………………（194）

《决定》是推进改革的纲领性文献

　　——答《学习时报》记者问………………………………（201）

深化劳动就业体制改革………………………………………（207）

混合所有的股份制是公有制的主要实现形式………………（214）

十六届三中全会《决定》在改革理论上的两大创新………（221）

中国上市公司百强的历史使命………………………………（226）

加快国有企业改革是振兴东北的关键………………………（231）

关键时期宏观调控应把握四个重点…………………………（238）

开发具有自主知识产权的产品　增强企业核心竞争力……（242）

加快推进国有企业改革………………………………………（245）

加快推进社会领域的各项改革………………………………（258）

中部崛起何处借力……………………………………………（261）

抓住开放机遇　加快广西发展………………………………（266）

对苏北富民工程与工业发展的几点意见……………………（276）

结构问题比"过热"更严重……………………………………（286）

"十一五"要改变几个严重扭曲的经济关系…………………（290）

积极推行公有制的多种有效实现形式………………………（293）

能源安全五大战略……………………………………………（301）

按照新型工业化要求调整投资结构…………………………（308）

经济运行又到重要关口………………………………………（319）

加快推进农村改革　保持农民收入快速增长………………（321）

创造中国机械工业辉煌历史的企业家——张修基……………（327）

探索新途径　促进新发展
　　——《让农村内生发展力——龙门村的调查》序 ……………（330）
宏观调控：重在调整结构　转变增长方式 ……………………………（332）
促进农民增收要从提高农民劳动生产率入手 …………………………（342）
总结经验　加大投入　巩固成果 ………………………………………（348）
关于中部崛起几个问题的思考 …………………………………………（351）
中国当前经济走势与金融调控 …………………………………………（360）
以新型工业化取代重化工业化 …………………………………………（364）
经济结构调整的四大任务 ………………………………………………（367）
当前技术创新的重点 ……………………………………………………（381）
不断探索经济规律　保持长期发展势头 ………………………………（384）
战略新格局下的西部大开发 ……………………………………………（394）
当前经济形势和2005年主要任务 ………………………………………（402）
提高自主创新能力：转变经济增长方式的关键 ………………………（411）

第十一卷
（2003年）

中国：21世纪的工业化（上）………………………………………………（1）
　　第一章　中国经济增长方式的历史考察 …………………………（3）
　　第二章　实现第三步战略目标的主要任务和步骤 ………………（18）
　　第三章　加快经济增长方式的根本转变 …………………………（44）
　　第四章　转变经济增长方式的几个关系 …………………………（71）
　　第五章　加快经济结构战略性调整　提高国民经济整体素质 …（87）
　　第六章　推进科技进步和创新　加快产业技术升级 ……………（115）
　　第七章　全面提高劳动者素质　大力开发人力资源 ……………（131）

第八章　加快企业组织结构调整　提高规模经济效益 （156）

第九章　加强和改善企业管理　提高科学管理水平 （177）

第十章　加快经济增长方式转变　不断增强可持续发展
　　　　能力 （201）

第十一章　经济增长方式转变和知识经济 （221）

第十二章　完善经济体制与运行机制　促进经济增长方式
　　　　　转变 （241）

第十三章　发展开放型经济　在开放中促进经济增长和
　　　　　结构调整 （264）

第十四章　促进经济增长方式转变的政策环境 （283）

第十五章　建立促进经济增长方式转变的指标体系 （307）

第十六章　优先发展信息产业　以信息化带动工业化 （325）

第十七章　巩固和加强农业基础地位　全面发展农村经济 （349）

第十八章　加快农村工业化步伐　推动农业现代化和整个
　　　　　工业化进程 （371）

第十九章　积极稳妥地推进城镇化　促进生产要素合理
　　　　　集聚 （390）

第十二卷
（2006—2006年）

中国：21世纪的工业化（下） （1）

第二十章　培育和巩固制造业竞争力　构建国民经济强大支柱 （3）

第二十一章　能源工业 （23）

第二十二章　石油化学工业 （34）

第二十三章　钢铁工业 （54）

第二十四章　汽车工业 ……………………………………………（75）

　　第二十五章　船舶工业 ……………………………………………（98）

　　第二十六章　机床工业 ……………………………………………（125）

　　第二十七章　交通运输业 …………………………………………（144）

　　第二十八章　建筑业 ………………………………………………（164）

　　第二十九章　现代化流通体系建设 ………………………………（184）

　　第三十章　经济增长方式的比较与借鉴 …………………………（204）

　　参考文献 ……………………………………………………………（276）

构建和谐社会：实现国家安定、人民富裕的长远大计 ……………（289）

中国经济增长的可持续性 ……………………………………………（295）

借鉴韩国"新村运动"经验　加快我国新农村建设 ………………（302）

自主创新：增长方式转变的关键 ……………………………………（310）

企业必须履行好自己的社会责任

　　——在"和谐社会与企业社会责任国际论坛"上的书面发言 …（318）

科学发展观是我们党关于社会主义建设指导思想的继承和发展 …（321）

加快县域经济发展　建设社会主义新农村 …………………………（328）

切实转入科学发展轨道的行动纲领

　　——学习党的十六届五中全会《建议》……………………………（333）

借鉴韩国经验　推进我国城乡协调发展 ……………………………（346）

关于建设社会主义新农村的几个问题 ………………………………（351）

韩国"新村运动"启示 ………………………………………………（359）

增强消费对经济增长的拉动作用 ……………………………………（365）

尽快改变农村基础设施和公共服务落后状况 ………………………（374）

保持经济平稳较快增长 ………………………………………………（378）

加快农村发展的战略选择 ……………………………………………（387）

经济社会发展的动力支持 ……………………………………（395）
我国财政政策研究的一部力作 …………………………………（397）
提高公共服务能力是政府首要职责
　　——在"行政管理体制改革国际研讨会"上的演讲 ………（401）
昆山率先全面建设小康社会的经验值得总结推广
　　——在"全面建设小康社会理论与实践（昆山经验）研讨会"
　　　上的发言摘要 ………………………………………（405）
《加快推进农村全面小康建设：城阳经验及其启示》序 …………（407）
我国农村全面小康实现程度分析 ………………………………（410）

第十三卷

（2006—2009年）

社会要和谐　首先要发展 ……………………………………（1）
大力推进社会主义新农村建设　加快农村全面小康建设步伐 ……（11）
全面深化农村改革　促进社会主义新农村建设 ………………（18）
扭转农产品贸易逆差的"荷兰道路" ……………………………（27）
以生态文明为突破口　加快社会主义新农村建设
　　——在海南"社会主义新农村建设与文明生态村建设研讨会"
　　　上的发言 ……………………………………………（32）
高度重视产业安全的监测预警和对策研究 ……………………（36）
注意外资并购出现的新动向 ……………………………………（45）
未来15年中国能源供求态势与对策
　　——在"第十二届中法经济研讨会"上的发言 …………（48）
提高自主创新能力　增强企业竞争力 …………………………（54）
工业化城镇化战略带动广西发展 ………………………………（57）

构建和谐社会必须坚持全面协调发展
　　——学习党的十六届六中全会《决定》……………………（62）
确保国家长治久安人民共同富裕的伟大战略决策
　　——学习党的十六届六中全会《决定》……………………（66）
推动各地区共同发展 ……………………………………………（81）
中国金融市场的对外开放与风险防范 …………………………（91）
以自主创新推动汽车产业发展 …………………………………（98）
未来五年中国农村走向 …………………………………………（107）
加快生产要素流动　促进长江经济带崛起
　　——在"2006长江经济带生产力发展（南京）论坛"上的
　　　讲话 ……………………………………………………（117）
我国农村全面小康实现程度分析 ………………………………（123）
未来十五年中国宏观经济分析与预测 …………………………（131）
将经济平稳快速增长的良好势头保持下去 ……………………（141）
展望篇：2007，以质为目标的道路
　　——宏观调控的政策取向 …………………………………（162）
经济全球化条件下中国制造业的发展趋势 ……………………（164）
用主流声音引导网上舆论 ………………………………………（169）
提高自主创新能力的多种途径 …………………………………（171）
壮大金融产业：现阶段我国经济发展的重大任务
　　——在"第十一届中国资本市场论坛"上的发言 …………（177）
与跨国公司合作的新理念、新机遇 ……………………………（182）
如何创建中国自己的品牌
　　——在"2006年全国市场主导品牌企业高层论坛开幕式"上的
　　　讲话 ……………………………………………………（186）

社会和谐是中国特色社会主义的根本要求 ………………………………（191）

坚定不移地把改革引向深入 ………………………………………………（194）

集中各方力量振兴装备制造业 ……………………………………………（199）

深化金融体制改革　促进金融产业安全 …………………………………（203）

科学发展观是发展中国特色社会主义的重大战略思想 …………………（212）

尽快推出创业板市场　大力支持技术创新和创业 ………………………（216）

十七大后的中国经济发展趋势 ……………………………………………（220）

经济增长格局变化与战略选择

　　——在北京"经济形势与宏观调控高层论坛"上的演讲 …………（224）

提高居民消费率是宏观调控的重大任务 …………………………………（234）

金融体制改革要找准突破口 ………………………………………………（240）

关注民生　直面矛盾　破解难题

　　——《中共中央关于构建社会主义和谐社会若干重大问题的决定》

　　　解读 ……………………………………………………………（246）

自主创新是国家发展战略的核心 …………………………………………（249）

实现国民经济又好又快发展

　　——学习党的十七大报告 ……………………………………………（254）

注重改善民生　谱写美好生活 ……………………………………………（261）

建立体现社会公平的收入分配制度

　　——学习党的十七大报告 ……………………………………………（268）

以创业板市场推动创新型国家建设

　　——在第六届"中小企业融资论坛"上的讲话 ……………………（277）

中国经济发展战略研究的一部力作 ………………………………………（282）

完善现代金融体系　防范化解金融风险 …………………………………（284）

振兴国产装备业需要"三大政策"扶持 …………………………………（289）

未来五年经济快速增长要做好三件事 …………………………（292）
推动我国经济社会发展必须坚持的正确方向 ………………（294）
加强农业基础建设　促进农村全面小康 ……………………（302）
全面深化改革的三个着力点 …………………………………（306）
深化行政体制改革新契机 ……………………………………（312）
继续完善农村基本经营制度
　　——在"中国农村改革与发展研讨会"上的讲话 ………（316）
在工业化、城市化、信息化、全球化进程中实现农业现代化 …（320）
现在还看不到经济明显下滑的风险 …………………………（328）
抑制通货膨胀的近期和长期对策 ……………………………（330）
辽宁沿海经济带上升为国家战略时机已经成熟 ……………（337）
物价　结构　速度 ……………………………………………（339）
加快国有企业发展转型升级
　　——在"中国重汽推进企业改革创新研讨会"上的发言 …（353）
在抑制通胀中实现平稳较快发展 ……………………………（356）
以六项制度建设推进农村改革 ………………………………（365）
建设三峡物流中心　服务区域协调发展 ……………………（369）
把农村改革推向制度化建设新阶段 …………………………（372）
人力资源是一个国家的核心资源 ……………………………（375）
稳定和完善农村基本经营制度
　　——认真贯彻落实党的十七届三中全会《决定》………（381）
建立促进城乡经济社会发展一体化制度 ……………………（390）
科学发展观是中国特色社会主义理论体系的最新成果
　　——评《科学发展观学习读本》…………………………（397）
把保持经济平稳较快发展作为首要任务 ……………………（401）
努力扭转经济增速下滑趋势 …………………………………（407）

第十四卷
（2009—2011 年）

发展文化创意产业是重要的课题 ……………………………………（1）

一部有特色的产业经济学教材
　　——《产业经济学》（第三版）简评 ……………………………（3）

经济体制的"五破五立"极大地解放了生产力 …………………（5）

排除体制障碍，释放城乡融合发展的能量 ………………………（10）

增强消费对经济发展的拉动作用 …………………………………（12）

华为：专利申请全球金牌的背后 …………………………………（21）

应对危机需把握好政府与市场的关系 ……………………………（26）

转变发展方式是应对危机的根本途径 ……………………………（35）

六问"中国最高智库" ……………………………………………（41）

增强改革开放自主性　提高科学发展自觉性 ……………………（45）

诠释中国粮食市场的一部力作
　　——《2009 中国粮食市场发展报告》简评 …………………（47）

首届全球智库峰会：《北京倡议》 …………………………………（52）

办法总比困难多
　　——在"第一届全球智库峰会"上的总结演讲 ……………（54）

青岛港有国外企业学不去的传统和优势 …………………………（58）

坚定不移地实施扩大内需政策
　　——2009 年 7 月 16 日在中国国际经济交流中心首期
　　"经济每月谈"的发言 ………………………………………（60）

扩大内需是弥补出口下降的根本之策
　　——2009 年 7 月 16 日在中国国际经济交流中心首期
　　"经济每月谈"上答记者问 …………………………………（63）

第一届"全球智库峰会"取得的主要成果 ……………………………………（72）
采取措施提高居民收入占GDP的比重 …………………………………（78）
积极探索城乡一体化发展道路
　　——《县域城乡一体化的诸城实践》序言 …………………………（81）
在东北亚生态（伊春）论坛上的讲话 ……………………………………（84）
促进农村劳动力充分就业是缩小城乡差距的根本途径 …………………（88）
以中日韩市场一体化促进东亚和谐
　　——在东京"东亚市场统合之路研讨会"上的发言 ………………（95）
转型升级　建设环境优美的宜居城市
　　——"2009'幸福江阴'（北京）高层论坛"发言摘要 ……………（98）
当前经济走势与2010年宏观调控政策取向
　　——在"中国生产力学会第15届年会暨世界生产力科学院
　　（中国籍）院士研讨会"上的主旨演讲 …………………………（100）
新时期党的经济发展方略 …………………………………………………（107）
着力扩大消费对经济增长的拉动作用 ……………………………………（114）
现代化中国要有三个转变 …………………………………………………（126）
通过改善民生拉动经济发展 ………………………………………………（130）
新中国60年的经济奇迹 ……………………………………………………（136）
改革和创新社会管理体制是今年经济工作重中之重 ……………………（142）
2009年中国经济分析与2010年展望 ……………………………………（147）
应对世界金融危机的回顾与展望
　　——2009年我国经济运行与宏观调控政策分析 …………………（151）
自主创新是实现产业升级的中心环节 ……………………………………（163）
为何土地出让金收入上万亿？ ……………………………………………（171）
运用科技力量推动发展方式转变 …………………………………………（173）

实现跨越式发展的榜样

——《奋力走进前列：内蒙古现象研究》序言 ……………………（180）

切实增强转变经济发展方式的自觉性、主动性和创造性

——读《转变经济发展方式研究》 ………………………………（184）

让粮食主产区的农民尽快富裕起来 …………………………………（187）

当前中国经济发展焦点话题 …………………………………………（192）

以"住有所居"为目标引导我国房地产业健康发展 …………………（207）

经济回升势头强劲　结构调整亟待加强 ……………………………（217）

中国汽车业应站在巨人肩膀上 ………………………………………（226）

世界经济调整为中国发展带来的机遇和挑战 ………………………（229）

建立亚洲内生型增长机制 ……………………………………………（237）

关于河南省"十二五"发展规划的几点建议 ………………………（242）

加快发展方式转变　促进经济平稳较快增长

——2010年上半年经济形势分析与下半年展望 ………………（251）

伊春国有林权"远封近分"改革模式符合实际要求

——在"国有林权制度改革暨伊春林改试点四周年高层研讨会"

上的发言 …………………………………………………………（255）

国经中心的成立是对智库体制的探索 ………………………………（259）

朝着世界一流智库的目标奋力前进

——在"中国共产党中国国际经济交流中心党委成立大会"

上的讲话 …………………………………………………………（265）

北部湾经济合作的新机遇 ……………………………………………（274）

在共同发展中防范金融风险 …………………………………………（276）

在稳定物价中保持经济较快发展 ……………………………………（280）

化危为机、破浪前进的"十一五" …………………………………（284）

《文化建设与国家软实力》序 ……………………………………… （292）
转变经济发展方式是贯穿"十二五"的主线 ……………………… （297）
中国企业面临的四大历史任务
　　——在"第十届中国年度管理大会"上的主题演讲 ………… （305）
转变经济发展方式是刻不容缓的战略任务 ……………………… （308）
化通胀压力为产业升级动力 ……………………………………… （325）
发挥新兴经济体在拉动全球经济复苏中的重要作用 …………… （331）
金砖国家面临的困难、合作及诉求 ……………………………… （333）
转变发展方式　加快中原崛起 …………………………………… （338）
国有企业如何带动经济发展方式转变 …………………………… （348）
中国"十二五"经济发展方式的战略转变
　　——在"第二届中欧政党高层论坛"上的发言 ……………… （354）
考核国企也应关注无形资产
　　——在2011年5月"上市公司董事会金圆桌会议"上的演讲 ……… （358）
加强经济增长、结构调整与物价稳定的统一协调 ……………… （360）
灾后重建　凸显城乡一体化强大生命力 ………………………… （368）
民企转变发展方式面临三道槛儿 ………………………………… （372）
在研究、交流、咨询中创建世界一流智库
　　——在"第二届全球智库峰会"上的演讲 …………………… （374）
改革开放是中国共产党人的伟大觉醒 …………………………… （378）
成功应对国际金融危机的中流砥柱 ……………………………… （386）
发展方式的三个转变都需要由改革来推动 ……………………… （394）
转变发展方式是解决当前和长远经济社会发展问题的
　　关键 …………………………………………………………… （397）
加快发展物流业是转变经济发展方式的战略重点 ……………… （402）

全球经济再平衡的三个相关问题

——《工资、汇率与顺差》序言 ……………………………………（407）

第十五卷
（2011—2014年）

努力实现抑制通胀和稳定增长双重目标 …………………………………（1）
农业现代化必须与工业化、城镇化同步推进 ……………………………（7）
中国拉动全球经济方兴未艾 ………………………………………………（13）
加快建立城乡一体化发展新制度 …………………………………………（18）
抓住无线网络时代契机 大力提升信息生产力 …………………………（22）
写在《东北亚学刊》创刊之际 ……………………………………………（26）
物价拐点巩固 ………………………………………………………………（28）
坚持推进改革是中国道路的关键 …………………………………………（29）
经济学家如何为延长快速增长期做出贡献 ………………………………（33）
我国经济增长的五大潜力 …………………………………………………（36）
金融改革面临的新任务 ……………………………………………………（40）
坚持科技创新，建设绿色能源基地

——在"贵州建设国家（南方）能源基地研究专家座谈会"

上的发言 ………………………………………………………………（43）
牢牢把握加快改革创新这一强大动力 ……………………………………（48）
应对重大自然灾害与构建我国粮食安全保障体系对策研究 ……………（56）
加强金砖国家的经济合作 …………………………………………………（62）
改善民生是转变经济发展方式的根本目的 ………………………………（70）
把握世界经济格局调整的趋势性变化 ……………………………………（76）
"以产带城"是出路 ………………………………………………………（78）

落实执政为民理念的一项重要改革 ………………………………………（80）

增强需求对经济增长的拉动力

——在全国政协经济委员会"2012上半年经济形势座谈会"

上的发言 ……………………………………………………………（83）

把稳增长放在更加重要的位置 …………………………………………（88）

中国经济实现可持续发展的制度保障 …………………………………（94）

自主创新促进两化融合 …………………………………………………（102）

中国经济理论创新成果显著 ……………………………………………（105）

国有企业在自主创新中要发挥骨干带头作用

—— 2012年9月20日在中国国际经济交流中心第二十七期

"经济每月谈"的主持发言 ………………………………………（109）

两手并用提高土地利用的集约化水平

——在"国土资源节约集约利用论坛"上的发言 ………………（112）

积极吸引社会资金投入农业现代化 ……………………………………（116）

居民收入翻番的四大挑战 ………………………………………………（119）

抓住促进经济发展方式转变的新机遇 …………………………………（124）

我国经济发展面临五大机遇 ……………………………………………（131）

金融体制改革要把握关键环节 …………………………………………（136）

政府和市场的关系：经济体制改革的核心问题 ………………………（141）

全球金融危机为我国经济发展带来的机遇 ……………………………（149）

在创新上要舍得投入 ……………………………………………………（154）

提高县域城镇对产业和人口的承载力 …………………………………（156）

把改革目标定位于推动发展方式转变 …………………………………（161）

机构改革和调整是手段　目标是挖掘经济增长潜力 …………………（164）

围绕发展方式转变　凝聚改革共识 ……………………………………（171）

加快农业现代化是我国跨入高收入国家行列的必由之路 ……………（188）

关于设立由我主导的亚洲基础设施投融资机构的建议 ………………（193）

我们应该向德国学习些什么？ ………………………………………（201）

将舟山建设成为我国环太平洋经济圈的桥头堡 ………………………（207）

论金融体制改革的路线图 ………………………………………………（220）

围绕转变发展方式深化改革 ……………………………………………（228）

实现全面小康目标需要攻克四道难关

  ——在"2013年中国生产力学会新年常务理事会暨2012世界生产力科学院（中国籍）院士研讨会"上的演讲 ……………（233）

新兴经济体要增强抗御金融风险能力 …………………………………（237）

打造经济升级版应成为稳增长的主要举措 ……………………………（240）

新兴经济体面临的挑战与合作前景 ……………………………………（244）

在转变发展方式中实现稳增长 …………………………………………（249）

城乡一体化发展的四个探索及其启示 …………………………………（256）

我在国家计委的13年（1987—2000年） ……………………………（261）

努力打造中国经济升级版

  ——中国经济升级怎么看怎么办 ………………………………（280）

以扩内需调结构实现稳增长 ……………………………………………（287）

打造中国经济升级版待过四道坎 ………………………………………（292）

中国汽车产业未来十年的责任 …………………………………………（296）

转方式、扩内需实现稳增长 ……………………………………………（302）

企业社会责任是一个非常重要的课题

  ——王天仁著《企业社会责任30谈》序 ………………………（314）

建立社会主义市场经济体制目标不能动摇 ……………………………（317）

事实证明政协的建议很重要 ……………………………………………（339）

探索新型城镇化的多元模式 ……………………………………………（342）

全面认识与把握我国经济发展走势 …………………………………（347）

坚持社会主义市场经济改革方向 ……………………………………（355）

努力释放有效需求 ……………………………………………………（363）

坚持走中国特色新型城镇化道路 ……………………………………（365）

农村土地公有制实现形式的三大突破 ………………………………（375）

党的十八届三中全会《决定》与未来中国 …………………………（380）

关于深化经济体制改革的几个问题 …………………………………（389）

说说稳增长 ……………………………………………………………（397）

选准推进经济转型升级的突破口 ……………………………………（405）

第十六卷

（2014—2016年）

探索建立中国特色新型智库 …………………………………………（1）

破除中间梗阻　改革治国体系 ………………………………………（11）

新型城镇化难点在县域，突破在产城融合 …………………………（18）

把加快淮河生态经济带建设作为我国扩大内需的重要战略支点 …（21）

农村土地公有制的完善和发展 ………………………………………（31）

宏观调控要从总量调控为主转向结构调整为主 ……………………（37）

以自主创新带动工业发展方式转变 …………………………………（40）

颠覆传统思维，加快转型升级步伐

　　——郑新立常务副理事长同管益忻教授对话 …………………（45）

北京信息技术创新政策比较研究 ……………………………………（65）

宏观调控要着力优化结构 ……………………………………………（73）

借鉴国外经验　发展农业保险

——在"第四届国际农业保险研讨会"上的发言 ………………（78）

公共产品价值补偿与现代财政制度构建 ……………………………（83）

增强宏观调控能力　加快经济转型升级 ……………………………（98）

亚洲亟须统一的信用评级体系 ………………………………………（109）

深圳国际专利申请量为何遥遥领先 …………………………………（111）

建立多元制衡的国际储备货币体系 …………………………………（115）

让合作社成为维护食品质量安全的主体 ……………………………（123）

以改革新突破释放发展新动力 ………………………………………（125）

深化金融体制改革　支持实体经济发展 ……………………………（133）

中国金融体制改革及其对国际货币体系的影响 ……………………（138）

中央如何统筹协调各领域各层级的改革

——在"2014中国共产党与世界对话会"上的发言 …………（142）

让市场决定金融资源配置 ……………………………………………（145）

积极探索农村土地公有制实现方式 …………………………………（151）

慎重稳妥推进农民住房财产权商品化 ………………………………（157）

发展服务外包是解决大学生就业的重要途径

——《中国服务外包产业发展报告》序 …………………………（160）

坚持科学发展是中小城市的根本出路 ………………………………（163）

聚焦经济改革　释放增长潜力 ………………………………………（167）

进一步深化国有企业改革 ……………………………………………（170）

新常态是新认识新概括，不是一个筐 ………………………………（176）

努力保持经济稳定增长 ………………………………………………（179）

稳增长是今年经济工作的第一要务 …………………………………（185）

旅游业是我国现阶段的朝阳产业 ……………………………………（192）

聚焦农村改革　破解需求瓶颈 ……………………………………………（200）
关键是保持稳增长和调结构之间平衡
　　——学习贯彻习近平总书记在中央经济工作会议上的重要讲话
　　　　精神 ………………………………………………………………（206）
中国海外投资的方向与战术 ………………………………………………（214）
把握新常态下新亮点新机遇 ………………………………………………（219）
中国产业经济发展规律新概括
　　——《产业经济学》（第四版）简评 …………………………………（225）
"一带一路"是完善开放型经济体系的重大战略 ………………………（227）
湖北如何提高市场化水平 …………………………………………………（232）
以全面小康为目标加快城乡一体化进程 …………………………………（235）
高度重视应对经济下行压力 ………………………………………………（242）
顺应城乡一体化的历史大趋势
　　——《走在城乡之间》序 ……………………………………………（250）
高度重视经济下行引发的系统风险 ………………………………………（253）
创名牌是建设制造强国核心工程 …………………………………………（260）
学习成老始终如一的国家情怀和奋斗精神 ………………………………（263）
加快形成以创新为主要引领和支撑的经济体系和发展模式 ……………（265）
"十三五"起步之年应抓好的三件事 ……………………………………（274）
全面小康决胜阶段的行动指南
　　——学习党的十八届五中全会《建议》………………………………（279）
解决产能过剩问题需要运用马克思的政治经济学理论 …………………（285）
厘清认识误区　聚焦结构改革 ……………………………………………（289）
树立并落实创新、协调、绿色、开放、共享的发展理念 ………………（296）
走出认识误区　深化国企改革 ……………………………………………（304）

中国有巨大潜力跃升高收入国家 …………………………………………（312）
借鉴荷兰、日本经验教训　加快我国农业现代化 ……………………（320）
实施精准扶贫　决胜全面小康 …………………………………………（325）
深圳创办高水平、创新型大学研究 ……………………………………（328）